BA KOMPAKT

Reihenherausgeber
Martin Kornmeier, Duale Hochschule Baden-Württemberg, Mannheim

Gründungsherausgeber
Martin Kornmeier, Duale Hochschule Baden-Württemberg, Mannheim
Willy Schneider, Duale Hochschule Baden-Württemberg, Mannheim

D1729062

Die Bücher der Reihe BA KOMPAKT sind zugeschnitten auf das Bachelor-Studium im Studienbereich Wirtschaft an den Dualen Hochschulen und Berufsakademien. Sie erfüllen vollständig die im Curriculum zur Erlangung des Bachelor festgelegten Anforderungen (Lerninhalt, Lernmethoden, Konzeption und Ablauf der Veranstaltungen).

Die Reihe BA KOMPAKT zeichnet sich aus durch:
- Fokussierung auf die elementaren Lernziele
- Starker Praxisbezug durch konkrete Beispiele
- Einbindung von Fallstudien für Einzel- und Gruppenarbeit
- Unmittelbare Anwendbarkeit des vermittelten Wissens durch Tipps und Hintergrundinformationen
- Übersichtliche, anschauliche Darstellung durch zahlreiche Kästen, Abbildungen und Tabellen
- Kontrollfragen zur Prüfung des Lernerfolgs

Weitere Bände in dieser Reihe http://www.springer.com/series/7570

Rainer Bergmann • Martin Garrecht

Organisation und Projektmanagement

2., aktualisierte und erweiterte Auflage

Rainer Bergmann
Berlin, Deutschland

Martin Garrecht
Insheim, Deutschland

ISSN 1864-0354
BA KOMPAKT
ISBN 978-3-642-32249-5   ISBN 978-3-642-32250-1   (eBook)
DOI 10.1007/978-3-642-32250-1

Die Deutsche Nationalbibliothek verzeichnet diese Publikation in der Deutschen Nationalbibliografie; detaillierte bibliografische Daten sind im Internet über http://dnb.d-nb.de abrufbar.

Springer Gabler

Gedruckt auf säurefreiem und chlorfrei gebleichtem Papier

Lektorat: Stefanie Brich/Margit Schlomski

Springer-Verlag GmbH Berlin Heidelberg ist Teil der Fachverlagsgruppe Springer Science+Business Media (www.springer-gabler.de)

Vorwort zur zweiten Auflage

Das vorliegende Lehrbuch zu Organisation und Projektmanagement ist speziell auf das Bachelor-Studium im Studienbereich Wirtschaft an Hochschulen zugeschnitten und deckt die im Curriculum zur Erlangung des Bachelor festgelegten Anforderungen (Lehrinhalte, Lernziele, Lernmethoden und Konzeption der Veranstaltungen) vollständig ab. Es richtet sich an Studierende und Dozenten an Dualen Hochschulen, Fachhochschulen und Universitäten mit wirtschaftswissenschaftlichen Bachelor-Studiengängen.

Die Studierenden finden eine kompakte anwendungs- und praxisorientierte Darstellung des prüfungsrelevanten Stoffes auf theoretisch fundierter Grundlage. Diese beschränkt sich nicht nur auf die Nennung und Beschreibung wesentlicher Inhalte, sondern ist durch zahlreiche Abbildungen sowie eine Vielzahl von Fallstudien zur Vertiefung des Stoffes und für Gruppendiskussionen so beschaffen, dass die Zusammenhänge zwischen den Kapiteln und der Praxisbezug des Stoffes stets nachvollziehbar bleiben. Im Anschluss an jedes Kapitel finden sich Kontrollfragen und die dazugehörigen Lösungen, anhand derer der Lernerfolg schnell überprüft werden kann. Auf der Website des Verlags (URL: http://www.springer.com/de/book/9783642322495) stehen Aktualisierungen und Änderungen zur Verfügung. Hochschullehrer und Dozenten können dort einen Foliensatz und weiteres Lehrmaterial abrufen.

Der Aufbau des Buches unterstützt die interaktive Vermittlung des Stoffes durch zahlreiche Möglichkeiten der Gruppenarbeit in den Kursen oder Seminargruppen. Aus didaktischen Gründen wird nach einer Vorstellung der Bandbreite und der zentralen Problemfelder von Organisation bereits im Kap. 2 auf Aspekte der Arbeit in Gruppen und Teams in Organisationen eingegangen. Dies ist insofern von Bedeutung, da im gesamten Buch der „Faktor Mensch" in der Organisation im Vordergrund steht. Bereits zu einem frühen Zeitpunkt kann so der Dozent die Diskussion innerhalb des Kurses durch den Einsatz einer Fallstudie zur Gruppenarbeit in Gang bringen und eine Sensibilisierung für die wichtigen sog. weichen Aspekte von Organisation erreichen.

Im Kap. 3 werden anhand der Strukturdimensionen zahlreiche Gestaltungsaspekte von Organisationen diskutiert. Auch hier steht mit einem umfangreichen Unterkapitel zur Organisationskultur nebst einer Fallstudie wieder der Faktor Mensch im Vordergrund.

Kapitel 4 behandelt die Ablauforganisation, während Kap. 5 die Organisationsanalyse in den Vordergrund stellt. Die Zusammenhänge zwischen Organisationsanalyse, Aufbau- und Ablauforganisation werden durch eine „spritzige" Fallstudie am Ende des Kapitels verdeutlicht.

Warum Organisationen so gestaltet sind, wie es heute beobachtet werden kann, zeigen die Kap. 6 und 7 zu Organisationstheorien von den ersten Managementkonzepten der Zeit Henry Fords bis zu aktuellen Organisationskonzepten (z. B. Lean Management, Organisation in Netzwerken, Fokussierung auf Kernkompetenzen). Das Kap. 8 zum Change Management zieht eine gedankliche Klammer um das Thema Organisation, indem anhand der Veränderung von Organisationen die Gesamtzusammenhänge im Spannungsfeld zwischen Stabilität und Flexibilität noch einmal verdeutlicht werden.

Das Kap. 9 zum Projektmanagement erscheint vom Seitenumfang verglichen mit dem Themenkomplex Organisation vergleichsweise kurz. Die Grundlagen zu wesentlichen organisatorischen Aspekten, die für das Projektmanagement von Relevanz sind, werden bereits im Kap. 2 zum Arbeiten in Gruppen und Teams sowie im weiteren Verlauf bspw. durch das Kapitel zur Organisationskultur und zum Change Management, das wesentlich in Form von Projekten organisiert wird, gelegt. Daher kann das Kapitel Projektmanagement nicht separat von Organisation betrachtet werden, sondern sollte immer im Gesamtzusammenhang zu den übrigen Kapiteln behandelt werden.

Für die zweite Auflage wurden alle Ausführungen aktualisiert und noch mehr Praxisbeispiele (Mercedes-Benz, Würth, Porsche AG, Smart, Fallstudie Müller Ingenieurbüro) herangezogen. Das Fallbeispiel zum Fordismus (Abschn. 6.1) wurde aufgrund seiner herausragenden Bedeutung für die Organisationslehre weiter ausdifferenziert. Neu aufgenommen wurden die aktuelle Tendenz zur Re-Taylorisierung (Abschn. 3.1), die Diskussion der durchaus problematischen Konsequenzen der vielfach propagierten flachen Hierarchie in Organisationen (Abschn. 3.3.1), Erläuterungen zur Prozessoptimierung und zu Prozessreifegraden (4.5), die Gefahren- und Nutzenpotenziale schlanker Organisationsstrukturen (Abschn. 7.1), die Rolle von Unternehmensberatern bei der Entstehung von Managementmoden (Abschn. 7.6) sowie die Gemeinsamkeiten moderner Managementkonzepte (Abschn. 7.7) in Abgrenzung zur klassischen Organisationstheorie. Darüber hinaus wurde aufgrund der in Theorie und Praxis diskutierten Notwendigkeit der erfolgreichen Gestaltung von Veränderungen in Organisationen das Kap. 8 zum Change Management erweitert. Außerdem wurden zahlreiche Literaturangaben aktualisiert.

Berlin und Insheim, im Dezember 2015   Rainer Bergmann
                                                                        Martin Garrecht

Inhaltsverzeichnis

Abbildungsverzeichnis

Bedeutung von Organisation

Lernziele

Dieses Kapitel vermittelt,

- welche Bedeutung Organisation in Unternehmen besitzt,
- auf welche unterschiedliche Art und Weise der Begriff Organisation definiert werden kann,
- welche zentralen Problemfelder in der Organisationspraxis immer wieder auftauchen,
- wie stark Organisationen von informalen Aspekten geprägt werden.

Der Mensch ist ein „**Organisationswesen**". Er wird in Organisationen ausgebildet und arbeitet in ihnen (Unternehmen, Verwaltung, Hochschulen etc.). Auch das private Leben ist von Organisationen geprägt, bspw. durch die Mitarbeit bei einem Verein, einer Partei oder einer „Nicht-staatlichen Organisation". Auch **Projekte** spielen im Alltag eine große Rolle, sei es durch die Mitwirkung in Projekten in einem Unternehmen, wie Projekte im Anlagenbau, IT-Projekte, oder Projekte zur Organisationsveränderung. Im privaten Bereich lassen sich die Durchführung einer großen Feier, das Bauen eines Hauses oder ein Umzug als Projekt sehen.

Organisieren als „zielgerichtete Integration und/oder Koordination von Ressourcen" (Nolte 1999, S. 41) muss **als unternehmerische Funktion** in jedem Unternehmen wahrgenommen werden, damit diese in Zeiten sich ständig ändernder Rahmenbedingungen entwicklungsfähig bleiben. **Koordination** bedeutet dabei die bewusste **Abstimmung** der arbeitsteiligen Organisationseinheiten auf die Unternehmensziele. **Integration** bedeutet das Einfügen eines Teiles in eine bereits bestehende Ordnung, so dass im Ergebnis ein lebensfähiges, produktives **System** entsteht (vgl. mit weiteren Nachweisen Nolte 1999, S. 42).

© Springer-Verlag Berlin Heidelberg 2016
R. Bergmann, M. Garrecht, *Organisation und Projektmanagement*, BA KOMPAKT,
DOI 10.1007/978-3-642-32250-1_1

Trotz dieser Bedeutung von Organisation gibt es in zahlreichen Unternehmen oft keine eigene Abteilung für Organisation, während andere Unternehmensfunktionen wie Planung, Controlling oder Produktion häufig als eigene Bereiche institutionalisiert sind. Wenn diese Abteilung Organisation existiert, ist sie häufig nur für die Dokumentation bestehender Organisationsstrukturen (Organigramme, Stellenbeschreibungen) zuständig und oft mit dem Personalbereich verbunden. Das vielfache Fehlen einer Abteilung Organisation weist darauf hin, dass **Organisation** zu einem großen Teil **eine Managementfunktion ist**. Diese wird einerseits im Sinne des Schaffens von Strukturen durch die Unternehmensleitung wahrgenommen, andererseits auch von jedem Mitarbeiter auf der operativen Ebene im Sinne von „wie organisiere ich meine Arbeit".

Darüber hinaus beschäftigt sich die betriebliche **Organisationslehre als anwendungsorientierte Wissenschaft** sowohl mit den Menschen in Unternehmen (Organisationsmitglieder), als auch mit **Organisationen als komplexen Systemen** in ihrer Umwelt.

1.1   Definitionen von Organisation und Organisieren

Bisher hat sich **keine einheitliche Definition** für Organisation herausgebildet. Betrachtet man die verschiedenen Definitionsversuche näher, kann man **verschiedene Perspektiven** wahrnehmen. Einerseits gibt es **Strukturen** im Unternehmen, die festzulegen sind, es gilt, bestimmte Sachverhalte und sich selbst zu **organisieren** und darüber hinaus **ist** ein Unternehmen selbst **eine Organisation**, wie es auch Universitäten, Bürgerinitiativen oder Krankenhäuser sind (vgl. die Versuche der Definition von Organisation in Nordsieck 1955; Kosiol 1962; Fayol 1970 (orig. 1916); Ulrich 1970; Gutenberg 1958; Bleicher 1991; Kieser/ Walgenbach 2010, für einen Überblick vgl. Nolte 1999, S. 38 ff.).

Insofern kann, wie in Abb. 1.1 dargestellt, eine Dreiteilung des Begriffs Organisation vorgenommen werden.

Zum Ersten „wird ein Unternehmen organisiert". Es geht darum, ein Unternehmen **funktional** zu gestalten. Hierbei steht die **Koordination** im Vordergrund (was wird wann und wo getan). Daraus bilden sich zum Zweiten **Organisationsstrukturen** heraus. Das Unternehmen „hat eine Organisation". Hierbei stehen Problemfelder der Führung und Führungsinstrumente im Vordergrund (wer tut es und wie?), es handelt sich um eine **instrumentale** Sicht. Zum Dritten „ist das Unternehmen eine Organisation", dies ist die **institutionale** Sicht. Hierbei stehen ganzheitliche, **verhaltenswissenschaftliche** Aspekte im Vordergrund, es geht darum, einen Sinnzusammenhang zu vermitteln (warum wird es getan?).

Alle drei Sichtweisen werden benötigt, um der Aufgabe „Organisation" in einem Unternehmen gerecht zu werden und Organisation aus wissenschaftlicher Sicht zu beleuchten. Somit werden auch alle Perspektiven im weiteren Verlauf dieses Buches angesprochen werden.

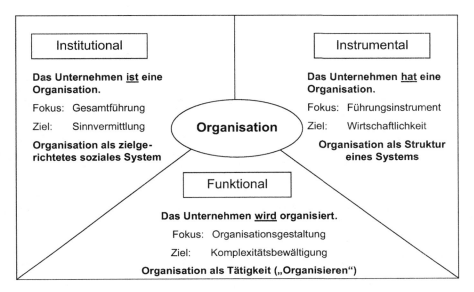

Abb. 1.1 Sichtweisen von Organisation (Quelle: In Anlehnung an Gomez/Zimmermann (1993, S. 16), leicht modifiziert)

1.2 Organisationsbedarf im Unternehmenslebenszyklus: Die Veränderung von Organisationen

In der **Praxis** trifft man als Organisationsmitglied, Führungskraft oder externer Berater – abgesehen von Neugründungen – auf **bestehende Organisationsstrukturen**. Sind diese nicht auf die bestehenden Umweltbedingungen des Unternehmens optimal angepasst oder ändern sich die Umweltbedingungen, so ist eine Veränderung der Organisation notwendig. Eine Veränderung der für das Unternehmen **relevanten Umwelt** (vgl. Abschn. 6.5 zur Systemtheorie) tritt auch dann ein, wenn das Unternehmen bspw. durch Diversifikation seiner Produkte wächst, wenn es andere Unternehmen akquiriert oder mit solchen fusioniert.

Idealtypisch folgt die Entwicklung eines Unternehmens einem **Lebenszyklus** (vgl. Abb. 1.2). Es beginnt mit der **Pionierphase** des neu gegründeten Unternehmens, in welcher der Gründer die zentrale bestimmende Figur ist.

Entwickelt sich das Unternehmen weiter (Umsatzerhöhung), bspw. durch eine Marktdurchdringung oder **Diversifikation**, so verändert sich die relevante Umwelt des Unternehmens: Sie wird komplexer. Diese **Komplexität** muss nun innerhalb des Unternehmens verarbeitet werden; d. h., das Unternehmen muss seine **innere Komplexität** (vgl. Abschn. 6.5 zur Systemtheorie) erweitern. Dies wird bspw. durch Aufbau eines Controlling-Systems oder Erweiterung der Forschung & Entwicklungs-Kapazitäten

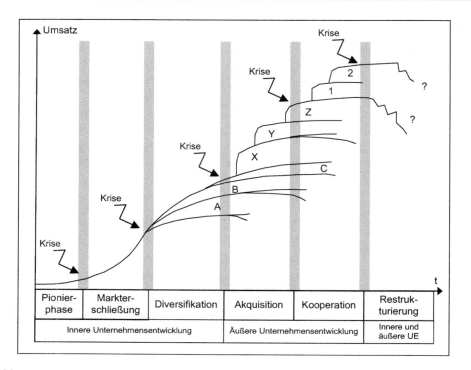

Abb. 1.2 Unternehmenslebenszyklus (Ausschnitt) (Quelle: Bleicher (1991, S. 793))

erreicht; in jedem Falle bedeutet es eine **Veränderung der Organisation**. Diese Notwendigkeit, die innere Komplexität durch Organisationsveränderung der äußeren Komplexität der Umwelt anzupassen, wird häufig erst durch eine Krise innerhalb des Unternehmens erkannt (vgl. Bleicher 1991, S. 793).

Organisationsveränderungen oder deren Auswirkungen sind bei großen Unternehmen in der Praxis häufig zu beobachten und können in der Wirtschafts- oder Tagespresse verfolgt werden. Dabei kann es sich z. B. um eine Fusion, den Verkauf von Unternehmensteilen oder die Durchführung eines Kostensenkungsprogramms handeln. Selbst in der Sportpresse lassen sich Organisationsveränderungen, bspw. die Umstrukturierung in einem Profi-Fußballclub, verfolgen. Solche Organisationsveränderungen betreffen in der Regel sämtliche Aspekte, die in Organisation als Wissenschaft behandelt werden.

Idealtypisch läuft eine Anpassung einer Organisation in vier Schritten ab (vgl. Abb. 1.3).

In einer **Analyse** werden die relevanten **Umweltbedingungen** der Organisation festgestellt. Dies kann je nach Detailgrad bspw. im Rahmen einer PEST(E)-Analyse (Political, Economic, Social, Technological, Ecological), einer Analyse der Porter'schen Five Forces oder einer SWOT-Analyse (Strengths, Weaknesses, Opportunities, Threats) durchgeführt werden (vgl. z. B. Bergmann/Bungert 2012, S. 128 ff.). Daraus abgeleitet wird eine auf diese Umweltbedingungen so weit wie möglich **ideal** angepasste

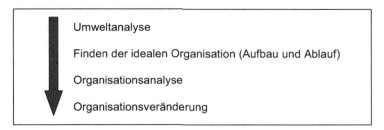

Umweltanalyse

Finden der idealen Organisation (Aufbau und Ablauf)

Organisationsanalyse

Organisationsveränderung

Abb. 1.3 Organisationsanpassung

Organisationsform entworfen. In einer **Organisationsanalyse** (z. B. die in Abschn. 5.2 behandelte Aufgaben- oder Arbeitsanalyse) wird der derzeitige Stand der Organisation untersucht und durch die Lücke zwischen idealer und tatsächlicher Organisation der Änderungsbedarf festgestellt. Die Organisation kann dann durch ein **Aufbrechen** der bestehenden **Organisationsstruktur** (Unfreeze), die eigentlichen **Veränderung** (Move) und die anschließende **Restabilisierung** (Freeze) angepasst werden (vgl. hierzu das Kap. 8 zum Change Management).

Dieser idealtypische Veränderungsprozess wird in der Praxis jedoch durch verschiedene **zentrale Problemfelder** der Organisation begleitet. Über diese zentralen Problemfelder wird bei einer Organisationsveränderung sehr häufig gestritten und die oftmals stark unterschiedlichen Sichtweisen liegen dabei in den Werten und Einstellungen der an der Organisationsveränderung Beteiligten begründet.

1.3   Zentrale Problemfelder der Organisation

Zentrale Problemfelder der Gestaltung von Organisationen sind insbesondere:

- Stabilität vs. Flexibilität,
- Zentralisierung vs. Dezentralisierung,
- Entscheidungsdelegation,
- Informale Aspekte.

Stabilität vs. Flexibilität
Nach dem **Grundprinzip des Gleichgewichts** von Kosiol (vgl. Kosiol 1962, S. 30) ist es eine zentrale Aufgabe des Managements, im Unternehmen ein hohes Maß an Stabilität zu gewährleisten, um planbar, berechenbar und effizient zu funktionieren. Auf der anderen Seite ist aber auch die Fähigkeit zur Anpassung an sich verändernde Umweltbedingungen notwendig. Hierbei stellen Stabilität und Flexibilität **Enden** eines **Kontinuums** dar. Ein Unternehmen kann deshalb als Ganzes niemals extrem stabil und gleichzeitig extrem flexibel sein.

Stabilität ist gekennzeichnet durch organisatorische Regelungen und Strukturen. Sie ist jedoch Voraussetzung für eine hohe Effizienz und notwendig für die Zuverlässigkeit der Planung. Negativ ausgedrückt steht sie für Starrheit und Unbeweglichkeit. **Flexibilität** (Kosiol bezeichnet sie als „Elastizität") ist eine notwendige Voraussetzung, um kurzfristig auf sich verändernde Umweltbedingungen reagieren zu können. Sie wird in zahlreichen Veröffentlichungen der populären Managementliteratur als unabdingbar und teilweise sogar als Unternehmensziel an sich gekennzeichnet. Setzt man in einem negativen Sinn jedoch Flexibilität mit Chaos und Wirrwarr gleich, wird deutlich, dass in einem solchen Fall zielgerichtetes und planbares unternehmerisches Handeln unmöglich wird.

Entsprechend werden sich Organisationsmitglieder, deren Werte eher durch ein **Kontrollbedürfnis** und **Berechenbarkeit** oder **Zuverlässigkeit** geprägt sind, tendenziell für stabilere Organisationslösungen aussprechen, während andere, deren Werte **Wandlungsfähigkeit** und die **Akzeptanz** eines **Kontrollverlustes** beinhalten, eher flexible Lösungen favorisieren. Wie bei den anderen Problemfeldern werden dann die Diskussionen über Organisationsveränderungen und die Argumentationslogik häufig durch die Wertvorstellungen der Beteiligten maßgeblich beeinflusst.

Zentralisierung vs. Dezentralisierung

Auch bei der Diskussion, ob eine Organisation eher zentral oder dezentral aufgebaut werden soll, spielen Wertvorstellungen eine große Rolle. Ein starkes Kontrollbedürfnis spricht bspw. eher für eine **zentrale** Organisation. Hier zeigt sich der **Zusammenhang der** einzelnen **Problemfelder**, die später bei der Beschreibung von Organisationen durch die **Strukturdimensionen** (vgl. Kap. 3 zu den Strukturdimensionen) noch einmal deutlich wird: **Zentralisierung** hängt mit **Stabilität** zusammen, während **Dezentralisierung** eher mit **Flexibilität** in Verbindung gebracht werden kann.

Gleichzeitig gibt es bei der Diskussion um Zentralisierung vs. Dezentralisierung auch **Modeerscheinungen** (vgl. hierzu Abschn. 7.6). Dies kann man sich durchaus wie ein **Pendel** vorstellen, das einmal in Richtung Zentralisierung ausschlägt und dann wieder hin zum anderen Extrem Dezentralisierung schwingt. Insbesondere Mitte der 1990er-Jahre gab es eine Vielzahl von Organisationsmodellen, welche stark dezentralistisch geprägt waren, wie die **Fraktale Fabrik** oder **Virtuelle Unternehmen** (vgl. Drumm 1996). Hier lässt sich durchaus von einer **Welle der Dezentralisierung** sprechen, die durch Schlagworte wie **Outsourcing** oder **Konzentration auf die Kernkompetenzen** geprägt war, und bis heute wesentliche Aspekte in der Strategie zahlreicher Unternehmen sind. Gerade in den letzten Jahren gab es allerdings auch wieder Gegenbewegungen, wie **Insourcing** oder (geographische) Zentralisierung unternehmensinterner Services. Bildlich gesprochen: Das Pendel schwingt wieder zurück.

Entscheidungsdelegation

Auch die Entscheidungsdelegation (**Verlagerung** der **Entscheidungskompetenz** auf untergeordnete Hierarchieebenen), hängt mit den Problemfeldern Zentralisierung und Stabilität zusammen. Oftmals wird Stabilität mit Zentralisierung und Entscheidungskonzentration an der Unternehmensspitze gleichgesetzt. Dies muss allerdings nicht der Fall sein, denn die **Organisationsprinzipien** sind grundsätzlich **unabhängig** voneinander. Allerdings werden die Präferenzen für die eine oder andere Ausrichtung stark von den Wertvorstellungen beeinflusst und hier kann durchaus ein Zusammenhang zwischen Kontrollbedürfnis, Stabilität, Zentralisierung und wenig Entscheidungsdelegation gesehen werden. Entsprechend häufig lässt sich dieser Zusammenhang in Unternehmen beobachten.

Neben der Wertvorstellung spielt insbesondere bei der Entscheidungsdelegation auch das **Menschenbild** der Führungskräfte eine dominante Rolle (vgl. Abschn. 6.3 zu den Human Resource Ansätzen, bspw. das XY-Menschenbild von McGregor). Neigt das Management eher zu der Ansicht, dass Menschen eher **extrinsisch** zu motivieren sind, bspw. insbesondere über finanzielle Anreize, und kontrolliert werden müssen, so wird sich in der Organisation eher **wenig Entscheidungsdezentralisation** finden lassen.

Informale Aspekte

Ein weiteres zentrales Problemfeld sind die informalen Aspekte von Organisation, die im Folgenden näher behandelt werden.

1.4   Die Organisation als Eisberg formaler und informaler Aspekte

Beobachtet man eine Organisation, so sind es die **formalen Aspekte** der Organisation, die zuerst wahrgenommen werden. Dazu gehört z. B. die offiziell kommunizierte **Unternehmenspolitik**, die sich in **Strategiepapieren** oder Unternehmensbroschüren manifestiert. Des Weiteren zählen dazu die **Organisationsstrukturen** und **Prozesse**, welche als **Organigramme** oder **Prozessbeschreibungen** in schriftlicher Form vorliegen, Stellenbeschreibungen, die interne und externe Rechnungslegung oder auch Pläne und **Vorschriften**, (= **Programme**), die sich in Handlungsanweisungen und Handbüchern wieder finden.

Die **formalen Aspekte** entsprechen der **bewusst geschaffenen Ordnung** in der Organisation. Sie sind es, die **vordergründig** bei **Organisationsanpassungen verändert** werden.

Das Bild des Eisbergs (vgl. Abb. 1.4) veranschaulicht, dass die **informalen Aspekte** einer Organisation von größerer Bedeutung für das alltägliche Geschehen im Unternehmen sind. Sie sind es auch, die durch ihre Verborgenheit unter der Wasseroberfläche bei Nichtbeachtung Reorganisationsprojekte „auflaufen lassen" und zum **Scheitern** bringen. Dazu gehören die Sachverhalte, welche die Menschen und ihre komplexen Beziehungen in der Organisation betreffen, wie bspw. **Macht**. Dabei muss die **informale Macht** nicht mit der **formalen Macht**, wie sie in Organigrammen oder Stellenbeschreibungen festgelegt wird, übereinstimmen. Häufig bedeutet ein Einfluss auf die Führungskräfte, bspw. durch einen „altgedienten" Mitarbeiter oder die Möglichkeit der **Informationsfilterung** eine größere tatsächliche Macht, Unternehmensentscheidungen zu beeinflussen, als eine formale Machtstellung – so mag manches Vorstandssekretariat mehr (informelle) Macht besitzen als der Vorstand selbst.

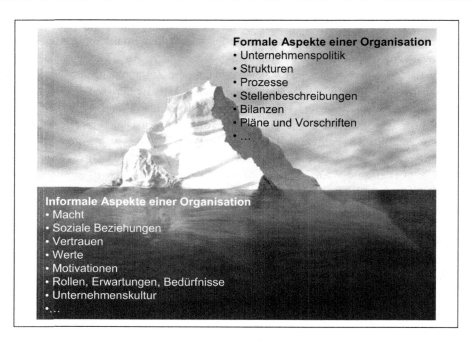

Abb. 1.4 Organisation als Eisberg (Quelle: In Anlehnung an Probst (1992, S. 45))

Von ähnlicher Bedeutung sind die sozialen Beziehungen der Organisationsmitglieder. Hier stellen sich die Fragen „wer kommt mit wem wie gut aus?" und „werden Streitigkeiten auf der Sachebene nicht durch Probleme auf der Beziehungsebene verursacht?". Ein bedeutender informaler Aspekt ist die **Unternehmenskultur** (vgl. Abschn. 3.2.2.2 zur Organisationskultur), welche durch die vorherrschenden geteilten **Werte und Normen**, die **Basisannahmen** und die **Artefakte** in einer Organisation beschrieben werden kann. So scheitern viele Fusionen, Übernahmen und Kooperationen von Unternehmen an den **unterschiedlichen Unternehmenskulturen** (vgl. Raffée/Eisele 1994, S. 17 ff.).

1.5   Fallstudie: Organisationsbedarf in einem Kleinunternehmen

Georg K. & Co. GmbH

Im Jahre 1924 entscheidet sich der Bäckermeister Richard K., ein eigenständiges Lebensmittelunternehmen in einer sächsischen Großstadt zu gründen (die Fallstudie basiert auf Nolte 1999, S. 89 ff.). Seine Gründung beruhte auf der Beobachtung, dass sich Eierteigwaren einer immer größeren Beliebtheit erfreuten. Mit Hilfe seiner Frau gelang es ihm, ein Geschäft aufzubauen, das sich in den folgenden Jahren als fester Bestandteil des Marktes etablierte. Sein heute 62-jähriger Sohn Georg K. wurde durch eine kaufmännische Lehre in das Unternehmen eingebunden und ist seit dem Tod seines Vaters der Geschäftsführer des kleinen Betriebes. Seine Frau Rita K. (60) arbeitet ebenfalls in der oberen Verwaltungsebene.

Trotz geschichtlicher Stolpersteine wie Krieg, Verstaatlichung und letztlich Reprivatisierung, existiert das Familienunternehmen mittlerweile in der dritten Generation, heute in Form einer GmbH. Im Jahre 2000 erfolgte die Zertifizierung nach der DIN EN ISO 9002 und der DIN EN ISO 9004.

Die Georg K. & Co. GmbH erwirtschaftete im aktuellen Geschäftsjahr einen Umsatz von ca. 5,5 Mio. Euro. und beschäftigt 22 festangestellte Mitarbeiter. Jedoch wächst mit zunehmender Beschäftigtenzahl auch das Koordinationsproblem zwischen allen Beteiligten (vgl. Abb. 1.5 mit dem Organigramm des Unternehmens).

Heute arbeiten neben Georgs Sohn Christian (35) auch dessen Frau Annika (30) und der Schwiegersohn Daniel J. (32) in leitenden Positionen. Dennoch behalten sich Georg und Rita K. die endgültige Entscheidung für fast alle Bereiche vor. Das führt zu kleineren „Generationsproblemen", denn es ist oftmals nicht einfach, Georg K. von der Notwendigkeit einer technischen Neuanschaffung zu überzeugen. So sperrte sich Georg K. auch lange gegen größere Investitionen in den Internetauftritt des Unternehmens oder die Anschaffung eines Warenwirtschaftsprogramms, da die Systeme und Programme schon in der Vergangenheit nicht immer zuverlässig arbeiteten, so dass die kritische Einstellung zur Informationstechnologie schwer zu widerlegen war.

Mit der Zeit ergab sich auch noch ein weiteres Problem. Durch die erforderliche Expansion in den letzten zwei Jahren wurde das Großraumbüro aufgelöst, und die Bereichsleiter zogen in jeweils separate, dem Aufgabengebiet entsprechende Arbeitsräume,

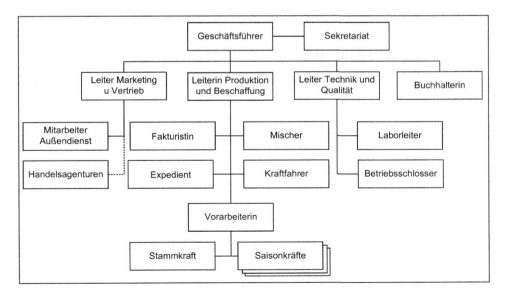

Abb. 1.5 Organigramm der Georg K. & Co. GmbH

so dass der ehemals selbstverständliche Informationsaustausch unterbleibt. Die Folgen sind Unstimmigkeiten und Missverständnisse zwischen den Mitarbeitern.

Die Produktpalette wurde im Laufe der Zeit dem Bedarf angepasst, und so werden nun Schnellbackprodukte, Desserts sowie Eispulver für den gewerblichen Bedarf gefertigt. Doch um die Waren absetzen zu können, sind umfangreiche Werbeaktivitäten erforderlich, die aber sehr kostenintensiv sind. Wie in vielen Unternehmen herrscht auch hier eine große Kapitalknappheit, so dass es sich als sehr schwierig erweist, den Geschäftsführer von der Dringlichkeit dieser Maßnahmen zu überzeugen, insbesondere da der Erfolg auch nicht sofort sichtbar ist.

Das derzeitige Hauptproblem besteht darin, dass aufgrund des Alters Rita und Georg K. über einen Rückzug aus dem Geschäftsleben nachdenken, aber noch zu fest in das Geschehen eingebunden sind. Aufgrund ihrer großen Unternehmenskenntnisse und Autorität werden sie von allen Mitarbeitern bei großen oder kleinen Problemen angesprochen. Außerdem konnte noch keine Einigung über eine allen gerecht werdende Nachfolge erzielt werden, so dass die Frage des Ausscheidens hinter den alltäglichen Belastungen zurückbleibt.

Frage zur Fallstudie

Welche organisatorischen Grundprobleme sind für die Georg K. & Co. GmbH zu lösen? Berücksichtigen Sie dabei die verschiedenen Herangehensweisen an Organisation, welche sich in den Organisationsdefinitionen finden, und die zentralen Problemfelder der Organisation, insbesondere die informalen Aspekte!

1.6   Kontrollfragen zu Kapitel 1

Welche der folgenden Aussagen sind vollständig richtig (r) und welche Aussagen sind falsch (f)?

1. Organisation ist eine unternehmerische Funktion im Sinne einer zielgerichteten Integration und Koordination von Ressourcen in komplexen Systemen.
2. Im instrumentalen Verständnis ist Organisation ein Führungsinstrument.
3. Der instrumentale Organisationsbegriff lässt sich mit der Aussage zusammenfassen: „Das Unternehmen wird organisiert".
4. Im funktionalen Verständnis von Organisation steht die Organisationsgestaltung.
5. Der funktionale Organisationsbegriff lässt sich mit der Aussage zusammenfassen: „Das Unternehmen hat eine Organisation".
6. Das institutionale Organisationsverständnis sieht die Organisation als Struktur eines Systems.
7. Die Notwendigkeit, die innere Komplexität durch eine Veränderung der Organisation der äußeren Komplexität der Umwelt anzupassen, wird häufig erst durch eine Krise innerhalb des Unternehmens erkannt.

8. Phasen der inneren Unternehmensentwicklung sind die Pionier-, die Markterschlie-ßungs- und die Diversifikationsphase.

9. Eine Organisationsveränderung kann durch ein Aufbrechen der bestehenden Organi-sationsstruktur (Unfreeze), die eigentlichen Veränderung (Move) und die anschlie-ßende Restabilisierung (Freeze) durchgeführt werden.

10. Eine Reorganisation, die nur formale Aspekte (bspw. exakte Stellenbeschreibungen) berücksichtigt, kann ohne Berücksichtigung der informalen Aspekte (bspw. unter-schiedliche Unternehmenskulturen bei der organisatorischen Einbindung von Akqui-sitionen) scheitern.

11. Stabilität ist gekennzeichnet durch organisatorische Regelungen und Strukturen. Sie ist Voraussetzung für eine hohe Effizienz und notwendig für die Zuverlässigkeit der Planung.

12. Nach dem Grundprinzip des Gleichgewichts ist es eine zentrale Aufgabe des Ma-nagements, im Unternehmen ein hohes Maß an Zentralisation und Stabilität zu gewährleisten.

13. Ein allgemeiner Grundsatz der Organisation ist das organisatorische Gleichgewicht zwischen Elastizität und Stabilität.

14. Entscheidungsdelegation ist die Verlagerung der Entscheidungskompetenz auf unter-geordnete Hierarchieebenen.

15. Die formalen Aspekte entsprechen der bewusst geschaffenen Ordnung in der Orga-nisation und sind diejenigen Aspekte, die vordergründig bei Organisationsanpassun-gen verändert werden.

16. Zu den formalen Aspekten von Organisation gehören bspw. Organisationsstrukturen und Prozesse, welche als Organigramme oder Prozessbeschreibungen in schriftlicher Form vorliegen, Stellenbeschreibungen, oder Pläne und Vorschriften.

17. Ein bedeutender formaler Aspekt von Organisation ist die Unternehmens-/Organisa-tionskultur.

Arbeiten in Gruppen und Teams

2

In Organisationen, selbst in stark arbeitsteilig organisierten Unternehmen der Produktion, gewinnt die Arbeit in **Gruppen** und **Teams** immer mehr an Bedeutung, bspw. in **Projektgruppen**, sog. **Task Forces, teilautonomen Arbeitsgruppen** oder **Entwicklungsteams**. Gerade beim Arbeiten in Gruppen steht der „**Faktor Mensch**" stark im Vordergrund. Aufgrund der Bedeutung der Gruppen- und Teamarbeit sollen hier als Basis für die weitere Betrachtung von Organisation und Projektmanagement die Grundlagen der wichtigsten Aspekte des Verhaltens von und in Gruppen und Teams diskutiert werden.

2.1 Leistungsfähigkeit von Gruppen

Während das Wort **Gruppe** in der Umgangssprache und in der Soziologie auch informelle Gruppen wie eine Clique oder einen Freundeskreis umfassen und das Wort **Team** als Lehnwort aus dem Englischen mit einer starken Konnotation zum Sport gebraucht wird, werden hier Gruppen als **formale Einheiten** in einer Organisation, bestehend aus zwei oder mehr **Individuen**, die miteinander **interagieren** und ein **gemeinsames Ziel**

© Springer-Verlag Berlin Heidelberg 2016
R. Bergmann, M. Garrecht, *Organisation und Projektmanagement*, BA KOMPAKT,
DOI 10.1007/978-3-642-32250-1_2

verfolgen, verstanden (vgl. im Folgenden Antoni 2003, S. 414 f.). Dabei werden die Besonderheiten der Interaktion in Gruppen und die Auswirkungen auf die Entscheidungsfindung betrachtet. Die individuellen Besonderheiten bei **Entscheidungsproblemen** werden im Abschn. 6.4 zur **Entscheidungstheorie** vertieft.

Grundsätzlich gibt es verschiedene Situationen, in denen Problemlösungen von Gruppen **Individuallösungen** überlegen sind. Dies sind – abgesehen von Aufgaben, welche physischen Einsatz verlangen oder einfach ein anfallender Arbeitsaufwand arbeitsteilig bewältigt wird – insbesondere Aufgaben, in denen eine **breite Informations- und Erfahrungsbasis** benötigt wird. Dem Gruppenertrag der gemeinsamen Lösung bzw. der Addition der aufgewendeten Arbeit steht jedoch ein **Koordinationsaufwand** innerhalb der Gruppe entgegen. Dieser Koordinationsaufwand wird u. a. von dem Durchlauf verschiedener **Phasen der Gruppenbildung** bestimmt.

2.2   Phasen der Gruppenentwicklung

Formal kann eine Gruppe durch eine Entscheidung im Unternehmen und Benennung der Mitglieder institutionalisiert werden. Um jedoch Leistung zu erbringen, muss die Gruppe auch **informelle Regelungen** treffen. Dies kann unbewusst geschehen, ist aber notwendig. Idealtypisch lassen sich **vier Phasen der Gruppenentwicklung** identifizieren (vgl. Abb. 2.1; im Folgenden Tuckman 1965, S. 396; Schulte-Zurhausen 2010, S. 189).

In der ersten Phase, Formierungs- oder auch Orientierungsphase genannt, treffen die Gruppenmitglieder zum ersten Mal aufeinander. In dieser **Forming**-Phase bestimmen

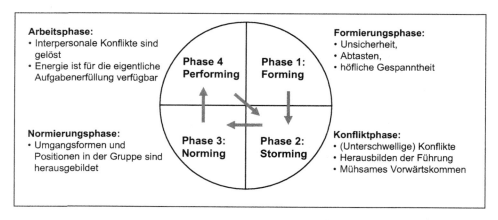

Abb. 2.1 Entwicklung von Gruppen (Quelle: Eigene Darstellung auf Basis von Tuckman (1965))

Unsicherheit, ein gegenseitiges **Abtasten** und **höfliche Gespanntheit** die Situation. Wie in vielen neuen sozialen Situationen wird häufig erst einmal ein Verhaltensmuster abgespult: Wie schätze ich die anderen ein? Wie wirke ich auf die anderen?

Auf diese Phase folgt die **Storming**-Phase, in der sich die **Rollen** innerhalb der Gruppe, insbesondere die **Führung** herausbilden. In einer in einem Unternehmen institutionalisierten Gruppe, bspw. einem Projektteam, sind die Rollen und die Führung zwar formal vorgegeben, die tatsächliche Führung, **Moderation** und **Arbeitsaufteilung** kann jedoch davon abweichen. Häufig ist es so, dass der Projektleiter zwar die formale Führung hat, de facto aber insbesondere einzelne Gesprächsrunden von anderen starken Projektmitgliedern geführt und/oder moderiert werden. Hier lässt sich die Regel „Wer fragt, der führt" beobachten, da durch das Stellen von Fragen der Gesprächsverlauf gelenkt wird. Insofern wird auch deutlich, dass die **informelle Führung** durchaus innerhalb der Gruppe **häufig wechseln** kann. Auch bei den anderen Rollen innerhalb der Gruppe (Experten, Unterstützer…) kann die informale Rollenwahrnehmung von der formalen abweichen, was, neben einer konkurrierenden Rollenauffassung zweier oder mehrerer Mitglieder, zu den **Konflikten** in der Storming-Phase beitragen kann.

In der darauf folgenden **Norming**-Phase sind dann die Konflikte gelöst oder beigelegt und es haben sich die verschiedenen Positionen innerhalb der Gruppe etabliert. Außerdem haben sich **Umgangsformen** und **Kommunikationsregeln** herausgebildet, also bspw. wie miteinander geredet wird (Fachsprache) oder wie **soziale** Belohnungen und **Sanktionen** innerhalb der Gruppe ausgesprochen werden. Auch die **Vorgehensweise** zur **Problemlösung** hat sich nun etabliert und wird in der Regel nicht mehr diskutiert.

Erst wenn diese Phase abgeschlossen ist, kann sich nun die Gruppe mit ganzer Kraft der Lösung der eigentlichen Problemstellung widmen. Erst in dieser **Performing**-Phase wird keine Energie mehr auf Intra-Gruppen-Konflikte verwendet, sondern diese steht nun voll und ganz der Aufgabenerfüllung zur Verfügung. Nach einer gewissen Zeit in der Performing-Phase kann durch aufbrechende alte oder entstehende neue Konflikte, durch Uneinigkeit über Vorgehensweisen oder veränderte Rollenwahrnehmung oder -ansprüche die Gruppe **wieder** in eine Storming-Phase **zurück fallen**. Auch dann müssen diese Konflikte in einer erneuten Norming-Phase gelöst werden, bevor die Gruppe mit voller Energie effizient arbeiten kann.

In der Realität sind diese **idealtypischen Phasen** häufig **nicht** klar **voneinander zu trennen** bzw. überlappen sich oder es kommt zu stetigen Sprüngen zwischen einzelnen Phasen. Manche Gruppen erreichen aufgrund ungelöster, immer wieder aufbrechender Konflikte nie die Performing-Phase, andere erreichen gute Ergebnisse, obwohl Konflikte nie gänzlich gelöst wurden. Projektteams, Gremien, Task Forces etc. benötigen i. d. R. erst einmal eine **Anlaufzeit**, bevor sie an die Lösung ihnen gestellter Aufgaben herangehen können. Daher sollten für Teams mit langfristig angelegten, besonders wichtigen Aufgabenstellungen im Vorfeld bspw. **teambildende Maßnahmen** durchgeführt werden.

2.3   Gruppenkohäsion

Die **Kohäsion** ist ein wichtiger Faktor, der zeigt, inwieweit Konflikte die Arbeit in Gruppen behindern können. Bei einer hohen Kohäsion entwickelt die Gruppe ein Wir-Gefühl und die Mitglieder verbinden ähnliche Ziele, Werte und Normen. Weist die Gruppe eine hohe Kohäsion auf, so führen durch diese gemeinsamen Ziele und deren Verfolgung unterschiedliche Auffassungen seltener zu Konflikten und verkürzen somit die Storming-Phase. **Kohäsionsfördernd** wirken die **Häufigkeit der Interaktion**, die **Attraktivität** der Gruppe sowie die **Homogenität** in den Werten und Einstellungen der Mitglieder (vgl. Abb. 2.2). Des Weiteren führen eine (ggf. auch nur vermutete) „**Bedrohung**" von außen oder **Konkurrenz** sowie **Erfolge** und **Anerkennung** von außen zu einem stärkeren Zusammenhalt.

Kohäsionshemmend sind eine zunehmende **Gruppengröße**, eine Einzelkämpfer-Mentalität (**mangelnde Teamfähigkeit**) einzelner Gruppenmitglieder oder **Misserfolge** der Gruppe. Darüber hinaus wirken sich **Zielkonflikte** negativ aus. Dies können unterschiedliche Ziele einzelner Gruppenmitglieder untereinander oder widerstreitende Ziele von Gruppenmitgliedern und Gruppenzielen sein. Solche **Zielkonflikte** können bspw. verstärkt oder ausgelöst werden durch eine individuelle Leistungsbewertung. Dadurch kann auch ein Intragruppen-Wettbewerb ausgelöst werden, welcher sich ebenfalls negativ auf die Kohäsion auswirkt.

Grundsätzlich wirkt sich eine **hohe Kohäsion positiv** auf die **Gruppenleistung** aus, da Energie, welche auf die Lösung von Intragruppen-Konflikte aufgewendet wird, der Gruppenleistung zur Verfügung steht. In **Einzelfällen** kann sich aber eine hohe Kohäsion **negativ** auf das Gruppenergebnis auswirken. Dies ist z. B. dann der Fall, wenn sich implizite Gruppenziele herausbilden, welche den Organisationszielen zuwider laufen. So lässt sich bspw. beobachten, dass Arbeitsgruppen in produzierenden Unternehmen

Kohäsionsfördernd	Kohäsionshemmend
• Häufigkeit der Interaktion	• Gruppengröße
• Attraktivität und Homogenität	• Einzelkämpfer
• Intergruppen-Wettbewerb	• individuelle Leistungsbewertung
• Einigkeit über Gruppenziel	• Intragruppen-Wettbewerb
• Erfolg und Anerkennung	• Zielkonflikte
	• Misserfolge

Abb. 2.2 Einflussfaktoren der Gruppenkohäsion (Quelle: Eigene Darstellung auf Basis von Staehle (1994, S. 258))

eigene Leistungsnormen herausbilden, welche sich an der Entlohnung und Behandlung der Gruppe orientieren und als gerechte Gegenleistung wahrgenommen werden (**Felt-Injustice-Syndrome**). Abweichler von dieser Norm innerhalb der Gruppe werden dann durch **soziale Sanktionen** (Sticheln, Mobbing) zur Einhaltung dieser Norm gebracht (vgl. Roethlisberger/Dickson 1939, S. 445).

Die **individuelle Leistungsbewertung** und -vergütung als kohäsionshemmendes Instrument kann sich positiv auf den Gruppenerfolg auswirken. Im Profi-Fußball bspw. können individuelle Torerfolgsprämien einzelne Spieler zu höherer Leistung motivieren, was sich letztlich auch positiv auf das Gruppenergebnis auswirken kann. Dies kann aber auch dazu führen, dass besser postierte Mitspieler „übersehen" werden, um selbst das Tor zu erzielen. Spätestens bei Misserfolg zeigt sich, dass dieses Instrument **kohäsionshemmend** wirkt, wenn Neid und Missgunst zu gegenseitigen Schuldvorwürfen führen und die Gruppenleistung als Ganzes darunter leidet.

Weitere negative Effekte entstehen durch hochkohäsive Gruppen, wenn diese beginnen, eine **Eigendynamik** zu entwickeln. Dies kann an den sog. **Groupthink- und Groupshift-Phänomenen** beobachtet werden.

2.4 Groupthink- und Groupshift-Phänomene

Das **Groupthink-Phänomen** (vgl. im Folgenden Janis 1982) wurde identifiziert, als **Fehlentscheidungen** verschiedener US-amerikanischer Regierungen und ihrer Beratergruppen untersucht wurden, bspw. die Invasion in der Schweinebucht unter der Kennedy-Regierung oder die Eskalation des Vietnamkrieges. In späteren Untersuchungen wurde z.B. auch der Unfall von Tschernobyl (vgl. Dörner 2003) oder das Challenger-Unglück (vgl. Vaughan 1996) auf Groupthink-Phänomene zurückgeführt. Von einem Groupthink-Phänomen wird dann gesprochen, wenn eine **stark kohäsive Gruppe**, häufig mit einem **charismatischen Anführer**, die **kritische Distanz** zu Problemen und Lösungen **verliert**, wichtige Signale aus der Umwelt ignoriert werden, und einzelne Mitglieder durch den Gruppendruck zu einem konformen Verhalten gebracht werden, sich z. T. Lösungen anschließen, von denen sie lediglich **glauben**, dass die Mehrheit der Gruppe diese unterstützt.

Es gibt verschiedenen **Faktoren**, welche das **Auftreten** von **Groupthink** festigen. Dazu gehören die o. g. **hohe Gruppenkohäsion** sowie eine **autoritäre** oder **charismatische Führung**. Ein weiterer Faktor ist die **Isolierung** der Gruppe. Diese kann einerseits aus Gründen der Geheimhaltung auftreten, andererseits werden Meinungen von Außenstehenden aufgrund eines **Überlegenheitsgefühls** der Gruppenmitglieder ignoriert. Dies kann darauf zurück zu führen sein, dass sich die Gruppe **moralisch überlegen** fühlt oder in der Wahrnehmung der Gruppe das Expertenwissen bereits ausreichend innerhalb der Gruppe gebündelt vorliegt. Ein weiterer Faktor, welcher Groupthink befördert ist **Stress**.

Krisensituationen führen häufig dazu, dass das Konsensstreben innerhalb der Gruppe so stark gefördert wird, dass Groupthink auftritt.

Typische **Symptome** von Groupthink sind bspw. **Stereotypisierungen**, (Schwarz-Weiß-Denken), **Selbstzensur** (eigene kritische Ansichten werden nicht geäußert, um dem scheinbaren Gruppenkonsens nicht zu widersprechen) oder die **Illusion der Einmütigkeit**, wenn fälschlicherweise davon ausgegangen wird, dass Schweigen (in Wirklichkeit durch Selbstzensur zustande gekommen) Zustimmung bedeutet. Auch das Auftreten von **Informationsfilterung** durch Meinungswächter innerhalb der Gruppe, die solche Informationen filtern, welche die Werte oder Meinungen der Gruppe erschüttern könnten, ist ein typisches Groupthink-Symptom. Entscheidungen, welche durch das Groupthink-Phänomen beeinflusst werden, zeichnen sich häufig dadurch aus, dass **keine alternativen Szenarien** gebildet werden und deshalb keine Ausweichpläne existieren sowie dass **Risiken ausgeblendet** werden.

Häufig lässt sich beobachten, dass eine Gruppenentscheidung allgemein, nicht nur wenn Groupthink vorliegt, **risikoreicher** ist als eine Entscheidung, welche die Gruppenmitglieder für sich selbst getroffen hätten. Hier spricht man vom **Groupshift-Phänomen** (vgl. kritisch Elschen 1982, S. 871 ff.). Dies bezeichnet die Beobachtung, dass sich das **Risikoniveau** von Gruppenentscheidungen von dem von Einzelentscheidungen **unterscheidet**. In den meisten Fällen trifft die Gruppe risikoreichere Entscheidungen. Dies ist neben den im Groupthink auftretenden Phänomenen, wie die wahrgenommene überlegene Moral oder Unverwundbarkeit der Gruppe, insbesondere darauf zurück zu führen, dass die **Verantwortung** in Gruppen auf die Gruppenmitglieder **verteilt** wird. Es wird also nicht eine einzelne Person für die Folgen der Entscheidung verantwortlich gemacht, sondern die Gruppe als Ganzes. Diese Verteilung der Verantwortung führt dazu, dass das Risiko zwar in Kauf genommen wird, das einzelne Gruppenmitglied jedoch keine individuelle Sanktion bei einer Fehlentscheidung befürchtet.

Wichtigstes **Instrument gegen Groupthink** und Groupshift-Phänomene ist das **kritische Hinterfragen** von Meinungen, Vorgehensweisen, Informationen und Risikoabschätzungen durch die Gruppe und jedes einzelne Gruppenmitglied. Insofern ist es von Vorteil, wenn innerhalb der Gruppe ein **mittleres Konfliktniveau** vorherrscht. Ein zu niedriges Konfliktniveau erstickt Diskussionen und kritisches Nachfragen und unterstützt Symptome des Groupthink. Im Sinne der Phasen der Gruppenentwicklung kommt die Gruppe zwar schneller in eine Performance-Phase, dafür kann es allerdings häufiger zu defekten Lösungen kommen. Ein zu hohes Konfliktniveau führt demgegenüber dazu, dass sich die Gruppe bereits in der Storming-Phase in endlose Diskussionen verstrickt und eine Erörterung von Lösungsmöglichkeiten auf der Sachebene durch Konflikte auf der Beziehungsebene der Gruppenmitglieder verdrängt wird.

Fallbeispiel

Groupthink im Vorfeld des Challenger-Unfalls

Das Space Shuttle Challenger explodierte kurz nach dem Start am 28. Januar 1986. Das bis dahin schwerste Unglück in der amerikanischen Raumfahrt wurde durch poröse Dichtungsringe an den Feststoffraketen ausgelöst. Dass diese Dichtungsringe bei Temperaturen unter 12 Grad Celsius porös werden, war bekannt und wurde von zwei Ingenieuren des Herstellerunternehmens am Vorabend des Starts erwähnt. Am Starttag herrschten lediglich 3 Grad Celsius.

Die Entscheidung, das Shuttle starten zu lassen, trägt einige typische Hinweise auf Groupthink. Der Start war mehrmals verschoben worden und die NASA fühlte sich unter Druck, das Shuttle-Programm allgemein und bei dieser speziellen Mission das Lehrer-im-Weltraum-Programm erfolgreich zu gestalten. Es standen Entscheidungen des Kongresses über die weitere Finanzierung der NASA an.

Verschiedene Konferenzen wurden im Vorfeld des Starts geführt. Insgesamt herrschte das Gefühl eines großen Drucks, den Start möglichst schnell durchzuführen. Die Ingenieure, welche Bedenken gegen den Start äußerten, wurden isoliert und es wurde den beteiligten Ingenieuren empfohlen, „den Ingenieurs-Hut ab- und den Manager-Hut aufzusetzen". Gleichzeitig herrschte auch ein Gefühl der Unverwundbarkeit, da das bisherige Shuttle-Programm ohne größere Fehlschläge gelaufen war. In den weiteren Konferenzen zum Start wurde das Problem nicht mehr angesprochen. Es wurde schlicht im Informationsfluss herausgefiltert.

Quelle: In Anlehnung an Löhr (1991, S. 9 ff.); Vaughan (1996).

2.5   Kontrollfragen zu Kap. 2

Welche der folgenden Aussagen sind vollständig richtig (r) und welche Aussagen sind falsch (f)?

1. Gruppen sind formale Einheiten in einer Organisation, bestehend aus zwei oder mehr Individuen, die miteinander interagieren und ein gemeinsames Ziel verfolgen.
2. Dem Gruppenertrag der gemeinsamen Lösung bzw. der Addition der aufgewendeten Arbeit steht jedoch ein Koordinationsaufwand innerhalb der Gruppe entgegen.
3. Forming, Norming und Performing sind die drei Phasen der Gruppenentwicklung.
4. In der Forming-Phase bestimmen Unsicherheit, ein gegenseitiges Abtasten und höfliche Gespanntheit die Situation.
5. Innerhalb einer Gruppe (Experten, Unterstützer…) weicht die informale Rollenwahrnehmung von der formalen Rolle nicht ab.

6. In der Norming-Phase haben sich Umgangsformen und Kommunikationsregeln herausgebildet, bspw. wie miteinander geredet wird (Fachsprache) oder wie soziale Belohnungen und Sanktionen innerhalb der Gruppe ausgesprochen werden.

7. Projektteams und Gruppen benötigen i. d. R. erst einmal eine gewisse Anlaufzeit, bevor sie an die Lösung ihnen gestellter Aufgaben herangehen können.

8. In der Performing-Phase wird insbesondere die Energie auf Intra-Gruppen-Konflikte verwendet und gleichzeitig wird mit der Aufgabenerfüllung begonnen.

9. Bei einer niedrigen Kohäsion entwickelt die Gruppe ein Wir-Gefühl und die Mitglieder verbinden ähnliche Ziele, Werte und Normen.

10. Kohäsionshemmend wirken bspw. eine zunehmende Gruppengröße, eine Einzelkämpfer-Mentalität (mangelnde Teamfähigkeit) einzelner Gruppenmitglieder oder Misserfolge der Gruppe.

11. Bei einem niedrigen Konfliktniveau führen bei gemeinsamen Zielen und deren Verfolgung unterschiedliche Auffassungen seltener zu Konflikten und verkürzen somit die Storming-Phase.

12. Grundsätzlich wirkt sich eine hohe Kohäsion positiv auf die Gruppenleistung aus, da Energie, welche auf die Lösung von Intragruppen-Konflikten aufgewendet wird, der Gruppenleistung zur Verfügung steht.

13. Von einem Groupthink wird u. a. dann gesprochen, wenn eine stark kohäsive Gruppe die kritische Distanz zu Problemen und Lösungen verliert oder wichtige Signale aus der Umwelt ignoriert werden.

14. Symptome von Groupthink sind bspw. Stereotypisierungen, Selbstzensur oder die Illusion der Einmütigkeit.

15. Groupshift bezeichnet die Beobachtung, dass bei Gruppenentscheidungen im Unterschied zu Einzelentscheidungen meist risikoärmere Entscheidungen getroffen werden.

Strukturdimensionen der Organisation

3

Lernziele

Dieses Kapitel vermittelt,

- wie man Organisationen anhand von Strukturdimensionen untersuchen und beschreiben kann,
- welche Vor- und Nachteile die Spezialisierung bietet,
- welche Koordinationsinstrumente in einer Organisation mit welchen Folgen eingesetzt werden können,
- was Organisationskultur ist und wie sie in Unternehmen wirkt,
- welche Formen der Aufbauorganisation existieren und welche Vor- und Nachteile sich bei deren Anwendung in Unternehmen ergeben,
- wie sich Entscheidungsdelegation in einer Organisation auswirkt,
- was den Formalisierungsgrad einer Organisation bestimmt.

Wie sich eine Landschaft anhand der **Dimensionen** Höhe über Normalnull, Breiten- und Längengrad beschreiben und in einer Karte abbilden lässt, kann man Organisationen anhand sog. **Strukturdimensionen** beschreiben (vgl. Abb. 3.1).

Die meisten Strukturdimensionen sind jedoch nicht auf einer Ordinal-, Kardinal- oder Intervallskala, sondern meist nur qualitativ im Verhältnis zu den Dimensionen anderer Organisationen beschreibbar. Auch die Anzahl oder **Bezeichnung von Strukturdimensionen** kann **unterschiedlich** ausfallen. Hier wird dem umfassenden, weit verbreiteten System der Strukturdimensionen von Kieser und Kubicek bzw. Walgenbach (vgl. Kieser/ Walgenbach 2010, S. 71) gefolgt. Anhand dieser **Strukturdimensionen** lassen sich **Organisationen** nicht nur **beschreiben**, **analysieren** und miteinander **vergleichen**. Es lassen sich auch zahlreiche Aspekte der Organisationstheorie daran verdeutlichen.

© Springer-Verlag Berlin Heidelberg 2016
R. Bergmann, M. Garrecht, *Organisation und Projektmanagement*, BA KOMPAKT,
DOI 10.1007/978-3-642-32250-1_3

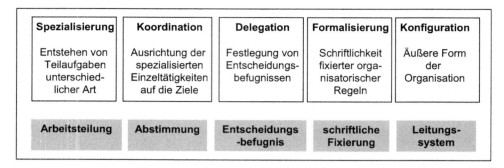

Abb. 3.1 Die Strukturdimensionen der Organisation (Quelle: Eigene Darstellung auf Basis von Kieser/Walgenbach (2010, S. 71 ff.))

3.1 Spezialisierung und Arbeitsteilung

Die erste Strukturdimension beschreibt den **Grad der Arbeitsteilung** in einer Organisation. Alle Organisationen sind als arbeitsteilige Systeme aufgebaut. Dabei kann die **Arbeitsteilung nach Menge** (z. B. bei einer Schreinerei in der Stuhlherstellung: alle fertigen komplette Stühle), nach **Objekten** (bspw. anhand von Werkzeugen oder Endprodukten: ein Geselle fertigt Lehnen, ein anderer Sitzflächen etc.) oder **Funktionen** (ein Geselle hobelt, ein Anderer leimt etc.), in **Mischformen** oder **situationsspezifisch** gegliedert werden (vgl. auch das Kapitel Konfiguration – Stellenbildung). Spezialisierung bezieht sich dabei auf die Form der Arbeitsteilung, bei der Aufgaben **unterschiedlicher Art** entstehen. Diese Artenteilung geht also über die reine Mengenteilung (Generalisierung: „Alle machen Alles") hinaus (vgl. Kieser/Walgenbach 2010, S. 72).

3.1.1 Vor- und Nachteile der Spezialisierung

Die **Vorteile der Spezialisierung** wurden bereits von **Adam Smith** in seinem Werk „Der Wohlstand der Nationen" beschrieben. Er illustrierte sie an der Produktion von Stecknadeln.

Hintergrund

Adam Smith und die Arbeitsteilung

Adam Smith: schottischer Nationalökonom und Moralphilosoph (1723–1790), Begründer der klassischen Nationalökonomie, Hauptvertreter des frühen Liberalismus; Hauptwerk „Der Wohlstand der Nationen" 1776.

„The greatest improvement in the productive powers of labour, and the greater part of the skill, dexterity, and judgement with which it is anywhere directed, or applied, seem to have been the effects of the division of labour."

Quelle: Smith (1776/1986, S. 109 f.).

„Die Fertigung zerfällt in eine Reihe getrennter Arbeitsgänge, die zumeist zu einer fachlichen Spezialisierung geführt haben. Der eine Arbeiter zieht den Draht, der andere streckt ihn, ein dritter schneidet ihn, ein vierter spitzt ihn zu, ein fünfter schleift das obere Ende, damit der Kopf aufgesetzt werden kann. Auch die Herstellung des Kopfes erfordert zwei oder drei verschiedene Tätigkeiten..., ja sogar das Einlegen der Nadeln in Papier bildet ein Gewerbe für sich. So ist das Geschäft der Stecknadelproduktion in ungefähr achtzehn verschiedene Verrichtungen geteilt." „Ich habe eine kleine Fabrik dieser Art gesehen, wo nur zehn Menschen beschäftigt waren und manche daher zwei oder drei Verrichtungen zu erfüllen hatten... Diese Personen konnten täglich über 48.000 Nadeln herstellen. Da jeder den zehnten Teil von 48.000 Nadeln machte, so lässt sich auf jeden täglich 4.800 Nadeln rechnen. Hätten Sie dagegen alle einzeln und unabhängig gearbeitet ..., so hätte gewiss keiner zwanzig, vielleicht nicht eine Nadel täglich machen können. ... Die Trennung der verschiedenen Gewerke und Beschäftigungen scheint aus diesem Vorteil entstanden zu sein." (Smith 1776/2005, S. 10 f.).

Die Grundsätze von Smith basieren auf seinen Beobachtungen, dass eine bestimmte Anzahl spezialisierter Arbeiter, die jeweils einen einzigen Schritt in der Produktion durchführten, pro Tag mehr Stecknadeln produzieren konnten als die gleiche Anzahl Generalisten, die jeweils ganze Nadeln herstellten (vgl. Hammer/Champy 2003, S. 25).

Nach Adam Smith führt die **Verwendung des Instrumentes der Arbeitsteilung** – ohne eine wesentliche technische Innovation und allein durch die Gestaltung der Organisation noch im vorindustriellen Zeitalter – zu einer **immensen Steigerung der Produktivität** im beschriebenen Fall von nahezu 23.900 %.

Hintergrund

Neue Organisationskonzepte

Im Vorgriff auf das Kapitel Organisationskonzepte als Management-Mode kann man die häufige Wiedergabe des Stecknadelbeispiels in der Organisations- und Managementliteratur auch als ein nachvollziehbares Organisationsprinzip verstehen, wie es auch ein Teil von Management-Bestsellern ist. Die in Aussicht gestellten gigantischen Produktivitätssteigerungen, illustriert an einem einprägsamen Beispiel und formuliert in einer klaren Sprache lassen Adam Smith in diesem Licht als ersten und heute immer noch referierten Managementguru erscheinen.

Vorteile der Spezialisierung

Basierend auf den Überlegungen von Adam Smith entstand die **These von der Wirtschaftlichkeit größtmöglicher Arbeitsteilung**: je höher der Grad der Arbeitsteilung, desto höher sei die Produktivität (vgl. Kieser/Walgenbach 2010, S. 75 f. und die dort angegebene Literatur). Die **größtmögliche Arbeitsteilung** entwickelte sich zu einer der **zentralen Säulen** in den Überlegungen des **Scientific Management** (vgl. Abschn. 6.1) von F. W. Taylor, beispielhaft und höchst erfolgreich umgesetzt in der **Produktion** von

Henry **Ford**. Bis heute herrscht bei der Herstellung von Gütern, welche in **Massenpro-**
duktion hergestellt werden, ein hohes Maß an Spezialisierung (bspw. in der Autoproduk-
tion am Fließband: Anschrauben eines Türgriffs). Denn bei sich ständig wiederholenden
Aufgaben entwickelt der Mitarbeiter eine sehr **hohe Geschicklichkeit**, die **Fehlerquote**
sinkt und die **Arbeitsleistung steigt** (höhere Menge, bessere Qualität). Dadurch können
mehr Produkte in geringerer Zeit hergestellt werden, was zu einer Verringerung der
Faktorkosten führt. Die Spezialisierungsvorteile liegen kurz gesprochen in den **Routini-**
sierungsvorteilen. Hoch spezialisierte Stellen erfordern häufig nur eine **kurze Einarbei-**
tungszeit. Stellen, die nur wenige einfache Tätigkeiten umfassen, können mit **wenig**
qualifizierten Personen besetzt werden, die **billiger** auf dem Arbeitsmarkt zu beschaffen
sind. Es ist in der Regel auch kein kostenintensiver Erwerb von Qualifikationen im
Rahmen der Personalentwicklung erforderlich.

Taylor berichtet 1911 in seiner „Wissenschaftlichen Betriebsführung" z. B., dass durch
seine Tätigkeit der Anwendung bei Bethlehem Steel in der Maschinenabteilung die Zahl
der einfachen Arbeiter von 25 % der Belegschaft auf 95 % erhöht wurde. Zur damaligen
Zeit des Beginns der Industrialisierung, als i. d. R. auch keine industriell ausgebildeten
Arbeiter verfügbar waren, war dies aufgrund der daraus resultierenden leichten Austauschbarkeit der Arbeiter ein weiterer Vorteil.

Taylor und Ford vertraten die Auffassung von der **Effizienz hoher Arbeitsteilung**
sowohl innerhalb ausführender Tätigkeiten (eindeutige Zuordnung von Verantwortlichkeiten, horizontal) als auch zwischen Planung, **Ausführung und Kontrolle** (vertikal):
Spezialwissen gehört in die Arbeitsvorbereitung, Planen war – in diesem Verständnis –
Aufgabe von Experten und Führungskräften, nicht jedoch der einfachen Arbeiter (vgl.
hierzu Abschn. 6.1 zum Scientific Management).

Eine hohe Spezialisierung bietet darüber hinaus auch die Möglichkeit zur Realisierung
weiterer Rationalisierungspotentiale, bspw. mittels **Arbeitsstudien** an den Bändern. Ziel
ist es, den „**one best way**" der Ausführung einer vorgegebenen Aufgabe (bspw. Endmontage eines Produktes) zu gewinnen. Ein Vorgehen hierzu ist bspw.

- es werden 10 bis 15 Leute bei der **Aufgabenerledigung** untersucht. Diese sind be-
  sonders gewandt in der zu analysierenden Arbeit,
- es erfolgt ein Studium der genauen **Reihenfolge** der grundlegenden Operationen und
  der Werkzeuge,
- Stoppen der **Zeit** für jede einzelne Operation und Suche nach der **schnellsten** Art und
  Weise, sie zu erledigen.
- **Ausschaltung** aller falschen, zeitraubenden und **nutzlosen Bewegungen**,
- Erstellung von **Tabellen**: schnellste, beste Bewegungen, beste Arbeitsgeräte.

Dieses Vorgehen eröffnet somit die Chance weiterer Produktivitätsvorteile.

In der Praxis lässt sich die **These der Wirtschaftlichkeit** größtmöglicher **Arbeitstei-**
lung allerdings **nicht bestätigen**. Darüber hinaus wird die These hauptsächlich für den

Produktionsbereich vertreten. Es gibt Systeme mit hoher Arbeitsteilung, welche eine geringere Produktivität als solche mit geringerer Arbeitsteilung besitzen.

Nachteile von Spezialisierung

Die Hauptnachteile hoher Spezialisierung zeigen sich, wenn dieses zu Beginn des 20. Jahrhundert präferierte Organisationsdesign insbesondere unter **modernen Wettbewerbsbedingungen** betrachtet wird. Eine hohe Arbeitsteilung, die im Extremfall die Tätigkeit des Mitarbeiters auf die Ausführung eines einzigen Handgriffs reduziert, kann aufgrund der **Monotonie** der Arbeit zu einer geringen Konzentration der Mitarbeiter führen. Die daraus resultierenden **Fehler** führen zu einer geringeren Qualität der auszuführenden Arbeit und der herzustellenden Produkte und Dienstleistungen. Durch fehlende Verantwortung für die Planung und Gestaltung der eigenen Arbeit sowie durch die ständige Wegnahme eines unfertigen Produktes geht der Blick für den **Gesamtzusammenhang** der Leistungserstellung verloren. Häufig liegt daher nur eine **geringe Identifikation** mit der Arbeit vor, im Extremfall sogar eine völlige **Entfremdung** von der Arbeit. Das Know-how der Mitarbeiter wird dann nicht zur Verbesserung der Abläufe genutzt.

Mitarbeiter akzeptieren eine zu enge Aufgabenstellung oft nicht aufgrund der damit verbundenen einseitigen körperlichen und psychischen Belastungen. Die Verkümmerung nicht gebrauchter Fähigkeiten führt zu einer **Frustration** persönlicher Entfaltungs- und Erfolgsbedürfnisse.

Folge ist oft ein **hoher Krankenstand** und **Mitarbeiterfluktuation**. Wegen der geringen Attraktivität der Arbeit sind z. T. auch relativ hohe Löhne zu zahlen; zumindest dann, wenn der Arbeitsmarkt für Geringqualifizierte boomt. Die strikte Trennung zwischen planenden und ausführenden Tätigkeiten wird besonders dann zum Hindernis, je komplexer die Produktions- und Arbeitsabläufe werden (z. B. Variantenvielfalt der Produkte, technische Komplexität kapitalintensiver Produktionsanlagen). So erfolgt bspw. die Endmontage moderner Verkehrsflugzeuge nicht durch angelernte Arbeiter, sondern durch hochqualifizierte Ingenieure. Ebenso kann eine hohe Arbeitsteilung zu einem überproportionalen Wachstum indirekter Abteilungen führen, welche die arbeitsteiligen Organisationseinheiten koordinieren und anweisen (Arbeitsvorbereitung) sowie Störungen beheben sollen (Qualitätssicherung). Dieser **erhöhte Koordinationsaufwand** verursacht dann weitere Kosten, welche den Produktivitätsgewinn der Spezialisierung schmälern. Abbildung 3.2 fasst die Vor- und Nachteile der Spezialisierung noch einmal zusammen.

Kommt es zu unerwarteten Störungen im Ablauf, zeigt sich bei einer starren Arbeitsteilung die **mangelnde Flexibilität** des Systems, da die exakt festgelegten und durchgeplanten Abläufe (bspw. an einem Fließband) nicht zeitnah geändert werden können.

Im Extremfall verliert sich der hochspezialisierte Arbeiter in der Maschinerie des Produktionssystems, wie dies Charlie Chaplins humoristisch in seinem Stummfilmklassiker „Moderne Zeiten" aus dem Jahr 1936 darstellt. In diesem spielt Chaplin einen Fließbandarbeiter, der nur noch einen einzigen Handgriff auszuführen hat. Die Monotonie der Arbeit überträgt sich nach und nach auf das übrige Verhalten. Es kommt zu einer **Entfremdung** vom Endprodukt – mit den damit verbundenen oben genannten Nachteilen.

Vorteile	Nachteile
• Höhere Geschicklichkeit für diesen einen Arbeitsschritt (Lerneffekte) • Steigerung der Produktivität • Kurze Einarbeitungszeiten • Klare Zuordnung von Aufgaben und Verantwortlichkeiten • nur geringere Mitarbeiter-Qualifikationen erforderlich • Geringere Löhne • leichte Austauschbarkeit der Mitarbeiter	• Sinkende Konzentration und dadurch geringere Qualität • Geringe Identifikation mit der Arbeit • Hoher Krankenstand, hohe Fluktuation • Demotivation der Mitarbeiter • Steigende Koordinationskosten • Ggf. höhere Löhne für monotone Arbeit

Abb. 3.2 Vor- und Nachteile hoher Spezialisierung (Quelle: Eigene Darstellung auf Basis von Kieser/Walgenbach (2010, S. 74 f.))

Nicht standardisierbare Dienstleistungen, welche hohe Innovation oder Kreativität erfordern (z. B. Unternehmensberatungsleistungen oder Design) lassen sich ebenfalls nicht in ein hoch arbeitsteiliges System überführen.

Unter den Schlagworten einer „**Humanisierung des Arbeitslebens**" und „Neuer Formen der Arbeitsorganisation" wird seit vielen Jahrzehnten eine geringere Spezialisierung postuliert. Während in der Frühphase der Industrialisierung insbesondere nur wenig qualifizierte Mitarbeiter verfügbar waren, bot sich im Kontext extremer Arbeitsteilung ein sehr hoher Spezialisierungsgrad an. Die **fortschreitende Qualifizierung** der Mitarbeiter durch Vor-, Aus- und Weiterbildung ermöglichte es jedoch, Mitarbeiter auch für übergreifende und damit anspruchsvollere Tätigkeiten einzusetzen. Neben der Qualifikation ist hier ebenso die **Motivationsstruktur** der Mitarbeiter zu beachten. Während **extrinsisch motivierte** Mitarbeiter eher für wenig qualifizierte, hoch spezialisierte Tätigkeiten einzusetzen sind, sind **intrinsisch motivierte** Mitarbeiter tendenziell für übergreifende, wenig spezialisierte und Generalisten-Tätigkeiten geeignet (vgl. Abschn. 6.2 zu den Human Resource-/Human Relations-Ansätzen).

Spezialisierung ist allerdings **nicht immer** mit einer **Dequalifizierung** verbunden. Beispiele hierfür bilden juristische Beratung (Fachanwälte für Steuer- oder Kartellrecht), Marktforschung oder Fertigungsorganisation. Die Bildung hochqualifzierter, spezialisierter Stellen und die Einrichtung von Stellen mit niedriger Qualifikation bedingen sich z. T. sogar, bspw. bei der Einrichtung von Fließbändern durch hochqualifizierte Ingenieure und Fertigungsplaner. **Spezialisierung und Qualifikation** bilden daher **keine Gegensätze**.

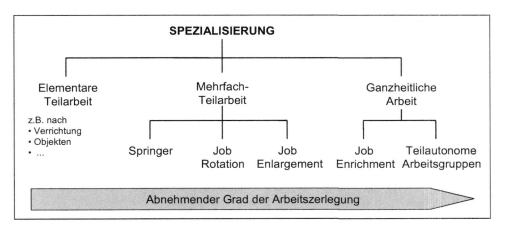

Abb. 3.3 Formen der Spezialisierung im Überblick. (Quelle: Eigene Darstellung auf Basis von Hill et al. 1994, S. 317)

3.1.2 Formen der Arbeitsteilung: Job Rotation, Job Enlargement, Job Enrichment

Welche Möglichkeiten gibt es, die **Vorteile** der Spezialisierung **wahrzunehmen** und gleichzeitig die **Nachteile** zu **reduzieren**? In den Systemen der Massenproduktion wird versucht, angefangen bei **Job Rotation** bis hin zu **teilautonomer Gruppenarbeit** oder Prozessorientierung, ein gewisses Maß an Spezialisierung beizubehalten, jedoch die negativen Effekte, wie Monotonie, einseitige Belastung und der Verlust der Flexibilität abzumildern.

Es erfolgt heute eher eine Aufgabengeneralisierung mit dem Ziel, Motivation und Flexibilität der Mitarbeiter zu erhöhen. Abbildung 3.3 visualisiert die unterschiedlichen Gestaltungsmöglichkeiten der Strukturdimension Spezialisierung (vgl. im Folgenden Kreikebaum 1992, S. 822 ff.; Schulte-Zurhausen 2010, S. 159 ff.; Bühner 2004, S. 269).

Job Rotation
Job Rotation ist der **geplante** oder **regelmäßige Wechsel** für einen **begrenzten Zeitraum** auf eine andere gleichwertige Stelle. Der Mitarbeiter wechselt turnusgemäß Arbeitsplatz oder Aufgaben (Stelle). In der Endmontage in der Automobilproduktion wechselt er bspw. vom Arbeitsschritt Tankdeckelmontage zum Arbeitsplatz Einsatz der Windschutzscheibe. Job Rotation kann auch relativ **kurzfristig** organisiert werden (bspw. der Einsatz von **Springern** bei Engpässen in der Produktion).

Die **Vorteile** von Job Rotation liegen in der **Reduktion der Monotonie** der Arbeit, **weniger einseitiger körperlicher Belastung** sowie **Steigerung der Leistungsfähigkeit** und **Flexibilität** der Mitarbeiter. Bei Facharbeitern kann Job Rotation zur Erreichung von Mehrfachqualifikation dienen. Job Rotation kann auch langfristig geplant sein und der Entwicklung von **Führungsqualifikationen** von Nachwuchskräften dienen (Beispiel:

Stationen im Rahmen eines Trainee-Programms, inkl. Auslandsaufenthalt oder Praxis-
phasen der Studierenden an Dualen Hochschulen mit Durchlaufen von Buchhaltung,
Produktion, Personal-, Vertriebs- und anderen Abteilungen). Sie kann damit einen Beitrag
zur Personalentwicklung bilden und der **Ausbildung von Generalisten** dienen. Sie bringt
zudem „frischen Wind" in Abteilungen, fördert den **Abbau von Ressortegoismen** durch
den Blick über den Tellerrand und schafft Vertretungsmöglichkeiten.

Ein häufiger Tätigkeitswechsel jedoch schafft noch keine ganzheitliche Aufgabe, mit
der sich ein Mitarbeiter identifizieren kann. Ein **Nachteil** ist die immer wieder notwendig
werdende **Einarbeitungszeit** und damit einhergehende **Verzögerungen**. Der häufige
Wechsel reißt zudem den Mitarbeiter häufig aus seinem **sozialen Arbeitsumfeld heraus**,
in das er sich integrieren möchte, so dass Mitarbeiter nicht immer Bereitschaft zur Job
Rotation zeigen.

Es kann daher ggf. sinnvoll erscheinen, bestimmte **Tätigkeiten zusammenzufassen**.
Ein Beispiel ist die Integration von indirekten Tätigkeiten in der Produktion. Hier setzen
Job Enlargement und Job Enrichment an.

Job Enlargement

Die **Arbeitserweiterung** (Job Enlargement) bezeichnet die **Vergrößerung** des **Tätig-
keitsspielraumes** eines Mitarbeiters in horizontaler Richtung durch Aufgaben, die auf
dem gleichen Anforderungsniveau liegen (bspw. Erweiterung der Aufgaben einer klassischen Schreibkraft um die Aufgabe der Organisation von Messe und Kongress-
Veranstaltungen hin zu Sachbearbeiter-Aufgaben). Mehr zusammengehörende Einzeltätigkeiten als vorher werden von einem Mitarbeiter bewältigt. Durch teilweise Aufhebung
der Arbeitsteilung **entfallen Schnittstellen** und es entstehen relativ geschlossene Aufgaben. Die **Durchlaufzeiten** können **reduziert** werden, da bei evtl. auftretenden Störungen
diese innerhalb des Aufgabenspektrums eines Mitarbeiters erledigt werden können.

Durch Job Enlargement bleibt das Anforderungsniveau grundsätzlich unverändert. Ein
als extrem empfundener Spezialisierungsgrad wird abgebaut und die **Monotonie** der
Arbeit wird **reduziert**, so dass die mit einer hohen Spezialisierung verbundene **Entfremdung** vom Arbeitsergebnis teilweise wieder **aufgehoben** wird. Dies ist ein Instrument zur
Steigerung der Leistungsmotivation und erhöhter Arbeitszufriedenheit, die in **Kostensenkungen** (bspw. Reduktion von Ausschuss oder krankheitsbedingter Fehlzeiten) und
einer **erhöhten Quantität und Qualität** der Arbeit resultieren können. Dennoch ist zu
berücksichtigen, dass nicht jeder Mitarbeiter mit einer solchen Abwechslung zufrieden ist
und eine **erhöhte Belastung** entstehen kann, die abhängig von der Motivationsstruktur
des Mitarbeiters nicht als leistungssteigernd, sondern sogar als **demotivierend** empfunden werden kann.

Durch Job Enlargement entstehen noch keine ganzheitlichen Aufgaben, da ausschließlich ausführende Tätigkeiten zusammengefasst werden und keine qualitativ höheren
Aufgaben oder Entscheidungsbefugnisse (dispositive Aufgaben) übertragen werden.

Job Enrichment

Bei der **Arbeitsanreicherung** (Job Enrichment) wird der **Aufgabenbereich** um Tätigkeiten **erweitert**, die bislang benachbarte Arbeitsschritte umfasst und höheren Instanzen zugeordnet waren und daher qualitativ höherwertig sind (vertikale Ausweitung der Arbeitsinhalte). Abbildung 3.4 verdeutlicht diesen Unterschied zwischen Job Enrichments und Job Enlargements.

Der **Entscheidungs-** und **Handlungsspielraum** wird **vergrößert**, da neben bislang rein ausführenden Tätigkeiten auch Planungs- und Kontrollaufgaben hinzutreten. Das Job Enrichment kann so weit gehen, dass dem Mitarbeiter ein **erweitertes Aufgabegebiet** zugeteilt wird, das einen relativ vollständigen, als sinnvoll empfundenen Output (z. B. Fertigprodukt, Zwischenprodukt, Bedienung eines Kunden) besitzt.

Durch Job Enrichment **steigt** generell das **Anforderungsniveau** an den Stelleninhaber. Die vorhandenen **Qualifikationen** und die Leistungsbereitschaft der Mitarbeiter können **genutzt** werden. Die Maßnahme dient der **Selbstverwirklichung** und **Höherqualifizierung** der Mitarbeiter. **Vorteile** sind eine **Steigerung der Arbeitsproduktivität**, eine Steigerung der betrieblichen Sozialisation und damit auch der **Identifikation** des Mitarbeiters mit dem Unternehmen.

Nachteilig sind die z. T. **erforderlichen Aufwendungen** für die Personalentwicklung, sofern die für Job Enrichment erforderlichen Qualifikationen noch nicht vorhanden sind. Möglich ist auch der **Widerstand** der betroffenen Mitarbeiter aufgrund der bereits beim Job Enlargement beschriebenen differierenden Motivationsstrukturen. Schwierigkeiten ergeben sich häufig daraus, dass der Stellenwert der Arbeit nicht bei allen Mitarbeitern gleich hoch ist und die von der Unternehmensleitung eingeleiteten „gut gemeinten" Maßnahmen zur Steigerung der Arbeitszufriedenheit und -produktivität nicht von allen Mitarbeitern honoriert werden.

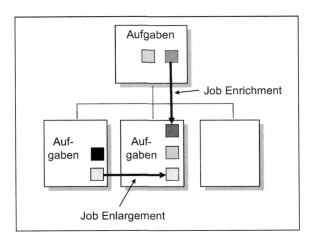

Abb. 3.4 Schematische Darstellung des Job Enrichments und Job Enlargements

Daher ist **wichtig**, bei allen oben beschriebenen Maßnahmen (Job Rotation, Job Enlargement, Job Enrichment) die fachliche, methodische und soziale Kompetenz sowie Faktoren im persönlichen **Umfeld** der Mitarbeiter zu **beachten** und bei der konkreten Arbeitsplatzgestaltung zu berücksichtigen.

3.1.3   Formen, Vor- und Nachteile von Gruppenarbeit

Der Begriff der **Gruppenarbeit** ist aufgrund der Vielzahl der publizierten wissenschaftlichen und Praxis-Beiträge seit den 1960er-Jahren ein schillernder Begriff und wird – häufig fast unreflektiert – als **Allheilmittel** der Arbeitsplatzgestaltung insbesondere in Produktion und bei fertigungsnahen Dienstleistungen bezeichnet (vgl. im Folgenden Antoni 2000, 18 ff.; Antoni 2003, S. 410 ff.; Bühner 2004, S. 84 ff.; Schulte-Zurhausen 2010, S. 161 f.).

Bei der Gruppenarbeit werden **vormals getrennte Einzelarbeitsplätze** zu **dauerhaften Arbeitsformen zusammengefasst** (ca. 6 bis 20 Mitarbeiter). Wenn mehrere Mitarbeiter gemeinsam eine Aufgabe (gemeinsames Ziel) erfüllen und sich untereinander selbst abstimmen, spricht man von Gruppenarbeit. Der Begriff wird in der Praxis häufig **synonym** zur **Teamarbeit** verwendet. Hier bezieht er sich jedoch auch in Abgrenzung zu soziologischen Gruppen (siehe Kap. 2 Arbeiten in Gruppen und Teams) lediglich auf Arbeitsgruppen. „Gruppenarbeit ist im Unterschied zur Einzelarbeit dadurch bestimmt, dass eine Arbeitsaufgabe von mehreren Arbeitern gemeinsam erledigt wird, wobei die verschiedenen Tätigkeiten unmittelbar aufeinander bezogen und zeitlich eng miteinander verknüpft sind" (Antoni 2003, S. 413). Die Einrichtung von Arbeitsgruppen **bietet** sich vor allem dort **an**, wo eine **starke** gegenseitige **Abhängigkeit** zwischen den einzelnen zu erledigenden Aufgaben besteht. Gruppen sind hierbei jeweils für **einen Aufgabenkomplex** (z. B. Zusammensetzung von Motoren in der Automobilindustrie) verantwortlich. Die **Gruppe verantwortet** die Erstellung eines **kompletten Produktes** oder einer sonstigen Leistung (Kernaufgaben). Ebenfalls werden unterstützende Nebenaufgaben ggf. eigenverantwortlich übertragen. Dies betrifft bspw. die Integration indirekter Aufgaben: Qualitätssicherung, Wartungsaufgaben, vorbeugende Instandhaltung, kleinere Reparaturen, Feinsteuerung der Produktions-Wochenplanung, Materialbereitstellung, Transport zum Warenausgang, Reinigung des Arbeitsbereichs usw.

Die **Gruppe handelt** weitgehend **selbständig**, da auch Planungs- und Steuerungsaufgaben übernommen werden. Es erfolgt eine Kombination von Erweiterung des Tätigkeitsspielraums (Vorteile der Job Rotation und des Job Enlargements, d. h. Erhöhung der Anforderungsvielfalt) und des Entscheidungs- und Kontrollspielraums (Job Enrichment). Sie zielen damit auf **positive Auswirkungen** auf die **Einstellung** zur Arbeit der Gruppenmitglieder.

Gruppen umfassen im Idealfall eine Reihe von Mitarbeitern, die sich selbst steuern durch wechselseitige (statt hierarchischer) Kontrolle und partizipative Koordination (Selbstabstimmung) (siehe auch Abschn. 3.2 Koordination).

Ein **Gruppensprecher** ist für die **Koordination** des Arbeitseinsatzes verantwortlich (inkl. Planung der wöchentlichen Gruppenbesprechungen, Urlaubsplanung, Verfolgung der Gruppenziele, Verbesserungen, Klärung von Qualitätsproblemen oder erforderlicher Reparaturen). In Engpasssituationen springt der Gruppensprecher ggf. selbst ein. Mehrere Gruppen werden in der Regel von einem **Meister** betreut, welcher **Zielvorgabe und -vereinbarung** sowie die **Koordination** mit anderen Abteilungen und der Unternehmensleitung übernimmt.

Gruppen können nach dem Ausmaß der ihnen übertragenen **Autonomie** differenziert werden. Dies betrifft die Freiheit über Entscheidungen über die interne Arbeitsteilung, die Aufgabeninhalte, die Wahl der anzuwendenden Produktionsverfahren, die Auswahl der Gruppenmitglieder bis hin zur Wahl des Gruppensprechers oder der Aufhebung taktgebundener Tätigkeiten (dynamische Arbeitsgestaltung) und somit Einfluss auf die Arbeitsgeschwindigkeit. Weitere Aufgaben einer Gruppe bestehen in der **Beteiligung** an den **Produktionszielen** (Quantität und Qualität) und der Mitwirkung an **Lern- und Entwicklungsmöglichkeiten** (KVP-(Kontinuierlicher Verbesserungsprozess)-Workshops „on the job"). Hier erfolgt eine Aufhebung der unter Ford extremen Trennung von Kopf- und Handarbeit. Beispiele sind in den 1990er-Jahren die Einführung der Gruppenarbeit in der Endmontage bei Opel Eisenach mit Eigenverantwortlichkeit der Gruppen für Qualität, Funktionalität, Instandsetzung, Sauberkeit und Ordnung oder die Einführung der Gruppenarbeit bei Volvo bereits in den 1970er-Jahren.

Hintergrund

Gruppenarbeit bei Volvo

Für die in den 70er- und 80er-Jahren des 20. Jahrhunderts praktizierte Gruppenarbeit und die Diskussion über diese Arbeitsform im Zuge der „Humanisierung der Arbeit" wird sehr häufig das Experiment in den Volvo-Werken Uddevalla und Kalmar erwähnt. Statt am Montageband erfolgte eine Einzelfertigung durch Gruppen von 10 bis 15 Arbeitern mit weit reichender Autonomie gemäß bestimmter Charakteristika, wie bspw. die Delegation von Führungs- und Koordinationsaufgaben an die Gruppe oder ein breiter Aufgabenzuschnitt (inkl. planerischer Aufgaben). Jede Arbeitsgruppe war für die komplette Endmontage eines Fahrzeuges verantwortlich. Die Gruppen hatten jeweils pro Tag vier Autos nach strikt vorgegebenen Qualitätsstandards zu fertigen. Das Arbeitstempo innerhalb dieser Zielvorgabe wurde von der Arbeitsgruppe bestimmt. Jedes Gruppenmitglied beherrschte mindestens zwei Siebtel aller Einzeltätigkeiten der Endmontage. Die aus der Arbeitserweiterung resultierende Taktzeit betrug ca. ein bis zwei Stunden. Am klassischen Fließband meist nur eine Minute. Es gab keine Nacharbeitungsgruppe, alle Korrekturen mussten von der Gruppe selbst durchgeführt werden. Die Aufgabenverteilung fand in der Gruppe statt. Jeder Arbeiter machte das, was er besonders gut konnte und jeden Tag etwas anderes. Die Gruppenmitglieder nahmen die Gruppenleitung im Wechsel wahr. Darüber hinaus gab es gruppenübergreifende KVP-Teams zur Verbesserung der Prozesse sowie Qualifizierungsmaßnahmen in die fachliche und soziale Kompetenz der Gruppenmitglieder. Es konnte eine merkliche

Steigerung der Produktivität durch Abbau von Zeitverlusten (Wegfall von Pufferzeiten im Fließbandsystem) und Senkung der Abwesenheitsquote um 50 % erreicht werden (vorher 20 % Krankenstand). Aufgrund eines nachhaltigen Absatzrückgangs durch eine wenig gefällige Modellpolitik wurde dieses Gruppenarbeitsmodell jedoch 1993 durch Schließung der Werke Kalmar und Uddevalla wieder aufgegeben, obwohl sie deutlich effizienter als das Hauptwerk waren. Anfang 1997 wurde das Werk unter dem Namen AutoNova wiedereröffnet. Das Gruppenarbeitskonzept von Uddevalla wurde wegen seines Erfolgs wieder übernommen.

Quelle: Vgl. Kieser/Walgenbach (2010, S. 79 f.); Ellegård (1997).

Vor- und Nacheile von Gruppenarbeit
Die **Einführung von Gruppenarbeit** stellt eine **weitreichende organisatorische Änderung** dar. Damit eine solche Reorganisation auch erfolgreich (ökonomisch und sozial) ist, bedarf es diverser unterstützender Rahmenbedingungen (vgl. Antoni 2003, S. 415 f.; Ulich 2005, S. 228 ff.):

1. Vorhandensein anspruchsvoller, aber auch überschaubarer **Gruppenaufgaben,**
2. Festgelegte oder vereinbarte **Produktionsziele,**
3. Einräumen von **Dispositionsspielräumen**, damit die Gruppe auch wirklich Entscheidungen treffen kann (bspw. bzgl. der Geschwindigkeit des Fertigungsbandes),
4. Materiellen **Ressourcen, wie** Ausrüstung, Werkzeuge, Raum, finanzielle und personelle Mittel, welche die Gruppen für die Ausführung ihrer Aufgabe benötigen,
5. Einführung von **Regeln** für die **interne Kommunikation** der Gruppe, die sowohl den Konsens- als auch den Konfliktfall betreffen,
6. **Entlohnungssystem**, das nicht in erster Linie die individuelle Leistung, sondern vor allem die Gruppenleistung zu identifizieren und zu honorieren erlaubt,
7. **Personalentwicklung**, welche die erforderliche Ausbildung und technische Beratung bereitstellt, welche die Gruppenmitglieder für ihre Aufgaben benötigen,
8. **Informationssystem**, das die Gruppe mit allen Daten und Informationen versorgt, die sie zum proaktiven Management ihrer Arbeit benötigt.

Das grundsätzliche Problem der Einführung von Gruppenarbeit besteht in der **Beseitigung von Spezialisierungsvorteilen**. Spezialisierung erfordert in der Regel eine hohe Standardisierung von Prozessen und Bauteilen. Diese ermöglicht einen höheren Output pro Zeiteinheit als bspw. eine Werkstattfertigung. Diese Standardisierung ermöglicht nicht nur Effizienzsteigerungen, sondern auch kontinuierliche Lernprozesse. Beim Uddevalla-Experiment von Volvo war die vorgesehene **Lernkapazität nicht groß genug**, so dass es nicht zu weiteren Prozessverbesserungen kam. Das **Dilemma der Gruppenarbeit** (insbesondere in der Automobilindustrie) besteht letztlich darin, dass hoch standardisierte Produkte (Autos) in einem ggf. von Gruppe zu Gruppe unterschiedlichen Prozess zusammengesetzt werden sollen, „das Rad" immer wieder neu erfunden wird, obwohl es vielleicht eine Best Practice für bestimmte Arbeitsschritte gibt, diese aber nicht an benachbarte Gruppen weitergegeben wird. Genauso häufig wie Gruppenarbeit eingeführt wurde, ist sie auch wieder abgeschafft worden, wie das Beispiel Volvo-Werke Uddevalla und Kalmar 1992/93 zeigt.

Abbildung 3.5 fasst die Vor- und Nachteile der Gruppenarbeit zusammen.

Vorteile	Nacheile
• Nutzen der Informationen, des Wissens und der Kreativität der Mitarbeiter, dadurch ggf. innovativere Lösungswege • Selbstentfaltungsmöglichkeiten für Mitarbeiter (dadurch höhere Motivation) • höhere Arbeitszufriedenheit durch abwechslungsreiche Tätigkeit und hohes Zusammengehörigkeitsgefühl • Erhöhte Qualität der Produkte bei gleichem oder geringere Aufwand; Senkung der Kosten zur Beseitigung von Fertigungsfehlern • weniger Umsetzungsprobleme bei partizipativer Entscheidungsfindung • Verkürzung der vertikalen Abstimmungsprozesse (dadurch häufig schnellere Problemlösung innerhalb der Gruppe als durch hierarchische Abstimmung) • Erhöhung der Flexibilität der Organisation • wechselseitige Kontrolle möglich (weniger explizite Kontrollen erforderlich)	• Qualitätsverluste, da Spezialisierungsvorteile verloren gehen • Unterschiedliche Leistung der Gruppen sorgt für Qualitäts- und Output-Schwankungen • Schwierigere Kompetenz- und Verantwortungsabgrenzung, dadurch Problem der Zurechenbarkeit von Leistungen zu Gruppenmitgliedern (Gefahr von Trittbrettfahrern) • höherer Zeitbedarf und Kosten bei Abstimmung durch vielfältige Diskussionen • Mehrbelastungen der Gruppenmitglieder durch Sitzungen • Erfordernis von Personalentwicklungsmaßnahmen zum Erwerb von sozialer Kompetenz • Verlagerung von Konflikten von der Hierarchie in die Gruppe • Dominanz einzelner Mitglieder • Frustration von Minderheiten, deren Vorschläge nicht berücksichtigt werden • Gefahr der Ausübung von Druck auf einzelne Gruppenmitglieder („Mobbing")

Abb. 3.5 Vor- und Nachteile von Gruppenarbeit (Quelle: Eigene Darstellung auf Basis von Schmidt (2002, S. 58); Schulte-Zurhausen (2010, S. 204); Thommen/Achleitner (2012, S. 891))

	Teamarbeit im Rahmen von Lean Management („Toyota-Modell")	Teilautonome Gruppenarbeit („Volvo-Modell")
Arbeitstakt	Kurz (2 Minuten)	Länger (mehrere Minuten bis zwei Stunden)
Aufgabenumfang	Auf gleichem Anforderungsniveau: Materialversorgung, Instandhaltung, Arbeitsplatzwechsel	Materialversorgung, Instandhaltung, Qualitätssicherung, breiter Aufgabenzuschnitt (inkl. planerische Aufgaben)
Taktbindung	Ja, keine Zeitsouveränität	Entkopplung (Boxenfertigung, Fertigungsinseln)
Einbindung in die Hierarchie	Über betrieblicherseits eingesetzte Gruppenführer	Delegation von Führungs- und Koordinationsaufgaben an die Gruppe, z.T. Wahl der Gruppensprecher
Qualifikationsniveau der Mitarbeiter	Qualifikatorisch homogen zusammengesetzte Gruppen von Angelernten mit hoher schulischer Ausbildung	Facharbeiter (z. T. unter ihrer Qualifikation eingesetzt) und Angelernte

Abb. 3.6 Gegenüberstellung unterschiedlicher Formen der Gruppenarbeit (Quelle: Eigene Darstellung auf Basis von Heidenreich (1994, S. 75))

Im Laufe der Zeit haben sich unterschiedliche Formen der Gruppenarbeit in der Praxis (insbesondere der Automobilindustrie) entwickelt. Abbildung 3.6 stellt das japanische Modell der Teamarbeit wie es bspw. in Lean Management-Ansätzen praktiziert wird (vgl. Abschn. 7.1) dem europäisch orientierten Modell der teilautonomen Gruppenarbeit gegenüber.

In der Praxis lässt sich zunehmend eine Abkehr von der teilautonomen Gruppenarbeit feststellen, hin zu (nach den Grundsätzen des Lean Managements organisierten) Fertigungsgruppen in eng getakteten Systemen. Während die selbstorganisierte Gruppenarbeit zunächst als Spitze in der Entwicklung der Humanisierung der Arbeitswelt begrüßt wurde, wird im Rahmen eng getakteter Systeme inzwischen von „taylorisierter Gruppenarbeit" (Roth 1996, S. 148) gesprochen oder dies sogar als „Rückkehr zum Taylorismus" (Springer 1999) mit anderen Mittel kritisiert.

Mercedes-Benz – Rückkehr zum Taylorismus?

„Im Werk Sindelfingen montiert Rudolph Airbags. Er verschraubt die Verbindungen hinten links, dreht sich zur Seite, setzt den Akkuschrauber rechts an. Dann ertönt ein Gong, der signalisiert, dass jetzt noch 20 Sekunden bleiben. Nach zwei Minuten und zehn Sekunden ist sein Beitrag zur Fertigung des größten und teuersten Autos mit dem Stern beendet.

Die Arbeiter werden wieder reduziert auf wenige Handgriffe und extrem kurze Taktzeiten. Es ist eine Arbeitswelt, die an Frederick Taylor erinnert, der vor mehr als hundert Jahren die Arbeit in kleinste Zwischenschritte unterteilte und mit der Stoppuhr die dafür notwendigen Zeiten ermittelte.

Nicht nur am Band von Henry Fords T-Modell konnte man die Effizienz dieser Methode sehen, aber auch ihre Risiken. Deshalb galt in deutschen Fabriken in den vergangenen Jahren das Gegenteil als fortschrittlich: Arbeiter sollten mehrere Takte nacheinander erledigen, sechs Minuten, acht Minuten montieren, bis es wieder von vorn losging. Nur so könnte man Facharbeiter für den Fließbandjob gewinnen, hieß es. Nur so könnte man sie motivieren, an der Verbesserung der Produktion mitzuarbeiten.

Doch neuerdings geht es wieder vorwärts in die Vergangenheit. Die Arbeit wird wieder in kleinste Einheiten aufgeteilt, jeder Handgriff ist kartographiert. Der Mensch wird eingesetzt wie eine Maschine. Nicht nur bei Mercedes-Benz wird die Produktion so umgestellt. Die Entwicklung hält auch bei anderen Herstellern Einzug. Die Effizienz soll dadurch höher, die Qualität besser werden.

Im Gegensatz zur Einführung der Gruppenarbeit, die einst von vielen Autoherstellern mit großem Trommelwirbel präsentiert wurde, wird das neue Produktionssystem fast schon heimlich eingeführt. Es ist eine stille Revolution, von der kaum jemand spricht, weil sie für die Fließbandarbeiter eher ein Schritt zurück ist in alte, scheinbar überwundene Zeiten.

In Zeiten, in denen Automobilhersteller Tausende von Stellen streichen, will kaum jemand öffentlich über seinen Job schimpfen. Vor dem Werkstor aber, anonym, klagen viele Mercedes-Arbeiter darüber, dass die immer gleiche Arbeit auf die Knochen gehe, weil immer die gleichen Gelenke gefordert werden.

Das Toyota-System mit seinen besonders kurzen Taktzeiten ist offenbar überlegen. Das sagen zumindest interne Analysen der Automobilhersteller. Die Produktivität sei höher und die Qualität besser, wenn Arbeiter nur wenige und immer gleiche Handgriffe absolvieren.

In japanischen Fabriken müssen die Arbeiter mitunter den gleichen Takt ein Jahr lang ausführen. Ein Jahr lang Airbags montieren. Bei Daimler können sie nach einer Stunde wechseln. Sie montieren dann Sicherheitsgurte statt Airbags. Der Takt aber, der bleibt immer gleich: zwei Minuten, zehn Sekunden. Besonders ältere Mitarbeiter leiden unter den neuen, kurzen Zeiten und der Verdichtung der Arbeit."

Quelle: Hawranek (2008, S. 129 ff.), stark gekürzt und leicht modifiziert.

3.1.4   Kontrollfragen zum Kapitel Spezialisierung

1. Was wird mit Spezialisierung bezeichnet? (Welche ist die einzige richtige Aussage?)
   (a) Spezialisierung bezeichnet Arbeitsteilung, bei der Teilaufgaben gleicher Art entstehen und daher in speziellen Organisationseinheiten (z. B. Marketing- oder F&E-Abteilung) zusammengefasst werden.
   (b) Spezialisierung ist eine Strukturdimension der Organisation, mit deren Hilfe Entscheidungs- und Weisungsbefugnisse auf alle Stellen verteilt werden.
   (c) Unter Spezialisierung versteht man Arbeitsteilung, bei der Teilaufgaben unterschiedlicher Art entstehen.
   (d) Spezialisierung bezeichnet die äußere Form des Stellengefüges und kann bspw. durch ein Organigramm dargestellt werden.

Welche der folgenden Aussagen sind vollständig richtig (r) und welche Aussagen sind falsch (f)?

2. Der Wirtschaftlichkeit größtmöglicher Arbeitsteilung stehen jedoch oftmals eine Entfremdung der Mitarbeiter vom Arbeitsinhalt und eine hohe Fluktuation gegenüber.
3. Ein gemeinsamer Grundgedanke von Job Enlargement und Job Enrichment besteht in einer Steigerung des Grads der Arbeitsteilung.
4. Der systematische Arbeitsplatzwechsel (Job Rotation) ist ein Instrument, um die Monotonie der Arbeit zu verringern. Häufiger Tätigkeitswechsel schafft dabei eine ganzheitliche Aufgabenstellung, mit der sich der Mitarbeiter identifizieren kann
5. Die Arbeitsfeldanreicherung (Job Enrichment) ist eine Maßnahme, die durch qualitative Aufgabenerweiterung auf eine Verringerung der horizontalen Arbeitsteilung abzielt.
6. Die Arbeitsfeldvergrößerung (Job Enlargement) ist eine Maßnahme, die durch qualitative Aufgabenerweiterung auf eine Verringerung der vertikalen Arbeitsteilung abzielt.
7. Spezialisierung bezeichnet die Form der Arbeitsteilung, bei der Teilaufgaben gleicher Art entstehen. In diesem Sinne spricht man auch von einer Artenteilung, die einer reinen Mengenteilung (Alle machen Alles) gegenübergestellt wird.
8. Teilautonome Arbeitsgruppen umfassen eine Reihe von Mitarbeitern, die sich selbst steuern und deren Tätigkeit von den Grundsätzen der Arbeitsbereicherung bestimmt ist. Sie kombinieren die Vorteile des Job Enrichment und des Job Rotation und enthalten damit positive Auswirkungen auf die Einstellung der Gruppenmitglieder zur Arbeit.

3.2   Koordination

Bei der Organisationsdefinition (Kap. 1) wurde auf **Koordination** als ein wesentlicher Aspekt von Organisation verwiesen.

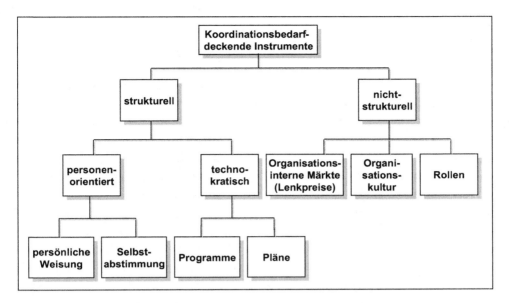

Abb. 3.7 Koordinationsinstrumente (Quelle: Eigene Darstellung auf Basis von Kieser/Walgenbach (2010, S. 93 ff.))

Durch **Arbeitsteilung** in Organisationen entsteht generell **Koordinationsbedarf**. Die Leistungen der einzelnen Organisationsmitglieder müssen aufeinander abgestimmt werden, um die Organisationsziele erreichen zu können. Ansonsten könnten bei dem zu Beginn des Buches erwähnten Beispiel der Schreinerei 40 Stuhlbeine und 10 Sitzflächen gefertigt worden sein, aber keine Lehnen. Dies würde dazu führen, dass keine ganzen Stühle gefertigt werden könnten. Der auftretende Koordinationsbedarf muss also gedeckt werden. Hierzu stehen einer Organisation grundsätzlich fünf **Koordinationsinstrumente** zur Verfügung, welche in Abb. 3.7 dargestellt sind (vgl. im Folgenden insbesondere Kieser/Walgenbach 2010, S. 93 ff.).

3.2.1 Strukturelle Koordinationsinstrumente: personenorientierte und technokratische Instrumente

Strukturelle Koordinationsinstrumente basieren auf organisatorischen Regelungen und sind somit Teil der formalen Organisationsstruktur. Dabei kann die **Koordination** direkt **durch Personen** oder **durch technokratische Instrumente** (z. B. Dienstvorschriften) erfolgen. Zu den **personenorientierten Koordinationsinstrumenten** gehören die Koordination durch **persönliche Weisung** und die Koordination durch **Selbstabstimmung**. Die Koordination durch **Programme** und die Koordination durch **Pläne** gehören zu den **technokratischen** Instrumenten.

Vorteile	Nachteile
• Ausgestaltung bleibt den einzelnen Stelleninhabern vorbehalten	• Überlastung der Instanzen und Dienstwege (wg. Kontrollspannen-Prinzip)
• ermöglicht schnelle Reaktion und Entscheidung (hohe Flexibilität)	• Überlastung vertikaler Kommunikationskanäle
• Untergeordnete Stelleninhaber können Entscheidung unmittelbar mit konkreten Personen verbinden	• Akzeptanzprobleme: Handlungen werden von den Mitarbeitern als „unorganisiert" empfunden („Führen auf Zuruf")
• leichte Gestaltbarkeit und Einflussnahme	• Motivationsprobleme bei Mitarbeitern, da diese keine Entscheidungsfreiheit beisitzen
• Setzen klarer Zielvorgaben durch Vorgesetzten möglich	• Vorauskoordination nur kurzfristig möglich

Abb. 3.8 Koordination durch persönliche Weisung – Vor- und Nachteile im Überblick (Quelle: Eigene Darstellung auf Basis von Kieser/Walgenbach (2010, S. 102 f.))

3.2.1.1 Persönliche Weisung

Eine persönliche Weisung erfolgt **direkt mündlich oder schriftlich** von einem **Vorgesetzten** an einen oder mehrere Untergebene. Bspw. erkennt der Schreinermeister, dass Sitzlehnen fehlen und gibt einem Gesellen die Anweisung, einen Vormittag lang Sitzlehnen zu produzieren. Um eine gute Koordination durch persönliche Weisung zu erreichen, ist es notwendig, dass die entsprechenden Vorgesetzten über das **Wissen** und die **Fähigkeiten** verfügen, auf die Arbeitsabläufe koordinierend einzuwirken. Darüber hinaus müssen sie auch mit den **notwendigen Kompetenzen** (Weisungsbefugnisse) ausgestattet sein, um die Koordination durchzuführen.

Die **Vor- und Nachteile** der Koordination durch persönliche Weisung fasst Abb. 3.8 zusammen.

3.2.1.2 Selbstabstimmung

Bei Selbstabstimmung, auch **Selbstkoordination** genannt, entscheiden die von einem Koordinationsaufwand betroffenen Organisationsmitglieder selbst, wie sie sich koordinieren. Grundsätzlich werden **drei Arten** von Selbstabstimmung unterschieden:

- fallweise Interaktion,
- themenspezifische Interaktion,
- institutionalisierte Interaktion.

Vorteile	Nachteile
• gegenseitige Verständigung • hohe Akzeptanz der Lösungen • höhere Motivation durch Interaktion • Entlastung hierarchischer Koordination • bessere Behandlung innovativer Problemstellungen (durch viele neue Gedanken) • somit Förderung von Innovationen durch Verantwortungsübertragung • Entlastung der vertikalen Kommunikation	• Gefühl von Desorganisation und Unsicherheit, wenn sich die Mitarbeiter von Vorgesetzten „allein gelassen" fühlen oder Regeln der Selbstkoordination nicht festgelegt sind (z. B. gelten Mehrheitsentscheide, Quoren o.ä.) • Zeitrestriktionen (z. T. langwierige Entscheidungsprozesse) • Zielkonflikte innerhalb der Gruppe durch divergierende Interessen • steigende Intransparenz bei zunehmender Gruppengröße • Qualifikationsrestriktionen

Abb. 3.9 Vor- und Nachteile der Koordination durch Selbstabstimmung (Quelle: Eigene Darstellung auf Basis von Kieser/Walgenbach (2010, S. 103 ff.))

Bei einer **fallweisen Interaktion** bleibt es im eigenen Ermessen der Mitarbeiter, in welchen Fällen sie sich abstimmen. Diese Koordination reicht von einem **informellen**, alltäglichen **Abstimmen**, das auch nonverbal erfolgen kann (z. B. Mitarbeiter zeigt seinem Kollegen durch Blickkontakt an, dass er ein bestimmtes Werkzeug benötigt; Schweigen als Zustimmung zu einem Vorschlag in einer Diskussion bei einer Gruppenarbeit), bis zu einer langen **Diskussion** mit mehreren Beteiligten (z. B. interne Abstimmung über den Werbemitteleinsatz bei der nächsten Marketingaktion). Bei einer **themenspezifischen Interaktion** wird vorher festgelegt, dass eine Selbstabstimmung beim Auftreten bestimmter Probleme zur **Pflicht** wird. Dies ist z. B. der Fall, wenn ein Vorgesetzter bestimmt, dass sich das Team bei der Urlaubsplanung selbst abstimmen soll. Bei einer **institutionalisierten Interaktion** werden **Gremien** eingerichtet, in denen die Selbstabstimmung erfolgt (z. B. Komitees, Ausschüsse, Kollegien).

Der Selbstkoordination wird insbesondere seit den 1970er-Jahren große Bedeutung beigemessen: einerseits aus der Absicht, demokratische Werte auch in Organisationen zu etablieren, andererseits aufgrund der Grenzen **hierarchischer Koordination** (bspw. durch persönliche Weisung). Die **Vor- und Nachteile** der Selbstabstimmung fasst Abb. 3.9 zusammen.

3.2.1.3 Programme

Programme sind **starre oder konditionale Verfahrensvorschriften** für die Handhabung festgelegter Entscheidungssituationen. Diese finden sich meist in **schriftlicher Form** in **Handbüchern, Richtlinien** oder im Rahmen eines **Qualitätsmanagementsystems.**

Die Koordination durch Programme ist für Organisationen ab einer gewissen Größe und für immer wiederkehrende Aufgaben von **großer Bedeutung.** Weiter gefasste **Rahmenprogramme** geben bspw. allgemeine **Regelungen zur Unternehmensführung,** beschreiben **ethische Grundlagen,** auf denen das Unternehmen arbeitet, oder halten bestimmte **Prinzipien** fest (bspw. dass Entscheidungen immer nach dem Vier-Augen-Prinzip zu treffen sind oder dass bestimmte Vorgänge schriftlich zu fixieren sind). Teilweise werden solche Rahmen im Sinne einer guten **Corporate Governance** gefordert, teilweise sind sie sogar gesetzlich vorgeschrieben, bspw. durch den Sarbanes-Oxley-Act in den USA. Durch solche Rahmenbedingungen wird die Art und Weise des Einsatzes von Koordinationsinstrumenten beeinflusst. Auch sollen solche Rahmen die **Unternehmenskultur** im Sinne der Unternehmensleitung beeinflussen.

Die klassischen **Vorschriften** in Organisationen regeln detailliert, was in bestimmten Situationen und unter gegebenen Voraussetzungen grundsätzlich zu tun ist (bspw. Prozess der Stellenbesetzung mit externen Bewerbern, Einarbeitung neuer Mitarbeiter, Beantragung und Abrechnung von Dienstreisen usw.). Insofern besteht ein Programm zum einen aus einem **Klassifikations**- oder **Kategorienschema,** das die möglicherweise auftretenden Probleme definiert und zu einzelnen Problemklassen zusammengefasst, und zum anderen enthält es Verfahren zur Lösung der einzelnen Problemklassen. Insbesondere sicherheitsrelevante Bereiche von Organisationen müssen durch entsprechende Dienstvorschriften und Handlungsanweisungen reglementiert werden (z. B. Betrieb von Kernkraftwerken). Auch für ein Qualitätsmanagement (vgl. hierzu auch das Abschn. 7.1 zu Lean Management und TQM), insbesondere wenn es nach DIN ISO 900x zertifiziert werden soll, ist das Vorhandensein funktionierender Programme unabdingbar.

Voraussetzungen für den erfolgreichen Einsatz von Programmen sind:

- Interne **Konsistenz** der Regelungen,
- **stabile** Umwelt um die wichtigsten **Faktoren,** welche die Entscheidung betreffen, **vorauszusehen** und somit vorab zu regeln,
- Möglichkeiten einer **häufigen Anwendung,**
- **Formalisierung**/schriftliche Fixierung.

Vor- und Nachteile von Programmen sind in Abb. 3.10 dargestellt.

3.2.1.4 Pläne

Die Planung ist eine der wichtigsten Managementfunktionen und eine **Voraussetzung** für ein funktionierendes **Kontroll- und Steuerungssystem.** Pläne finden sich auf allen Ebenen des Unternehmens, in größeren Unternehmen üblicherweise als institutionalisierter Prozess, von der **strategischen Planung** über die Planung einzelner Unternehmens-

Vorteile	Nachteile
• Standardisierung der Aufgabenerfüllung: Ermöglichung eines effizienten Ablaufes wiederkehrender Aufgaben • Handlungsabläufe sind eindeutig vorgeschrieben • Transparenz und Nachvollziehbarkeit von Entscheidungen • oft keine zusätzlichen persönlichen Weisungen notwendig • Entlastung anderer Koordinationskanäle (bspw. Koordination durch persönliche Weisung) durch die Vorabkoordination durch das Programm • Aufgaben, Kompetenzen und Verantwortung können vorab abgegrenzt und verteilt werden.	• Aufwand zur Erstellung der Regeln; oft nur in statischen/stabilen Umwelten sinnvoll • ungeeignet bei zu hoher Umweltdynamik (mögliche Inflexibilität) • somit wenig geeignet für innovative und einmalige Aufgaben • Gefahr der Bürokratisierung • Inflexibilität, da die Anpassung von Programmen z. T. viel Zeit in Anspruch nimmt. • Möglichkeit, dass Programm nicht mit zu lösendem Problem übereinstimmt (unpassende Durchführung nach „Schema F") • Eingrenzung des Entscheidungsspielraums der Mitarbeiter • Nichtberücksichtigung der Eigeninitiative der Mitarbeiter (ggf. Demotivation) • negative Assoziationen („Dienst nach Vorschrift", „Dschungel aus Vorschriften", „streng nach Vorschrift").

Abb. 3.10 Koordination durch Programme – Vor- und Nachteile im Überblick (Quelle: Eigene Darstellung auf Basis von Kieser/Walgenbach (2010, S. 109 f.))

funktionen (Absatz-, Produktions-, Entwicklungsplanung etc.), Vorhaben (siehe Kapitel Projektplanung) bis zur Planung einzelner Maßnahmen. Dabei enthalten Pläne üblicherweise **Zielwerte** und ggf. Zwischenschritte („**Meilensteine**"). Im Gegensatz zu Programmen, welche in der Regel unbefristet gelten, gelten Pläne für einen bestimmten **Zeitabschnitt** (z. B. Jahresplanung, Mittelfristplanung). Während Programme Verfahrensweisen regeln, enthalten Pläne **Zielvorgaben** und **Sollwerte**. Der Koordinationseffekt der Pläne entsteht durch das Ausrichten der Handlungen der Organisationsmitglieder auf das Ziel. Übergeordnete und strategische Pläne existieren üblicherweise in schriftlicher Form, während taktische Pläne (z. B. Planung einer Verkaufsverhandlung) auch in mündlicher Form den Beteiligten dargelegt werden kann.

Vorteile	Nachteile
• flexibler als Programme • lassen Freiraum für Mitarbeiter, da oft lediglich Vorgabe des Ziels erfolgt • Eigenkontrolle möglich • Kontrollmöglichkeiten durch Soll-/Ist-Vergleiche • Delegation von Planungsaufgaben an Spezialisten möglich • analytische Durchdringung des zu planenden Sachverhaltes bewirkt höhere Stabilität und Verzicht auf Ad-hoc-Koordination • Entlastung durch Vorabkoordination, welche den Bedarf anderer Koordinationsinstrumente reduziert (bspw. persönliche Weisung)	• unpersönlich • Abstimmungsbedarf zwischen zeitlich und sachlich unterschiedlichen Plänen • sehr komplex • für extrem dynamische Umwelt zu inflexibel • müssen oft modifiziert werden ggf. im Rahmen eines institutionalisierten Planungsprozesses (rollierende Planung) • Koordinationsbedarf zwischen Plänen, wenn die gleichen Ressourcen oder Sachverhalte betroffen sind

Abb. 3.11 Koordination durch Pläne – Vor- und Nachteile (Quelle: Eigene Darstellung auf Basis von Kieser/Walgenbach (2010, S. 111 ff.))

Da die Planung zukünftige Sachverhalte vorwegnehmen und vorhersagen muss, ergibt sich bei der Planung immer ein Unsicherheitsfaktor. Ein gängiges Instrument, um auf die Abhängigkeiten von schwer bestimmbaren Ereignissen zu reagieren, ist die **Szenarioplanung**, bei der für verschiedene Ereignisse, bspw. unterschiedliche Konjunkturentwicklungen, verschiedene Pläne entwickelt werden.

Die Notwendigkeit der Anpassung von Plänen kann bereits im Planungsprozess institutionalisiert sein (**rollierende Planung**) oder bei Eintreten eines Ereignisses ad hoc angestoßen werden.

Die **Vor- und Nachteile** des Einsatzes von Plänen als Koordinationsinstrument stellt Abb. 3.11 gegenüber.

3.2.2 Nichtstrukturelle Koordinationsinstrumente

Neben den strukturellen Koordinationsinstrumenten, welche auf die formale Organisationsstruktur zurückgehen, gibt es noch weitere Instrumente, welche koordinierend auf die Organisationsmitglieder wirken können. Da diese Koordinationsinstrumente nicht auf die formale Organisationsstruktur zurück zu führen sind, werden sie **nichtstrukturelle Koordinationsinstrumente** genannt.

3.2.2.1 Organisationsinterne Märkte

Bei der Koordination durch organisationsinterne Märkte wird eine hierarchische Koordination durch die „**unsichtbare ordnende Hand des Marktes**" ersetzt. Märkte sind ein Koordinationssystem, das Angebot und Nachfrage aufeinander abstimmt, **ohne** dass Anbieter und Nachfrager **gleiche** oder auch nur ähnliche **Ziele verfolgen** müssen. Vor allem in Unternehmen, die aus weitgehend **autonomen Divisionen** bzw. selbständigen Betrieben bestehen oder welche in Form einer **Holding** (siehe Abschn. 3.3.7) strukturiert sind, wird versucht, die Koordination ihres Leistungsaustausch über **interne Märkte** herbeizuführen. Der Einsatz dieses Koordinationsinstruments kann bspw. dadurch geschehen, dass abgeschlossene Organisationseinheiten als **Profit Center** mit Gewinnverantwortung fungieren und an die Stelle von Plänen mehr oder weniger **freie Verhandlungen** zwischen anbietenden und nachfragenden Divisionen/Betrieben treten, an deren Ende die Leistungen zwischen diesen Bereichen durch **Markt- oder Verrechnungspreise** (Lenkpreise) abgerechnet werden. Beispiele:

- In einem Automobilkonzern gibt es zwei in unterschiedlichen Ländern angesiedelte Fabriken, die Motoren herstellen. Diese offerieren ihre Leistungen den verschiedenen, weltweit verteilten Automobilwerken des Konzerns. Die Preisbildung der Motoren erfolgt über den organisationsinternen Markt abhängig von Produktionskosten, Transportkosten, Qualität der Motoren, Lieferzeiten etc.;
- Direkte Verrechnung der Aufwendungen eines IT-Bereichs an die tatsächlichen Leistungsempfänger, statt einer pauschalen Aufteilung der Kosten auf die verschiedenen Konzerngesellschaften.

Eine Koordination findet dadurch statt, dass durch **Angebot und Nachfrage** über die Organisationseinheiten hinweg Sachverhalte wie bspw. die Auslastung von Kapazitäten gesteuert werden. Innerhalb der Organisationseinheiten findet eine Rahmenkoordination der Aktivitäten der Organisationsmitglieder auf das Ziel der **Gewinnverantwortung** statt, welches als Ziel der gesamten Organisation nun auf die Subeinheiten übergegangen ist.

Die Koordination soll hierbei durch das Gewinnstreben der einzelnen Organisationseinheiten bewirkt werden. Der Koordinationsgedanke wird durch den **Konkurrenzgedanken** ersetzt. Die Profit Center rechnen grundsätzlich mit anderen Bereichen des Unternehmens genauso wie unter Dritten ab. Verrechnungspreise erfüllen dabei insbesondere drei Funktionen:

- **Lenkungsfunktion**:
  Verrechnungspreise sollen gewährleisten, dass Entscheidungen, die in einzelnen Geschäftseinheiten oder Abteilungen autonom getroffen werden, im Interesse des Gesamtunternehmens sind, und zur Maximierung des gesamten Unternehmensgewinns beitragen.
- **Erfolgsermittlungsfunktion**:
  Verrechnungspreise sollen gewährleisten, dass Gewinne in den Organisationseinheiten eines Unternehmens ausgewiesen werden, in denen sie tatsächlich erwirtschaftet werden. (vgl. Bühner 2004, S. 190, dieser Coenenberg 1997 anführend).

- Es entsteht die Fiktion eines organisationsinternen Marktes, auf welchem Instanzen autonom entscheiden können und sich mit anderen Bereichen messen können. Damit besitzen Verrechnungspreise eine nicht unerhebliche **Motivationsfunktion** (vgl. Frese et al. 2012, S. 176 ff.).

Theoretische Bezugsgröße zur Ermittlung von Verrechnungspreisen sind neben Marktpreisen auch Grenz(kosten)- und Knappheitspreise (vgl. Bühner 2004, S. 190 ff.).

In der Unternehmenspraxis findet sich jedoch auch häufig das Vorgehen, dass die Preise der Organisationseinheiten durch die Unternehmenszentrale vorgegeben werden bei gleichzeitigem Kontrahierungszwang zwischen den To chterunternehmen. In diesem Falle liegt dann keine marktliche Koordination vor, sondern Koordination durch Weisung.

Nachteile des Einsatzes von Verrechnungspreisen liegen einerseits darin, dass eine Koordination auf die übergeordneten Organisationsziele nun durch **Konkurrenz** zwischen Organisationseinheiten ersetzt wird. Andererseits ist es häufig **schwierig**, für Leistungen wie bspw. halbfertige Produkte, für die es keinen organisationsexternen Markt gibt, einen **Verrechnungspreis** zwischen den Einheiten **zu finden**, welcher die marktliche Koordination unterstützt.

3.2.2.2 Organisationskultur

Der Aspekt der **Identität** von Organisation im Sinne von „das Unternehmen ist eine Organisation" (vgl. die Organisationsdefinition in Kap. 1) wird nachfolgend anhand der Koordination durch **Organisationskultur** beschrieben.

3.2.2.2.1 Definition von Organisationskultur

Organisationskultur ist die **Gesamtheit** der **Normen**, **Wertvorstellungen** und **Denkhaltungen**, die das **Verhalten** der Organisationsmitglieder auf allen organisatorischen Ebenen **prägen**. Organisationskultur kann so als „die kollektive Programmierung" (Hofstede 1993, S. 89) der Organisationsmitglieder verstanden werden. Kultur ist ein Element in der Trilogie von Strategie, Struktur und Kultur eines Unternehmens.

Die **koordinierende Wirkung** geteilter Werte, Normen und Ziele wird in einem dem französischen Schriftsteller Antoine de Saint-Exupéry zugeschriebenen Zitat deutlich:

„Wenn Du ein Schiff bauen willst, dann trommle nicht Männer zusammen, um Holz zu beschaffen, Aufgaben zu vergeben und die Arbeit einzuteilen, sondern lehre sie die Sehnsucht nach dem weiten, endlosen Meer."

In dem Maße, in dem die Organisationsmitglieder übereinstimmende Werte und Normen **verinnerlicht** haben – sich mit ihnen identifizieren – können sie ihre Aktivitäten auch ohne strukturelle Vorgaben aufeinander abstimmen. Die **gemeinsamen Überzeugungen** bewirken eine Koordination der Aktivitäten. Je mehr Organisationsmitglieder in ihren Überzeugungen übereinstimmen und je stärker diese Übereinstimmung ist, desto eher werden diese Vorstellungen **handlungsleitend**, desto eher können sie eine Koordination der Aktivitäten verschiedener Organisationsmitglieder bewirken (vgl. Kieser/ Walgenbach 2010, S. 123). Dies ist bspw. bei bereichsübergreifenden Projekten relevant:

die verschiedenen Abteilungen (z. B. F & E, Produktion, Marketing, Rechnungswesen) vermitteln ihren Organisationsmitgliedern meist unterschiedliche Ziele. Für die Bewältigung von wiederkehrenden, abteilungs-internen Aufgaben ist dies i. d. R. zweckmäßig. Es erschwert jedoch die Zusammenarbeit bei bereichsübergreifenden Projekten (bspw. Unternehmensakquisitionen, Produktneuentwicklung). Teilen die Abteilungsmitarbeiter jedoch die **Werte** der Organisationskultur des **Gesamtunternehmen**, können sie eher zu einem umsetzungsreifen Konsens gelangen (vgl. Kieser/Walgenbach 2010, S. 121).

Je stärker die Organisationskultur ausgeprägt ist, umso weniger bracht bspw. ein Unternehmen Handbücher, Organigramme, detaillierte Regeln oder Verfahrensvorschriften. Eine stimmige Organisationskultur **unterstützt** die **Selbstkoordination** und kann die **Motivation** der Organisationsmitglieder **erhöhen**. Organisationskultur lässt sich dabei von der Unternehmensleitung nur indirekt beeinflussen und stellt ein komplexes, vielschichtiges Thema dar.

Hintergrund

Der Hype um die Organisationskultur

Die Bedeutung der Organisationskultur – verstanden als das sichtbar gelebte Wertesystem des Unternehmens – als Erfolgsfaktor für Unternehmen und als Koordinationsinstrument wurde erstmals einer breiten Öffentlichkeit von Peters und Waterman in ihrem Buch von 1982 „Auf der Suche nach Spitzenleistungen. Was man von den bestgeführten US-Unternehmen lernen kann" hervorgehoben. Insbesondere seit deren These, dass die meisten der 50 erfolgreichsten Unternehmen der Welt durch eine starke Organisationskultur gekennzeichnet sind, rückte dieser Begriff in den Mittelpunkt des Interesses zahlreicher Veröffentlichungen in der Organisationsliteratur. Auch wenn sich wenige Jahre später herausstellte, dass sich von den von Peters & Waterman identifizierten, durch Organisationskultur erfolgreiche Unternehmen nur noch wenige in der Liste der 50 erfolgreichsten Unternehmen fanden, ist die Organisationskultur zurecht immer noch ein zentrales Thema, da es sich um ein ausgesprochen starkes Koordinationsinstrument handelt. Organisationskultur ist zu einem festen Teil der Managementlehre geworden. Organisationskultur ist aber nicht per se ein Allheilmittel der Unternehmensführung.

Quelle: Vgl. Nolte (1999, S. 70).

Der Kultur-Begriff ist der **Ethnologie** entliehen und bezeichnet die Grundüberzeugungen, Orientierungsmuster und Verhaltensweisen, Symbole usw., die einer **Volksgruppe** ihre **Identität** verleihen und sie von **anderen** Gruppen **unterscheidet**. Kultur ist grundsätzlich menschgeschaffen, überindividuell, erlernbar, in Form von Symbolen übermittelbar, verhaltenssteuernd sowie nach innerer Konsistenz strebend. Sie gewährleistet die Anpassung an die Umwelt und ist selbst anpassungsfähig (vgl. Keller 1982, S. 114 ff.).

Dieser Kulturbegriff wird auf die Unternehmensebene mit der Idee übertragen, dass **jede Organisation eine eigenständige Kulturgemeinschaft** mit eigenen unverwechselbaren Vorstellungs- und Verhaltensmustern **darstellt**. Diese Muster prägen das Verhalten der Mitglieder auf unsichtbare, aber dennoch nachhaltige Weise.

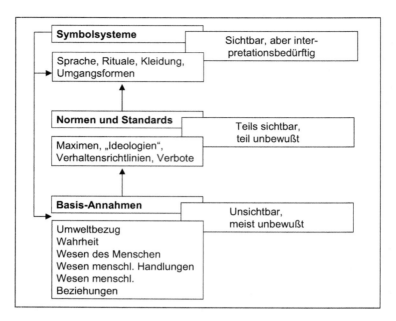

Abb. 3.12 Ebenen der Organisationskultur (Quelle: Schreyögg/Koch (2010, S. 342))

Organisationskultur ist dabei ein **vielschichtiges** Phänomen. Aufbauend auf den Arbeiten von Edgar Schein wird sie üblicherweise in **drei Schichten** unterteilt (vgl. Schein 1992; Schreyögg/Koch 2010).

Um eine Kultur zu verstehen, müssen, ausgehend von den **Oberflächenphänomenen**, sukzessiv die kulturellen Ebenen bis zur **Tiefenstruktur** erschlossen werden (vgl. Abb. 3.12).

Die **Symbolebene**, auch **Ebene der Artefakte** genannt, wie bspw. Sprache, Rituale (Aufnahme neuer Mitarbeiter, jährlich wiederkehrende Veranstaltungen), Architektur und sicht- und hörbare Verhaltensmuster, z.B. Umgangston oder Kleidungsstil, sind zwar **sichtbar**, jedoch **interpretationsbedürftig**.

Hierzu gehört auch das Erzählen von Geschichten und Mythen (z.B. über den Unternehmensgründer oder andere Ereignisse). Ein Externer erkennt die Symbole zwar äußerlich, versteht jedoch nicht ohne weiteres ihre tiefer gehende Bedeutung für die Organisation.

Fallbeispiel
Mythen: Robert Bosch GmbH
Früher hieß es, wer eine Niederlassung der Robert Bosch GmbH betrat, hatte sofort das Gefühl von schwäbischer Sparsamkeit. So fand der alte Herr Bosch (1861–1942) bei einem Werksrundgang eine Büroklammer auf dem Boden. Er hob sie auf, hielt sie dem dabei stehenden Mitarbeiter vor die Nase und fragte: „Wissen Sie, was das ist?" Dieser antwortete erstaunt, etwas ängstlich und unsicher: „Eine Büroklammer?". Darauf der alte Herr Bosch: „Nein! Das ist mein Geld!"

Quelle: Vgl. Kieser/Walgenbach (2010, S. 123).

Eine **zweite**, dieser Ebene zugrunde liegende **Schicht** sind **Werte und Normen**. Sie umfasst Maximen, „Ideologien", Verhaltensrichtlinien oder Verbote. Sie sind teils sichtbar, zum anderen Teil aber unbewusst. Konkret formen sie sich in Maximen, ungeschriebenen Verhaltensrichtlinien oder impliziten Ge- und Verboten (Dresscode, heimliche Spielregeln o. ä.). Sie wirken oft unmittelbar verhaltenssteuernd. Viele Unternehmen formulieren explizite (und damit auch für Unternehmensexterne erkennbare) sog. Managementphilosophien oder Unternehmensgrundsätze. Häufig handelt es sich hier jedoch um Idealvorstellungen, die es erst noch umzusetzen gilt.

Die **Ebene** der **Basisannahmen** (vgl. Abb. 3.13) ist **unsichtbar** und in der Regel **unbewusst**. Sie enthält den Umweltbezug, Annahmen zur Wahrheit und Zeit, zur Natur des Menschen, zu menschlichen Handlungen und Beziehungen.

Basisannahme	Erläuterung
Verhältnis zur Umwelt	• Hält man die Umwelt für bedrohlich, herausfordernd, bezwingbar? • Sieht man die Umwelt als schicksalhafte Kraft oder versteht man sie eher als beherrschbar?
Wahrheit und Zeit	• Vorstellungen, wie bestimmt wird, ob ein Sachverhalt als wahr oder falsch, als real oder fiktiv zu gelten hat. Stützt man sich auf Fakten, Autoritäten, die Wissenschaft oder Ergebnisse eigener Versuche? • Welche Handlungen sind als moralisch oder unmoralisch zu qualifizieren? • Zeitverständnis: zyklisch, chronologisch oder erratisch.
Natur des Menschen	• Menschenbild: Hält man den typischen Mitarbeiter tendenziell für arbeitsscheu, nur durch externe Anreize zur Arbeit zu bewegen, oder übernimmt dieser gerne Verantwortung und hat grundsätzlich Freude an der Arbeit?
Menschliches Handeln	• Vorstellungen über die „richtige" Art der Lebensbewältigung. Hat man Erfolg nur dann, wenn man aktiv ist, die Dinge selbst in die Hand nimmt? Oder ist es wichtiger, abzuwarten und sich dem Lauf der Dinge anzupassen?
Zwischenmenschliche Beziehungen	• „Theorien" über die richtige Verteilung von Macht, z. B. nach Alter, Herkunft oder nach Erfolg. • Sind die Beziehungen eher von Wettbewerb oder Kooperation geprägt? Vom Einzelerfolg oder vom Teamerfolg?

Abb. 3.13 Basisannahmen der Organisationskultur (Quelle: Eigene Darstellung auf der Basis von Schreyögg (2008, S. 370 ff.))

Diese Basisannahmen stehen nicht isoliert nebeneinander. Kulturen entwickeln einen gewissen Drang nach Kohärenz und Konsistenz. Das heißt, die Basisannahmen formen sich zu einer mehr oder weniger stimmigen Gestalt. Kulturelle **Basisannahmen** sind **implizit** und **materialisieren sich** im Zeitablauf z. T. in Form der **Artefakte** (vgl. Macharzina 1994, S. 270).

3.2.2.2.2 Wirkung von Organisationskultur

Mit der Idee starker Organisationskulturen ist die Vorstellung eines in sich stimmigen Gebildes verbunden. Im Gegensatz dazu steht die Beobachtung, dass sich in vielen Unternehmen **Subsysteme** mit eigenen Orientierungsmustern herausbilden. Anknüpfungspunkt sind häufig die **verschiedenen Funktionsbereiche**, die aufgrund der Aufgabenspezialisierung eigene Überzeugungen herausbilden (bspw. Marketing-, F & E-, Buchhaltungskultur) oder die hierarchische Stellung in der Organisation (Arbeiter-, Angestellten-, Managerkultur o. ä.).

In international tätigen Unternehmen können sich darüber hinaus aufgrund der unterschiedlichen **landeskulturellen Prägung** der Organisationsmitglieder in den einzelnen Ländergesellschaften **unterschiedliche Unternehmenskulturen** bilden, die bspw. von denjenigen der Muttergesellschaft abweichen können. Die Landeskultur kann dabei maßgeblich die Werte und Normen der Organisationskultur prägen. Organisationskulturen sind damit aufgrund der Vielfalt der Funktions- und Landeskulturen eine multikulturelle Arena.

Außerdem lassen sich Subkulturen nach Ihrer **Nähe** oder **Distanz** zur **Hauptkultur** (Mainstream culture) einordnen. Sie reichen von enthusiastischen **Verstärkungskulturen** bis zu oppositionellen **Gegenkulturen**. Diese treten häufig im Zusammenhang mit **Mergers & Acquisitions** auf. Die zu integrierende Kultur kann durch die Betonung ihrer alten Werten und Mustern zeigen, dass die neuen Orientierungsmuster der Hauptkultur für eine erfolgreiche Unternehmenstätigkeit nicht unbedingt überlegen sind.

Je stärker eine Organisationskultur ist, umso eher wirkt sie **handlungsleitend** auf die Organisationsmitglieder. Faktoren zur Bestimmung **der Stärke einer Organisationskultur** sind bspw. **Prägnanz**, **Verbreitungsgrad** und **Verankerungstiefe** bei den Organisationsmitgliedern. Auch wenn Organisationskultur seit den 1980er-Jahren als Erfolgsfaktor angesehen wird (vgl. Peters/Waterman 1995), sind starke Organisationskulturen nicht per se positiv zu beurteilen, da sie sowohl **funktionale** als auch **dysfunktionale** Wirkungen aufweisen können (vgl. Abb. 3.14).

Unternehmen mit einer starken Organisationskultur arbeiten insofern nicht notwendigerweise effizienter. Innerhalb einer gegebenen Aufgabenstruktur erweist sich Organisationskultur als flexibleres Koordinationsinstrument als strukturelle Abstimmungen. Sie kann aber auch die **Anpassungsfähigkeit** einer Organisation **beeinträchtigen** und einer grundsätzlichen **Neuorientierung** des Unternehmens **im Wege stehen**.

Simplifizierende Denkmuster durch eine übermäßige kollektive Programmierung führen zu einer **schematisierten** Behandlung von Umweltproblemen im Unternehmen.

Funktionale Effekte	Dysfunktionale Effekte
Reibungslose Kommunikation	**Tendenz zur Abschließung**
• Starke Kulturen erbringen eine weit reichende Orientierungsleistung, da sie die verschiedenen Sichtweisen und Interpretationen von Ereignissen und Situationen reduzieren.	• Tief verwurzelte Wertesysteme und die daraus resultierende Orientierungskraft können zu einer alles beherrschenden Kraft werden.
• Signale werden so sehr viel zuverlässiger interpretiert und Informationen sehr viel weniger verzerrt weitergegeben.	• Kritik und Warnsignale, neue Anforderungen, Chancen usw., die zu der bestehenden Kultur in Widerspruch stehen, werden ggf. verdrängt oder überhört.
• So schaffen sie eine klare Basis für das tägliche Handeln.	**Abwertung neuer Orientierungen**
Rasche Entscheidungsfindung und -umsetzung	• Neue Wertmuster werden als suspekt aufgefasst und ggf. vehement abgelehnt
• Gemeinsame Sprache, konsistentes Präferenzsystem und allseits akzeptierte Vision führen rasch zu Einigung o. Kompromiss.	• Dem herrschenden Weltbild zuwiderlaufende Vorschläge werden abgewertet und ausgegrenzt
Geringer formaler Kontrollaufwand	**Fixierung auf traditionelle Erfolgsmuster**
• Kontrollen werden weitgehend indirekt geleistet.	• Starke emotionale Bindung an bestimmte gewachsene und durch Erfolge der Vergangenheit bekräftigte Vorgangsweisen und Denkstile.
• Die Orientierungsmuster sind internalisiert, so dass nur eine geringe Notwendigkeit besteht, fortwährend ihre Einhaltung zu überprüfen.	• Neue Pläne und Projekte stoßen auf eine schwer zugängliche Bindung an herkömmliche Prozeduren und Vorstellungen.
Motivation und Teamgeist	**Mangel an Flexibilität**
• Die orientierungsstiftende Kraft der Organisationskultur lässt eine hohe Bereitschaft entstehen, sich zu engagieren und dies auch nach außen hin zu dokumentieren.	• Starke Kulturen können sich durch Veränderungen in ihrer Identität bedroht sehen.
	• Dadurch ggf. Starrheit und mangelnde Anpassungsfähigkeit.
	„Kulturdenken"
	• Starke Kulturen neigen dazu, Konformität in gewissem Umfang zu „erzwingen". Konträre Meinungen, Bedenken o.ä. werden zurückgestellt zugunsten der bestehenden kulturellen Werte.

Abb. 3.14 Funktionale und dysfunktionale Effekte starker Organisationskulturen (Quelle: Eigene Darstellung auf Basis von Schreyögg (2008, S. 386 ff.))

Funktionale Effekte	Dysfunktionale Effekte
	• Bereitschaft, den kulturellen Rahmen zu erhalten, übertrifft dabei die Bereitschaft Widerspruch zu artikulieren.
	• Kritik wird für illegitim erklärt (vgl. auch das Phänomen Groupthink)
	Kollektive Vermeidungshaltung
	• Die Aufnahme neuer Ideen setzt ein hohes Maß an Offenheit, Kritikbereitschaft und Unbefangenheit voraus.
	• Starke Organisationskulturen sind aufgrund ihrer emotionalen Bindungen wenig geeignet, diese Voraussetzungen herzustellen.
	• Sie laufen Gefahr, sich dem notwendigen Prozess der Selbstreflexion in einer Art kollektiver Vermeidungshaltung zu versagen.

Abb. 3.14 (Fortsetzung)

Die geschilderten dysfunktionalen Effekte starker Unternehmenskulturen bringen im Ergebnis das Problem von Starrheit und mangelnder Anpassungsfähigkeit mit sich, weshalb sie häufig eine „unsichtbare Barriere" für strategischen Wandel von Unternehmen darstellen.

Die **Vorteile** starker Organisationskulturen sind **nicht** immer **eindeutig**. Das heißt, auch schwache Kulturen haben Vorzüge, die genutzt werden können (bspw. die Bildung von Subkulturen bewusst als Ressource für Innovationen in F & E nutzen).

Organisationskultur entsteht nicht plötzlich, durch Vorstandsbeschlüsse oder Image-Broschüren. Sie ist vielmehr das **Ergebnis** eines **Lernprozesses** im Umgang mit der internen und externen Umwelt. Zug um Zug schälen sich bevorzugte Wege des Denkens und erfolgreiche Problemlösungen heraus, bis schließlich diese Orientierungsmuster selbstverständliche Voraussetzung unternehmerischen Handelns sind. **Organisationskultur vermittelt** – neben ihrer Koordinationsfunktion – **Sinn und Orientierung** in einer komplexen Umwelt, indem sie Muster für die Interpretation und Handlungsprogramme bei auftretenden Problemen gibt. Sie hat immer eine Entwicklungsgeschichte. Häufig ist es die Gründerpersönlichkeit (bspw. Robert Bosch, Ferdinand Porsche, Bill Gates), welche die Organisationskultur wesentlich prägt.

Fallbeispiel

Stärke einer Organisationskultur: Würth-Gruppe

Ein Beispiel für eine prägnante Organisationskultur bildet die Würth-Unternehmensgruppe. Kerngeschäft des Unternehmens ist der Handel mit Befestigungs- und Montagematerial. Die Würth-Gruppe mit Unternehmenszentrale in Künzelsau (Baden-Württemberg) existiert seit 1945. Das Unternehmen hat sich vom Kleinunternehmen mit zwei Mitarbeitern zu einer weltweit operierenden Gruppe entwickelt (€ 10,1 Mrd. Umsatz im Jahr 2014, rund 66.000 Mitarbeiter und ca. 400 Tochterunternehmen in über 80 Ländern).

In der Firmenphilosophie werden die Werte des Unternehmens als gelebte Unternehmenskultur beschrieben. Die Kultur wird dabei wesentlich durch den Gründer Reinhold Würth (geb. 1935) – trotz seines Ausscheidens aus der Unternehmensleitung – weiter verkörpert, der die Würth-Kultur in markante Sätze fasst („Wettbewerbsvorteile sind künftig fast ausschließlich im Bereich der Unternehmenskultur zu erreichen.") und diese durch Rundschreiben, persönliche Auftritte auf Veranstaltungen und Videos vermittelt.

Werte der Würth-Unternehmenskultur sind u. a.: die Haupttriebfeder Wachstum („Was weniger als 10 % wächst, ist krank"), die Kundenorientierung als Leitstern („Meine Leute sind nicht bei mir angestellt, sondern beim Kunden"), der Mensch im Mittelpunkt („Lust an der Leistung"), dezentrale Ergebnisverantwortung („Je größer die Erfolge, desto höher die Freiheitsgrade"), Führen heißt Machen („Wissen ist Schlaf, Realisieren ist Macht") sowie der kontinuierliche Verbesserungsprozess („Die Perfektion des Banalen") vor dem Hintergrund, dass Würth in einer reifen Branche tätig ist, die sich nicht durch radikale Innovationen auszeichnet.

Aus dem Leistungsprinzip und der dezentralen Ergebnisverantwortung leitet sich bspw. ein hoher Leistungsdruck ab, insbesondere für die ca. 50 % der Mitarbeiter, die im Vertrieb arbeiten. Die Leistung der Außendienstmitarbeiter wird durch ein variables Anreizsystems („Leistung muss sich lohnen") mit Umsatzprovisionen als entscheidendem Einkommensbestandteil („Erfolg ist freiwillig") honoriert. Dies wird bspw. durch unterschiedliche Firmenwagen (Kleinwagen, Mittelklasse, gehobene Mittelklasse) als sichtbares Status*symbol* oder durch Auszeichnungen („Ehrennadeln", „Verkäuferclubs") und Reisen als Anreize und Anerkennung für Top-Verkäufer verdeutlicht. Erfolg wird belohnt und gefeiert, die Nichterreichung wird sanktioniert – das mehrmonatige Verfehlen der vereinbarten Ziele für Verkäufer hat bspw. den „Klassenabstieg" in der Firmenwagenkategorie zur Folge.

Die Kultur zeichnet sich auch durch direkte Eingriffe in das Tagesgeschäft, vor allem bei Fehlentwicklungen ab. Zahlreiche Anekdoten ranken sich um Reinhold Würths Verhalten und sind Teil der Unternehmenskultur der Würth-Gruppe geworden.

Quelle: Venohr (2006, S. 52–69 und S. 176 f.).

3.2.2.2.3 Veränderung von Organisationskulturen

Der Erfolg starker Kulturen wirft die grundsätzliche Frage auf, ob und ggf. wie **Organisationskulturen** gezielt **verändert** werden können.

Während **Kulturalisten** sie als **organische Lebenswelt** ansehen, die sich jedem gezielten Herstellungsprozess entzieht, gehen **Kulturingenieure** davon aus, dass man **Kulturen wie andere Führungsinstrumente** auch einsetzen und planmäßig **verändern** kann. Die dritte Position einer Art Kurskorrektur akzeptiert die Idee des **geplanten Wandels** im Sinne eines Anstoßes zur Veränderung mit einem allerdings nicht exakt bestimmbaren Ergebnis.

Ausgangspunkt für eine Kurskorrektur (vgl. Abb. 3.15) ist eine **Analyse** und Kritik der **bestehenden Ist-Kultur**, in deren Zentrum das **Sichtbarmachen** der **Basisannahmen** ist. Nach einer **kritischen Reflexion** im Zusammenhang mit neuen Unternehmensstrategien oder Organisationsformen können Anstöße zu einer Änderung gegeben werden, bspw. Hinweise auf die negativen Folgen traditioneller Orientierungsmuster oder das exemplarische **Vorleben neuer Verhaltensmuster**. Ein mechanistisches Kulturmanagement würde jedoch die kulturellen Beziehungen und die Historizität sozialer Systeme verkennen.

Formale **Organisationsstruktur** und **Organisationskultur** lassen sich **nicht strikt trennen**. Sie stehen vielmehr in einer Wechselbeziehung. Ein grundsätzliches **Misstrauen** gegenüber Mitarbeitern (als eine Norm von Organisationskultur) **manifestiert** sich häufig in **rigiden Regelungen** und Kontrollen. **Strukturelle Regelungen sind** damit auch **Symbole** der **Organisationskultur**.

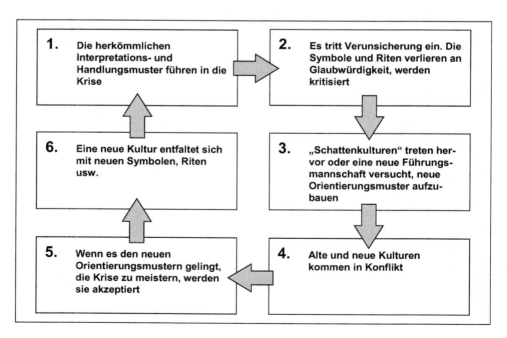

Abb. 3.15 Typischer Verlauf eines Kulturwandels (Quelle: Schreyögg (2008, S. 390))

3.2.2.2.4 Fallstudie: New Concept Consulting

New Concept Consulting

Die New Concept Consulting AG (NCC) ist eine börsennotierte Unternehmensberatung mit Sitz in Mannheim. Sie konzentriert sich auf Nischen im Beratungsmarkt, welche von großen Beratungshäusern nicht vollständig abgedeckt werden. Der größte Wettbewerbsvorteil der NCC sind die individuellen Stärken und Persönlichkeiten ihrer Berater. Kunden fragen häufig nach einem bestimmten Top Consultant, der ihnen bei einer spezifischen Problemstellung hilft. Dieser Top Consultant bringt dann ein kleines, spezialisiertes Team aus 3 bis 5 Beratern mit zum Kunden, das er aus der Senior- und Junior-Berater-Ebene zusammenstellt. Da diese Projekte häufig ad hoc zustande kommen, basierend auf den Kontakten der Top Consultants, existiert kein formalisierter Projekt-Assignment-Prozess. Die Top Consultants wählen ihr Team aufgrund persönlicher Erfahrung, fragen den Vorstand Dr. Skeks oder die drei Manager der Business Areas, welcher Berater verfügbar ist und ob er die für das Projekt benötigten Fähigkeiten mitbringt. Manchmal wählen sie sogar jemanden aus, der ihnen zufällig im Büro über den Weg läuft.

Die Organisation der NCC sieht folgendermaßen aus: Vorstand ist Dr. Skeks, der die NCC von 15 Jahren gründete und noch immer ca. 30 % der Aktien hält. Ihm unterstehen direkt die drei Business Area Manager, von denen jeder für einen Bereich der Beratung zuständig ist. Diese halten die Kontakte zu Schlüsselkunden und entwickeln ihren jeweiligen Geschäftsbereich. Unter ihnen ist die Ebene der 20 Top Consultants angesiedelt. Diese übernehmen üblicherweise in den häufig durch gute Kontakte zu den Kunden selbst akquirierten Beratungsprojekten die Rolle des Projektleiters. Darunter liegt die Ebene der 35 Senior Consultants, von denen jeder einem der Top Consultants unterstellt ist. In ähnlicher Weise sind die 45 Junior Consultants den Senior Consultants zugeordnet. Hinzu kommen noch 25 Mitarbeiter in indirekten Bereichen, wie Buchhaltung, Sekretariate und Assistenten des Vorstandes und der Business Area Manager, Reisestelle, Research oder Personalwesen. Aufgrund des Projektgeschäftes haben die Berater im Tagesgeschäft häufig zwei Vorgesetzte. Ihr jeweiliger disziplinarischer Vorgesetzter in der Linienorganisation und der Top Consultant, der gerade ihr Projektleiter ist. Durch das ad-hoc-getriebene Geschäft werden die Berater häufig in Projekten eingesetzt, die nicht in ihrem Business Area angesiedelt sind und glauben daher oftmals, dass sie nicht ihre Kernkompetenzen in das jeweilige Projekt einbringen können.

Das Unternehmen durchlebte stürmische Zeiten. Nach dem Börsengang zu Beginn des Jahrtausends wuchs die NCC schnell von 15 auf knapp 250 Mitarbeiter bis 2008. Das Unternehmen bezog ein helles und offenes Bürohaus mit viel Platz, großzügigen Kaffee-Ecken, am Empfang und in jedem Büro stand ein Korb mit frischem Obst, es gab einen „Kreativ-Raum" mit Kicker- und Billardtisch. Zweimal jährlich wurde das NCC-Wochenende zum Kennenlernen neuer Mitarbeiter und strategischen Workshops in edlem Ambiente durchgeführt. Es gab eine großzügige Dienstwagenregelung und den Mitarbeitern stand neuestes technisches Equipment zur Verfügung. Im Zuge der Finanzkrise ab 2007 schrieb das Unternehmen erstmals Verluste. Ein neuer Finanz-Vorstand wurde eingestellt, dessen erste Amtshandlung darin bestand, die Obstkörbe abzuschaffen, da diese 30.000 Euro im Jahr kosten würden ohne einen Nutzen zu bringen. Außerdem wurde ein striktes Controlling-System (bspw. für die Reisekosten) eingeführt. Trotzdem verlor die NCC weiter an Boden und musste 150 Mitarbeiter entlassen, bevor es seine jetzige Größe vor ca. drei Jahren erreichte. Seitdem ist das Unternehmen zwar wieder in der Gewinnzone, hat aber immer Mühe, das Geschäftsjahr mit schwarzen Zahlen zu beenden.

Kira Gelfling, eine der Senior Consultants, die an ihrem „Office Day" in T-Shirt und Bermuda-Shorts im NCC-Büro arbeitet, erzählt:

„Ich bin frustriert und denke darüber nach, zu kündigen, so wie es knapp ein Viertel der Berater in den letzten drei Jahren gemacht hat. Ich werde das Projekt NCC 1701 in zwei Wochen beenden und wollte danach in Urlaub gehen. Aber gestern bin ich im Büro Chris Uru begegnet, einem unserer Top Consultants. Er erzählte mir, dass er mich in einem Projekt braucht, das nächste Woche anfängt. Wie immer ist es dringend und sollte bereits vor Wochen begonnen haben. Ich sprach dann mit David, David Podling, meinem Vorgesetzten über meinen Urlaub, und der antwortete: ‚Es ist wie immer: Der Kunde zuerst! Sprich mit Chris als Deinem Projektleiter, wenn er das OK gibt, geh in Urlaub, wenn nicht, musst Du in dem Projekt arbeiten'.

Ich bin nicht mal Spezialistin auf dem Gebiet. Ich war einfach nur zur falschen Zeit am falschen Ort. Ich habe Chris gesagt, er soll in unser Planungs-Tool schauen, wo jeder Berater seine Kapazität eintragen soll, aber er sagt, dass nur ein Drittel der Leute das Programm benutzen und es von niemandem kontrolliert wird. Stellen Sie sich vor, letztes Jahr hat einer der Junior Consultants fast ein halbes Jahr lang nicht gearbeitet und es ist niemandem aufgefallen, weil sein Vorgesetzter gekündigt hat und niemand mehr auf ihn aufmerksam war. Erst als er sein Jahresgespräch führen sollte und keines durchgeführt wurde, hat die HR-Abteilung plötzlich gemerkt, dass da jemand da war, der von jemandem hätte geführt werden müssen.

Ich habe Paul – Dr. Skeks, unseren Vorstand – vor ein paar Wochen im Flur getroffen und ihm gesagt, dass sich etwas ändern muss. Es ist so chaotisch hier, aber er hat gesagt, dass die Flexibilität die Stärke der NCC wäre. Das sehe ich bis zu einem gewissen Punkt auch so, es ist auch für mich interessant, in fachfremden Projekten etwas Neues zu lernen, aber es gibt keine geplante Personalentwicklung, keinen Projekt-Assignment-Prozess . . . Und die Arbeitsatmosphäre ist auch nicht mehr so gut. Als ich anfing, gab es eine großzügige Dienstwagenregelung, einen Obstkorb in jedem Büro und immer die neueste Technik. Jetzt haben wir eine strikte Reisekostenabrechnung, Reisezeit zählt nicht mehr als Arbeitszeit und so weiter. . ."

(Anmerkung: Sämtliche (Unternehmens-)Namen in dieser Fallstudie sind rein fiktiv.)

Fragen zur Fallstudie

1. Beschreiben sie die Organisationskultur der NCC anhand des Drei-Ebenen-Modells!
2. Welche Veränderung hat die Organisationskultur von NCC erfahren?

3. Mit welchen Maßnahmen ließe sich eine Verbesserung der Situation der NCC erreichen (aus Sicht der Mitarbeiter)?

3.2.2.3 Koordination durch Standardisierung von Rollen

Neben Regelungen innerhalb einzelner Organisationen, die sich aus der formalen Struktur der jeweiligen Organisation ergeben, gibt es weitere, **überorganisationale Instrumente**, das Verhalten der Organisationsmitglieder auf die Organisationsziele auszurichten (vgl. nachfolgend Kieser/Walgenbach 2010, S. 126). Durch eine Standardisierung von Verrichtungen über Organisationsgrenzen hinweg und die **Standardisierung von Rollen** im Ausbildungssystem wird der Einsatz anderer Koordinationsinstrumente reduziert. Wenn ein Maurer, ein Buchhalter, ein Chirurg oder eine Krankenschwester von einer Organisation in eine andere wechseln, so kann davon ausgegangen werden, dass ihre Aufgaben auf einer **Stelle** mit **gleichem Ausbildungsprofil nicht** grundsätzlich **anders** sind.

So lässt sich bspw. gut vorstellen, dass in einem neu eröffneten Krankenhaus ein Chirurg, ein Anästhesist und zwei OP-Schwestern, die bisher noch nie zusammen gearbeitet haben, zu einer Operation eingeteilt werden und die Operation aller Voraussicht nach dennoch erfolgreich verlaufen wird, auch wenn die Beteiligten vor ihrer ersten gemeinsamen Operation kein spezifisches Programm des neuen Krankenhaus und auch keinen Operationsplan, der alle Handgriffe exakt vorschreibt, gelesen haben. Die Koordination beruht zum großen Teil vielmehr darauf, dass sie in ihrer Ausbildung und bisherigen Berufstätigkeit **Rollen gelernt** haben, die von einer Organisation auf die andere übertragbar sind. Es sind lediglich einige Besonderheiten der neuen Organisation zusätzlich zu den in anderen Organisationen erworbenen Fähigkeiten zu berücksichtigen. Man spricht auch von Professionalisierung sowie von erlernten **impliziten Programmen** und Berufsnormen.

3.2.3   Das Zusammenspiel der Koordinationsinstrumente

Das **Zusammenspiel** der verschiedenen **Koordinationsinstrumente** lässt sich anhand einer einfachen Analogie aus dem Sport vor Augen führen:

Beispiel

Das Zusammenspiel der Koordinationsinstrumente
Welche Instrumente kommen bei der Koordination einer Mannschaft in einem Teamsport (Fußball, Volleyball, Basketball. . .) zum Einsatz?

Koordination durch persönliche Weisung
Sehr stark ausgeprägt. Anweisungen des Trainers oder (soweit vorhanden) des Mannschaftskapitäns, „Abwehrchefs" etc. dienen häufig der Koordination.

Koordination durch Selbstabstimmung

Ebenfalls stark ausgeprägt. Die Mannschaft koordiniert ihre Aktivitäten intern, Spieler stimmen ihr Handeln, teils durch Zuruf (und ggf. auch Diskussion) oder nonverbale Übereinstimmung je nach Spielsituation aufeinander ab.

Koordination durch Pläne

Je professioneller die Vorbereitung des Teams auf das Spiel, umso mehr kommen Pläne zum Einsatz, bspw. mit welcher Taktik das Team spielen soll, wie in welcher Spielsituation bspw. durch Auswechslung eingewirkt werden soll etc.

Koordination durch Programme

Kein Sportteam wird schriftlich fixierte Vorgehensweisen im Sinne eines Handbuchs „was wann zu tun ist" ausarbeiten. Nichtsdestotrotz erfolgt eine Koordination durch Programme durch das Spielen im Rahmen der Spielregeln, welche als Programm gesehen werden können.

Koordination durch organisationsinterne Märkte

Da es in einem Team keine abgeschlossenen Einheiten gibt, kann keine Koordination durch organisationsinterne Märkte erfolgen.

Koordination durch Kultur

Es lässt sich beobachten, dass bestimmte Teams über Jahre hinweg eine ähnliche Spielweise pflegen, eine Spielphilosophie, welcher sogar noch gefolgt wird, wenn ein kompletter Austausch der Mannschaft und der Trainer über die Zeit stattgefunden hat. Dies deutet darauf hin, dass tatsächlich eine Spielkultur in manchen Teams existiert, welche auf neue Mitspieler übertragen wird. Insofern lässt sich hier durchaus von einer Koordination durch Kultur reden.

Koordination durch Rollen

Ebenfalls stark ausgeprägt. Bestimmte Rollen (Torwart, Stürmer etc.) sind Rollen, welche über verschiedene Teams hinweg bestimmte Verhaltensweisen bzw. Abstimmung mit anderen Rollen beinhalten.

In derselben Organisation werden häufig **alle Koordinationsinstrumente eingesetzt**. Wie weiter oben erläutert besitzt jedes Koordinationsinstrument bestimmte Vor- und Nachteile. Von der generellen **Überlegenheit** eines Instrumentes **kann** deshalb **nicht gesprochen werden**. Vielmehr gilt es, **umweltspezifisch** einen optimalen Mix des Einsatzes der Koordinationsinstrumente zu finden. **Determinanten** sind hierbei z. B.

- **Unternehmensgröße** (kleine und mittelständische Unternehmen setzen häufig stark Koordination durch persönliche Weisung ein),
- **Führungsstilpräferenzen** der Vorgesetzten (bspw. inwieweit auf Koordination durch Selbstabstimmung gesetzt wird),

- **Neuigkeitsgrad** der zu lösenden Problemstellungen (ist die Aufgabenstellung der Organisation stark einzelfallbezogen ist ein Einsatz von Programmen nicht sinnvoll und die Planbarkeit stark eingeschränkt),
- **Standardisierungspotential** der Abläufe (je höher das Standardisierungspotential, umso mehr können die personenorientierten durch technokratische Instrumente ersetzt werden),
- **Dynamik** der unternehmensinternen und -externen **Umwelt** (je dynamischer die Umwelt, umso eher sind die flexiblen, personenorientierten Instrumente sowie der Einsatz nicht-struktureller Koordinationsinstrumente sinnvoll, da diese auch koordinationsbedarfreduzierend wirken).

3.2.4 Instrumente zur Reduzierung des Koordinationsbedarfs

Die bislang dargestellten technokratischen und personenorientierten Instrumente sind Instrumente, die einen vorhandenen **Koordinationsbedarf decken**. Man kann aber auch **von vornherein** den Koordinationsbedarf durch verschiedene Instrumente in seiner Gesamtheit **reduzieren** (vgl. im Folgenden Kieser/Walgenbach 2010, S. 99 f.). Dies geschieht entweder durch **Zentralisierung** oder **Entkopplung** (vgl. Abb. 3.16).

Eine strukturelle Reduzierung des Koordinationsbedarfs kann durch **Abteilungsbildung** oder die **Zentralisierung** von Entscheidungen erfolgen (vgl. Abschn. 3.4 zur Entscheidungsdelegation). Die Bündelung der Abstimmungsaktivitäten in einer Abteilung erfolgt durch Zusammenfassung merkmalsgleicher Teilaufgaben. Innerhalb einer Organisationseinheit (z. B. Geschäftsbereich) ist der Koordinationsbedarf tendenziell größer als zwischen verschiedenen Organisationseinheiten. Hierdurch werden die den

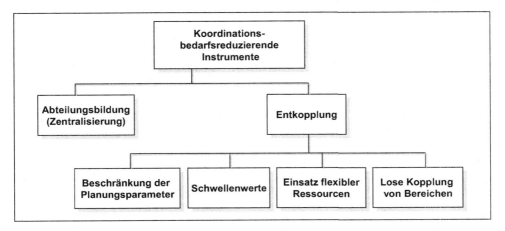

Abb. 3.16 Instrumente zur Reduzierung des Koordinationsbedarfs (Quelle: Eigene Darstellung auf Basis von Kieser/Walgenbach (2010, S. 99 f.))

Informationsfluss betreffenden organisatorischen **Schnittstellen reduziert**. Um eine Koordination für abteilungsübergreifende Entscheidungsprobleme (z. B. Festlegen der Grundsätze der Personalpolitik in den verschiedenen Geschäftsbereichen eines Unternehmens) zu bewirken, ist eine schnellere Entscheidung dadurch möglich, indem sich die Geschäftsbereiche nicht untereinander abstimmen, sondern die Befugnisse in einer Abteilung zusammengefasst werden, die darüber zentral entscheidet.

Neben der Zentralisierung führt die Entkopplung von Organisationseinheiten zu einer Reduktion des Koordinationsbedarfs.

- Beschränkung der Planungsfelder:
  Hier erfolgt bspw. eine Beschränkung der Abstimmung zwischen Verkauf und Fertigung nur in Hinblick auf einen Aspekt (z. B. nur Menge, nicht jedoch die Qualität) oder zumindest eine Bandbreite.

- Festlegung von Standards oder Schwellenwerten:
  Hier erstreckt sich die Abstimmung nur auf eine begrenzte Zahl von Größen bzw. das Festlegen von Bandbreiten. Dies bewirkt eine Vereinfachung bspw. bei der Koordination der Produktionsplanung durch die Erhöhung der Toleranzwerte als Auslöser von Koordinationsvorgängen zwischen verschiedenen Organisationseinheiten, da nur Ausnahmen zu Koordinationsprozessen führen (Management by Exception).

- Einsatz flexibler Ressourcen:
  Hier wird davon ausgegangen, dass je unflexibler eine Ressource (Anlage, Verfahren, Mitarbeiter) und knapper ihre Kapazität ist, umso anfälliger ist eine Organisationseinheit für Schwankungen und Störungen einer anderen Einheit. Durch den Einsatz von möglichst **universell** verwendbaren **Ressourcen** (Universalmaschinen, breit angelegte Fähigkeiten von Mitarbeitern) und durch Organizational Slack im Sinne von Reserveressourcen (geringere Auslastung von 80 % der Gesamtkapazität in „Normalzeiten" oder längere Taktzeiten am Fertigungsband) lässt sich die wechselseitige Abhängigkeit (bspw. bei eventuell auftretenden Auftragsspitzen oder Engpässen) und damit der Koordinationsbedarf zwischen den beteiligten Organisationseinheiten reduzieren.

- Lose Kopplung von Bereichen:
  In engem Zusammenhang mit dem Einsatz flexibler Ressourcen steht die lose Kopplung von Bereichen. Eine Verringerung des Koordinationsbedarfs zwischen den Organisationseinheiten einer Produktionsstätte erfolgt bspw. durch Aufbau von Lagerkapazitäten für Rohstoff-, Zwischen-, Absatzlager (Puffer). Rohstofflager bspw. zwischen Einkauf und Fertigung reduzieren den Koordinationsbedarf zwischen diesen Bereichen. Dem geringeren Koordinationsbedarf stehen dabei i. d. R. Nachteile einer erhöhten Kapitalbindung gegenüber.

3.2.5 Kontrollfragen zum Kapitel Koordination

Was wird mit Koordination bezeichnet? (Welche der folgenden 4 Aussagen ist die einzige Richtige?)

(a) Unter Koordination werden diejenigen Instrumente zusammengefasst, mit deren Hilfe sich eine Entkopplung der arbeitsteiligen Organisationseinheiten im Hinblick auf die Organisationsziele realisieren lässt.

(b) Koordination entsteht durch Arbeitsteilung und umfasst die Ausrichtung der Organisationseinheiten ausschließlich mittels struktureller Koordinationsmechanismen.

(c) Koordination bezeichnet alle organisatorischen Maßnahmen, mit deren Hilfe die dysfunktionalen Effekte hoher Arbeitsteilung reduziert werden können.

(d) Koordination entsteht durch Arbeitsteilung und bezeichnet die Ausrichtung der Organisationseinheiten auf die Organisationsziele.

Welche der folgenden Aussagen zu Koordination sind vollständig richtig (r) und welche Aussagen sind falsch (f)?

1. Mit zunehmender Spezialisierung steigt der Koordinationsbedarf.
2. Je höher der Grad der qualitativen Arbeitsteilung ist, desto besser sind Programme zur Koordination geeignet.
3. Lenkpreise (Verrechnungspreise) sind ein strukturelles Koordinationsinstrument.
4. Da in kleinen Unternehmen die persönliche Weisung im Vordergrund steht, ist dort keinerlei Koordination notwendig.
5. Während Pläne stets einen zeitlichen Aspekt beinhalten, ist dies bei Programmen nicht der Fall.
6. Der Koordinationsbedarf kann durch die Einrichtung von Puffern reduziert werden.
7. Ein großes Ausmaß an Koordination geht mit einem hohen Formalisierungsgrad einher.
8. Koordination ist eine Strukturdimension der Organisation, bei der Entscheidungsbefugnisse auf alle Stellen verteilt werden.
9. Programme entfalten dann eine koordinierende Wirkung, wenn die Koordinationsprobleme a priori (z. B. bei wiederkehrenden Abläufen) bekannt sind. Es handelt sich dann um Vorauskoordination.
10. Organisationskultur lässt sich nach den drei Ebenen der Artefakte & Symbole, der Normen & Standards sowie der Basisannahmen differenzieren.
11. Der Koordinationsbedarf zwischen Produktions- und Absatzabteilung lässt sich z. B. mit Hilfe von Zwischenproduktlagern als Puffer reduzieren.
12. Die Koordination durch persönliche Weisungen erfolgt ausschließlich mittels direkter mündlicher Kommunikation.
13. Die Stärke einer Organisationskultur wird durch ihre Prägnanz, den Verbreitungsgrad und ihre Verankerungstiefe bei den Organisationsmitgliedern bestimmt.

14. Durch eine Beschränkung der Planungsfelder lässt sich ein vorhandener Koordina-
    tionsbedarf decken.
15. Verrechnungspreise können auch als Koordinationsinstrument mittels organisations-
    externer Märkte bezeichnet werden.
16. Bei der Koordination durch Organisationskultur können die Organisationsmitglieder
    in dem Maße, in dem sie übereinstimmende Werte und Normen verinnerlicht haben,
    ihre Aktivitäten durch geringere strukturelle Vorgaben aufeinander abstimmen.
17. Die koordinierende Wirkung von Verrechnungspreisen ist insbesondere dann gege-
    benen, wenn das Unternehmen aus weitgehend nicht-autonomen Divisionen besteht.
18. Die Entkopplung von Organisationseinheiten dient dazu, einen vorhandenen Koordi-
    nationsbedarf zu decken.
19. Kriterien für die Auswahl zwischen einzelnen Koordinationsinstrumenten sind bspw.
    der Neuigkeitsgrad der zu lösenden Problemstellungen, das Standardisierungspoten-
    tial der Abläufe oder die unternehmensinterne und -externe Umweltdynamik.
20. Eine erhöhte Umweltdynamik bedingt in der Regel eine geringere Koordination
    durch persönliche Weisungen.
21. Die funktionalen Effekte sog. starker Organisationskulturen bestehen bspw. in einem
    geringen formalen Regelungsbedarf, einer raschen Entscheidungsfindung und -um-
    setzung sowie mangelnder Anpassungsfähigkeit.

3.3 Konfiguration: Die Struktur eines Unternehmens (Aufbauorganisation)

Die **Strukturdimension Konfiguration** beschreibt den **äußeren Aufbau einer Organisation**. Es gibt **verschiedene Formen** der Aufbauorganisation, **jede** dieser **Formen** hat verschiedene **Vor- und Nachteile**. Wie bereits bei den anderen Strukturdimensionen zeigt sich,
dass es eine für alle Organisationen gleichermaßen optimale Struktur nicht gibt, sondern dass
je nach **spezifischer Situation** der Organisation die Vorteile einer Organisationsform stärker
zum Tragen kommen als die anderer Formen. Jedoch müssen die **jeweiligen Nachteile** in Kauf
genommen werden. Insbesondere bei Strategiewechseln der Organisation muss die Struktur
des Unternehmens **angepasst** werden („Structure follows Strategy", vgl. Chandler 2001).

3.3.1 Stellenbildung

Die **kleinste Einheit** einer Organisation ist die **Stelle**.

▶ **Definition Stelle** „Eine Stelle ist die kleinste organisatorisch zu definierende Organisationseinheit. Sie entsteht durch Zuordnung von (Teil-)Aufgaben und gegebenenfalls
von Sachmitteln auf einen einzelnen menschlichen Aufgabenträger."

Quelle: Bühner (2004, S. 61).

Die **Bildung der Stellen** ergibt sich aus der **Arbeitsteilung** (vgl. Abschn. 3.1 zur Spezialisierung). Bei einem systematischen Vorgehen werden Stellen grundsätzlich so gebildet, dass die anfallenden Aufgaben analysiert und in **Teilaufgaben untergliedert** werden. Diese Teilaufgaben werden nun einem gedachten, idealtypischen **Aufgabenträger** zugeordnet. Da die Arbeitsteilung nach **Menge**, nach **Objekt** oder nach **Verrichtung** erfolgen kann, ergeben sich verschiedene Stellen. Für das einfache Beispiel der Stuhlproduktion bedeutet dies, dass bei einer Spezialisierung nach **Menge** jeder Mitarbeiter ganze Stühle fertigt. Es gibt also eine bzw. mehrere Stellen, die „Stuhlmacher" genannt werden können. Gibt es eine **Verrichtungszentralisierung**, so ist bspw. je einer für die Säge-, für die Hobel- oder für die Leimarbeiten etc. zuständig. Es entsteht also z. B. eine Stelle „Leimer". Wird eine **Objektzentralisierung** vorgenommen, so produziert einer Sitzflächen, einer Stuhlbeine und einer Lehnen, es gibt also z. B. eine Stelle „Lehnenmacher".

Diese **Formen der Stellenbildung** werden als Stellenbildung **ad rem**, also aufgabenbezogen bezeichnet. Eine weitere Möglichkeit der Stellenbildung besteht **ad personam**. Das heißt, dass solche Teilaufgaben, welche eine bestimmte Person besonders gut beherrscht, zu einer Stelle zusammengefügt werden und die Stelle mit dieser Person besetzt wird. So könnte bspw. eine Stelle „Hobeln und Fräsen" geschaffen werden, wenn einer der Arbeiter diese Aufgaben besonders gut beherrscht. Diese Art der Stellenbildung wird häufig bei hochqualifizierten Mitarbeitern eingesetzt. So wurde bspw. bei Volkswagen für den von General Motors wechselnden Manager Ignazio López im Jahr 1993 die Stelle „Leiter des Vorstandsressorts Produktionsoptimierung und Beschaffung" eingerichtet (vgl. Nolte 1999, S. 233). Bei einer sachmittelbezogenen Stellenbildung **ad instrumentum** werden die Aufgaben der Stelle an das Sachmittel angepasst. Dies bedeutet, dass es z. B. eine Stelle „Bedienung der Kreissäge" gibt.

▶ **Definition   Formen der Stellenbildung**

1. Aufgabenbezogene Stellenbildung (ad rem)
2. Aufgabenträgerbezogen
   (2a) Personenbezogen (ad personam)
   (2b) Sachmittelbezogen (ad instrumentum)
3. Interdependenzbezogene Stellenbildung
4. Gesetzlich vorgeschriebene Stellen

Quelle: Bühner (2004, S. 70 ff.).

Bei der **interdependenzbezogene**n Stellenbildung wird die Stelle so gebildet, dass eine möglichst geringe Abhängigkeit der Aufgabenerfüllung von anderen Stellen besteht. Diese ermöglicht die Einhaltung der **Kongruenz** von **Aufgabe, Kompetenz und Verantwortung**. Diese Form der Stellenbildung ist insbesondere von Bedeutung, wenn eine Organisation **prozessorientiert** aufstellt und die Verantwortung für den Prozess einer

Stelle zuordnet. So kann z. B. eine Stelle „Kreditbearbeitung" für den kompletten Prozess von der Kreditberatung über -verhandlung, Anpassung des Kreditvertrages bis zum Abschluss für den Gesamtprozess verantwortlich sein (vgl. auch die Abschn. 4.2 zu Prozessmanagement und 7.2 zu Business Process Reengineering). Unabhängig von den vorher genannten Formen gibt es auch noch Stellen, die **gesetzlich vorgeschrieben** sind.

Beispiel

Gesetzlich vorgeschriebene Stellen (Auswahl)

1. Geschäftsführer(in) einer GmbH gem. GmbH-Gesetz
2. Vorstandsmitglied einer Aktiengesellschaft gem. Aktiengesetz
3. Arbeitsdirektor(in) eines Unternehmens gem. Mitbestimmungsgesetz
4. Datenschutzbeauftragte(r)
5. Beauftragte(r) für Arbeitssicherheit
6. Gleichstellungsbeauftragte(r)
7. Schwerbehindertenbeauftragte(r)
8. Immissionsschutzbeauftragte(r)

Quelle: Bühner (2004, S. 73).

Im deutschen Sprachraum kommt es häufig zu einer **Begriffsverwirrung**, da umgangssprachlich **Arbeitsplatz** wie **Stelle** verwendet wird („es werden Arbeitsplätze abgebaut"). Der **Arbeitsplatz** ist jedoch lediglich **Ort der Aufgabenerfüllung**. Der Inhaber einer Stelle kann durchaus mehrere Arbeitsplätze haben: z. B. kann ein Produktionsleiter Büros in Werk A und Werk B haben. Es können sich aber auch mehrere Stellen einen Arbeitsplatz teilen: z. B. in einem Beratungsunternehmen nimmt derjenige einen Schreibtisch ein, der gerade im Büro ist, ansonsten ist sein Arbeitsplatz beim Kunden. Gleichzeitig kann eine Stelle von mehreren Stelleninhabern besetzt sein: Bspw. zwei Teilzeitarbeiter, die sich eine Lehrerstelle teilen; oder eine Person kann mehrere Stellen inhaben: z. B. kann in einem Großunternehmen der Vorstand für Personal gleichzeitig Geschäftsführer einer Tochtergesellschaft sein und die gesetzlich vorgeschriebene Stelle des Arbeitsdirektors einnehmen.

Werden mehrere Stellen zu einer **Stellenmehrheit** zusammengefasst und verfügt keine dieser Stellen über eine **Weisungsbefugnis** gegenüber den anderen, so wird von einer (Arbeits-)**Gruppe** gesprochen. Übernimmt eine dieser Stellen gegenüber den anderen eine Leitungsfunktion, so wird die Stellenmehrheit **Abteilung** genannt. Der **Sinn der Abteilungsbildung** besteht in der **Entlastung** der Geschäftsführung von Entscheidungs- und Leitungsaufgaben sowie einer **Vereinfachung** der Abstimmung zwischen einzelnen Stellen, indem relativ geschlossene Verantwortungsbereiche entstehen. Darüber hinaus besteht dadurch die Möglichkeit der **Dezentralisation von Entscheidungen** (vgl. Abschn. 3.4 zur Entscheidungsdelegation) auf einzelne Abteilungen.

Ab einer gewissen Größe ist es durch den Koordinationsaufwand, welcher durch die Arbeitsteilung anfällt, notwendig, dass Arbeitsergebnisse zusammengeführt, einzelne Stellen durch eine **Hierarchie** koordiniert und an zentraler Position Entscheidungen getroffen werden müssen. Daraus ergibt sich, dass es Stellen geben muss, welche eine Leitungsfunktion besitzen. Diese werden **Instanzen** genannt.

▶ **Definition Instanzen** Eine Instanz ist eine Stelle, welche Entscheidungsbefugnisse und/oder Weisungsbefugnis gegenüber anderen Stellen hat.

Quelle: Vgl. Bühner (2004, S. 64 f.).

Kennzeichen von Instanzen sind (vgl. Kieser/Walgenbach 2010, S. 83 ff.):

- **Entscheidungsbefugnis**
  beinhaltet das Recht, nach innen und außen verbindliche Entscheidungen zu fällen. Im Innenverhältnis bezeichnet dieses Recht die Führungs- oder Leitungsbefugnis. Im Außenverhältnis bezeichnet dieses Recht die Vertretungsbefugnis, also verbindliche Rechtsgeschäfte mit Dritten abschließen zu dürfen. Im rechtlichen Sinne beruht die Vertretungsbefugnis auf dem Handelsrecht (bspw. durch Erteilung einer Prokura §49 HGB).
- **Weisungsbefugnis**
  ist das Recht, anderen untergeordneten Stellen vorzuschreiben, welche Handlungen notwendig oder zu unterlassen sind. Dies beruht auf dem Direktionsrecht und gilt durch Abschluss des Arbeitsvertrages.

Von Bedeutung ist die Unterscheidung in **fachliche** und **disziplinarische Weisungs-befugnis**. Die **fachliche Weisungsbefugnis** ist das Recht, die zur Aufgabenerfüllung notwendigen **Handlungsanweisungen** zu treffen. Die **disziplinarische Weisungsbefugnis** ist das Recht, **personalpolitische Maßnahmen** gegenüber anderen zu ergreifen, z. B. Anweisungen erteilen, (Jahres-) Mitarbeitergespräche führen, Urlaubsanträge genehmigen oder das Handeln oder Verhalten der unterstellen Mitarbeiter zu sanktionieren. Es kommt vor, dass fachliche und disziplinarische Weisungsbefugnis auf zwei Instanzen **verteilt** sind; bspw., wenn in einem Projekt der Projektleiter fachliche Weisungsbefugnisse hat, der Linienvorgesetzte jedoch die disziplinarische Weisungsbefugnis gegenüber den Projektmitarbeitern behält.

- **Verantwortung**
  ist die Pflicht, Rechenschaft über Art und Weise sowie Ergebnis der Entscheidungen zu geben. Dabei ist die Eigenverantwortung die Pflicht, Rechenschaft über das eigene Handeln zu geben, während die Fremdverantwortung die Pflicht beschreibt, im Rahmen einer sachgerechten Auswahl und Überwachung der an Mitarbeiter übertragenen Entscheidungs- und Weisungsbefugnisse für deren Handeln einzustehen.

Die Zahl der einer Instanz untergeordneten Stellen ergibt die sog. **Führungs-/oder Leitungsspanne**. Die Existenz einer **optimalen Führungsspanne** ist in der Organisations- und Personalforschung umstritten. Sie hängt stark von der Aufgabenstellung (Merkmale der Aufgabe, Schwierigkeitsgrad, Variabilität, Routinisierungspotenzial, Abhängigkeit von anderen Stellen bei der Aufgabenbewältigung), dem hierfür erforderlichen Führungsaufwand pro Untergebenem und der Organisationskultur ab.

Hintergrund

Leitungsspanne und Leitungstiefe im Rahmen der flachen Hierarchie

Welche **Leitungsspanne** kann als optimal angesehen werden? Eine einheitliche optimale oder zumindest maximale Leitungsspanne gibt es nicht. Die klassische Organisationstheorie (s. Abschn. 6.1 und 6.2) propagierte, dass die Leitungsspanne vergleichsweise klein sein müsste (3 bis 6 Mitarbeiter je Vorgesetzter) aufgrund der unmittelbaren Führung und Koordination durch persönliche Weisung und Kontrolle. Eine große Leitungsspanne hat jedoch den Vorteil, dass sie kommunikations- und kreativitätsfördernd ist, da sie in der Regel mit einer höheren Selbstkontrolle der Mitarbeiter einhergeht. Grundsätzlich sollte die Leitungsspanne nur so groß sein, dass ein Vorgesetzter die ihm unterstellten Mitarbeiter zufrieden stellend steuern kann. Eine zu große Anzahl direkt unterstellter Mitarbeiter und eine zu häufige und lange Nutzung der Leitungsbeziehungen (bspw. durch hohe Weisungs- und Kontrollintensität oder ständige Rückfragen) führen zu einer Überlastung der Führungskapazität des Vorgesetzten, insbesondere dann, wenn primär durch persönliche Weisungen koordiniert wird.

Die Annahme einer über alle Hierarchieebenen hinweg konstanten Leitungsspanne entspricht nicht der Realität. Vielmehr können sich in einem Unternehmen durchaus unterschiedliche Leitungsspannen finden, wenn z. B. im Fertigungsbereich aufgrund repetitiver Routinetätigkeiten eine Leitungsspanne von 1:50 besteht, während im Entwicklungsbereich aufgrund der komplexen und innovativen Aufgaben eine Leitungsspanne von 1:3 als geeignet angesehen wird.

Die **Leitungstiefe** (synonym: Gliederungstiefe, vertikale Spanne) ist die Anzahl der Hierarchieebenen unterhalb der obersten Leitung in Unternehmen. Leitungsspanne und -tiefe bestimmen damit die äußere Gestalt des Stellengefüges (Konfiguration) der Organisation. Bei gegebener Stellenzahl entstehen umso mehr (bzw. weniger) Hierarchieebenen, je geringer (bzw. größer) die Leitungsspannen sind. Dadurch wird die Konfiguration des Stellengefüges in Abhängigkeit von der Leitungstiefe steiler (bzw. flacher).

Mit Beginn der 1990er-Jahre wurde im Rahmen moderner Managementkonzepte (s. Kap. 7) zunehmend verlangt, dass Unternehmen möglichst schnell auf sich wandelnde Umweltveränderungen reagieren müssen. Hierzu sollten die Informationswege möglichst kurz und die Entscheidungen im Unternehmen zügig getroffen werden können. Deshalb wurden häufig Leitungsebenen aus der Hierarchie entfernt, um so die Distanz zwischen der obersten Unternehmensleitung und der Durchführungsebene zu reduzieren.

Die Leitungstiefe spielt insbesondere in der Diskussion zum Lean Management (Abschn. 7.1) eine wichtige Rolle. Allerdings ging es Womack et al. (1992) nicht nur um eine Hierarchieverflachung als rein strukturelle Maßnahme, sondern auch um die sich daraus ergebenden Veränderungen in Bezug auf die Gestaltung der Prozesse, die Mitarbeiterführung und die Kundenorientierung. Derartige schlanke Organisationsformen sind (bei gleicher Stellenzahl in der übrigen Organisation) mit einer höheren Leitungsspanne verbunden. Anstelle der Koordination durch persönliche Weisung sollten Koordinationsformen praktiziert werden die eher von der Eigeninitiative und der Selbstorganisation der Mitarbeiter ausgehen. Dies kann vor allem durch eine verstärkte Koordination durch Selbstabstimmung erreicht werden. Dieser Wandel kann als Übergang von der Kontroll-/Misstrauensorganisation zur Vertrauensorganisation beschrieben werden. Die Sorge, wie man seine Mitarbeiter kontrollieren kann, sollte dabei von dem Bestreben abgelöst werden, gute und fähige Mitarbeiter zu finden, die kaum noch „von oben" kontrolliert werden müssen: Je geringer das Ausmaß der Fremdkontrolle und je umfangreicher die eingeräumten Spielräume für selbstorganisiertes Handelns sind, desto motivierter und besser sollen die Mitarbeiter idealerweise ihre Aufgaben erfüllen. Studien zeigen, dass Führungskräfte und Mitarbeiter bei einer Erweiterung ihrer Aufgaben, Kompetenzen und Verantwortung (andere Faktoren unverändert) motivierter sind, ihre Aufgaben zu erfüllen als in einer steilen Hierarchie (vgl. Jones/Bouncken 2008, S. 309). Viele Unternehmen werben bereits in ihren Stellenanzeigen mit einer sog. flachen Hierarchie. Darüber hinaus ist es in einer steilen Hierarchie mit vielen Hierarchieebenen einfacher für die Führungskräfte, ihrer Verantwortung auszuweichen und sie auf höhere Hierarchieebenen zu verlagern.

Flache Hierarchien (also mit geringer Leistungstiefe und hoher Leitungsspanne) bedingen aufgrund der geringeren Zahl an Leitungsstellen in der Regel größere Entscheidungsspielräume für die mittlere und untere Leitungsebene.

Von der Entscheidungsdezentralisation mit hohen Leitungsspannen verbunden mit höherer Aufgabenkomplexität, Dynamik der Stellenaufgaben, Selbstabstimmung, -organisation und -kontrolle sowie der Mitarbeit in wechselnden Arbeits- und Projektgruppen sind nicht nur höhere, sondern auch breiter gestreute Anforderungen an die Kenntnisse und Fähigkeiten der Mitarbeiter im Sinne von **Mehrfachqualifikationen** zu erwarten.

Die höhere Variabilität der Aufgaben und deren Anpassung an die Veränderungen der Unternehmensumwelt führen zu höheren **Personalentwicklungserfordernissen** als in steilen Organisationsformen mit hoher Entscheidungszentralisation. Dies führt zur Notwendigkeit der Perpetuierung und damit des sog. lebenslangen Lernens zur Erhaltung der Beschäftigungsfähigkeit (Employability) der Mitarbeiter.

Flache Hierarchien weisen für die Mitarbeiter und die Manager jedoch **weniger Aufstiegschancen** (im Sinne einer klassischen vertikal nach oben orientierten Karriereleiter) auf als Organisationen mit einer steilen Hierarchie. Aufstiegsmöglichkeiten werden geringer, wenn verschiedene Managementaufgaben in einem Stelleninhaber gebündelt sind. Der Aufstieg dauert daher i. d. R. länger. Der Motivator der beruflichen Entwicklungsperspektiven hat jedoch auch heute noch bei vielen Mitarbeitern eine hohe Bedeutung. Es kann daher die Gefahr bestehen, dass vor allem qualifizierte und leistungsbereite Mitarbeiter das Unternehmen verlassen, wenn sich ihnen in einem anderen Unternehmen interessante Aufstiegschancen bieten. In diesem Zusammenhang werden deswegen zunehmend von Unternehmen der horizontale Wechsel auf der gleichen Ebene und die Übernahme von komplexen Aufgaben oder Projekten (im Rahmen des Job Enrichments) propagiert. Man versucht zu verhindern, dass die ggf. jahrelange Wiederholung ähnlicher Tätigkeiten zu einem Verlust an Motivation führt.

Die fehlende Führungsfunktion wird in der flachen Hierarchie für langjährige Mitarbeiter oft durch neue Stellenbezeichnungen kompensiert (häufig auch in Form von Anglizismen wie bspw. Project Manager, Area Sales Manager, Key Account Manager, Support Manager oder Junior Manger o. ä.), und zwar selbst dann, wenn diese Stelleninhaber gar keine neuen, höherwertigen Aufgaben im Sinne des Job Enrichments oder gar eine disziplinarische Führungs- oder Projekleitungsfunktion ausüben. Teilweise erfolgt nur eine sprachliche Aufwertung der bisherigen Sachbearbeiter-, Referenten oder Außendienstmitarbeiterstelle durch einen neue ‚Titel' ohne Änderung der den Stelleninhabern zugewiesenen wiederkehrenden Aufgaben, die neudeutsch nun als ‚Projekte' bezeichnet werden, selbst wenn diese gar nicht die Kriterien eines Projekts (s. Kap. 9 zum Projektmanagement) erfüllen.

Statt neuer Titel oder einer Vermehrung der unterstellten Mitarbeiter werden auch neue Statussymbole eingeführt wie bspw. die Mitgliedschaft in speziellen Führungskreisen oder sog. „Talent Pools".

Mit schlanken Organisationsstrukturen kann bei Mitarbeitern in vielen Unternehmen durch die zunehmende Vielfalt der Aufgaben ggf. auch eine hohe **Desorientierung** und eine sich abzeichnende Überforderung auftreten. Dadurch dass die einzelnen Mitarbeiter – anstatt Weisungen von höheren Instanzen zu erhalten – sich selbst organisieren, ist der Koordinationsaufwand häufig nicht reduziert, sondern durch das Erfordernis der horizontalen Abstimmung sogar gewachsen (s. a. die Nachteile der Selbstabstimmung in Abschn. 3.2.1.2 und der Gruppenarbeit in Abschn. 3.1.3). Anstelle der erhofften Motivation aufgrund der zusätzlichen Verantwortung wird teilweise wieder nach einer ordnenden Führung verlangt.

Die Prämisse, der Mitarbeiter führe sich selbst und stimme sich selbstorganisatorisch mit den übrigen Organisationseinheiten ab, während der Vorgesetzte nur noch als eine Art Coach fungiert, führen bei Führungsspannen von 30 Mitarbeiten (vgl. Hammer/Champy 2003, S. 107) oder sogar 80 bis 200 Mitarbeitern (vgl. Davidow/Malone 1993, S. 185 f.) zu einer Erschöpfung der Rolle des Vorgesetzten als emotionale Stütze.

Zwar sollen die Mitarbeiter in flachen Hierarchien hoch und mehrfach qualifiziert sein, dies führt aber nicht automatisch zu internalisierter Motivation. Dies kann häufig nur aus der Arbeit selbst und aus dem Erkennen und der Würdigung der eigenen Beiträge, Anstrengungen und Erfolge zu den Bereichs- oder Unternehmenszielen erwachsen. Dazu sollte die Arbeit und damit der Aufgabenzuschnitt im Rahmen von Stellenbeschreibungen anregend und entfaltend auf die jeweiligen Mitarbeiter wirken.

Quelle: Vahs (2015, S. 101 ff.); Schulte-Zurhausen (2010, S. 250 f.); Drumm (1996, S. 17)

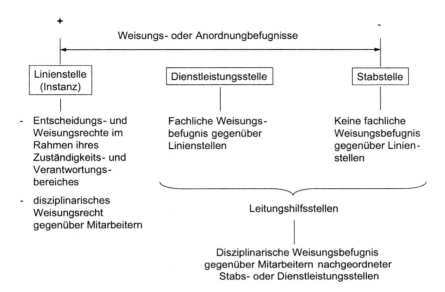

Abb. 3.17 Differenzierung zwischen Instanz, Dienstleistungsstelle und Stabstelle (Quelle: Bühner (2004, S. 69))

Bei **Leitungshilfsstellen** handelt es sich um Stellen, die **unterstützende Tätigkeiten** für Instanzen wahrnehmen. Diese werden unterschieden in Stabs- und Dienstleistungsstellen (vgl. Abb. 3.17).

Aufgaben, Rechte und Pflichten von Stellen sind häufig in **Stellenbeschreibungen** schriftlich fixiert (vgl. Abschn. 3.5 zur Formalisierung).

3.3.2 Linienorganisation

Nahezu alle Organisationen sind auf mindestens einer Ebene hierarchisch strukturiert. Die vertikale Verbindung verschiedener Hierarchieebenen kann prinzipiell in zwei Formen erfolgen: In einer **Einlinienorganisation** oder in einer **Mehrlinienorganisation**. In einer **Einlinienorganisation** (vgl. als Beispiel Abb. 3.18) ist **jeder Stelle genau eine Instanz zugeordnet.** Dies entspricht dem Fayol'schen Grundsatz der Einheit der Auftragserteilung (vgl. im Folgenden Probst 1992, S. 52 ff.). Jede Stelle erhält dabei nur von der ihr vorgesetzten Instanz Anweisungen; der hierarchische Dienstweg ist einzuhalten. Das heißt, die gesamte Kommunikation läuft über die Linie als einzig erlaubtem Verbindungsweg.

Eine Einlinienorganisation hat aufgrund ihrer einfachen und klaren Struktur verschiedene Vor- und Nachteile (vgl. Abb. 3.19).

Sie findet häufig **Anwendung** in **neu gegründeten**, Klein- und mittelständischen Unternehmen sowie in stabilen, tendenziell mechanistisch **bürokratischen Organisationen** oder dort, wo sehr großer Wert auf Disziplin und eindeutige Kommandostrukturen

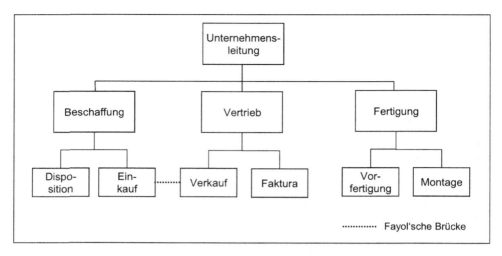

Abb. 3.18 Einlinienorganisation

gelegt wird (z. B. staatliche Verwaltung, Militär), häufig ergänzt durch **Stäbe** (vgl. Abschn. 3.3.3 zur **Stablinienorganisation**).

Bedingungen für den erfolgreichen Einsatz der Einlinienorganisation sind klar definierte, relativ **gleich bleibende**, sich wiederholende **Aufgaben** und ein **geringes** Erfordernis der **Interaktion** zwischen denen einer Instanz unterstellten Organisationseinheiten (vgl. Probst 1992, S. 52).

Der **Nachteil** der **langen Informationswege** bspw. zwischen zwei Stellen in getrennten Abteilungen über die verschiedenen vorgesetzten Instanzen („Dienstweg") lässt sich durch eine sog. **Fayol'schen Brücke** umgehen. In Ausnahmen erlaubt diese den direkten Kontakt und die Abstimmung zwischen gleichrangigen Stellen; die höherrangige Instanz muss aber umgehend darüber informiert werden (vgl. Abb. 3.18).

Eine **Mehrlinienorganisation** liegt dann vor, wenn es **Stellen** gibt, welche **mehreren Instanzen zugeordnet** sind. Dies ist bspw. sinnvoll, wenn funktionales Wissen auf mehreren Instanzen verteilt ist (z. B. in kleinen Handwerksbetrieben, wo sich technische und kaufmännische Instanzen leicht trennen lassen) oder wenn mehrere Instanzen schnell auf einen für beide bedeutsamen Spezialisten zugreifen müssen. Denn ein zentraler **Nachteil** der **Einlinienorganisation** ist die **Länge der Informationswege**.

Eine **Abkürzung der Informationswege** lässt sich dann durch eine Mehrlinienorganisation erreichen, wenn bspw. eine Instanz **direkt** auf eine Stelle **zugreifen** kann, die einer anderen Instanz zugeordnet ist, ohne diesen Zugriff mit dieser Instanz abklären zu müssen. Deshalb **finden sich Mehrlinienunterstellungen** häufig in **Funktionsbereichen**, in denen **kurze Informationswege** wichtig sind, z. B. in der F&E.

Ein weiteres Beispiel kann ein Systemhaus sein, wenn bspw. der Vertrieb, der beim Kunden ein Softwareprodukt anpasst, zu diesem Zweck genauso auf einen Softwareentwickler zugreifen kann wie der Leiter der Programmierung (vgl. Abb. 3.20).

Vorteile	Nachteile
• Eindeutige Regelung der Unterstellungsverhältnisse • Klare Zuordnung von Aufgaben, Kompetenzen, und Verantwortlichkeiten, dadurch geringes Risiko von Konflikten • Kohärenz der Management-entscheidungen • Sicherheitsgefühl • Möglichst schnelle Entscheidungsfindung und Weisungserteilung durch lückenlosen Informationsfluss Top-Down und Bottom-up über alle Hierarchieebenen • Gute Kontrollmöglichkeiten	• Starke Belastung (evtl. Überlastung) der Unternehmensleitung durch Zentralisierung einer Vielzahl bereichsübergreifender Entscheidungen an der Spitze, Risiko der Überlastung • Lange Kommunikations- und Weisungswege mit der Gefahr der Informationsfilterungen durch die Zwischeninstanzen und von Zeitverlusten • Zusammenarbeit und Koordination erschwert, Tendenz zur Segmentierung von Aktivitäten • Übermäßige Zentralisierung von Macht und Entscheidungsbefugnissen an der Spitze: Motivationsverlust und geringes Engagement der Mitarbeiter • Zum Teil unnötige Belastung von Zwischeninstanzen • Notwendigkeit von Verbindungen zwischen den Abteilungen (Bedarf an Kommissionen und Stäben) • Überbetonung von hierarchischem Denken • Gefahr der Bürokratisierung und Überorganisation

Abb. 3.19 Vor- und Nachteile der Einlinienorganisation (Quelle: Eigene Darstellung auf Basis von Probst (1992, S. 52 ff.); Vahs (2015, S. 119); Schulte-Zurhausen (2010, S. 255))

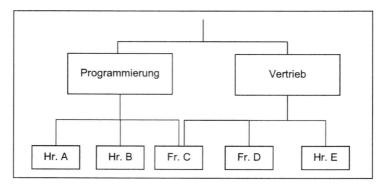

Abb. 3.20 Mehrlinienorganisation. (Quelle: In Anlehnung an Nolte (1999, S. 79), leicht modifiziert)

Vorteile	Nachteile
• Spezialisierung der Leitung durch Verteilung einzelner Funktionen auf mehrere Ebenen • Entlastung der oberen Leitungsebene • Leichte Abgrenzbarkeit der individuellen Kompetenzen • Mehrfachunterstellung fördert produktive Konflikte, dadurch erhöhte Problemlösungskapazität • Betonung der Fachautorität der Leitungsstellen: Direkter Zugang zu Mitarbeitern, mit bestimmten Kompetenzen, leichte Kontaktaufnahme und Kommunikation • Einheitlichere Information • Weniger hierarchische Ebenen	• Problem der Abgrenzung von Zuständigkeiten, Weisungen und Verantwortlichkeiten für ein gesamthaft koordiniertes Handeln, dadurch Gefahr widersprüchlicher Weisungen (Kompetenzkonflikten) und zu vieler Kompromisse • Umfangreicher Abstimmungsbedarf mit Zeitverlusten • Der ausführende Mitarbeiter hat mehrere Vorgesetzte • Zahlreiche Führungskräfte der gleichen Rangposition • Mangelnder Überblick, unklare Machtverhältnisse, Verunsicherung • Schwierige Fehlerzurechnung • Sachliche Konfliktträchtigkeit kann lähmend wirken

Abb. 3.21 Vor- und Nachteile der Mehrlinienorganisation (Quelle: Eigene Darstellung auf Basis von Probst (1992, S. 58 ff.); Schulte-Zurhausen (2010, S. 255); Vahs (2015, S. 109))

Taylor schlägt in seinem Scientific Management (vgl. Abschn. 6.1) die Einführung einer **Funktionsmeister-Organisation** vor. Dabei sind die ausführenden Arbeiter verschiedenen Funktionsmeistern in einer Mehrlinienorganisation unterstellt.

Eine erweiterte Form einer Mehrlinienorganisation ist die später behandelte Matrix- bzw. Tensororganisation.

Die Vor- und Nachteile einer Mehrlinienorganisation zeigt Abb. 3.21.

3.3.3 Stablinienorganisation

Bei der Stablinienorganisation werden die **Leitungsstellen** der Primärorganisation um **Stäbe, Dienstleistungs- bzw. Assistenzstellen ergänzt** (vgl. im Folgenden Probst 1992, S. 56). Sinn der Stabsbildung ist es, Instanzen von solchen Tätigkeiten zu **entlasten**, welche der **Entscheidungsvorbereitung** dienen. Ursprünglich aus dem militärischen Bereich kommend, finden sich Stäbe heute in nahezu allen mittleren und großen Unternehmen sowie insbesondere in staatlichen Organisationen, z. B. dem Militär oder der Polizei.

Meist werden diese in einem **Organigramm seitlich unterhalb** einer zu unterstützenden **Instanz** dargestellt, dann handelt es sich um **generalisierte Stabsstellen/Assistentenstellen** (z. B. Assistent der Geschäftsleitung), die eine **mengenmäßige Entlastung** bringen sollen. Oder sie werden **neben** der **Instanz** dargestellt; dann handelt es sich meist um **spezialisierte Stabsstellen**, die bspw. spezielle Beratungsaufgaben erbringen (vgl. Abb. 3.22).

Auch eine Stablinienorganisation hat Vor- und Nachteile (vgl. auch Abschn. 3.3.1 zur Stellenbildung), wie Abb. 3.23 auflistet.

Bei der **Anpassung** der **Aufbauorganisation** an die **Umweltbedingungen** gilt es, diejenige Organisationsform zu wählen, welche mit ihren **Vorteilen am besten** zu den Herausforderungen der Umwelt **passt**. Dabei ist zu berücksichtigen, dass die **Nachteile der gewählten Organisationsform** dennoch **auftreten** (können). Hier gilt es, durch weitere Organisationsmaßnahmen bestimmte Nachteile von vornherein zu dämpfen oder die Struktur anzupassen (bspw. durch Mischformen auf unterschiedlichen Hierarchieebenen.) Grundsätzlich sind bestimmte **Nachteile** der jeweiligen Form **in Kauf zu nehmen**. Dies gilt auch für die im Folgenden beschriebenen Funktional- und Objektorganisation.

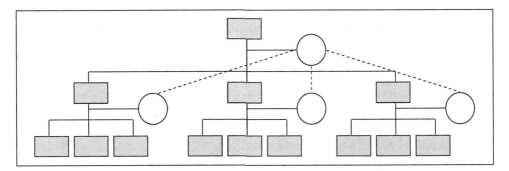

Abb. 3.22 Dezentrale Stablinienorganisation mit Stabshierachie (Quelle: Schulte-Zurhausen (2010, S. 307))

Vorteile	Nachteile
• Quantitative Entlastung der Leitungsstellen von der Entscheidungsvorbereitung • Erhöhte Qualität der Entscheidungen aufgrund verbesserter Entscheidungsvorbereitung durch spezialisierte Stäbe • Erleichterung der Entscheidungsfindung durch Anwendung moderner Methoden durch die Spezialisten im Stab • besserer Informationsstand und bereichernder Gedankenaustausch der Leitungsstellen • Gute Personalentwicklungsmöglichkeiten im Stab • Nutzung individueller Potentiale und Erwartungshaltungen	• Konfliktpotential zwischen Stab und Linie aufgrund der Trennung zwischen Entscheidungsvorbereitung durch spezialisierte Stäbe, Entscheidung durch die Leistungsstellen und Entscheidungsumsetzung • Starke Tendenz zur Kommissionsbildung („endlose Debatten" durch zahlreiche Abstimmungen, ehe es zu einer Entscheidung kommt) • Gefahr von Entscheidungsintransparenz bis zur Informationsmanipulation; informationelle Abhängigkeit der Linien- von den Stabsstellen (eigenes Machtpotential und parallele Hierarchie durch informale Autorität), dadurch fehlende Akzeptanz in der Linie • Spaltung in Technokraten und operative Kräfte • Allgemeine Nachteile der Einlinienorganisation

Abb. 3.23 Vor- und Nachteile der Stablinienorganisation (Quelle: Eigene Darstellung auf Basis von Probst (1992, S. 56); Schulte-Zurhausen (2010, S. 308); Vahs (2015, S. 111))

3.3.4 Funktionale vs. objektorientierte Organisation

Eine Organisation lässt sich auf **zwei** grundsätzlich verschiedene **Arten gliedern**. Dabei werden Stellen zu Abteilungen zusammengefasst (Abteilungsbildung). Einerseits kann nach **funktionalen** Aspekten, andererseits nach **Objekten** gegliedert werden. Es können auf verschiedenen Hierarchieebenen unterschiedliche Gliederungen vorgenommen werden.

Bei einer **funktionalen** Gliederung (**Verrichtungsorganisation**) werden Abteilungen nach gleichartigen Funktionen, wie Beschaffung, Produktion, Absatz, Rechnungswesen, Personalwesen etc. zentralisiert (vgl. Bühner 2004, S. 122). Als Beispiel kann Abb. 3.18 zur Linienorganisation dienen. Diese Form der Gliederung besitzt spezifische **Vor- und Nachteile,** die in Abb. 3.24 zusammengefasst sind.

Bei einer Gliederung nach **Objekten** (**Spartenorganisation**) erfolgt eine Abteilungsbildung unter dem Gesichtspunkt, bestimmte für das Unternehmen wesentliche **Objekte** zusammenzufassen.

Vorteile	Nachteile
• Entspricht dem Prinzip der Arbeitsteilung • Strukturiert nach beruflicher Spezialisierung • Transparente Struktur, einfache organisatorische Gestaltung, gut kontrollierbar • Hohes Ansehen und Machtbefugnisse für die Hauptfunktionen, begrenzt auf ein klar definiertes Aktionsfeld • Begrenzter Bedarf an fachlich spezialisierten Führungskräften • Anwendung: i. d. R. bei relativ homogenem Produktprogramm, bei einer relativ stabilen Unternehmensumwelt, in KMU.	• Zentralisierung der Leitungsaufgaben auf die Unternehmensspitze, Sensibilisierung für Belange von Markt und Kunden schwierig • Viele Interdependenzen und Schnittstellen, dadurch erschwerte Kommunikation und Koordination zwischen den Funktionsbereichen • Übergewicht des Spezialistentums: mangelnder Gesamtsicht auf das Unternehmen; Gefahr der Suboptimierung • Entstehen von funktionsspezifischen Bereichsegoismen • Vernachlässigung von regionalen und produktspezifischen Aspekten • Hoher Abstimmungsbedarfs kann zu einer Überlastung der obersten Unternehmensleitung führen ("Kamineffekt") • Geringe Laufbahndiversität

Abb. 3.24 Vor- und Nachteile der funktionalen Organisation (Quelle: In Anlehnung an Probst (1992, S. 62); Schulte-Zurhausen (2010, S. 266))

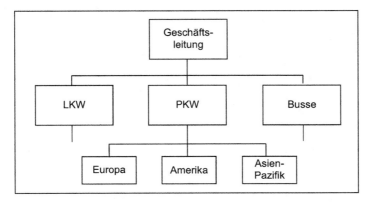

Abb. 3.25 Spartenorganisation

Vorteile	Nachteile
• Gute Kenntnisse der Umwelt durch Ausrichtung auf relativ selbständige Produkt-Markt-Bereiche	• Bedarf an zahlreichen qualifizierten Führungskräften auf den verschiedenen organisatorischen Ebenen
• Verantwortung für das operative Geschäft liegt bei der Spartenleitung	• Notwendigkeit von Stellen zur Koordinierung der verschiedenen Produkt-/Marktbereiche
• Spartenleiter tragen als "Unternehmer im Unternehmen" Verantwortung (Multi-Unternehmer-Unternehmen)	• mehrfache Ausbildung von Unternehmensfunktionen (z.B. mehrere Leiter Personal o. Rechnungswesen), Verlust von Größenvorteilen
• Qualität der Entscheidungsprozesse ist durch gesamthaftes Denken der Sparten i. d. R. hoch	• Möglicher Verlust der einheitlichen Führungsgrundsätze
• Mehr Flexibilität und Schnelligkeit, weil kleinere überschaubare Einheiten	• Markt-/Produktmanager setzen eigenen Erfolg über den Gesamterfolg des Unternehmens (Gefahr des Verlust der Identifikation mit dem Gesamtunternehmen)
• Autonomie und Eigenverantwortung schaffen höhere Identifikations-und Entfaltungsmöglichkeiten in den Sparten, dadurch höhere Motivation	• Keine Nutzung von Synergieeffekten zwischen Produkten/Märkten ("Parzellierung des Unternehmens")
• Entlastung der Unternehmensleitung von der Koordination der Funktionen, die das gleiche Objekt betreffen, und höhere Steuerbarkeit der Teileinheiten	• Effizienzverluste durch mangelnde Teilbarkeit von Ressourcen oder durch suboptimale Betriebsgrößen
• oberste Unternehmensleitung kann sich auf strategische Aufgaben konzentrieren	• Hoher administrativer Aufwand (Spartenerfolgsrechnung, ggf. Transferpreis-Rechnung usw.)
• bei geeigneter Spartenabgrenzung: geringer horizontaler Koordinationsbedarf	• Erschwerte Integration neuer Produkte, Kunden oder Märkte (bspw. bei einer Diversifizierung)
• exaktere Leistungsbeurteilung der Führungskräfte (Spartenleiter) möglich	• Gefahr der Überschneidung und Redundanzbis hin zur Kannibalisierung von Produkten durch Substitutionskonkurrenz zwischen den Divisionen
• Zukäufe und Desinvestitionen sind leichter zu bewerkstelligen (insbesondere aufgrund rechtlicher Verselbständigung der Sparten, s.a. Holding)	• Beschränkte Möglichkeit zur Bildung von divisionsübergreifenden Kernkompetenzen

Abb. 3.26 Vor- und Nachteile der objektorientierten Organisation (Quelle: Probst (1992, S. 65 und 69); Schreyögg (2008, S. 120))

Diese Objekte (Sparten) können z. B sein:

• **Produkte**, Produktgruppen oder Produktlinien, z. B. Kosmetik, Körperpflege, Accessoires etc.,
• **Kundengruppen**, z. B. Großkunden, Firmenkunden, Privatkunden etc.,

- **Absatzregionen** oder trennbare Märkte, z. B. Deutschland/Österreich/ Schweiz (DACh), Westeuropa, Nordeuropa etc.,
- **Absatzkanäle**, z. B. Versandhandel, Direktvertrieb, Online-Handel etc.

Im Beispiel von Abb. 3.25 ist die erste Hierarchieebene unterhalb der Geschäftsleitung nach Produktgruppen und die zweite nach Absatzregionen gegliedert.

Auch eine Spartenorganisation bringt verschiedene Vor- und Nachteile mit sich (siehe Abb. 3.26).

In der Praxis sind **kleine und mittlere Unternehmen** mit nur einem Haupt- oder wenigen unterschiedlichen Produkten, häufig dem Prinzip der funktionalen Arbeitsteilung folgend, nach **Funktionen** gegliedert. **Große Unternehmen** mit Präsenz auf mehreren Märkten und/oder mehreren Produkten oder Unternehmen, welche schnell auf Umweltbedingungen reagieren müssen, sind hingegen häufig nach **Sparten** (Divisionen) gegliedert.

3.3.5 Matrix-Organisation

Ein Versuch, die Vorteile verschiedener Organisationsformen, z. B. nach Objekten **und** Funktionen oder auch verschiedener Sparten, bspw. Produkte und Regionen, zu vereinen, stellt die **Matrixorganisation** dar (Abb. 3.27).

Mit der Matrixorganisation wird versucht, auf eine komplexer werdende Unternehmensumwelt zu reagieren, da bspw. gleichzeitig auf Veränderungen geographischer Märkte als auch Technologieentwicklungen, die bestimmte Produktgruppen betreffen, reagiert werden soll (vgl. im Folgenden Probst 1992, S. 60).

Bei einer Matrixorganisation werden **zwei oder mehr Leitungssysteme** miteinander **kombiniert**, bspw. Funktionen und Produkte. Bei einer mehrdimensionalen Gliederung wird auch von einer **Tensororganisation** gesprochen. Aufgrund der Komplexität einer Matrixorganisation findet sich diese Form hauptsächlich in **großen**, international tätigen **Unternehmen**.

Die **Matrixorganisation** ist aufgrund der **Mehrfachunterstellung** eine **Mehrlinienorganisation**. Daher ergeben sich ähnliche **Vor- und Nachteile** (vgl. Abb. 3.28).

Ein **Beispiel** für eine **Matrixorganisation** ist die ABB von 1996 (vgl. Abb. 3.29).

Durch diese Organisationsform wurde versucht, auf die **komplexe Umwelt** des Unternehmens, das weltweit auf zahlreichen Märkten mit verschiedenen Produktgruppen tätig war, zu reagieren. Am Beispiel ABB zeigt sich aber auch, dass die **Nachteile** der Matrixorganisation nicht zu unterschätzen sind. So ließ die ABB wenig später diese Matrixorganisation „aufgrund ihrer **Komplexität**" wieder fallen und strukturierte sich seither erneut mehrfach um (vgl. Jenewein/Morhart 2007, S. 29; Vahs 2015, S. 307).

Die Matrixorganisation kommt häufig in großen Unternehmen zum Einsatz, bei denen **mindestens zwei Gliederungsdimensionen** für die **Wettbewerbsfähigkeit** wichtig sind zur Ergänzung der Linienorganisation um zusätzliche koordinationsrelevante Aspekte.

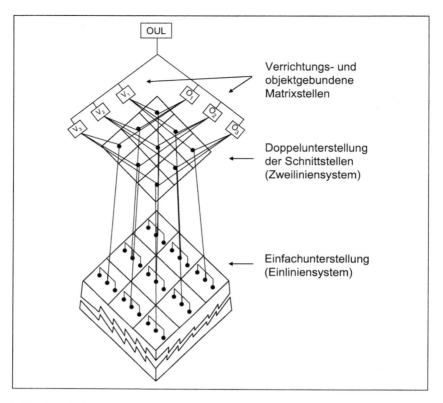

Abb. 3.27 Grundprinzip der Matrix-Organisation (Quelle: Wagner 1991, S. 124)

3.3.6 Sekundärorganisation: Kommissionen, Kollegien etc.

Neben den **primären** Organisationsformen existieren in Unternehmen meist noch weitere Organisationsstrukturen, welche häufig **temporär und traversierend** über die Primärorganisation angelegt sind. Diese **Sekundärorganisation** wird meist nicht in Organigrammen dargestellt. Typische Formen der Sekundärorganisation sind **Kollegien** (häufig benannt als Kommissionen, Ausschüsse, Komitees, Gremien, auch Arbeitskreise oder Task Forces) oder **Projektgruppen/-teams** (siehe Kap. 9 zum Projektmanagement).

▶ **Definition Kollegien** „Kollegien … setzen sich aus mehreren Mitarbeitern zusammen, die durchaus unterschiedlichen organisatorischen Ebenen angehören können. Das Kollegium tagt in bestimmten zeitlichen Abständen und kann sowohl der Information und Beratung als auch der Entscheidung und Durchführung dienen."

Quelle: Wagner (1991, S. 109).

Vorteile	Nachteile
• Nutzung von Spezialisierungsvorteilen der Leitungsfunktionen bei gleichzeitiger Entlastung der obersten Unternehmensleitung • Kürzere Kommunikationswege • Problemlösungen unter Berücksichtigung unterschiedlicher Standpunkte mit der Notwendigkeit zur Konsensfindung • Vorrang der Sachkompetenz vor der hierarchischen Stellung • Produktive Konflikte fördern die Problembewältigung, ständiger Anreiz der Leitungsstellen zur Teamarbeit • Begünstigung der Persönlichkeitsentfaltung durch Teamarbeit und Konsensfindung • Gute Möglichkeit zur Integration von Projekten	• Keine einheitliche Leitung, dadurch Unsicherheit der Ausführungsstellen infolge der Mehrfachunterstellung • Großer Bedarf an Führungskräften • Gefahr von Kompetenz- und Handlungskonflikten, Machtkämpfe • Gefahr von unbefriedigenden Kompromissen • Zurechnungsprobleme für Erfolg und Misserfolg • umfangreicher Kommunikations- und Abstimmungsbedarf, dadurch lang andauernde Entscheidungsfindung und Zeitverlust • Notwendigkeit zur Kompetenzregelung an den Schnittstellen der Matrix; Gefahr der Überorganisation und Bürokratisierung • Hohe Anforderungen an die Kooperations- und Teamfähigkeit der Dimensionsleiter

Abb. 3.28 Vor- und Nachteile der Matrixorganisation (Quelle: Eigene Darstellung auf Basis von Probst (1992 S. 60); Schulte-Zurhausen (2010, S. 279); Vahs (2015, S. 111))

Der Einsatz von **Sekundärorganisation** im Unternehmen **erhöht** die **Flexibilität**, da durch die Einbindung und Beteiligung von Mitarbeitern aus verschiedensten Bereichen eine **schnellere Kommunikation** erfolgt und auf Probleme direkt reagiert werden kann, ohne alle Informations- und Instanzwege der Primärstruktur zu durchlaufen. Jedoch erzeugt das **Herauslösen** von Organisationsmitgliedern **aus der Primärstruktur Koordinationsprobleme**, ähnlich der Mehrfachunterstellung in einer Matrixorganisation (vgl. Abschn. 9.3 zur Einbindung von Projekten in die Aufbauorganisation). Weiterhin können Sekundärorganisationsstrukturen, wie bspw. Arbeitskreise ein **Eigenleben** entwickeln, und die Organisation damit sogar langfristig **verlangsamen**.

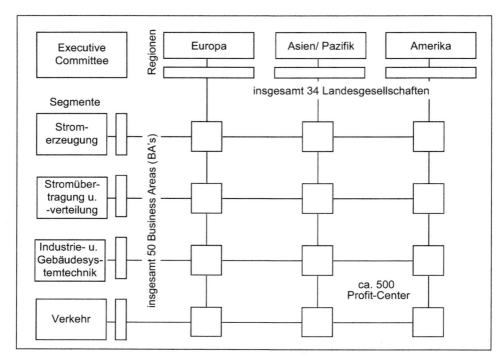

Abb. 3.29 Matrix-Organisation der ABB 1996 (Quelle: Eigene Darstellung auf Basis von Vahs (2015, S. 307))

Abbildung 3.30 gibt einen Überblick über die unterschiedliche Ausprägung von **Stellenmehrheiten**.

Aus der Praxis

Sekundärorganisation bei Porsche durch Einführung von Produktentwicklungsteams

Das Unternehmen Porsche steckt zu Beginn des Jahres 1990 in einer schweren Krise. Nicht nur der Vertrieb bereitet dem neuen Vorstandsvorsitzenden Arno Bohn Kopfzerbrechen. Auch die Verhältnisse in der Modellplanung sind besorgniserregend. Schließlich können die Verkäufer nur die Produkte absetzen, welche ihnen die kreativen Köpfe aus der Entwicklung zur Verfügung stellen.

Doch im Innovationszentrum in Weissach rund 20 Kilometer vom Porsche-Stammsitz in Zuffenhausen entfernt, herrscht ein Zustand der Orientierungslosigkeit. Die 2.200 fleißigen Tüftler, Techniker, Ingenieure, Bastler und PS-Enthusiasten sind sehr mit sich selbst bzw. ihren genialen Schöpfungen beschäftigt. Aspekte wie Kosten und Rendite gehören für sie in eine andere Welt. Ernsthaft Gedanken über das Preis-Leitungs-Verhältnis und damit die Vermarktbarkeit ihrer Entwicklungen macht sich kaum jemand, vor allem nicht die Leitung des Entwicklungsbereichs. Im Entwicklungszentrum Weissach handeln die Verantwortlichen bisher meist nach der Devise: „Das Beste ist gerade gut genug". So lautet auch das Motto bei der Suche nach neuen Modellen. Getüftelt wird in Weissach zwar in allerlei Richtungen, aber greifbare Ergebnisse werden nicht erzielt.

Über das Klassikermodell 911 mokiert sich inzwischen die Motorpresse, es sei „angejahrt", ja „verstaubt". Ein ähnlich negatives Urteil fällt auch Bohn. Nach Durchsicht der Entwicklungspläne registriert er verblüfft: „Für keine der vorhandenen Baureihen ist ein Nachfolger entwickelt oder geplant". Hauptursache dafür war der lähmende Streit über die grundsätzliche Ausrichtung Porsches auf dem Markt.

Das Verdienst von Bohn, der nur bis 1992 amtiert und dessen Stern durch seinen charismatischen Nachfolger Wendelin Wiedeking schnell verblasste, ist es, die Mannschaft wieder zusammen gebracht zu brachen.

Bohn arbeitet daran, bei Porsche das Teamdenken über Ressortgrenzen hinweg einzuführen: Wichtige Entscheidungen werden gemeinsam gefällt. So sei der Boxster erstmals im Unternehmen im Team erörtert und durchgesetzt worden. Manager aus der Entwicklung, dem Finanzbereich, Marketing, Controlling, aus der Produktion und Verwaltung bringen ihre verschiedenen Vorstellungen ein und dann unter einen Hut. Bohn: „Gemeinsam wurde über den Einstiegspreis diskutiert, über das Motorenkonzept, die Kosten, den Vertriebsapparat usw." Mitspracherechte bekommen nicht nur Mitglieder des Vorstandes, sondern auch sämtliche durchführende Kräfte vom Hauptabteilungsleiter, Abteilungsleiter bis zum Projektleiter.

Die Produktentwicklungsteams werden auch vom neuen Vorstandsvorsitzenden Wendelin Wiedeking (1992–2009) weitergeführt. Wiedekings Grundsatz ist dabei unumstößlich: „In der Entwicklung läuft kein Fahrzeugprojekt mehr, ohne dass auch Vertrieb und Produktion an dem Konzept beteiligt sind." Die Verkäufer bringen zum Beispiel den Kaufmannsverstand ein. Damit ziehen die Vorstandsvorsitzenden Bohn und Wiedeking die Lehren aus früheren, millionenteuren Flops aus der Tüftlerwerkstatt; wie dem Porsche 959: Die Entwicklungskosten für den Straßen-959er sind „völlig aus dem Ruder gelaufen". Immer wieder müssen sich die Ingenieure an technischen Problemen abarbeiten, der Start wird nach dem offiziellen Debüt im Herbst 1985 gleich mehrmals verschoben. Dennoch werden nur 292 Stück verkauft und die Produktion wird nach nur 2 Jahren 1988 wieder eingestellt. Beim Carrera GT hingegen wartet Wiedeking so lange ab, bis genügend Bestellungen vorliegen, um alle Kosten zu decken und noch einen Gewinn zu erzielen.

Über viele Jahre war die Kultur vorherrschend, nur in Abteilungen zu denken („Die Entwicklung für sich, die Produktion für sich, der Vertrieb und so weiter"). Diese Innenorientierung stärkt die Bereichsegoismen und kann sogar Intrigen zwischen den Bereichen befördern. Mit den bereichsübergreifenden Produktentwicklungsteams wurde der Fokus weg „von der Beschäftigung mit sich selbst" hin zur Auseinandersetzung mit und Befriedigung der am Markt erhobenen Kundenbedürfnisse in Form von marktgängigen Neuentwicklungen im Luxussegment der Automobilindustrie bereitet.

Heute ist Porsche als Teil des Volkswagen-Konzerns der profitabelste Autoproduzent der Welt und der Porsche 959 als ehemals schnellster Straßensportwagen der Welt eines der begehrtesten Sammlerstücke am Markt.

Quelle: Viehöver (2006, S. 123, 136 und 210); Klein (2008).

Stellenmehrheiten				
Primärorganisation ←---→ Sekundärorganisation				
Abteilungen	Arbeitsgruppen	Ausschüsse	Teams (z. B. Projekte)	Workshops
Aufgabenart				
Segmentierende Daueraufgaben	Segmentierende Daueraufgaben	Traversierende Dauer- oder Spezial- aufgaben	Lösung komplexer, neuartiger Probleme	Identifikation von Problemen, Integration u. ggf. Erarbeitung von Teillösungen
Interne Organisation				
hierarchisch : Instanz plus spezielle Aus- führungs- stellen ggf. Stabs- oder Dienstleistung sstelle	nicht- hierarchisch Entspeziali- sierung Selbststeuerung	hierarchisch oder nicht hierarchisch	nicht- hierarchisch Statusfreiheit der Mitglieder Team- koordinator	nicht- hierarchisch teilnehmerzen triert, partizipativ, Workshop- Moderator, Teamkoordinator
Externe Organisation				
Instanzielle Einordnung	Instanzielle Einordnung	für Ent- scheidungen/ -vorlagen Anbindung an Instanz, Info- Ausschuss ohne Anbindung	Anbindung an Instanz, Ausschuss oder Stab	Anbindung an Instanz oder Ausschuss
Befristung				
unbefristet	unbefristet	unbefristet oder befristet möglich	befristet	bis ca. 3 Tage
Größe				
3 bis ca. 100 Mitglieder	bis ca. 10 Mitglieder	ca. 3-10 Mitglieder	im Mittel 5 Mitglieder	ca. 10-25 Mitglieder

Abb. 3.30 Stellenmehrheiten zwischen Primär- und Sekundärorganisation (Quelle: In Anlehnung an Krüger (1994, S. 60), modifiziert)

3.3.7 Konzern-Organisation

Bei einer **Holding** sind verschiedene **rechtlich selbständige Unternehmen** über eine **gemeinsame Muttergesellschaft** wirtschaftlich miteinander verbunden.

▶ **Definition Holding** „Eine Holding ist eine Beteiligungsgesellschaft, die selbst keine Gütererzeugung vornimmt, sondern sich in ihrer wirtschaftlichen Tätigkeit auf die Verwaltung von Kapitalanteilen der von ihr beherrschten Unternehmen beschränkt."

Quelle: Hahn (1991, S. 159).

Besteht zwischen einer Tochtergesellschaft und der Mutter ein **Gewinnabführungs- und Beherrschungsvertrag** oder besteht ein maßgeblicher Einfluss der Muttergesellschaft, so wird nach Aktienrecht von einem **Konzern** gesprochen (vgl. Abb. 3.31).

Gründe für die Bildung einer Holding können eine geplante **Dezentralisierung** von Unternehmensbereichen sein, welche möglichst eigenständig im Sinne von **Profit Centern** und als rechtlich selbständige Unternehmen agieren sollen (vgl. im Folgenden Nolte 1999, S. 95 f.). Bei **stark diversifizierten Unternehmen** oder Konglomeraten, die

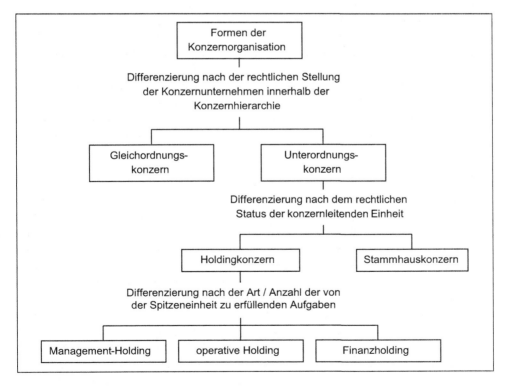

Abb. 3.31 Holding (Quelle: Nolte (1999, S. 95))

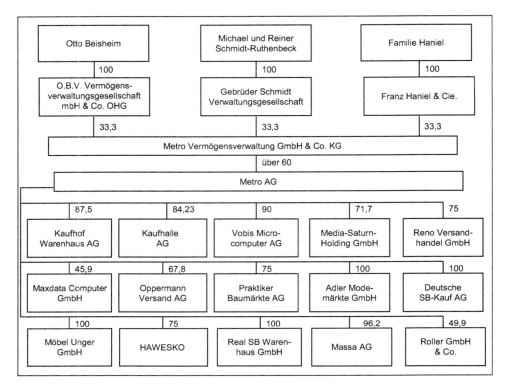

Abb. 3.32 Struktur der Metro AG und deren Beteiligungsverhältnisse 1996 (Quelle: Eigene Darstellung auf Basis von Metro AG (1997, S. 47 und 92))

Geschäftsbereiche aus unterschiedlichen Branchen bündeln, werden sehr häufig Holding-strukturen gebildet.

Darüber hinaus führen **finanzwirtschaftliche** Gründe, bspw. das Ausnutzen von **Steuer-vorteilen** ebenfalls zum Gründen von Konzernstrukturen – auch über Ländergrenzen hinweg, insbesondere dann, wenn die Muttergesellschaft ihren Sitz in einem Niedrigsteuer-land, z. B. den Cayman Islands oder den Bermudas hat. Weiterhin können Holdings durch Zukäufe oder **Fusionen** entstehen. Ein Ziel ist hier, **Synergien** zwischen den Unternehmen zu erreichen, welche durch die gemeinsame Holding gefördert werden können.

Ein Beispiel für einen von einer **Holding** geführten Konzern ist die Metro AG (vgl. Abb. 3.32).

Am Beispiel Metro lässt sich auch der Wandel in einem Konzern gut beobachten. In den Jahren seit 1996 verschoben sich die Beteiligungsverhältnisse der Familien. Tochtergesellschaften wurden aufgelöst (Kaufhalle, nur noch Immobilienverwaltung), verschmolzen (Massa und Real), ausgegliedert und verkauft (Vobis, Roller, Maxdata, Oppermann, Adler, Reno, Möbel Unger, HAWESKO, Kaufhof) oder an die Börse gebracht (Praktiker, mittlerweile insolvent).

Holding		
Hohe Autonomie/ Flexibilität der Gesellschaften	←--------------------------→	**Geringe Autonomie/ Flexibilität der Gesellschaften**
Finanzholding	**Strategische Management-Holding**	**Operative Holding**
Reine finanzielle Beteiligung steht im Vordergrund; Obergesellschaft steuert lediglich den Kapitalfluss.	Obergesellschaft steuert den Kapitalfluss und entscheidet über strategische Sachverhalte.	Obergesellschaft steuert wie die strategische Management-Holding und macht darüber hinaus Vorgaben auch auf operativer Ebene, z.B. Produktpolitik oder Personalverwaltung.
Finanzwirtschaftliche Vorgaben (z.B. Erreichen eine Mindestrendite)	Ziel ist, Führungspositionen in den Töchtern bestmöglich zu besetzen, die Kapitalflüsse zu optimieren und Synergien zwischen den Töchtern anzuregen, z. B. durch gemeinsame F&E oder Servicegesellschaften.	Positionen der Geschäftsführer der Töchter werden i. d. R. durch Mitglieder der Geschäftsführung der Mutter besetzt.
Mutter mischt sich nicht in strategische oder operative Aufgaben der Töchter ein		
Abhängig von Zielsetzung der Holding und Performance der Gesellschaften können einzelne Beteiligungen verkauft oder neue Gesellschaften gekauft werden	Holding-Abteilungen, bspw. strategische Konzernentwicklung, durch welche diese Ziele vorgegeben werden	Operative Holdings entstehen häufig durch eine Internationalisierung, wenn die ausländischen Töchter in direkter Kontrolle der Muttergesellschaft stehen.
Sehr große Autonomie der Gesellschaften		

Abb. 3.33 Erscheinungsformen der Holding (Quelle: In Anlehnung an Schmidt (2002, S. 75), stark modifiziert)

Grundsätzlich werden **drei Typen von Holdings** unterschieden (vgl. Abb. 3.33), wobei es fließende Grenzen zwischen diesen Formen gibt.

In einem **Stammhauskonzern** ist die konzernleitende Obergesellschaft zugleich der wirtschaftlich dominante Produktions- oder Dienstleistungsbetrieb und häufig selbst in

Vorteile	Nachteile
• Möglichkeiten, strategische, finanzwirtschaftliche oder steuerliche Synergien zu realisieren • Größere strategische und strukturelle Flexibilität des Gesamtunternehmens • Gemeinsame Leitung für verschiedene rechtlich selbständige Unternehmen • Große Aktionsfreiheit bei gemeinsamer Unternehmenspolitik • Förderung des unternehmerischen Denkens und Handelns	• Tendenz, das Unternehmen aus rein finanzwirtschaftlichen Gesichtspunkten zu sehen • Mögliche Konflikte zwischen den lokalen Interessen der Tochtergesellschaften und dem Gesamtinteresse des Konzerns und dadurch emotionale Spannungen zwischen den Mitarbeitern der Tochterunternehmen und der Holding • Tendenz zu übertriebenen Kontrollaktivitäten der Holding • Mangelnde Transparenz aufgrund von Schachtelbeteiligungen

Abb. 3.34 Vor- und Nachteile von Holdingstrukturen (Quelle: Eigene Darstellung auf Basis von Probst (1992, S. 78); Vahs (2015, S. 175))

einem oder mehreren rechtlich unselbständigen Geschäftsbereichen operativ tätig (bspw. Siemens AG).

Die **Vor- und Nachteile von Holdingstrukturen** sind in Abb. 3.34 zusammengefasst.

Ein **Beispiel**, wie sich die Ausrichtung des Unternehmens auch auf die Konzernstruktur niederschlägt, stellt die Daimler Benz AG bzw. DaimlerChrysler AG /Daimler AG dar.

Hintergrund

Die Entwicklung der Konzernstruktur bei der Daimler AG

Ein Beispiel für die Entwicklung eines Konzerns ist die Daimler AG. Um den Verkauf eines großen Aktienanteils von Friedrich Karl Flick abzufangen wurde in den 1970er-Jahren die Mercedes Holding gegründet. Diese hatte die Aufgabe, die frei gewordenen Aktien aufzukaufen, war also eine reine Beteiligungsgesellschaft. Diese wurde später komplett auf die Daimler Benz AG verschmolzen. Die Daimler Benz AG agierte eher als operative Holding mit ihren Auslandsgesellschaften als Tochterunternehmen. Als Edzard Reuter Ende der 1980er-Jahre als Vorstandsvorsitzender seine Vision vom integrierten Technologiekonzern umsetzen wollte, bekam die Daimler Benz AG die Funktion einer Management-Holding. Die zugekauften Unternehmensteile waren in rechtlich selbständige Unternehmen zusammengefasst (z. B. AEG, DASA, debis). Auch die Automobilsparte wurde als Mercedes Benz AG aus der Daimler Benz Holding ausgegliedert. Das Ziel war es, Synergien zwischen den einzelnen Töchtern zu erreichen und diese aus Holding-Sicht strategisch zu steuern.

Nachdem Jürgen Schrempp in den 1990er-Jahren diese Vision wieder aufgegeben hatte, wurden die Unternehmensteile, welche nicht zum „Kerngeschäft Automobil" gehörten größtenteils verkauft. Die Mercedes-Benz AG wurde als rechtlich selbständiges Unternehmen aufgelöst und mit der Daimler Benz AG wieder verschmolzen, damit der Vorstand des Gesamtkonzerns wieder direkten Zugriff auf den Automobilbereich hatte. Daimler Benz entwickelte sich wieder in Richtung einer Holding mit operativen Aufgaben.

Nach der Fusion mit Chrysler bildete sich wieder eine Struktur heraus, welche einer Management-Holding ähnelte, mit der Mercedes Car Group, der Chrysler Group etc. unterhalb der DaimlerChrysler AG. Nach weiteren Umstrukturierungen brach der neue Vorstandsvorsitzende Dieter Zetsche zahlreiche Funktionen der Holding wieder auf (die bereits J. Schrempp despektierlich nach ihrem Gebäude in Möhringen als „Bullshit Castle" bezeichnete) und die Konzernleitung stieg wieder stärker ins operative Geschäft der Tochtergesellschaften ein, insbesondere nach dem Verkauf von Chrysler im Jahr 2007.

Quelle: Nolte (1999, S. 96 f.) ; Pearce/Robinson (2003, S. 240 ff.); Leinkauf (1995).

3.3.8   Fallstudie: Xerox

Die Vor- und Nachteile der verschiedenen Konfigurationsformen bestimmen seit langer Zeit die Organisationsstrukturen sowie die Reorganisationsbemühungen der Unternehmen wie die folgende Fallstudie Xerox zeigt.

Xerox 1984
(basiert auf der Fallstudie von Dessler (1986, S. 162 ff.), gekürzt, Übersetzung durch die Verfasser)

Wayland R. Hicks, Vorstand der Reprographics Business Group bei Xerox, hofft auf einen Triumph. Am 6. März dieses Jahres (1984) brachte Xerox drei Kopierer auf den Markt, die dort weitermachen sollten, wo die 1075er Serie aufgehört hat. Sie sind die ersten Maschinen, die aus einem radikal veränderten Produktentwicklungsprozess hervorgegangen sind. Für Xerox, einst der Pionier und weltweiter Marktführer für Bürokopiermaschinen, könnte die Zukunft ihres Hauptgeschäftszwigs von der neuen Herangehensweise in der Produktentwicklung abhängen.

Um die Maschinen schneller und mit niedrigeren Kosten auf den Markt zu bringen, warf Xerox eine zu groß gewordene Bürokratie über Bord, welche das Unternehmen mit veraltetem Design und hohen Produktionskosten belastet hatte. Zuerst wurden Benchmarks durchgeführt, um einen Vergleich mit den Wettbewerbern zu haben. Dann brach das Unternehmen seine Entscheidungshierarchie auf und verlagerte die Macht vom Schreibtisch des Vorstandsvorsitzenden auf die der Projekt-Ingenieure. Außerdem entließ es 17.000 Angestellte und kürzte die Produktionskosten um mehr als 50 %.

Die Veränderung war notwendig. 1982 betrug der Marktanteil von Xerox bei den Bürokopiermaschinen nur noch 45 %, verglichen mit einem Anteil von 96 % im Jahre 1970. Die Wettbewerber sind hauptsächlich japanische Hersteller wie Canon. Die anderen Geschäftszweige von Xerox sind elektrische Schreibmaschinen und elektronische Druckprodukte neben einem profitablen Zweig Financial Services.

Der Vorstandsvorsitzende von Xerox David Kearns betonte bei seinem Antritt: Wir werden tun, was notwendig ist, um wettbewerbsfähig zu bleiben.

Eine wesentliche Veränderung betraf das Treffen von Entscheidungen. Die Manager bei Xerox geben nun offen zu, dass sich das Unternehmen „mit seiner Matrix-Organisation selbst erstickt hat". Die Leiter der Unternehmensfunktionen wie Produktplanung, Design, Service und Produktion waren in Rochester, New York, angesiedelt, unterstanden aber verschiedenen Vorständen in der Unternehmenszentrale in Stamford, Connecticut. Jede Abteilung musste eine Produktentwicklung zuerst durch die eigene Hierarchie schleusen, dann übergab sie diese der nächsten. Die Abteilungen hatten endlose Debatten über Merkmale und Design der Produkte, aber „keiner hatte die Priorität die Produkte auf den Markt zu bringen", erinnert sich Hicks. Unstimmigkeiten machten oft ihren Weg bis hin zum Büro des Vorstandsvorsitzenden in Stamford.

Jetzt sind vier Strategische Geschäftseinheiten (SGEs) für das Kopierergeschäft verantwortlich. Abteilungsleiter, von denen jeder eine strategische Langfristplanung und die Produktentwicklung verantwortet, sind dem 41-jährigen Hicks unterstellt. Er wiederum untersteht einem Vorstand in der Unternehmenszentrale. Dies führte zu einem sofortigen 10 %igem Produktivitätszuwachs, sagt Hicks. Die Entwicklungszyklen für einige Produkte wurden um 50 % gekürzt.

Die Entwicklung einer der neuen Kopierer, die 9900, brauchte drei Jahre im Gegensatz zu einer früheren Entwicklung einer ähnlichen Maschine, die fünf Jahre dauerte. Die 9900, eine teure (130.000$) Kopiermaschine, die mit Offset-Druckmaschinen konkurrieren soll, hat einen Bildschirm, der es dem Benutzer erlaubt, Informationen abzurufen und die Maschine zu programmieren.

Im letzten August hatte ein Team, das an der Software des Kopierers arbeitete, ein Problem, welches zu einem starken Verzug führen konnte. Früher, sagt Hicks, hätten die Softwareentwickler alleine an dem Problem gearbeitet. Diese Mal arbeitete ein Krisenteam aus Softwareentwicklern und Entwicklungsingenieuren über das Labour Day – Wochenende. „Wir fanden die Fehler und blieben im Zeitplan", sagt Hicks. „Diesen Einsatz zu bekommen wäre früher unmöglich gewesen".

Heute beginnt der Produktenwicklungsprozess bei Xerox üblicherweise mit einer Idee, die von einer SGE entwickelt wird. Diese wird sofort durch Produkt-Synthese-Teams auf Machbarkeit überprüft, was schnell die falschen Ideen herauskegelt. Wenn eine Entwicklungsentscheidung getroffen ist, ist ein Produktentwicklungsteam, das von einem Chefingenieur geführt wird, für den Prototypen bis zur Produktion inklusive der Markforschung und Benchmarking, welches die Produktionskosten bestimmt, verantwortlich.

Experten stimmen dem neuen Produktentwicklungsverfahren zu. „Xerox hat starke Produkte zu konkurrenzfähigen Preisen, die Innovationen in den Markt bringen".

Xerox möchte die gleichen Fehler nicht wieder machen. „Wir werden nie wieder den Fehler machen, die Konkurrenz zu unterschätzen", sagt Kearns. Mit seiner neuen Struktur in der Produktentwicklung kann Xerox dies nun beweisen.

Fragen zur Fallstudie

1. Zeichnen Sie unter Berücksichtigung der wenigen Information in dieser Fallstudie das gegenwärtige Organigramm von Xerox. Welche organisationale Gliederung haben sie? Wie wird die Koordination in der Produktentwicklung erreicht?
2. Was war Ihrer Meinung nach das Problem mit der „Matrix Organisation" im Unternehmen?
3. Denken Sie, dass auch ein kultureller Wandel bei Xerox stattgefunden hat?

3.3.9   Kontrollfragen zum Kapitel Konfiguration

Welche der folgenden Aussagen sind vollständig richtig (r) und welche Aussagen sind falsch (f)?

1. Die Matrixorganisation ist dadurch gekennzeichnet, dass sämtliche Organisationseinheiten nach zwei unterschiedlichen Aufgabendimensionen koordiniert werden.
2. Eine Stelle ist die kleinste organisatorische Einheit. Sie entsteht durch Zuordnung von Teilaufgaben (und ggf. Sachmitteln) auf einen menschlichen Aufgabenträger.
3. Stabsstellen haben keinerlei Weisungsbefugnis, auch nicht gegenüber untergeordneten Stabsstellen.
4. Bei allen Formen der Stellenbildung ist die Kongruenz von Aufgabe, Kompetenz und Verantwortung zu beachten.
5. Bei der Verrichtungsorganisation kann es bei zunehmender geographischer Ausweitung, Internationalisierung oder Differenzierung des Produktprogramms wegen des hohen Abstimmungsbedarfs zu einer Überlastung der obersten Unternehmensleitung kommen.
6. Ein Nachteil der Verrichtungsorganisation im Vergleich zur Objektorganisation besteht darin, dass mit ihr eine übermäßige Zentralisierung von Macht und Entscheidungsbefugnissen verbunden ist.
7. Die Aufgabe einer Managementholding besteht bspw. in der Festlegung der Diversifikationspolitik in Bezug auf Produktgruppen, Technologien und regionalen Märkten.
8. Unter Entscheidungspartizipation versteht man die umfangmäßige Verteilung der Entscheidungsbefugnisse.
9. Das Prinzip der Einheit der Auftragserteilung und das daraus resultierende Mehrliniensystem sollen qualifizierte Entscheidungen und Weisungen der Vorgesetzten durch eine Spezialisierung bewirken.
10. Die Länge der Informationswege ist ein Nachteil der Einlinienorganisation. Um diese abzukürzen, kann eine Fayol'sche Brücke gebildet werden.

11. Eine Stabsstelle ist eine Leitungshilfsstelle, die eine Weisungsbefugnis auch gegenüber Linienstellen besitzt.

12. Eine Dienstleistungsstelle ist eine Leitungshilfsstelle, deren Aufgaben insbesondere in der mengenmäßigen Entlastung der Linieninstanzen bestehen.

13. Ausschüsse sind eine Form von Sekundärorganisation. Sie sind durch traversierende Dauer- oder Spezialaufgaben gekennzeichnet.

14. Der Sinn der Abteilung besteht insbesondere darin, relativ geschlossene Aufgaben-, Kompetenz- und Verantwortungsbereiche zu schaffen.

15. Bei der aufgabenbezogenen Stellenbildung wird die Aufgabe an die individuellen Fähigkeiten und Fertigkeiten der Aufgabenträger angepasst.

16. Für stark diversifizierte Unternehmen ist eine Verrichtungsorganisation vorteilhafter als eine Strukturierung nach Geschäftsbereichen.

17. Die Abteilungsbildung ist durch die Bündelung merkmalsverschiedener Teilaufgaben gekennzeichnet.

18. Die Matrixorganisation ist im Vergleich zur Verrichtungs- und Geschäftsbereichsorganisation durch eine geringere Leitungsspanne an der Unternehmensspitze gekennzeichnet.

19. Die unterschiedlichen Formen der Primärorganisation sind grundsätzlich durch segmentierende Strukturen gekennzeichnet. Um z. B. den Gesamtzusammenhalt der Organisation zu gewährleisten, sollten diese durch traversierende Strukturen ergänzt werden.

20. Aufgaben einer Management-Holding sind z. B. die konzernweite Kapital-, Liquiditäts- und Erfolgsplanung.

21. Die Matrixorganisation ist dadurch gekennzeichnet, dass die Organisationseinheiten auf der Ebene der Schnittstellen nach zwei Aufgabendimensionen (bspw. Funktion und Objekt) koordiniert werden.

22. Eine Dienstleistungsstelle ist eine Leitungshilfsstelle, die eine disziplinarische Weisungsbefugnis gegenüber Linienstellen besitzt.

23. Ausschüsse sind durch segmentierende Daueraufgaben gekennzeichnet, Arbeitsgruppen sind durch traversierende Dauer- oder Spezialaufgaben gekennzeichnet.

24. Eine Stelle ist die kleinste organisatorische Einheit und bezeichnet den Ort der Aufgabenerfüllung.

25. Der Unterschied zwischen Stellen und Instanzen besteht bspw. darin, dass erstere durch Entscheidungs- und Weisungsbefugnisse gekennzeichnet sind.

26. Unter einer Sparten-/Geschäftsbereichsorganisation versteht man eine Organisationsform, die durch eine Zentralisation von Objektgesichtspunkten auf der zweiten Hierarchieebene eines Unternehmens und durch Leitungswege in Form der Einlinienorganisation gekennzeichnet ist. Diese Zentralisierung erfolgt dabei nach Gesichtspunkten von Verrichtungen und Funktionen.

3.4   Entscheidungsdelegation

Unter der **Strukturdimension Entscheidungsdelegation** wird verstanden, in welchem **Umfang** die **Entscheidungsbefugnisse** in einer Organisation **verteilt** sind. Delegation beinhaltet die **dauerhafte Übertragung** von Entscheidungsaufgaben sowie zugehöriger **Kompetenzen und Verantwortung** an hierarchisch nachgeordnete Stellen (vgl. Bühner 2004, S. 86).

Entscheidungsbefugnisse heißt, zukünftige Sachverhalte für die Organisation nach **innen** und/oder **außen verbindlich festzulegen**, also z. B. Verträge zu schließen oder Stellen zu besetzen.

Grundsätzlich lassen sich **drei Arten von Entscheidungen** unterscheiden:

1. **Entscheidungen über Aktionen:** Vertragsabschlüsse, Stellenbesetzungen etc.;
2. **Entscheidungen über Entscheidungsregeln** (Kegelentscheidung): Wie sollen Entscheidungen im Unternehmen gefällt werden (=Richtlinienkompetenz);
3. **Strukturentscheidungen:** beziehen sich auf die gesamte Organisationsstruktur und beinhalten auch die Verteilung von Weisungs- und Entscheidungsbefugnissen.

Bei **Delegation** wird von der Annahme ausgegangen, dass grundsätzlich nur der oder die **Eigentümer** eines Unternehmens die **Befugnis** haben, zu **entscheiden**. Eine zunehmende Unternehmensgröße führt fast zwangsläufig zu einer Delegation von Entscheidungen an ihnen **unterstellte Instanzen**, da die Unternehmensleitung nicht mehr in der Lage ist, alle anfallenden Entscheidungen selbst zu treffen. Die Erweiterung des Handlungsspielraumes untergeordneter Stellen kann die Flexibilität des Unternehmens erhöhen. Insofern beinhaltet die Delegation von Entscheidungsbefugnissen als organisatorische Regelung:

- die Zuweisung von Aufgaben,
- Vorgabe von erwarteten Ergebnissen,
- **Ausstattung** mit den zur Aufgabenstellung notwendigen **Rechten** und Zuweisung von Verantwortung.

Es lassen sich **zwei Arten von Verantwortung** unterscheiden. Unter **Fremdverantwortung** wird verstanden, dass ein Vorgesetzter auch für die Handlungen seiner Untergebenen verantwortlich ist. **Eigenverantwortung** bedeutet, dass er nur für die eigenen Handlungen verantwortlich ist.

Grundsätzlich lässt sich festhalten, dass die Entscheidungsdelegation **umso größer** ist, **je mehr Entscheidungsbefugnisse** aufgrund genereller Regelungen offiziell auf nachgeordnete Hierarchieebenen **übertragen** werden.

Ein grundlegender **Unterschied** besteht allerdings zwischen **Entscheidungsdelegation** und **Entscheidungspartizipation**. Die Strukturdimension Entscheidungsdelegation bedeutet die Zuordnung von Befugnissen und Verantwortlichkeit auf eine Stelle. Unter **Entscheidungspartizipation** wird die **Teilnahme** der Betroffenen an den **Prozessen der**

Willensbildung und **Entscheidung** übergeordneter Hierarchieebenen verstanden. Dabei handelt es sich um die Frage, ob bspw. ein eher **autoritärer** oder **demokratischer** (partizipativer) **Führungsstil** vom Stelleninhaber bevorzugt wird. Dies ist grundsätzlich von der Entscheidungsdelegation im Unternehmen zu unterscheiden, da es sich nicht um ein strukturierendes Element, sondern um ein individuelles Verhalten der Führungskraft handelt.

In welchen **Fällen** ist nun eine Entscheidungszentralisation und wann eine -dezentralisation (−delegation) angebracht?

Eine **Entscheidungszentralisation** ist angebracht:

- bei der **Koordination von Entscheidungen** im Hinblick auf **Bestand** des **Unternehmens** oder von Teilbereichen,
- wenn unternehmenseinheitliche Regelungen notwendig sind,
- wenn auf nachgeordneten Ebenen keine ausreichenden Qualifikationen vorhanden sind,
- bei rechtlich oder satzungsmäßig nicht delegierbaren Entscheidungen.

Die **Vor- und Nachteile** der Entscheidungsdelegation zeigt Abb. 3.35.

Dass trotz der skizzierten Nachteile die Entscheidungsdelegation in den letzten Jahren grundsätzlich positiv gesehen wird, zeigt auch eine **empirische Untersuchung** europä-

Vorteile	Nachteile
• qualitative und quantitative Entlastung der übergeordneten Stellen	• höherer Bedarf an qualifizierten Mitarbeitern
• geringerer Bedarf an Stabsstellen	• erhöhtes Konfliktpotential
• Konzentration der obersten Unternehmensleitung auf strategische Aspekte	• Gefahr wenig abgestimmter Entscheidungen
• Entscheidungen dort, wo Folgen unmittelbar wirksam werden	• vermehrte Ergebniskontrolle durch höhere Instanzen notwendig
• schnellere Entscheidungen	• Gefahr der Überforderung Einzelner, hierdurch Frustration und Demotivation
• Ausnutzung von vorhandenen Fähigkeiten der Mitarbeiter	• Verlust von Kontrollmöglichkeiten der Unternehmensleitung
• bessere Entfaltungsmöglichkeiten der Mitarbeiter, dadurch höhere Motivation und Arbeitszufriedenheit	• Erhöhter Stress durch Verantwortung
• Managementnachwuchs kann frühzeitig Entscheidungen trainieren	

Abb. 3.35 Vor- und Nachteile der Entscheidungsdelegation (Quelle: Schulte-Zurhausen (2010, S. 218))

ischer Manager, welche die **Hauptvorteile** einer starken Mitarbeiterbeteiligung an Unternehmensentscheidungen in folgenden Punkten sehen (Mehrfachnennungen möglich) (vgl. Tödtmann 1997, S. 148):

- Steigerung der Produkt- und Servicequalität: 92 %,
- Zeitersparnis: 64 %,
- Kostenersparnis: 62 %,
- Steigerung des Outputs: 49 %,
- Senkung der Abwesenheiten: 36 %,
- Senkung des Krankenstands: 34 %,
- Stellenabbau: 30 %,
- Einsparung von Managerstellen: 22 %.

Insbesondere in dynamischen Umwelten zeigen sich die **Nachteile** einer hohen Entscheidungszentralisierung, wie man sie bspw. in bürokratischen Organisationen findet.

In Abgrenzung zur Entscheidungsdelegation sind in Abb. 3.36 die **Vor- und Nachteile** von **Entscheidungspartizipation** aufgeführt.

Vorteile	Nachteile
• verbesserte Kommunikation infolge des direkten, sofortigen Informationsaustausches	• höherer Zeitaufwand von Gruppenentscheidungen, ggf. Verzögerungen
• höhere Motivation durch Teilnahme an den Entscheidungsprozessen	• Einzelner fühlt sich nicht verantwortlich, d.h. gibt Verantwortung an die Gruppe weiter (höheres Risiko)
• verbesserte Entscheidungsfindung und Ergebnisse der Leitungsstelle aufgrund einer größeren Wissens- und Erfahrungsbasis	• Abhängigkeit von der Gruppe, Verlust von Eigeninitiative
• Möglichkeit zur frühzeitigen Offenlegung und Lösung von Konflikten	• Treffen von nicht tragfähigen Kompromissen
• Ausrichtung auf gemeinsame Ziele	• geringeres individuelles Verantwortungsbewusstsein, dadurch höhere Risikobereitschaft in der Gruppe
• höhere Motivation durch Identifikation mit den Leitungszielen	

Abb. 3.36 Vor- und Nachteile der Entscheidungspartizipation (Quelle: Schulte-Zurhausen (2010, S. 219))

3.4.1 Kontrollfragen zum Kapitel Entscheidungsdelegation

Welche der folgenden Aussagen sind vollständig richtig (r) und welche Aussagen sind falsch (f)?

1. Entscheidungsdezentralisation ist angebracht, wenn die Koordination von Entscheidungen im Hinblick auf den Bestand des Unternehmens oder von Teilbereichen sehr wichtig ist.
2. Die Entscheidungsdelegation ist umso höher ausgeprägt, je mehr Entscheidungsbefugnisse aufgrund genereller Regelungen offiziell auf nachgeordnete Hierarchieebenen übertragen werden.
3. Entscheidungsdelegation bezeichnet die Einbindung anderer Stellen in die Entscheidungen, die im Verantwortungsbereich einer Stelle liegen.
4. Die Entscheidungsdelegation ist umso geringer ausgeprägt, je mehr Entscheidungsbefugnisse aufgrund genereller Regelungen offiziell auf nachgeordnete Hierarchieebenen übertragen werden.
5. Entscheidungsdelegation ist eine Strukturdimension der Organisation, mit deren Hilfe Entscheidungs- und Weisungsbefugnisse auf alle Stellen verteilt werden.
6. Entscheidungspartizipation bezeichnet im Wesentlichen das Gleiche wie Entscheidungsdelegation.
7. Entscheidungsdezentralisierung und Entscheidungsdelegation sind im Wesentlichen synonym zu gebrauchen.
8. Bei der Entscheidungspartizipation lässt eine Instanz die ihr zugeordneten Stellen an einer Entscheidung teilhaben.
9. Der Führungsstil eines einzelnen Vorgesetzten beeinflusst die Entscheidungsdelegation des gesamten Unternehmens.

3.5 Formalisierung

Die letzte **Strukturdimension**, anhand derer sich Organisationen beschreiben lassen, ist der **Grad der Formalisierung** (vgl. im Folgenden Kieser/Walgenbach 2010, S. 157 ff.). Der Formalisierungsgrad bezeichnet das **Ausmaß** von **schriftlich fixierten organisatorischen Regeln, Verfahren, Anweisungen, schriftlicher Information und Kommunikation** (Aktenmäßigkeit sowie die Leistungsdokumentation).

Schriftliche Fixierung organisatorischer Regeln (Strukturformalisierung)
Es gibt **drei Instrumente** zur Formalisierung organisatorischer Regelungen:

(a) **Organisationsschaubild/Organigramm**

    Mögliche Inhalte des Organigramms sind:
- die Art der Spezialisierung der größten organisatorischen Einheiten (Supra-Strukturen),

- der Umfang der Abteilungsspezialisierung und der Stellenspezialisierung nach Funktionen und nach Produkten,
- die Struktur der generellen Weisungsbefugnisse und Verantwortungsbereiche,
- Gliederungstiefe, Leitungsspannen und die Relation zwischen verschiedenen Arten von Stellen,
- mögliche weitere Inhalte sind Aspekte der Sekundärorganisation:
- institutionalisierte Gremien zur Selbstabstimmung und
- funktionale Weisungsbeziehungen und etwaige spezielle Koordinationsstellen (z. B. Projektmanager).

(b) **Stellenbeschreibungen**

Stellenbeschreibungen können in unterschiedlichem Detaillierungsgrad auftauchen. Wird eine Stelle ausgeschrieben, so sind zumindest in einem gewissen Rahmen die Aufgaben sowie ein Anforderungsprofil vorhanden. Stellenbeschreibungen können aber auch extrem detailliert über mehrere Seiten exakte Regelungen treffen. Stellenbeschreibungen sollen personenneutral, das heißt ohne Berücksichtigung des jeweiligen Stelleninhabers und dessen Qualifikation erstellt werden (vgl. Schulte-Zurhausen 2010, S. 526). Sie

- legen den Umfang der Aufgaben, Kompetenzen und Verantwortlichkeiten fest,
- nennen die vor- und nachgeordneten Stellen und regeln ggf. die wichtigsten Beziehungen zu anderen Stellen,
- spezifizieren einzelne Rechte und Pflichten,
- beschreiben die aus den Stellenaufgaben resultierenden Anforderungen an den Stelleninhaber und
- enthalten oft auch Hinweise auf die anzuwendenden Programme und die maßgeblichen Pläne.

Fallbeispiel
Stellenbeschreibung
Stellenbeschreibung des Gruppenleiters Auftragsabwicklung der ABC Produktion & Vertriebsgesellschaft mbH, Niederlassung Südwest

1. Derzeitiger Inhaber der Stelle: Frau Mustermann
2. Bezeichnung der Stelle: Leiter der Gruppe Auftragsabwicklung im Verkauf
3. Abteilung: Verkauf Produktgruppen A1, A2, A3, A4, Inland
4. Leitungsbereich: Hauptabteilung Absatz
5. Vorgesetzter: Abteilungsleiter (Herr Dr. Stange)
6. untergeordnete Stellen: 3 Sachbearbeiter (für je eine Produktgruppe A1, A2, A3), 1 Teamsekretärin und 2 Teamassistenten
7. wird vertreten von: Gruppenleiter Verkaufsvorbereitung (Herr Müller)

(Fortsetzung)

8. vertritt: Gruppenleiter Kundendienst (Frau Schnelle)
9. Aufgaben der Stelle: sichert die prompte und zuverlässige Abwicklung der erzielten Verkaufsaufträge durch die Sachbearbeiter; arbeitet bei der Abwicklung mit den Vertreter- und Verkaufsbüros zusammen und wird von diesen unterstützt veranlasst und überwacht eine sachgemäße Kundenreklamationen; koordiniert und leitet die Arbeit der unterstellten Verkaufssachbearbeiter für die A-Produktgruppen und der anderen Mitarbeiter der Gruppe
10. Zeichnungsbefugnis: ☐ ppa. ☒ i. V.
11. Diese Stellenbeschreibung gilt in Verbindung mit der Dienstvorschrift „Grundsätzliche Hinweise für Mitarbeiter der mittleren und unteren Leitungsebene".
12. Gültig ab 01.01.2015 (Nächste Überprüfung bis 31.12.2018)
13. Aufgaben, Kompetenzen und Verantwortlichkeiten im Einzelnen:

(a) Leitet die prompte und termingerechte Abwicklung der angenommenen Verkaufsaufträge.
(b) Teilt die Arbeit unter den Mitarbeitern seiner Gruppe ein.
(c) Kontrolliert die Arbeit der Mitarbeiter seiner Gruppe, u. a. besonders eingehend bei Reklamationen.
(d) Unterrichtet seine Mitarbeiter über betriebliche Belange selbst oder veranlasst sie, sich an geeigneten Stellen zu unterrichten und fördert ihre Weiterbildung in fachlicher Hinsicht.
(e) Überwacht die Abstimmung von Verkaufsterminen, −mengen, −qualitäten mit dem Terminbüro, Lager und Versand durch die Sachbearbeiter seiner Gruppe.
(f) Veranlasst und prüft termingerecht, dass die an das Berichtswesen zu liefernden Auswertungen von seiner Gruppe aufgestellt werden.
(g) Überwacht die Vollständigkeit und aktuelle Überarbeitung der Preisbildungsunterlagen und Versandunterlagen seiner Gruppe.
(h) Hat im Übrigen auf Weisung seines Vorgesetzten weitere Aufgaben zu erfüllen, die in sein Tätigkeitsgebiet fallen oder ihm aufgrund seiner Kenntnisse und Fähigkeiten übertragen werden können.

Unterschriften mit Datum:
Leiter Hauptabteilung
                                                                          Abteilungsleiter Verkauf
                              Quelle: In Anlehnung an Schreyögg (2008 S. 103 f.), gekürzt.

Vor- und Nachteile von Stellenbeschreibungen fasst Abb. 3.37 zusammen.

Vorteile	Nachteile
• Klare Unterstellungs- und Delegationsbeziehungen	• Gefahr mangelnder Flexibilität aufgrund zu vieler Details
• Klare Zuweisung von Aufgaben, Kompetenzen und Verantwortlichkeiten	• Überschneidungen oder Lücken nur schwer auffindbar
• Bezugsmöglichkeiten bei auftretenden Konflikten	• Zeitaufwendig in der Realisierung und Aktualisierung
• Grundlage für die Mitarbeiterbeurteilung	• Beziehungen zu hierarchisch nicht unmittelbar angegliederten Bereichen nicht erfasst
• Basis eines Informationssystems	• Verlust an Kreativität

Abb. 3.37 Vor- und Nachteile von Stellenbeschreibungen (Quelle: Probst 1992, S. 89)

(c) **Programme** (vgl. auch den Abschnitt zur Koordination durch Programme in Abschn. 3.2.1)

Diese Handlungsanweisungen, Richtlinien, Handbücher oder auch Dienstvorschriften
* werden meist schriftlich fixiert,
* häufig formlos in fortlaufendem Text niedergeschrieben,
* werden häufig mit Organisationsschaubildern und Stellenbeschreibungen in Organisationshandbüchern zusammengefasst.

Formalisierung des Informations- und Kommunikationsflusses (Aktenmäßigkeit)
Unter der Teildimension **Informationsflussformalisierung** werden die Regelungen zusammengefasst, die vorsehen, dass bestimmte **Kommunikationsprozesse schriftlich** zu erfolgen haben. Unter dem Begriff Kommunikationsprozesse lassen sich z. B. schriftliche Weisungen (bspw. Dienstanweisungen, Mitteilungen, Vorstandsbeschlüsse), Memos oder Protokolle (z. B. von Sitzungen von Gremien etc.) zusammenfassen. Um eine möglichst **gute Fehlererfassung** zu erreichen, die **Nachvollziehbarkeit** von Handlungen zu erhöhen oder zur **Erleichterung eines Personalwechsels**, legen manche Organisationen großen Wert auf Aktenmäßigkeit, was sich im Extremfall dann in einer „**Papierflut**" ausdrückt. Teilweise gibt es auch eine **gesetzlich vorgeschriebene Informationsflussformalisierung**, bspw. Belege aus Geschäftsbeziehungen für das externe Rechnungswesen. Auch im zertifizierten **Qualitätsmanagement** ist eine Informationsflussformalisierung häufig notwendig.

Leistungsdokumentation
Auch die Leistungsdokumentation dient der **Transparenz**. Sie erstreckt sich auf den Umfang der Regelungen, die eine schriftliche Leistungserfassung und -beurteilung vorschreiben. Zu den Instrumenten gehören z. B. Arbeitszeiterfassung und Arbeitsberichte.

3.5.1   Kontrollfragen zum Kapitel Formalisierung

Welche der folgenden Aussagen sind vollständig richtig (r) und welche Aussagen sind falsch (f)?

1. Eine starke öffentliche Kontrolle einer Organisation (bspw. bei Kernkraftwerken) kann zu einem höheren Formalisierungsgrad führen, um aufgrund strenger gesetzlicher Vorschriften Vorgänge gegenüber den Aufsichtsorganen nachvollziehbar zu dokumentieren.
2. Die Einführung von Qualitätsmanagementsystemen führt häufig zu einem höheren Grad der Formalisierung.
3. In einem Organigramm ist die Leitungsspanne/Führungsspanne nicht abbildbar.
4. In einer Stellenbeschreibung können die vor- und nachgeordneten Stellen genannt sein.
5. Als Formalisierungsgrad wird das Ausmaß von schriftlich fixierten organisatorischen Regeln, Verfahren, Anweisungen, schriftlicher Information und Kommunikation (Aktenmäßigkeit sowie die Leistungsdokumentation) bezeichnet.
6. Unter den Begriff der Aktenmäßigkeit fallen auch schriftlich fixierte Sitzungsprotokolle von Gremien.
7. Finden sich in einer Organisation keine Stellenbeschreibungen, so kann automatisch von einem niedrigen Formalisierungsgrad gesprochen werden.
8. Die Aktenmäßigkeit führt zu erhöhter Transparenz und Nachvollziehbarkeit des Kommunikationsflusses in einer Organisation.

3.6   Zusammenwirken der Strukturdimensionen

In der Praxis lässt sich beobachten, dass die **Strukturdimensionen** häufig **zusammenhängen** und sich **gegenseitig beeinflussen** obwohl die verschiedenen Dimensionen grundsätzlich voneinander **unabhängig** sind. In der Praxis bedingen sich jedoch bspw. bestimmte **Wertvorstellungen von Führungskräften** gegenseitig, so dass **empirische Zusammenhänge** zwischen den Dimensionen beobachtet werden können: z. B., dass ein hoher Spezialisierungsgrad den starken Einsatz von strukturellen Koordinationsinstrumenten verstärkt (vgl. Kieser/Walgenbach 2010 S. 188 und die dort angegebene Literatur).

Die Zusammenhänge sollen anhand zweier Beispiele verdeutlicht werden.

Beispielunternehmen 1 ist ein kleines Restaurant, das als Familienbetrieb geführt wird. Neben den Familienmitgliedern arbeiten nur wenige weitere Mitarbeiter als Aushilfen mit.

Beispielunternehmen 2 ist eine große Filiale einer globalen Fast-Food-Kette im Franchise-System. Neben dem angestellten Geschäftsführer arbeiten zahlreiche festangestellte Teilzeitkräfte.

Struktur-dimension	Familien-Restaurant	Fast-Food-Filiale
Spezialisi-erung	Mittlerer Spezialisierungsgrad. Arbeitteilung nach Verrichtung (Kochen, Bedienen etc.), einzelne Mitarbeiter übernehmen je nach Bedarf auch mehrere Verrichtungen.	Streng arbeitsteilig. Sämtliche Aufgaben wurden analysiert, Verrichtungen optimiert und fest bestimmten Stellen zugeordnet.
Koordinati-on	Hauptsächlich Koordination durch Selbstabstimmung und persönliche Weisung durch den Inhaber. Starke Unternehmenskultur, geprägt durch die Inhaber-Familie.	Hauptsächlich Koordination durch technokratische Instrumente, insbes. Programme (auch informationstechnisch unterstützt, bspw. Bestellaufnahme und Weiterleitung in die Küche). Schwache Verankerung der Unternehmenskultur bei den Mitarbeitern, auch bedingt durch häufige Fluktuation. Jedoch starkes Bemühen, eine solche zu verankern (Artefakte: Uniformierung der Arbeitskleidung, nach Außen gestellte Freundlichkeit gegenüber den Kunden etc.).
Konfigura-tion	Funktionale Organisation. Einlinienorganisation mit dem Inhaber an der Spitze.	Funktionale Organisation. Mehrlinienorganisation mit Hierarchieebenen unterhalb des Geschäftsführers (Küchenmanager, Servicemanager etc.), welche Weisungsbefugnis gegenüber unterer Hierarchieebene haben.
Entschei-dungs-delegation	Niedrig. Alle Entscheidungen von Bedeutung liegen beim Inhaber, jedoch relativ freie Gestaltung der eigentlichen Arbeitsaufgaben.	Sehr niedrig. Alle bedeutsamen Entscheidungen liegen beim Geschäftsführer, kein Spielraum bei der Arbeitsgestaltung.
Formalisi-erung	Niedrig. Keine schriftliche Fixierung von Regeln, Kommunikation oder Leistung.	Hoch. Schriftliche Fixierung insbesondere von Regeln (insbesondere Programmen zur Koordination) und Leistungsdokumentation.

Abb. 3.38 Zusammenhang der Strukturdimensionen

Wie lassen sich diese beiden Unternehmen anhand der Strukturdimensionen beschreiben und wie zeigen diese mögliche Zusammenhänge zwischen den einzelnen Dimensionen auf? Eine mögliche Beschreibung zeigt Abb. 3.38.

Ablauforganisation

4

Lernziele

Dieses Kapitel vermittelt,

- den Zusammenhang zwischen Aufbau- und Ablauforganisation,
- welche Bedeutung die Ablauforganisation besitzt,
- wie prozessorientierte Organisationen aussehen,
- welche Formen der Ablauforganisation existieren,
- wie Prozesse analysiert werden können und wie sich daraus eine Prozessorganisation ergeben kann.

Eine Organisation besteht neben der **Aufbauorganisation** (Konfiguration) auch aus den **Abläufen** (Prozessen). In der deutschen Organisationsliteratur war die Ablauforganisation schon lange **gleichberechtigt** neben der Aufbauorganisation behandelt worden (vgl. bspw. Gaitanides 1983). In den letzten 20 Jahren gab es jedoch in der Managementliteratur aus dem angloamerikanischen Raum eine Betonung der Bedeutung des „**Prozessmanagements**", also der Organisation von Abläufen (z. B. durch das Lean Management oder das Business Process Reengineering, vgl. Kap. 7), so dass in zahlreichen Unternehmen die **Optimierung von Prozessen** in den Vordergrund rückte. Diese Entwicklung wurde auch dadurch unterstützt, dass durch die **Fortschritte der Informationstechnologie** Abläufe unterstützt und verbessert werden konnten. Hierzu mussten diese Prozesse aber zuerst **modelliert** werden und boten somit auch gleichzeitig die Möglichkeit diese zu **analysieren** und zu **optimieren**.

Die **Ziele** aktueller Konzepte, welche Prozesse in den Vordergrund stellen, decken sich mit den **originären Zielen der Ablauforganisation**. Diese sind (vgl. Weidner/Freitag 1996, S. 234):

© Springer-Verlag Berlin Heidelberg 2016

R. Bergmann, M. Garrecht, *Organisation und Projektmanagement*, BA KOMPAKT, DOI 10.1007/978-3-642-32250-1_4

- kürzeste Durchlaufzeiten bei der Bearbeitung der Vorgänge und Objekte im Rahmen der Leistungserstellung,
- hohe Auslastung der Kapazitäten,
- Gewährleistung einer hohen Termintreue für die Abnehmer der Leistungen,
- niedrige Lagerbestände, um Kapitalbindungen und deren ggf. negative wirtschaftliche Folgen in Grenzen zu halten,
- kundengerechte Problemlösungen, da die Abnehmer vielfach keine standardisierte Leistungen, die diese erst selbst an seine Verhältnisse anpassen muss, wünschen, sondern Leistungen, die auf ihre Problemfelder bereits zugeschnitten sind.

Daraus werden die **derivativen Ziele der Ablauforganisation** abgeleitet:

„Die derivativen Ziele haben zum Inhalt, bei der Leistungserstellung sachlich-logische und kooperative **Verbindungen** zwischen den einzelnen Bereichen, Abteilungen und insbesondere zwischen einzelnen Stellen in **Zusammenhang mit den Sachmitteln** herzustellen und zu optimieren." (Weidner/Freitag 1996, S. 234 f.).

4.1   Formen der Ablauforganisation

Es lassen sich folgende fünf Formen der Ablauforganisation unterscheiden (vgl. Wittlage 1993, S. 158 ff.):

1. **Freier Arbeitsablauf**
   Hier liegen **keinerlei organisatorische Maßnahmen** vor. Ein großer Teil der Arbeitsregelungen wird fast täglich neu festgesetzt. Feste Regelungen existieren kaum, ein Beispiel hierfür sind Managementtätigkeiten.
2. **Inhaltlich gebundener Arbeitsablauf**
   Liegt vor, wenn das Unternehmen bereits **feste und begrenzte Aufgaben**, z. B. ein gebundenes Maschinenprogramm oder **immer wiederkehrende Dienstleistungen** zu erfüllen hat. Dies ist bei vielen Unternehmen anzutreffen, da sie sich im Laufe der Zeit auf feste Aufgaben ausgerichtet haben, bspw. in der Werkstattfertigung einer Tischlerei.
3. **Abfolgegebundener Arbeitsablauf**
   Liegt bei einem **differenzierterem Produktionsablauf** vor, z. B. durch konstruktive Arbeiten, mechanische Fertigungen oder Beschaffung externer Art. Dies bedeutet, dass mit der Reihenfolge der Arbeitsleistungen der Weg der zu bearbeitenden Objekte fixiert wird, bspw. bei einem Hausbau ohne spezielle Terminvorgaben: Bestimmte Gewerke müssen logisch aufeinander folgen, also z. B. erst das Legen eines Estrichs, dann das Legen der Fliesen.
4. **Abfolge- und zeitlich gebundener Arbeitsablauf**
   Dies ist der Fall, wenn der **Faktor Zeit** eine entscheidende Rolle bei der Abwicklung der Arbeitsaufgaben spielt, weil z. B. einzelne Arbeitsgänge zeitlich aufeinander bezogen werden müssen, um z. B. Leerzeiten zu vermeiden. Als Beispiel sei wieder der

Hausbau genannt, nun aber mit strengen Terminvorgaben zur Vermeidung von Leerzeiten (s. a. Kap. 9 Projektmanagement).

5. **Taktmäßig gebundener Arbeitsablauf**

   Jede Arbeitsleistung wird **planmäßig vorbestimmt** und mit anderen **zeitlich abgestimmt**. Dies ist der Fall z. B. in der klassischen Fließbandproduktion, aber auch in einer Just-in-time-Produktion oder allgemein in automatisierten Montageeinrichtungen.

4.2 Prozessmanagement

Unter Prozessmanagement versteht man die **Gestaltung und Lenkung der Prozesse** innerhalb eines Unternehmens. Dabei geht es um die **personelle, zeitliche und räumliche Koordination von Arbeitsabläufen** in einer gegebenen Gebildestruktur (vgl. Gaitanides et al. 1994, S. 3 ff.).

Grob lassen sich **drei Richtungen** des **Prozessmanagements** unterscheiden:

- Geschäftsprozessoptimierung (i. d. R. IT-gestützt),
- **Reengineering** (prozessorientierte Reorganisation),
- **Prozessorganisation** (Aufgabenteilung nach einer durch die Wertschöpfungskette vorgegebenen Prozessnotwendigkeit).

Bei der **Geschäftsprozessoptimierung** werden **vorhandene Abläufe** im Unternehmen analysiert und **optimiert**. Dabei hat ein **Prozess** folgende **Merkmale**:

- **Transformation** (Input -> Output),
- **Ziel** (Kundenorientierung intern oder extern),
- **Verkettung von Aktivitäten** (horizontale Betrachtung),
- **Organisationsaspekt** (Koordination der Verkettung).

Meist spielt auch eine **informationstechnische Komponente** eine Rolle. Durch verbesserte Möglichkeiten in der IT können bestimmte Prozesse effizienter organisiert werden. Um Prozesse zu optimieren, müssen diese jedoch erst einmal **identifiziert** werden. Hierzu müssen bestimmte Aspekte des Prozesses abstrahiert und ggf. Tätigkeiten zusammengefasst und mit einer Begrifflichkeit versehen werden. Optimierungspotential bietet sich dann bei allen Aspekten, welche in einem solchen Prozessmodell eine Rolle spielen. Es gibt **verschiedene Methoden**, um Prozesse zu modellieren. Gängige zentrale Aspekte eines Prozesses sind dabei meist **Ereignisse**, welche den Prozess auslösen oder beeinflussen, **Leistungen**, also der Output des Prozesses, **Daten**, welche abgefragt werden sowie **Funktionen**, welche durchgeführt werden und die beteiligten **Organisationseinheiten** und Stellen. Dies lässt sich am Beispiel einer Flugbuchung zeigen (vgl. Abb. 4.1).

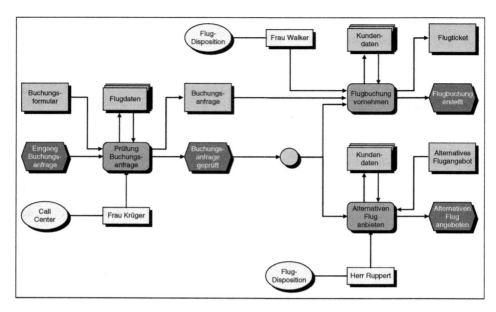

Abb. 4.1 Prozessmodell einer Flugbuchung (Quelle: IDS-Scheer (2005))

Nach der Modellierung können nun bei der Optimierung bspw. der Gesamtprozess oder einzelne Bereiche verbessert werden, z. B. die Abfrage von Daten oder die beteiligten Stellen.

Bei der reinen **Geschäftsprozessoptimierung** wird üblicherweise keine Reorganisation der Aufbauorganisation oder der Schnittstellen vorgenommen, auch wenn die Modellierung der Prozesse dazu einen ersten Schritt darstellen kann.

Bei einem **Reengineering** steht jedoch die **Reorganisation basierend** auf einer **Prozessorientierung** im Vordergrund (vgl. Abschn. 7.2 zu Business Process Reengineering). Hier können vor allem in **zeitlicher** Hinsicht **Optimierungspotentiale** ausgenutzt werden. Die Vorteile, die ein Reengineering in bestimmten Bereichen bringen kann, zeigt das Beispiel der IBM Credit.

Fallbeispiel

IBM Credit

Die IBM Credit finanzierte den Kauf von Computern, Software u. a. aus dem Hause IBM. Vor der Reorganisation ging ein Auftrag folgenden Weg:

Der Anruf eines IBM-Außendienstmitarbeiters mit der Anfrage, einen Kredit für einen Kunden zu gewähren, wurde von einem Mitarbeiter entgegengenommen und protokolliert. Diese Notiz wurde der Kredit-Abteilung zugeleitet, wo ein Mitarbeiter die Kreditwürdigkeit prüfte. Danach ging der Antrag an die Vertragsabteilung, wo ein Standard-Vertragstext an den Kunden angepasst wurde. Daraufhin erhielt ein

(Fortsetzung)

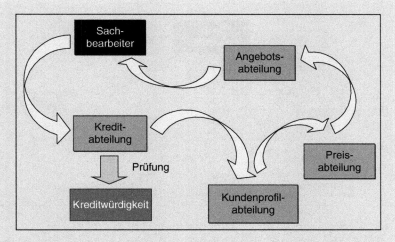

Abb. 4.2 Kreditsachbearbeitung vor Business Reengineering

für die Preisermittlung zuständiger Mitarbeiter den Antrag (das heißt die zusammengeheftete Gesprächsnotiz, Bonitätsprüfung und Vertragstext). Dieser notierte den Zinssatz auf dem Antrag und übergab ihn an eine Gruppe von Büroangestellten, die das Angebotsschreiben verfassten, das dann per Post an den Außendienstmitarbeiter geschickt wurde (vgl. Abb. 4.2). Im Schnitt nahm dieser Prozess sechs Tage in Anspruch, manchmal auch zwei Wochen wobei die Daten in z. T. nicht miteinander vernetzte IT-Programme neu eingegeben werden.

Dies war aus Sicht des Außendienstes natürlich zu lange, da während dieses Zeitraumes der Kunde Zeit hatte, es sich anders zu überlegen oder ein Konkurrenzangebot anzunehmen. Also verfolgte man den Weg eines Antrages nach und stellte fest, dass dieser eigentlich nur 90 Minuten lang tatsächlich bearbeitet wurde. Die restliche Durchlaufzeit entfiel auf die Weitergabe von einer Abteilung zur nächsten mit den damit verbundenen Liege- und Wartezeiten.

Durch das Business Reengineering wurde der Prozess (u. a. mit Hilfe der Entwicklung eines neuen Computersystems) vollständig neu gestaltet (vgl. Abb. 4.3).

Die Kreditsachbearbeitung obliegt nun allein einem Generalisten („Deal Structurer") anstatt vier Spezialisten. Dieser bearbeitet alle Schritte von der Kreditwürdigkeitsprüfung, dem Anlegen des Kundenprofils, der Kalkulation der Konditionen bis zum Erstellen des Angebotes. Als Case Manager ist er auch die einzige Anlaufstelle. Die ursprüngliche Zergliederung des Prozesses auf Spezialisten beruhte auf der Annahme, dass jeder Antrag einzigartig und komplex zu bearbeiten sei. Tatsächlich aber konnten 95 % der Anträge als „Standard" angesehen werden, die dann von einer einzigen Person mit Hilfe einer Datenbank bearbeitet werden konnten. Für die wirklichen Spezialfälle kann jeder Generalist auf einen Stab von

(Fortsetzung)

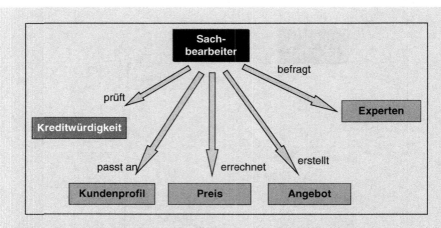

Abb. 4.3 Kreditsachbearbeitung nach Business Reengineering

Spezialisten zurückgreifen, die dann den Antrag mit ihm zusammen im Team bearbeiten. Die durchschnittliche Durchlaufzeit wurde so auf vier Stunden gesenkt.

Quelle: Vgl. Hammer/Champy (2003, S. 53 ff.); Schreyögg (2008, S. 171 f.).

In einer **Prozessorganisation** wird die **Aufbauorganisation den Prozessen angepasst** und nicht umgekehrt. Sie kann das Resultat einer prozessorientierten Reorganisation sein. Insbesondere in einem **funktional** strukturierten Unternehmen steht die **Aufbauorganisation** häufig **quer zu den Prozessen** (vgl. Abb. 4.4).

Die **Prozessorganisation** ist an sich nur die **Weiterführung einer Objektorganisation** (vgl. Abschn. 3.3 zur Konfiguration). Beide sind **funktionsübergreifend**. Während bei der Objektorganisation lediglich das zu erreichende Ziel definiert wird (bspw. Produkt oder Dienstleistung), wird bei der Prozessorganisation zusätzlich der Weg zur

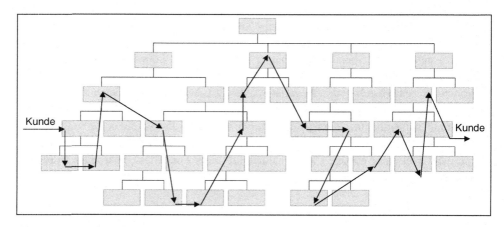

Abb. 4.4 Prozessorganisation – Ausgangssituation (Quelle: In Anlehnung an Vahs (2015, S. 208), leicht modifiziert)

Zielerreichung vorgegeben. Von größter Bedeutung ist bei der Prozessorganisation die **optimale Gestaltung** der **Schnittstellen** zwischen den Prozessschritten, da dort der Leistungsaustausch abgestimmt werden muss (vgl. Scholz 1995, S. 77).

Bei einer Prozessorganisation als **Primärorganisation** sind die Erfordernisse der betrieblichen Abläufe vorrangiges **Strukturierungskriterium**, die **Aufbauorganisation** wird also den **Prozessen angepasst**. Dies bedeutet zwar nicht zwangsläufig eine Minimierung der Schnittstellen, aber das Hauptaugenmerk liegt auf deren Optimierung. Für die Stellenbildung bedeutet eine Prozessorganisation, dass die gegebene Menge an Vorgängen den einzelnen Stellen nach ihrer logischen Reihenfolge zugeordnet wird. Eine Koordination innerhalb eines Prozesses ist dann der zwischen Prozessen vorzuziehen.

Vorteile der Prozessorganisation sind hohe Prozesseffizienz, Minimierung der Schnittstellen und eine „kundenorientierte Rundumbearbeitung". **Nachteilig** sind geringe Ressourceneffizienz, das Entstehen von Doppelarbeiten und geringe Nutzung von Spezialisierungsvorteilen.

Neben einer Prozessorganisation als Primärorganisation, kann aber auch die **Sekundärorganisation** eine Prozessorganisation unterstützen. Dies kann m einfachsten Fall durch eine fallweise prozessuale Regelung geschehen und zwar durch eine transparente Zuordnung der Aktivitäten zu vorhandenen, nicht prozessual gebildeten Funktionen. Eine weitere Möglichkeit stellen **bereichsübergreifende Teams** dar, z. B. Kollegien, welche für einen bestimmten Prozess verantwortlich sind. Hierdurch entsteht eine Struktur, ähnlich einer Matrix-Organisation (vgl. Scholz 1995, S. 162 ff.). Durch die Einführung eines **Process Owner** (vgl. auch Abschn. 7.2 zum Business Reengineering), welcher bspw. die fachliche Verantwortung für die Durchführung eines Prozesses trägt, kann die Prozessorientierung der Organisation erhöht werden.

Hintergrund

Process Owner

Ein großes Energieunternehmen mit zahlreichen Zentralbereichen (Energieerzeugung, Energiehandel, Vertrieb etc.) und Tochterunternehmen (Billigstromanbieter, Regionalversorger, Anbieter erneuerbare Energien etc.) kauft jährlich IT-Leistungen (Software, Hardware, Beratung & Entwicklung) in Höhe von 3 % seines Umsatzes ein. Um den Beschaffungsprozess zu vereinheitlichen und Skaleneffekte im Einkauf ausnutzen zu können, wird dieser IT-Beschaffungsprozess optimiert, dokumentiert und als Handlungsanweisung vorgeschrieben. Betroffen sind zahlreiche Fachbereiche, welche die fachlichen Anforderungen an die IT-Leistungen aufstellen (Lastenheft), dieses durch den Zentralbereich IT in technische Anforderungen „übersetzen" lassen (Pflichtenheft) und schließlich der Einkauf, welcher die Ausschreibung und Bewertung potentieller Lieferanten koordiniert. Da dieser Prozess ständig überwacht und verbessert werden soll, wurde ein Process Owner bestimmt, der funktionsübergreifend die Prozessbeteiligten fachlich koordiniert und die Einhaltung des Prozesses überwacht sowie als einziger den Gesamtprozess inhaltlich oder formal verändern darf. Diese Funktion übt ein Abteilungsleiter aus, der diese Aufgabe neben seinen regulären Tätigkeiten in der Linie übernommen hat. Durch die Institutionalisierung dieses Process Owners als über die Primärorganisation traversierende Aufgabe, also als Sekundärorganisation, wird die Qualität und Weiterentwicklung des Prozesses gewährleistet.

4.3   Prozessanalyse und -synthese

Prozesse lassen sich grundsätzlich wie folgt **klassifizieren** (vgl. Abb. 4.5):

- Materielle und informationelle Prozesse (bspw. Materialfluss im Unternehmen vs. Weg der beleglosen Einkaufs von Gütern von der Bestellung bis zur Bezahlung der Waren),
- Management- und operative Prozesse,
- Primär-, Sekundär und Innovationsprozesse.

Bei der **Reorganisation** von Prozessen hat sich im Vorfeld der Prozessanalyse i. d. R. eine Reihe von **Schwachstellen** gezeigt:

- Einzelne **Aktivitäten** werden **mehrfach**, andere **gar nicht** durchgeführt.
- Es werden einzelne Aktivitäten durchgeführt, die für die **Abwicklung** des Geschäftsprozesses **nicht** /nicht mehr **erforderlich** sind.
- Der **Aufwand** für die Prozessabwicklung ist **unverhältnismäßig hoch**.
- Es werden Aktivitäten **ohne** erkennbaren **Wertzuwachs** wiederholt durchgeführt.
- Es besteht **Unklarheit** darüber, wer welche Aufgaben wahrzunehmen hat.
- Der Gesamtablauf eines Geschäftsprozesses ist in sehr viele **kleine Bearbeitungs-schritte** aufgeteilt.
- Für einen Sachverhalt wird auf **unterschiedliche Informationsquellen** zugegriffen.
- Es erfolgen **nicht-automatisierte Übertragungen** von Informationen von einem Informationsmedium auf ein Anderes (Medienbrüche).
- Es wird **keine Differenzierung** der Geschäftsvorfälle in Normal- und Sonderfälle vorgenommen.
- Die Informationsübermittlung dauert häufig zu lange.

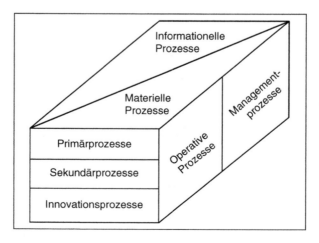

Abb. 4.5 Prozessarten (Quelle: Schulte-Zurhausen (2010, S. 54))

- Es sind **häufig Rückfragen** erforderlich.
- Aufgaben, Kompetenzen und Verantwortung **fallen auseinander**.

Ziel der Prozessanalyse ist es, die **Abfolge** von Teilprozessen und Tätigkeiten aufzuzeigen, **Schwachstellen** zu identifizieren und die Prozesse im Hinblick auf Zeit, Qualität und Kosten zu **optimieren**. Bei der **Prozessanalyse** werden anhand von konkreten, **repräsentativen Geschäftsvorfällen** die im Untersuchungsbereich abzuwickelnden Prozesse erhoben und beschrieben (vgl. Schulte-Zurhausen 2010, S. 387). Die Prozessanalyse besteht aus der **Prozessidentifikation** und der **Prozessausgrenzung**. Bei der **Prozessidentifikation** konzentriert man sich auf **Schlüsselprozesse** und bestimmt die **wesentlichen Aktivitäten**, die gemeinsam eine **Wertschöpfungskette** bilden (vgl. im Folgenden Scholz 1995, S. 83 ff.).

Das **Hauptproblem** besteht darin, die für den Unternehmenserfolg kritischen Tätigkeitsfolgen zu identifizieren. Kritisch sind insbesondere Prozesse, die eine hohe Bedeutung für die **Zufriedenheit externer Kunden** besitzen, einen **hohen Einfluss auf den Unternehmenserfolg** haben und einen hohen Ressourceneinsatz bedingen (vgl. Vahs 2015, S. 232 f.).

In Abkehr von der wissenschaftlichen Betriebsführung (vgl. Abschn. 6.1) mit der Suche nach einem ‚One best way' der Organisationsgestaltung ist ausgehend von der Hypothese, dass jedes Unternehmen spezifische, eigenartige Prozesse hat, eine **situative Identifikation** der Prozesse erforderlich. Die Prozessidentifikation kann Bottom-up oder Top-down erfolgen vgl. Abb. 4.6).

Bottom-up-Ansatz:	**Top-down-Ansatz:**
• Betrachtung von Problemfeldern oder Schwachstellen	• Prozesse werden am „grünen Tisch" identifiziert
• anhand der Problemformulierung werden alle damit in Zusammenhang stehenden Aktivitäten analysiert	• basiert auf Lebenszykluskonzept, i. d. R. vier Stufen:
• die sich daraus ergebende Kette lässt sich als Prozess bezeichnen	• Anforderungen an Leistung definieren,
• intuitive Suche nach Prozess als kreativer Vorgang	• Leistungserstellung planen,
	• Ressourcen beschaffen,
	• Leistungserstellung betreuen,
	• Disposition der Produkte und Ressourcen

Abb. 4.6 Bottom-up- vs. Top-down-Ansatz der Prozessidentifikation (Quelle: Eigene Darstellung auf Basis von Gaitanides et al. (1994, S. 6 f.))

Um **Prozesse** möglichst vollständig und realitätsnah zu **identifizieren**, können **Top-down**- und **Bottom-up-Ansatz** miteinander **kombiniert** werden. Dieses Vorgehen versucht sowohl auf Basis der erkannten Problemursachen schrittweise Maßnahmen zu deren Beseitigung zu entwickeln, als auch völlig neue Wege zur Prozessgestaltung aufzuzeigen (vgl. Vahs 2015, S. 234). Abbildung 4.7 zeigt eine **Checkliste**, welche Fragen zur **Bestandsaufnahme eines Prozesses** geklärt werden müssen.

Dennoch lässt sich ausgehend von der Grundüberlegung, dass es unternehmensübergreifend eine Vielzahl von Tätigkeiten gibt, die immer in **gleicher** oder **ähnlicher Form**

W-Frage	Detailfrage
Was	• Was wird getan? • Sind die Tätigkeiten dokumentiert? • Welche Schnittstellen und Abhängigkeiten gibt es?
Warum	• Warum wird es getan? • Ist es überhaupt notwendig? • Dient es den Unternehmenszielen?
Wer	• Wer ist die durchführende Person/Organisationseinheit? • Wer stößt den Prozess an? • Wer ist der Prozesskunde? • Wer prüft die Ergebnisse? • Gibt es einen externen Ansprechpartner?
Wie	• Wie wird es getan? • Welche technischen Hilfsmittel und/oder Informationssystem-Anwendungen gibt es? • Wie zufrieden ist der Prozesskunde mit der Prozessleistung?
Wann	• Wann wird es getan? • In welchem Zyklus wird die Tätigkeit durchgeführt?
Wo	• Wo wird es getan? • Werden Teilaufgaben an verschiedenen Orten durchgeführt?
Wie viel	• Wie viel Zeit wird für die Tätigkeit benötigt? • Wie viel Aufwand wird verursacht? • Wie viel Mitarbeiter sind von dieser Tätigkeit betroffen?

Abb. 4.7 Checkliste – Fragen zur Bestandsaufnahme eines Prozesses. (Quelle: Diederichs (2012, S. 63))

durchgeführt werden, die Hypothese aufstellen, dass es **idealtypische Prozesshülsen** gibt, die in jedem Unternehmen zu finden sind. Eine Klassifikation für Rahmenprozesse bilden die aus der Beratungspraxis stammenden sog. aggregierten, differenzierungsfähigen Leistungsprozesse (**ADL-Prozesse**) (vgl. Scholz 1995, S. 89; Nolte 1999, S. 121 f.):

- Kundennutzen-Optimierungs-Prozess,
- Marktkommunikations-Prozess,
- Produkt- und Leistungsbereitstellungs-Prozess,
- Logistik- und Service-Prozess,
- Auftragsabwicklungs-Prozess,
- Rentabilitäts- und Liquiditätssicherungs-Prozess,
- Kapazitätssicherungs-Prozess,
- Strategieplanungs- und Umsetzungs-Prozess,
- Personalplanungs- und Motivations-Prozess.

Für diese Rahmenprozesse ist eine **situative Anpassung** an die Unternehmens- und Branchengegebenheiten erforderlich. Alternativ lassen sich Prozesse nach dem **Prozess-Rahmenschema** von Momm differenzieren: (vgl. Momm 1997, S. 101):

- strategische Kernprozesse (Kompetenzentwicklung, Produkt- und Technologieentwicklung, Beziehungsmanagement),
- operative Kernprozesse (Leistungserstellung und -verwertung),
- Finanzierungsprozesse (Kapitalbeschaffung und Investition),
- Koordinationsprozesse (Information, Planung, Kontrolle),
- unterstützende Prozesse (Infrastruktur, Verwaltung).

4.4 Prozessausgrenzung

Im Anschluss an die Prozessidentifikation (bzw. -definition) geht es bei der **Prozessausgrenzung** (auch **Prozessstrukturierung** genannt) um:

- das bewusste **Abgrenzen und Zusammenfassen** von Aktivitäten,
- das **problemorientierte Herauslösen** betrieblicher Abläufe zur Analyse,
- neben der Prozessbeschreibung auch insbesondere um die **Schnittstellenbeschreibung**.

Die **Ausgrenzung** kann durch **Problemdifferenzierung**, **Zielbildung** oder **Entscheidungsfeldbildung** erfolgen (vgl. im Folgenden Scholz 1995, S. 93):

Ausgrenzung durch Problemdifferenzierung

- hierarchische Zerlegung des Problems: Problemquellen => Art der Probleme => Problembereiche => konkrete Probleme;
- zu den konkreten Problemen werden Maßnahmen gesucht;
- daraus hierarchischer Aufbau eines Prozesses: Maßnahmen => Aktivitäten => Teilprozesse => Gesamtprozess.

In Abb. 4.8 wird die **Prozessausgrenzung durch Problemstrukturierung** an einem Beispiel visualisiert.

Ausgrenzung durch Zielbildung

- Aufbau einer Zielhierarchie,
- Zuordnung von Aktivitäten,
- aus Zielen sind Hinweise für Beginn und Ende von Prozessen ableitbar.

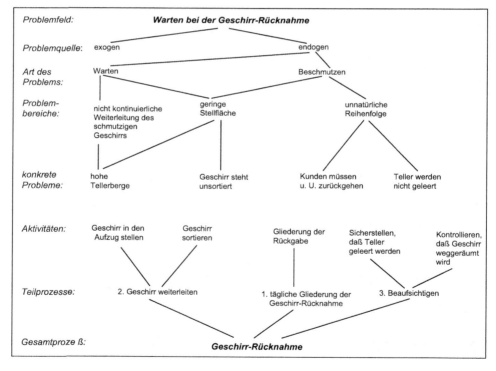

Abb. 4.8 Prozessausgrenzung durch Problemstrukturierung (am Beispiel der Geschirrrückgabe in einem Betriebsrestaurant) (Quelle: Eigene Darstellung in Anlehnung an Gaitanides (1983, S. 69))

Ausgrenzung durch Entscheidungsfeldbildung
- Wo sind im Unternehmen Bereiche, die Entscheidungsspielräume bezüglich eines Problems aufweisen?
- Zuordnung von bestehenden Aktivitäten und Suche nach Lösungsmöglichkeiten. Beispielhaft ist in Abb. 4.9 die Spezifikation eines Rahmenprozesses anhand der Beschaffung von Roh-, Hilfs- und Betriebsstoffen dargestellt.

Bezeichnung des Geschäftsprozesses	• Beschaffung von Waren und Dienstleistungen
Aufgabe	• rechtzeitige Bereitstellung aller fremdbezogenen Produkte und Dienstleistungen, die im Unternehmen benötigt werden
Ausgabe	• Gelieferte Ware oder erbrachte Dienstleistung
Anstoß	• Vorliegen einer genehmigten Beschaffungsanforderung
Anfangsaktivität	• Prüfung und Kategorisierung der Beschaffungsanforderung (Standardprodukt, Einzel-/Rahmenvertrag, Sonderanfertigung)
Schnittstelle	• Lieferanten und Dienstleister • Finanzbuchhaltung
Hauptaktivitäten	• Lieferant auswählen; Preise und Konditionen aushandeln; • Bestellmengen festlegen; • Bestellung abwickeln und verwalten; • Lieferung und Leistung prüfen (zusammen mit Prozesskunden) • Zahlung veranlassen (= Endaktivität)
Zielsetzung	• Erzielung kostengünstiger Einkaufspreise; • geringe Beschaffungs- und Lagerhaltungskosten; • bedarfsgerechte Bereitstellung der Waren und Dienstleistungen in der geforderten Qualität
Leistungsmengen	• ca. 2.000 Beschaffungsvorfälle pro Jahr

Abb. 4.9 Spezifikation eines Geschäftsprozesses (Beispiel Beschaffungsprozess) (Quelle: Schulte-Zurhausen (2010, S. 95))

Auf Prozessidentifikation und -ausgrenzung folgen die **Prozessrealisation** (Prozess-durchführung i. d. R. mittels Projektmanagement-Methoden und paralleler Schulung der betroffenen Mitarbeiter sowie Prozesscontrolling durch Soll-Ist-Vergleiche) und die **Pro-zessoptimierung** mittels Prozessanalyse auf der Basis von Soll-Ist-Vergleichen, exter-nem/internem Prozess-Benchmarking und der Gesamtbeurteilung des Prozesses (vgl. Vahs 2015, S. 242–245).

4.5   Prozessoptimierung und Prozessreifegrade

Im Rahmen der Prozessoptimierung werden die identifizierten Prozesse hinsichtlich der Ziele der Ablauforganisation (vgl. Kap. 4) verbessert. Soweit dies mit einer Umstruk-turierung der Aufbauorganisation verbunden ist, bspw. bei einem Reengineering oder der Umsetzung einer Prozessorganisation (vgl. Abschn. 4.2), werden die Auswirkungen im Rahmen des folgenden Kapitels zur Organisationsanalyse betrachtet. Die Optimierung eines Prozesses kann in der Praxis durch die Anwendung eines Prüfrasters für jeden Prozessschritt erfolgen. Dabei wird für jeden Prozessschritt bspw. geprüft:

- Können verschiedene Prozessschritte gleichzeitig gestartet werden (Parallelisierung)?
- Ist der Prozessschritt wertschöpfend oder kann er weggelassen werden?
- Wird der Prozessschritt von dem/den richtigen Mitarbeiter(n) durchgeführt?
- Werden die richtigen Werkzeuge/Systeme zur Durchführung des Prozessschritts ein-gesetzt?
- Kann der Prozessschritt automatisiert werden?
- Kann die Durchführung räumlich optimiert werden?
- Ist das geforderte Leistungsniveau bei der Durchführung des Prozessschritts ange-messen?

Einen Anstoß zur Optimierung von Prozessen kann auch die Nutzung von Prozessreife-gradmodellen geben (vgl. im Folgenden Röglinger/Kamprath 2012, S. 509 ff.). In solchen Modellen wird für einen Prozess anhand unterschiedlicher Dimensionen ein Reifegrad identifiziert. Ziel ist es, den Prozess so weiter zu entwickeln, dass er einen für die jeweilige Organisation optimalen Reifegrad erreicht hat.

Eine Dimension eines Reifegrades kann z. B. die Beschreibung eines Prozesses sein. Einen niedrigen Reifegrad hat der Prozess dann, wenn er nicht beschrieben ist und implizit durchgeführt wird. Einen hohen Reifegrad hat er, wenn er umfassend dokumen-tiert ist, die Beschreibung zugänglich ist und nach dieser verfahren wird. Weitere Dimen-sionen sind z. B. die zugewiesene Verantwortlichkeit für einen Prozess, die Qualifikation der Prozessbeteiligten, die eingesetzte Infrastruktur oder die Verwendung von Prozess-kennzahlen (vgl. Hammer 2007, S. 40).

4.6   Kontrollfragen zu Kapitel 4

Welche der folgenden Aussagen sind vollständig richtig (r) und welche Aussagen sind falsch (f)?

1. Die Realisierung kürzester Durchlaufzeiten ist ein originäres Ziel der Ablauforganisation.
2. Kundengerechte Problemlösungen bilden derivative Ziele der Ablauforganisation.
3. Die originären Ziele der Ablauforganisation haben zum Inhalt, bei der Leistungserstellung sachlich-logische und kooperative Verbindungen zwischen den einzelnen Bereichen, Abteilungen und insbesondere zwischen einzelnen Stellen in Zusammenhang mit den Sachmitteln herzustellen und zu optimieren.
4. Die derivativen Ziele der Ablauforganisation haben zum Inhalt, bei der Leistungserstellung sachlichlogische und kooperative Verbindungen zwischen den einzelnen Organisationseinheiten, insbesondere zwischen einzelnen Stellen, in Zusammenhang mit den Sachmitteln zu unterbinden.
5. Ein inhaltlich gebundener Arbeitsablauf liegt vor, wenn das Unternehmen bereits feste und begrenzte Aufgaben, z. B. ein gebundenes Maschinenprogramm oder immer wiederkehrende Dienstleistungen zu erfüllen hat.
6. Beim taktmäßig gebundenen Arbeitsablauf wird jede Arbeitsleistung planmäßig vorbestimmt und mit anderen zeitlich abgestimmt. Dies ist der Fall z. B. bei teilautonomen Arbeitsgruppen.
7. Gegenstand der Ablauforganisation ist es, Arbeitsbeziehungen, Zeitbeziehungen und Raumbeziehungen darzustellen, zu analysieren und zu optimieren.
8. Die Aufbauorganisation unterscheidet sich von der Ablauforganisation durch die zusätzliche Berücksichtigung der Dimensionen von Raum und Zeit.
9. Lange Durchlaufzeiten können – auch bei kurzen Bearbeitungszeiten – durch Stillstands-, Lager- oder Transportzeiten entstehen, wenn die unterschiedlichen Teilaufgaben auf viele Stellen verteilt werden.
10. Beim Prozessmanagement geht es um die personelle, zeitliche und räumliche Koordination von Arbeitsabläufen in einer gegebenen Gebildestruktur.
11. Bei der reinen Geschäftsprozessoptimierung wird üblicherweise keine Reorganisation der Aufbauorganisation vorgenommen, auch wenn die Modellierung der Prozesse dazu einen ersten Schritt darstellen kann.
12. Durch die Einführung eines Process Owner, der bspw. die fachliche Verantwortung für die Durchführung eines Prozesses trägt, kann die Prozessorientierung der Organisation erhöht werden.
13. Ziel der Prozessanalyse ist es, die Abfolge von Teilprozessen und Tätigkeiten aufzuzeigen, Schnittstellen zu reduzieren und die Prozesse im Hinblick auf Zeit, Qualität und Kosten zu optimieren.
14. Bei der Prozessanalyse werden anhand von zufällig ausgewählten Geschäftsvorfällen die im Untersuchungsbereich abzuwickelnden Prozesse erhoben und beschrieben.

15. Bei der Prozessidentifikation konzentriert man sich auf Schlüsselprozesse und bestimmt die wesentlichen Aktivitäten, die gemeinsam eine Wertschöpfungskette bilden.

16. Die Prozessausgrenzung kann durch Problemdifferenzierung, Zielbildung oder Entscheidungsfeldbildung erfolgen.

17. Auf Prozessausgrenzung folgen die Prozessrealisation und die Prozessoptimierung.

Organisationsanalyse

5

Lernziele

Dieses Kapitel vermittelt,

- welche Instrumente bei der Organisationsanalyse zur Verfügung stehen,
- wie Organisationsanalysen ablaufen,
- was unter Aufgaben- und Ablaufanalyse zu verstehen ist,
- den Zusammenhang zwischen Aufbau- und Ablauforganisation sowie der Organisationsanalyse.

Um zu einer **Gesamtorganisation** zu kommen, müssen sowohl die Aufbau- als auch die Ablauforganisation berücksichtigt werden (vgl. Abb. 5.1).

Bevor die Aufgaben und Abläufe zu den **Organisationsstrukturen** zusammengefasst (**Synthese**) werden können, müssen die entsprechenden **Aufgaben** und **Abläufe analysiert** werden. Aus dieser Analyse können dann idealerweise die Konfiguration und die Arbeitsabläufe abgeleitet werden.

5.1   Instrumente und Vorgehen

Während die **Aufgabenanalyse** für die **Gebildestruktur** des Unternehmens (Aufbauorganisation) benötigt wird, kann aus der **Arbeits(gang)analyse** die Prozessstruktur, also die **Ablauforganisation** abgeleitet werden. Hierzu stehen verschiedene **Instrumente** zur Verfügung, welche z. T. auf der kleinsten Ebene angesiedelt sind (bspw. Analyse einzelner Handgriffe in der Produktion) bis hin zur Analyse komplexer Prozessketten und deren Zusammenhang im Gesamtunternehmen.

© Springer-Verlag Berlin Heidelberg 2016   115
R. Bergmann, M. Garrecht, *Organisation und Projektmanagement*, BA KOMPAKT,
DOI 10.1007/978-3-642-32250-1_5

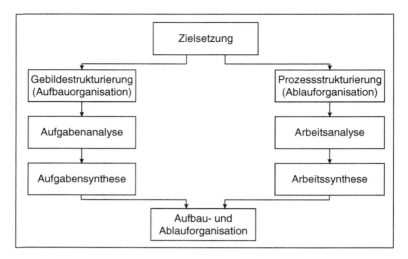

Abb. 5.1 Zusammenhang Aufbau-/Ablauforganisation (Quelle: Nolte (1999, S. 59))

Grundsätzlich gilt für die Analyse einer Organisation oder Teile dieser wie für alle anderen **empirischen Untersuchungen**, dass diese in bestimmten **Phasen** abläuft. In jeder Phase gilt es, verschiedene **Kriterien** zu erfüllen, damit die Analyse erfolgreich und vor allem problembezogen durchgeführt werden kann (vgl. Abb. 5.2; Nieschlag et al. 2002, S. 387 ff.).

In der **Definitionsphase** muss die **Grundlage** für eine erfolgreiche, zielgerichtete Analyse gelegt werde. Dies geschieht dadurch, dass zuerst die Problemstellung geklärt und konkretisiert werden muss. Es gibt zahlreiche Analysemethoden und -werkzeuge, die alle für die Organisation nützliche Ergebnisse liefern können. Jedoch wird eine Analyse normalerweise nur durchgeführt, um ein ganz **bestimmtes Problem** zu lösen. Hier gilt es, die auf das Problem **passende Analysemethode** anzuwenden. Dies soll an einem Fallbeispiel des Krankenstandes in einem Unternehmen erläutert werden.

> **Fallbeispiel**
>
> **Krankenstand**
>
> Die Hypo & Chonder AG ist ein Hersteller von Tiefkühlpizzen. In der Produktionsabteilung werden die Pizzen von 25 Mitarbeitern (überwiegend teilzeitbeschäftigte Frauen) an einer Fließbandproduktion mit dem Pizzabelag versehen. Der Vorstand des Unternehmens teilt Ihnen mit, dass der Krankenstand in der Produktion bei über 10 % liegt und möchte durch eine Analyse herausfinden, was die Ursache des hohen Krankenstandes ist.

In der **Definitionsphase** ist zu klären, was die eigentliche Ursache des hohen Krankenstandes ist. Das **Problem** muss **konkretisiert** und definiert werden. Ein hoher Krankenstand kann verschiedene Ursachen haben: einerseits echte Erkrankungen, ausgelöst bspw.

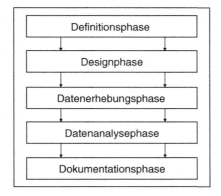

Abb. 5.2 Phasen der Organisationsanalyse (Quelle: Eigene Darstellung auf Basis von Nieschlag et al. (2002, S. 387 ff.))

durch die Arbeitsbedingungen (Kälte, Zugluft etc.) oder Hygienevorschriften (auch mit leichten Erkältungen nicht zu arbeiten), andererseits „Blaumachen", ausgelöst bspw. durch Demotivation, z. B. durch geringe Entlohnung oder den Führungsstil von Vorgesetzten.

Hat man das Problem konkretisiert, muss das **Forschungsziel** abgeleitet werden. Dies kann in diesem Fallbeispiel bspw. sein, herauszufinden, warum in der Produktion eine niedrige Motivation herrscht. Danach ist zu überprüfen, ob das **Forschungsziel** tatsächlich die **Problemstellung abdeckt**, also das Problem durch die Ergebnisse der Untersuchung zumindest z. T. gelöst werden kann. Danach lässt sich nun das Forschungsziel **operationalisieren**.

In der sich anschließenden **Designphase** wird eine auf das Forschungsziel passende **Untersuchungsmethode** ausgewählt, bspw. eine Befragung mittels Fragebogen, eine Arbeitsumfeldanalyse, strukturierte Interviews oder eine Prozessausgrenzung etc. Soll wie in dem Fallbeispiel die Motivation analysiert werden, bieten sich bspw. strukturierte Einzelinterviews oder eine Fragebogenuntersuchung an, wobei hier zahlreiche Rahmenaspekte, wie die Auswirkung einer solchen Untersuchung, Anonymität oder Mitbestimmungsfragen zu berücksichtigen sind. In der sich anschließenden **Datenerhebungsphase** wird dann die entsprechende Untersuchung durchgeführt. Hier gilt es, die **Gütekriterien** Objektivität, Validität und Reliabilität einzuhalten.

Danach erfolgen in der **Datenauswertungsphase** je nach Erhebungsmethode unterschiedliche Auswertungen der gewonnen Daten. Bspw. lassen sich verschiedene statistische Verfahren, z. B. rein deskriptive, uni- oder multivariate Verfahren anwenden (vgl. zu diesen Backhaus et al. 2015).

Schließlich gilt es in der abschließenden **Dokumentationsphase** die **Daten** und Ergebnisse **aufzubereiten**, **Schlussfolgerungen** zu treffen und ggf. zu präsentieren und die Umsetzung der Forschungsergebnisse hin zu Handlungsempfehlungen, welche das ursprünglich zu lösende Problem angehen, aufzuzeigen.

5.2   Aufgaben- und Arbeitsanalyse

Bei der Aufgaben- und Arbeitsanalyse handelt es sich um eine Organisationsanalyse, welche nicht auf die bestehenden Strukturen zielt, sondern versucht, aus den **gegebenen Aufgaben** des Unternehmens in der **Aufgaben-** bzw. **Arbeitssynthese** eine optimale Struktur zu finden (vgl. im Folgenden Bühner 2004, S. 21 ff.). Die **Aufgabenanalyse** soll eine organisationale **Aufgabe** exakt **beschreiben**, von der **Gesamtaufgabe** bis hin zu kleinsten **Teilaufgaben**, bspw. einzelne Handgriffe. Hierauf aufbauend können dann einzelnen Aufgaben **Stellen** zugeordnet werden. Daher setzt diese Analyse bei einer zu schaffenden Organisation **vor der Stellenbildung** an. Die Aufgabenanalyse kann dabei unterschiedliche Betrachtungsweisen in den Fokus stellen, bspw. nach Verrichtung oder nach Objekt (vgl. Abb. 5.3 und Abb. 5.4).

Bei der **Verrichtungsanalyse** wird das Analyseobjekt **funktional** aufgegliedert. Diese Aufgliederung kann auch nach **Objekten** erfolgen.

Verrichtungs- und Objektanalyse können auch miteinander **kombiniert** werden. Dann wird die Analyse bspw. auf einer Ebene nach Objekten, auf der folgenden Ebene nach Verrichtungen vorgenommen.

Um bei der auf die Aufgabenanalyse folgenden **Aufgabensynthese** die Teilaufgaben bestimmten Stellen zuzuordnen bzw. Stellen oder deren Anzahl nach den Teilaufgaben zu schaffen, sind die einzelnen Teilaufgaben auch mit entsprechendem **Aufwandsvolumen** zu versehen. Dadurch lässt sich die benötigte Kapazität und somit die **Anzahl der Stellen** berechnen.

Bei der **Arbeits(gang)analyse** steht im Vordergrund, die Aufgaben hinsichtlich der **Abfolge** in **Raum und Zeit** zu **analysieren** (vgl. Abb. 5.5).

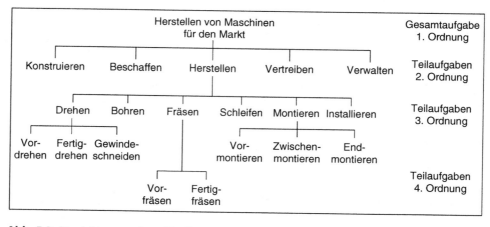

Abb. 5.3 Verrichtungsanalyse (Quelle: Nolte (1999, S. 60))

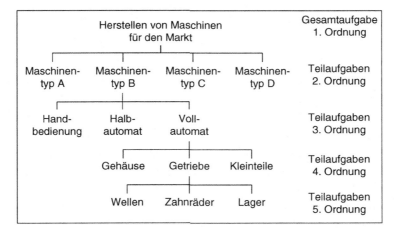

Abb. 5.4 Objektanalyse (Quelle: Nolte (1999, S. 60))

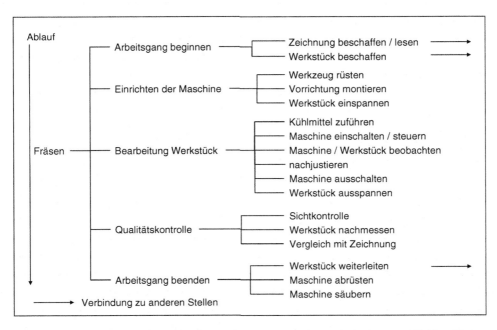

Abb. 5.5 Arbeitsganganalyse (Quelle: Nolte (1999, S. 63) auf Basis von Weidner/Freitag (1996, S. 242))

Aus der Arbeitsganganalyse lassen sich verschiedene **Gangstufen** und **-elemente** herausbilden. Die Abfolge der Gangelemente bildet den Ausgangspunkt für die spätere **Arbeitssynthese** und in der Folge für die **Prozessstruktur** des Unternehmens.

5.3   Weitere Analysemethoden

Neben der Aufgaben- und Arbeitsanalyse, welche auf der kleinsten Ebene der Teilaufgaben bzw. Arbeitsgangelemente ansetzen, gibt es zahlreiche andere **Methoden und Instrumente**, um eine **Organisation zu analysieren**.

REFA-Methoden
Der Reichsauschuss für Arbeitszeiterfassung wurde 1921 gegründet, um mit den Erkenntnissen der **wissenschaftlichen Betriebsführung** (vgl. Abschn. 6.1 zum Scientific Management) die Produktivität der deutschen Industrie voranzubringen. Heute hat sich der Verein zum Ziel gesetzt, durch **zweckmäßige Organisation** von **Arbeitssystemen** unter Berücksichtigung der **menschlichen Leistungsfähigkeit** und **Bedürfnisse** zu einer wettbewerbsfähigen Industrie beizutragen. Hierzu wurden Methoden (weiter-)entwickelt, mit deren Hilfe **Abläufe gemessen und bewertet** werden können. Zu den wichtigsten gehören die **Zeitaufnahme**, **Multimomentaufnahmen** und die **Selbstaufschreibung** (vgl. im Folgenden REFA 1997).

Die **Zeitaufnahme** ermittelt **Soll-Zeiten** für eine Arbeitsaufgabe durch Aufnahme von Ist-Zeiten. Dabei wird eine **Arbeitsaufgabe** exakt **beschrieben** und von anderen Ablaufschritten **abgegrenzt**. Dann werden die Ist-Zeiten ermittelt, welche für die Aufgabe benötigt werden. Dabei werden Punkte, wie Rüst- und Erholungszeiten sowie ein „natürlicher" **Leistungsgrad** berücksichtigt. Durch mehrfaches Anwenden der Methode kommt es zu einer objektivierten Zeiteinschätzung, aufgrund derer sich **Soll-Zeiten** in der **Arbeitssynthese** ableiten lassen. Die Messung kann jedoch dadurch gestört werden, dass sich die beobachteten Personen unter Beobachtung anders verhalten (schneller oder langsamer arbeiten) und subjektive Einschätzungen des Beobachters einfließen (Was ist ein „natürlicher" Leistungsgrad?).

Um diese Nachteile auszugleichen, wird oft zur Methode der **Selbstaufschreibung** gegriffen. Dabei tragen die Mitarbeiter in ein vorgefertigtes **Formular** selbst ihre Ist-Zeiten für eine oder mehrere Arbeitsaufgaben ein. Dies kann bspw. in Form von **Tages**- oder **Tätigkeitsberichten** geschehen, wobei dann den bestimmten Arbeitsaufgaben die Zeiten durch den Analysierenden zugewiesen werden. Auch hier kann es zu Verzerrungen kommen, da eine Verhaltensänderung auch durch bewusste Selbstbeobachtung ausgelöst werden kann.

Um die in Unternehmen übliche Vielzahl von Arbeitsaufgaben nicht einzeln nachverfolgen und messen zu müssen, werden **Multimomentaufnahmen** eingesetzt. Dabei werden **stichprobenweise Kurzzeitbeobachtungen** bspw. an einem bestimmten Arbeitsort oder

einer bestimmten Maschine durchgeführt. Die dabei aufgenommenen erledigten Arbeitsaufgaben und -zeiten werden mithilfe **statistischer Verfahren** auf die **Normallast** hoch-
gerechnet, wodurch die Anzahl der notwendigen Beobachtungen gegenüber einer Voll-
aufnahme stark reduziert werden kann.

Simogramm

Das Simogramm (Simultaneous Motion Chart) ist ebenfalls eine **Aufzeichnungsmethode**
zur Optimierung des Ausführens von Arbeitsaufgaben und Abläufen (vgl. im Folgenden
Probst 1992, S. 116). Es kann auch als Instrument für eine Zeitaufnahme verwendet werden.
Die detaillierte Aufzeichnung der **Ausführung** von teils einfachen **Handgriffen**, z. B.
das Füllen einer Verpackungsschachtel, wurde in der Tradition des Scientific Management
(vgl. Abschn. 6.1) insbesondere von Frank Bunker Gilbreth Anfang des 20. Jahrhunderts
entwickelt. Er führte alle menschlichen Bewegungen auf 17 Grundbewegungselemente
(Therbligs, in Umkehrung seines eigenen Nachnamens) zurück, Dieser hielt Bewegungen
und Zeiten, welche für die Ausführung der Aufgaben notwendig waren, in Tabellen oder
auf Film fest und überführte diese dann teilweise in dreidimensionale Drahtmodelle,
um daran **Bewegungsabläufe** zu studieren und zu optimieren, in dem er jedes Therblig
eliminierte, das nicht dem Arbeitsfortschritt diente.

Bei der exakten Aufzeichnung der Bewegungen kann auf Abbildungen zurückgegrif-
fen werden, welche bspw. die möglichen Bewegungsradien am Arbeitsplatz des Stelleninhabers aufzeigen (vgl. Abb. 5.6).

Arbeitsablaufdiagramm

Das Arbeitsablaufdiagramm hält die **Wege** von **Gegenständen** oder **Personen**, welche für
die Durchführung der Arbeitsaufgabe bewegt werden müssen, fest (vgl. im Folgenden

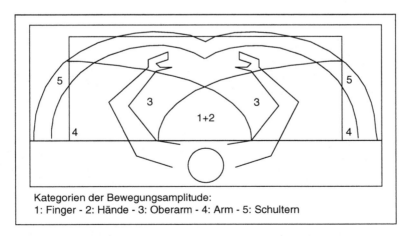

Abb. 5.6 Simogramm (Quelle: In Anlehnung an Probst (1992, S. 116), leicht modifiziert)

Probst 1992, S. 118). Meist handelt es sich bei diesen um **Work Flow Charts**, welche die Stationen und Abzweigungen festhalten, die Gegenstände, aber bspw. auch **Informationen** zurücklegen (vgl. Abb. 4.1 zur Prozessanalyse). Es kann aber auch bspw. der Grundriss einer Fabrikhalle zugrunde gelegt werden und darin die Bewegungen zu transportierender Zwischenprodukte eingezeichnet werden. Nach dieser Analyse wird die Halle dann so geändert, dass diese Bewegungen möglichst **kreuzungsfrei** stattfinden können.

Abbildung 5.7 zeigt, dass auch die Bewegung von Kunden festgehalten und optimiert werden können.

Bei diesem Beispiel handelt es sich um eine Kfz-Zulassungsstelle. In der Ausgangssituation (Weg A) ist der Weg des Standard-Kunden zur Information, dann zu Schalter 2, wo er seinen Antrag abgibt, zur Kasse, um die Gebühr zu bezahlen, zu Schalter 3, um seine Papiere in Empfang zu nehmen und schließlich zu Schalter 4, um sein Nummernschild abzuholen. Die Wege kreuzen sich mehrmals. Nach der Optimierung kann der Kunde intuitiv den richtigen Weg kreuzungsfrei gehen. Information und Kasse wurden getrennt, so dass hier bereits eine Kreuzung wegfällt. Danach sind die Schalter so angeordnet, dass sie der Reihe nach besucht werden können. Durch diese Anordnung wird auch ein größerer Bereich für das Backoffice gewonnen.

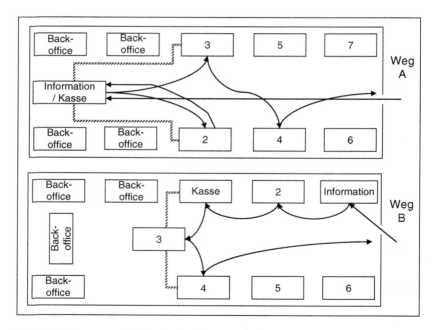

Abb. 5.7 Ablaufdiagramm (Quelle: In Anlehnung an ein ähnlich gelagertes Beispiel bei Probst (1992, S. 118))

Weitere Methoden

Neben den hier vorgestellten Methoden können für die Organisationsanalyse noch weitere Methoden verwendet werden, welche auch in anderen Wissenschaftszweigen Verwendung finden. Insbesondere bei der Analyse von Organisationsproblemen, welche mit den **Menschen** in der Organisation zu tun haben (bspw. **Motivation**, **Veränderung** oder **Führung**) können gängige Methoden der **empirischen Sozialforschung** eingesetzt werden, wie z. B. Beobachtungen, Befragungen mit standardisierten Fragebögen oder strukturierte Interviews und ähnliche Verfahren (vgl. zu diesen Verfahren Schnell et al 2004).

5.4 Zusammenhang zwischen Aufbau-/Ablauforganisation und der Organisationsanalyse

Die Organisation eines Unternehmens ergibt sich aus dem **Zusammenwirken** der **Aufbau- und Ablauforganisation** (vgl. Abb. 5.8).

Ausgehend von den **Aufgaben**, welche zu erfüllen sind, werden diese in **Teilaufgaben untergliedert**. Dies geschieht in der **Aufgabenanalyse**. Diese Teilaufgaben werden bestimmten **Stellen** zugeordnet bzw. Stellen werden durch die Bündelung bestimmter Teilaufgaben auf diese gebildet und diese Stellen werden zu **Abteilungen** oder Gruppen

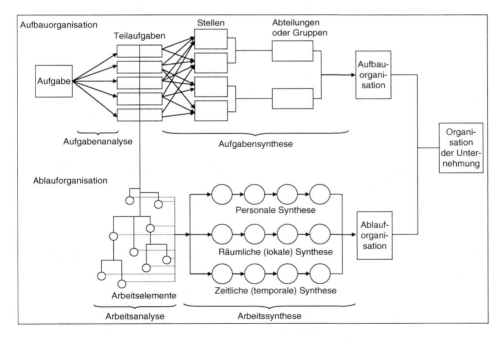

Abb. 5.8 Modell organisatorischer Gestaltung (Quelle: Bleicher (1991, S. 49))

zusammengefasst. Dies geschieht bei der **Aufgabensynthese**. Dieses **Stellengefüge** wiederum bildet die **Aufbauorganisation**.

Bei der Erfüllung von Teilaufgaben und der Zuordnung zu Stellen sind jedoch auch die Faktoren **Raum und Zeit** zu berücksichtigen, also wo (**Arbeitsplatz**) werden diese Aufgaben erfüllt und in welcher **Reihenfolge** müssen sie erledigt werden. Hierzu werden aus den Teilaufgaben die **Arbeits(gang)elemente** analysiert. Diese können nun bestimmten Personen (**Stelleninhabern**), dem **Raum** oder der **Zeit** zugeordnet werden. Diese **Arbeitssynthese** bildet die **Ablauforganisation**.

Aufbau- und Ablauforganisation bedingen sich also **gegenseitig** und bilden die **Gesamtorganisation** des Unternehmens.

5.5   Fallstudie: Das Weinfest-Problem

Die Fallstudie zeigt, dass in **einfach erscheinenden**, im Alltag **intuitiv** zu **lösenden Problemen** das **gesamte Spektrum** der **Organisation** betroffen ist. Sowohl die **Organisationsanalyse**, als auch die **Aufbau-** und **Ablauforganisation** wird von dem Problem tangiert.

Das Weinfest-Problem

Mindestens einmal im Jahr feiert jedes Dorf entlang der Deutschen Weinstraße sein eigenes Weinfest. Nahezu 200 Weinfeste zwischen Mai und Oktober ziehen Touristen in die linksrheinische Region zwischen Schweigen-Rechtenbach an der Französischen Grenze im Süden und Bockenheim bei Grünstadt (25 km westlich von Mannheim) im Norden. An manchen Wochenenden stürmen 10.000 oder mehr Besucher Dörfer mit gerade einmal 1.000 Einwohnern. Die Besucher genießen Pfälzer Spezialitäten wie z. B. Saumagen, Leberknödel oder Dampfnudeln. Die meisten trinken dazu Weinschorle aus den lokalen Schoppengläsern (speziell geformte Gläser mit einem Inhalt von 0,5 Litern).

Essen und Trinken wird üblicherweise im Selbstbedienungssystem an Ständen oder in Winzerhöfen entlang der Feststraße (meist die Hauptstraße des Ortes) ausgegeben.

In den meisten Fällen werden die Stände und Höfe von den örtlichen Vereinen bewirtschaftet, wie etwa dem Fußballklub oder der freiwilligen Feuerwehr. Für diese stellt das jährliche Weinfest die Haupteinnahmequelle für das Vereinsbudget dar. Üblicherweise sind alle Helfer an den Ständen oder in den Höfen Vereinsmitglieder und arbeiten kostenlos.

In den letzten Jahren führte der Fußballklub des Dorfes „Edesweiler" den Hof des Weingutes „Mario Muskat & Söhne" während des Weinfestes. Zu den Stoßzeiten Freitag- und Samstagabend wollten bis zu 500 Menschen Weinschorle oder andere Getränke kaufen. Zu diesen Zeiten ist die Nachfrage nach Essen deutlich geringer. Im letzten Jahr wollte der Vorstand des Klubs, dass nur wenige Leute für die Kassen verantwortlich sind. Deshalb mussten die Besucher, die etwas zu essen oder zu trinken holen wollten, vorher einen Getränke-/Essensbon an der Bonausgabe/Kasse kaufen und dann damit zur Essens- bzw. Getränkeausgabe gehen (vgl. Abb. 5.9).

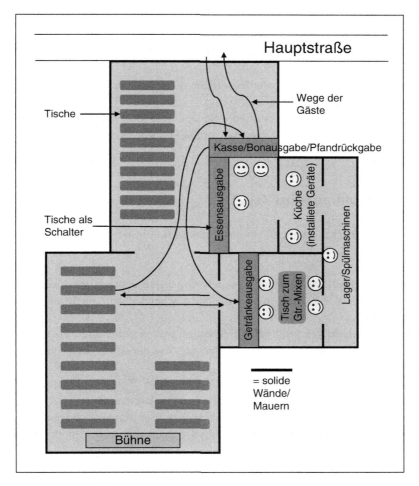

Abb. 5.9 Das Weinfest-Problem

Auch das Pfand für die Gläser und das Geschirr konnte nur an dieser Bonausgabe zurückgeholt werden. Aufgrund des Andrangs gab es lange Warteschlangen an den Kassen und die Leute beschwerten sich über dieses komplizierte System. Es musste etwas geändert werden!

Als der Vorstand des Klubs hört, dass Sie „etwas über Organisation" gelernt haben, bittet er Sie, „alles zu optimieren" und bietet dafür kostenloses Essen und Trinken auf dem nächsten Weinfest an!

Die Zeichnung (Abb. 5.9) zeigt die Aufteilung der Helfer im Vorjahr. Die soliden Wände und die Küchengeräte (Anschlüsse) können nicht umgestellt werden, alles andere ist beweglich.

Fragen zur Fallstudie

1. Zeichnen Sie auf, wie Sie den Prozess der Getränke- und Essensausgabe optimieren würden!
2. Bitte benennen Sie sämtliche Stellen, die Sie für notwendig halten und beschreiben Sie kurz deren Aufgaben!
3. Wie viele Personen würden Sie jeder Stelle während der Stoßzeiten zuordnen? Der Vorstand sagt Ihnen, dass 10 Personen zu diesen Zeiten verfügbar sind.

5.6   Kontrollfragen zu Kap. 5

Welche der folgenden Aussagen sind vollständig richtig (r) und welche Aussagen sind falsch (f)?

1. Bevor Aufgaben und Abläufe zu den Organisationsstrukturen zusammengefasst (Synthese) werden können, müssen die entsprechenden Aufgaben und Abläufe analysiert werden.
2. Die Aufgabenanalyse wird für die Ablauforganisation benötigt, ebenfalls kann aus der Arbeits(gang)analyse die Prozessstruktur, also die Ablauforganisation, abgeleitet werden.
3. Eine Organisationsanalyse lässt sich in folgende Phasen aufteilen: Definitions-, Design-, Datenerhebungs-, Datenanalyse- und Dokumentationsphase.
4. In der Designphase wird eine auf das Forschungsziel passende Untersuchungsmethode ausgewählt, bspw. eine Befragung mittels Fragebogen, eine Arbeitsumfeldanalyse, strukturierte Interviews oder eine Prozessausgrenzung etc.
5. In der Datenerhebungsphase lassen sich verschiedene statistische Verfahren, z. B. rein deskriptive, uni- oder multivariate Verfahren anwenden.
6. Die Aufgabenanalyse setzt bei einer zu schaffenden Organisation vor der Stellenbildung an.
7. Verrichtungs- und Objektanalyse können auch miteinander kombiniert werden. Dann wird die Analyse bspw. auf einer Ebene nach Objekten, auf der folgenden Ebene nach Verrichtungen vorgenommen.
8. Bei der Arbeitsanalyse steht im Vordergrund, die Aufgaben hinsichtlich der Abfolge in Raum und Zeit zu analysieren.
9. Die Zeitaufnahme ermittelt Ist-Zeiten für eine Arbeitsaufgabe durch Aufnahme von Soll-Zeiten.
10. Bei der Selbstaufschreibung werden stichprobenweise Kurzzeitbeobachtungen bspw. an einem bestimmten Arbeitsort oder einer bestimmten Maschine durchgeführt.
11. Das Simogramm ist eine Aufzeichnungsmethode zur Optimierung des Ausführens von Arbeitsaufgaben und Abläufen.

12. Die Multimomentaufnahme hält die Wege von Gegenständen oder Personen, welche für die Durchführung der Arbeitsaufgabe bewegt werden müssen, fest.

13. Die Aufgabensynthese bedeutet die Zusammenfassung der durch die Aufgabenanalyse gewonnen Teilaufgaben zu verteilungsfähigen Aufgabenkomplexen.

14. Die Aufgabensynthese gliedert die betriebliche Gesamtaufgabe (z. B. Herstellen von marktfähigen Produkten) in analytische Teilaufgaben, mit dem Ziel ihrer möglichst exakten Beschreibung.

15. Aufbau- und Ablauforganisation bedingen sich gegenseitig und bilden die Gesamtorganisation des Unternehmens.

Organisationstheorien

6

Lernziele

Dieses Kapitel vermittelt,

- warum Unternehmen heute so organisiert sind, wie sie es sind,
- welche Organisationsansätze große Bedeutung für die Organisationstheorie und praxis erlangt haben,
- eine Beschreibung und kritische Würdigung dieser Organisationstheorien.

Nachdem in den vorherigen Kapiteln die Beschreibung und Analyse von Organisationen im Vordergrund stand, soll in den Kapiteln Organisationstheorien und Neuere Entwicklungen der Organisation verdeutlicht werden, **warum Unternehmen so organisiert sind, wie man es heute beobachten kann**. Dies ist zu großen Teilen darauf zurückzuführen, wie sich seit der Zeit der Industrialisierung bestimmte **Organisationstheorien** und **Managementansätze verbreitet** haben, an Bedeutung gewannen und wieder verloren. Trotz der Bezeichnung Theorie sind einige der Ansätze eher eine **Sammlung von Methoden** oder bilden zahlreiche verschiedene **Ansätze** mit einem ähnlichen Fokus unter dem Etikett einer Theorie ab. Trotzdem hilft die Betrachtung von Organisationstheorien und aktuellen Ansätzen, das **Entstehen**, die **Veränderung** und die **Funktionsweise von Organisationen** zu **verstehen** (vgl. Kieser/Walgenbach 2010, S. 30). Zahlreiche Instrumente und Prinzipien, welche auf verschiedenen Organisationstheorien und -ansätzen beruhen, sind auch in heutigen Organisationen im Einsatz.

© Springer-Verlag Berlin Heidelberg 2016
R. Bergmann, M. Garrecht, *Organisation und Projektmanagement*, BA KOMPAKT,
DOI 10.1007/978-3-642-32250-1_6

6.1   Scientific Management und Fordismus

Die **wissenschaftliche Betriebsführung** (Scientific Management) und die durch sie aus-
gelösten weiteren Ansätze, z. B. **Fordismus**, haben die Organisation von Unternehmen
nachhaltig verändert und prägen sie, insbesondere in Unternehmen der Massenproduktion, bis heute (vgl. im Folgenden Kieser 2006b, S. 104 ff.; Kieser/Walgenbach 2010,
S. 31 ff.; Bea/Göbel 2006, S. 72 ff.; Walter-Busch 1996, S. 119 ff. und die dort angegebene
Literatur).

Der Ansatz geht auf Frederick Winslow Taylor (1856–1915) zurück (daher auch die
Bezeichnung **Taylorismus**). Er war Ingenieur und galt bereits als Heranwachsender als
Sonderling. So konstruierte er z. B. als 12-jähriger aus Holz und Bändern eine auf seinem
Bett befestigte „Alptraum-Vermeidungs-Maschine" und fiel beim Sport dadurch auf, dass
er nicht intuitiv spielte, sondern bspw. genaue Berechnungen anstellte, wie sich z. B.
Wind oder Auftrittswinkel auf das Spielgerät auswirken.

Taylor führte das **wissenschaftliche Experiment** als zentralen Bestandteil seiner
Managementlehre im Jahre 1911 ein. Durch **Experimentieren**, **Beobachten** und **Verändern der Umweltbedingungen** sollte der eine, beste Weg (**one best way**) gefunden
werden, bestimmte Tätigkeiten auszuführen und Arbeitsabläufe zu optimieren. Er ging
ingenieurstechnisch an die Probleme der Produktion und die Organisations- und Managementsysteme, die dafür notwendig sind, heran. Die Basis seines Scientific Management
lässt sich auf **vier Grundprinzipien** zurückführen (vgl. Taylor 1913; Bühner 2004,
S. 105; Kieser 2006b, 106 ff.):

1. Die **Analyse eines jeden Elementes im Arbeitsprozess.** Daraus resultierend wird jede
   Bewegung des Arbeiters genau vorgeschrieben sowie die Arbeitsbedingungen standar-
   disiert:
   • Zerlegung der Arbeitsabläufe in einzelne Bestandteile (extreme Spezialisierung;
     vgl. Abschn. 3.1),
   • Durchführung von Zeit- und Bewegungsstudien (Gemäß Taylor die „wissenschaft-
     liche Untersuchung" jeden Elements des Arbeitsprozesses),
   • es gibt den einen besten Weg (One best way), um jegliche Aufgabe durchzuführen
     (bis hin zu einer „Wissenschaft des Schaufelns"),
   • starre Regeln für jede Bewegung eines jeden Arbeiters,
   • Analyse, Optimierung und dann Standardisierung der Arbeitsbedingungen.
2. Die wissenschaftliche Auswahl des Personals
   • Herausfinden, welche Kapazitäten und Fähigkeiten für jede Aufgabe notwendig
     sind,
   • jedem Arbeiter genau die Aufgabe zuweisen, für die er am geeignetsten ist,
   • Untersuchung der Fähigkeiten jedes Arbeiters hinsichtlich Reaktionszeit, physische
     Fähigkeiten und geistiger Frische,
   • Aufspüren der Grenzen der Arbeiter und der Möglichkeiten zur Entwicklung und
     ein darauf abgestimmtes Training.

3. Finanzielle Anreize
   - Es ist notwendig, die Arbeiter zur Einhaltung der Regeln und Anweisungen der Vorgesetzten zu motivieren.
   - Ausschließlich funktionierende Motivatoren sind finanzielle Anreize oder Strafen.
   - Jeder Arbeiter soll in direktem Bezug zu seiner Leistung bezahlt werden (es wird ein Tagespensum festgelegt, bei dessen Erreichen ein Bonus ausgezahlt wird).
4. Trennung zwischen Hand- und Kopfarbeit zwischen Arbeitern und Managern sowie das Funktionsmeister-Prinzip
   - Die Leiter (im sogenannten Arbeitsbüro) planen, bereiten vor und kontrollieren, die Arbeiter führen nur aus.
   - Dies führt dazu, dass die „Arbeiter und die Wissenschaft zusammen finden".
   - Spezielle Meister sind für die verschiedenen Aspekte der Arbeitsaufgaben verantwortlich (Spezialisierung, Mehrlinienprinzip, vgl. Abschn. 3.3.2).

Das **Organisationsverständnis** des Taylorismus ist das einer **Maschine**, die sich präzise und optimal **konstruieren** lässt. **Organisation ist** eine logische und **konstruktivistische Aufgabe**, der Organisator ist der **Ingenieur** des Systems. Dabei wird **lediglich** der **technischen Struktur** des Systems Beachtung geschenkt. Der **Mensch** muss sich dem **System anpassen**, so dass es keine Veränderungen im Arbeitsablauf gibt. Er ist lediglich ein **Werkzeug** innerhalb des Systems (zu weiteren Organisationsmetaphern vgl. Kasper/ Mayrhofer 1993, S. 102 ff.).

Taylor berichtete von erstaunlichen **Produktivitätszuwächsen**, nachdem sein System eingeführt wurde. In der Folge wurden in zahlreichen Betrieben tayloristische Methoden eingeführt. In Deutschland wurde im Zuge der Rationalisierung der REFA gegründet, der die Methoden (insbesondere zu Zeit- und Arbeitsstudien) Taylors in Deutschland mit verbreitete.

Das **Menschenbild** Taylors war von dem Gedanken geprägt, dass der einzelne Arbeiter **von Natur aus faul** sei und einen Großteil seiner Arbeitszeit damit verbringe, möglichst langsam zu arbeiten und gleichzeitig seinem Vorgesetzten weis zu machen, dass er mit äußerster Anstrengung arbeite. Dies führt laut Taylor dazu, dass die Arbeiter **streng überwacht** werden müssten und lediglich durch **finanzielle Anreize** zu motivieren seien.

Von wesentlich größerer Bedeutung für die Rationalisierung in der Produktion als die reine Lehre des Scientific Management wurde dessen Adaption und **Weiterentwicklung** in den Fabriken von **Henry Ford**. Deshalb wird das Scientific Management und der so genannte Fordismus heute oftmals **gleichgesetzt**, obwohl die Elemente der Ansätze teilweise **unterschiedlich** sind.

Neben dem tayloristischen Element des extrem hohen **Grades der Spezialisierung**, sowohl vertikal als auch horizontal (Trennung von Management und Arbeitern), treten beim Fordismus **weitere Elemente** auf, welche zum großen Erfolg des Systems beitrugen. Dazu gehören vor allem die **Standardisierung von Produkten, Bauteilen, Werkzeugen und Verfahren** sowie der Nutzung des **Fließbandes**, welches dazu führt, dass eine technische und damit indirekte Führung und Kontrolle der Mitarbeiter durch die Geschwindigkeit des Fließbandes in das System quasi einprogrammiert ist („Führen ohne Worte").

Fallbeispiel

Das Organisationsverständnis von Henry Ford

Die industrielle Fließbandfertigung wird von Henry Ford (1863–1947) erstmals in der Automobilbranche 1913 eingeführt.

Als Ford 1903 die Ford Motor Company in Detroit gründet, ist der Automobilbau ein blühendes Handwerk. In Handarbeit werden Spielzeuge für reiche Amerikaner produziert. Denn die Handwerksproduktion wirft immer das gleiche Problem auf: Die Herstellungskosten sind hoch, und sie sinken nicht bei steigender Stückzahl. Fords Vision ist es „ein Auto für die Masse zu bauen. Es wird groß genug sein, um die Familie mitzunehmen, aber klein genug, dass ein einzelner Mann es lenken und versorgen kann. Es wird aus den allerbesten Materialien gebaut, von den allerersten Arbeitskräften gefertigt und nach den einfachsten Methoden, die moderne Technik zu ersinnen vermag, gebaut sein. Trotzdem wird der Preis so niedrig gehalten, dass jeder der ein anständiges Gehalt verdient, sich ein Auto leisten kann." (Ford 1923/ 2008, S. 61) Sein Ziel ist, ein Automobil für die breite Masse zu produzieren, dessen Preis über die Zeit nicht fix ist (Ist-Kosten zzgl. einer Marge), sondern bei dem Kostensenkungen aufgrund der Produktivitätsvorteile der Massenproduktion konti- nuierlich durch Preissenkungen an die Konsumenten weitergegeben werden: „Der übliche Brauch ist sonst, die Kosten und danach den Preis zu berechnen; ... denn was in aller Welt nützt es, die Kosten genau zu wissen, wenn man aus ihnen nur erfährt, dass man nicht zu einem Preis produzieren kann, zu dem der Artikel verkäuflich ist? Viel wichtiger ist..., dass ... kein Mensch weiß, wie hoch sie in Wirklichkeit sein dürfen. Der Weg, das Letztere zu ermitteln ist, einen so niedrigen Preis festzusetzen, dass jeder gezwungen wird, das Höchste zu leisten. ... Daher reduzieren wir vor allem den Preis erst einmal so weit, dass wir hoffen dürfen, einen möglichst großen Absatz erzielen zu können." (Ford 1923/2008, S. 132).

Fords Lösung fasst noch heute den Grundgedanken der Massenproduktion zusammen: Nicht das Produkt gilt es zu verbessern, sondern den Produktionspro- zess seiner Herstellung, um die Kosten zu senken. Bis 1908 beträgt der Arbeits- zyklus (Taktzeit) eines Ford-Arbeiters noch 514 Minuten, bis er sich wiederholt: Der Monteur schleppte die notwendigen Teile herbei, beschaffte sich sein Werk- zeug, um es gegebenenfalls zu korrigieren und schließlich das Auto zusammen- zubauen.

Für das in einer einzigen Farbe (schwarz) verfügbare Modell T (Tin Lizzy) zergliedert Ford jeden Arbeitsvorgang nun in feinste Elementar-Operationen. In den Ford-Werken umfasst 1929 z. B. der Chassis-Zusammenbau 45 Arbeitsschritte. Der Arbeiter, der ein Einzelteil aufsetzt, befestigt es nicht selbst. Der Arbeiter, der die Schrauben einsetzt, setzt nicht gleichzeitig auch die Schraubenmutter auf. Sogar Aufsetzen und Anziehen der Mutter sind zwei verschiedene Arbeitsgänge. Ein Fahrzeug besteht aus ca. 5.000 Teilen, für deren Zusammensetzung ca. 7.882 ver-

(Fortsetzung)

schiedene Arbeitsgänge benötigt werden. Ihren praktischen Niederschlag findet diese Zergliederung der Arbeitsschritte in elementare Operationen in einem kurzgetakteten, repetitiven Arbeit am Fließband. Nun beträgt die durchschnittliche Taktzeit eines Monteurs nur noch 79 Sekunden. Die Gesamtlänge der Förderbänder beträgt 43 Kilometer. Diese Form der Nutzung der Spezialisierung ermöglicht erst die Massenproduktion. Im Detroiter Werk arbeiten 1917 auf einer Fläche von 23 Hektar mehr als 14.000 Mitarbeiter, in 1930er-Jahren mehr als 100.000.

Der Fordismus funktioniert nach dem Prinzip der Economies of Scale, dem Gesetz der sinkenden Stückkosten bei steigender Produktions- und Absatzmenge. Die Spezialisierungsvorteile führten zu einer Kostensenkung um 58 % für die Zeit von 1908 bis 1916.

Zur Massenproduktion Fords gehört ebenfalls – und das ging zeitlich der Einführung des Fließbandes voraus – die Vereinfachung und Standardisierung aller Teile eines Automobils, die insbesondere die bislang erforderlichen Nachbearbeitungszeiten bei manuell gefertigten Teilen einsparen. „Das Hauptelement der Massenproduktion war nicht – wie viele Leute glauben – das Fließband. Es war vielmehr die vollständige und passgenaue Austauschbarkeit der Bauteile und die Einfachheit ihres Zusammenbaus." (Womack et al. 1992, S. 34). Hinzu kommt der Einsatz von Spezialmaschinen (ohne Justierungsmöglichkeiten) für den Einsatz angelernter Arbeiter.

Kostensparend ist außerdem Fords Übergang vom reinen Montagebetrieb zur Eigenfertigung vieler Komponenten (vgl. Kayser 1994). Notwendig ist ebenfalls das Setzen von Qualitätsnormen für Kooperationen zwischen den verbliebenen Zulieferern. Ford verlangt, dass die Hersteller von Bauteilen einer detaillierten Angabe folgten, so dass die Teile keine Nachbearbeitung benötigen, damit die relativ unerfahrenen Arbeiter von Ford diese Bauteile mühelos zusammenbauen können. Erst danach (1913) kann das Fließband eingeführt werden. Das heißt, Ford ist nicht erfolgreich, weil er das Fließband einsetzt, sondern weil er erfolgreich ist, kann er das Fließband einführen (vgl. Ortmann 1995, S. 17).

Im „River Rouge"-Werk im Westen von Detroit nähert sich Ford seiner Vorstellung einer integrierten Fabrik, die alle Fertigungsschritte vom Rohstoff bis zur Endmontage unter einem Dach vereint. Es ist ein vertikal integrierter Konzern, der alle Wertschöpfungsstufen umfasst: Kokerei, Zementfabrik, Gießerei. Eine Ford-Kautschukplantage in Brasilien und Erzminen in Minnesota versorgen die Fabrik mit Rohstoffen, die von eigenen Schiffen transportiert wurden (vgl. Dettmer 1999, S. 123). Und tatsächlich werden auf dem 4 Quadratkilometer großen Gelände mit eigenem Kraftwerk und 160 Kilometer Schienensträngen das Erz bis zum geformten Stahlblech, der Rohkautschuk bis zum montierten Reifen umgeformt und auch Autogläser selbst hergestellt (vgl. Brünglinghaus 2013). Auch ein Großteil der Produktionsanlagen wurde selbst erstellt.

(Fortsetzung)

Die menschliche Arbeitskraft wird bei Ford, abgesehen von Ingenieurtätigkeiten, als eine auf die Organisation und ihre Technologie einwirkende Störgröße betrachtet, die es möglichst zu standardisieren und minimieren gilt. Ford stellt für die einfachen Arbeiten Farmer und Immigranten ein. 1915 werden im Werk allein 50 Sprachen gesprochen, die wenigsten Arbeiter beherrschen Englisch. Die Anlernzeiten betragen 1926 bei 43 % der Tätigkeiten lediglich einen Tag oder weniger bei weiteren 36 % nur 1 bis 8 Tage. Nun wird die Arbeit immer stärker in Kopf- und Handarbeit geteilt, und die Facharbeiter werden durch ein Heer angelernter Hilfskräfte ersetzt. Ford setzt – wie bereits bei den standardisierten Bauteilen – auf eine schnelle Austauschbarkeit der Fließbandarbeiter.

Im Jahr 1914 beträgt das zahlenmäßige Verhältnis von Arbeitern zu Vorgesetzten 58 zu 1. Diese äußerst hohe Leitungsspanne ist möglich, da Arbeitsabfolge und -tempo nicht von den Vorgesetzten gesteuert, sondern durch die Arbeitsprogrammierung und die Geschwindigkeit des Fließbandes kontrolliert werden.

Schon 1913 muss das Unternehmen Ford 963 Menschen einstellen, wenn es 100 neue Mitarbeiter benötigt. Die permanenten Kündigungen bedrohen den Produktionsfluss, der Einfluss der Gewerkschaften steigt, und das Lohngefälle zwischen leitenden Angestellten und Arbeitern wird zu groß. Mit einem spektakulären Befreiungsschlag löst Ford die Probleme. Er verdoppelt den Tageslohn seiner Arbeiter auf fünf Dollar. Somit hat Ford auch das Wohl der Arbeiter im Sinne und zahlt seinen Arbeitern. höhere Löhne als andere Unternehmen und reduziert die tägliche Arbeitszeit von neun auf acht Stunden. 1926 wird bereits die Fünf-Tage-Woche eingeführt, ohne Abkehr von der Schichtarbeit und 24-stündigen Maschinenlaufzeiten. Die Erhöhung der Löhne über den Landesdurchschnitt ist eine Kompensation für die Steigerung der Arbeitsintensität an den Fließbändern. Die Lohnsteigerung liegt dabei aber weit unter der Produktivitätssteigerung in den Fordwerken. Hinzu kommen industriesoziologischen Untersuchungen einer eigenen Abteilung. Die Arbeiter werden ständig überwacht. Sie dürfen innerhalb des Produktionsbereichs nicht reden und ihre Verhalten wird sowohl im Unternehmen als auch außerhalb genau überwacht.

Ford vernachlässigt somit den Faktor Mensch nicht in seinen Überlegungen: „In allen Unternehmen einer Branche ist die eingesetzte Technik im Wesentlichen gleich, sie wenden sich alle an den gleichen Markt. Das Kapital sucht sich immer den besten Wirt. Wer aber der beste Wirt ist, das entscheidet sich daran, wer den sensibelsten Produktionsfaktor, nämlich die Mitarbeiter, am besten einsetzen kann" (Ford 1913, zitiert in Koch/Mittmann 2002, S. 3). Ein wichtiger Unterschied zu heutigen Ansätzen besteht jedoch im Ausgangsqualifikationsniveau und der den Mitarbeitern zugewiesenen Freiheitsgraden. Sein Menschenbild ist dabei von einem mechanistischen Organisationsverständnis geprägt. Bei Ford sind die Menschen so in die bestehende Organisation einzupassen, dass sie an den vorbestimmten Arbeits- und

(Fortsetzung)

Koordinationsabläufen nichts verändern, sondern vielmehr diese anweisungsgerecht vollziehen („Die bei Weitem überwiegende Mehrheit [der Arbeiter, RB/MG] jedoch will geführt werden. Sie will, dass man in jeder Beziehung für sie handelt und ihr die Verantwortung abnimmt.", Ford 1923/2008, S. 87). Die Organisation fungiert im Wesentlichen als Maschine mit den Menschen als austauschbare „Teile".

Fords Produktivitätssprünge waren bis dahin unvorstellbar: 308.162 Autos verlassen 1914 die Fabrik, der Höhepunkt wird 1923 mit 2,12 Millionen Stück pro Jahr erreicht. Statt 728 Minuten brauchen seine Arbeiter nur noch 93 Minuten, um ein Auto zusammenzubauen. Mit der wachsenden Produktivität sinkt der Preis von ursprünglich 850 Dollar auf 260 Dollar Mitte der zwanziger Jahre. Der Vorteil dieses im Zeitlauf sinkenden Preises schafft für Ford einen Massenmarkt für sein Produkt.

Vom Modell T werden zwischen 1908 und 1927 insgesamt 15 Millionen Stück gefertigt. Henry Ford (senior) ist bis 1919 Unternehmensleiter. Die Ford Company erreicht einen Marktanteil von 57 %. Doch dieser Erfolg ist nicht dauerhaft.

Die wirtschaftlichen Vorteile, die Ford genießt, werden kleiner als die anderen Automobilhersteller dem Beispiel folgen. Der Konkurrent General Motors bietet in den 1920er-Jahren im Gegensatz zu Ford ganze Produktpaletten vom billigen bis zum teuren Auto an, entwickelt für jede Käuferschicht das passende Modell und präsentiert jährlich Nachfolgemodelle mit kleinen Variationen – und das auch in unterschiedlichen Farben. Die Fixierung auf ein einziges Produkt rächt sich. Der Marktanteil von Ford sinkt auf 33 % im Jahr 1924 und beträgt 1927 sogar zeitweilig nur 15 %. Der Pionier Ford („Bei mir können Sie ein Auto in jeder beliebigen Farbe kaufen, vorausgesetzt die Farbe ist schwarz." Ford 1923/2008, S. 60) hat die Entwicklung des Marktes schlicht verschlafen und hat gegenüber den Nachfolgern zunächst das Nachsehen.

Das T-Modell, das bis 1972 meistverkaufte Modell der Welt, wird 1927 eingestellt. Ford stößt an die Grenzen, da der auf ein unverändertes Produkt ausgerichtete Maschinen- und Anlagenpark sich bei Modellwechsel nicht flexibel umstellen lässt. Einzweck-Maschinen und auf das T-Modell ausgerichtete Abläufe in der Fabrik müssen umstellbaren Mehrzweckmaschinen und vielseitigeren Ingenieuren Platz machen, die in anderen Automobilwerken gezielt jährlich einen Modellwechsel erzeugen und einen Markt bedienen, den Henry Ford zwar als Pionier geöffnet hat, aber nun nicht mehr ausschließlich beliefert (vgl. Bönig 1993, S. 80). Ford muss seine Fabrik für sechs Monate schließen, er entwickelt ein neues Modell A und baut für 200 Millionen Dollar die Produktionsstraßen um, die bis dahin nur eines konnten: Tin Lizzies produzieren.

Quellen: Vgl. Ortmann (1995, S. 16 ff.), Wilkens/Pawlowsky (1996, S. 4 f.), Koch/Mittmann (2002, S. 20 ff.), Dettmer (1999, S. 123), Jones/Bouncken (2008, S. 546 f.).

Der Fordismus war so erfolgreich, dass Henry Ford häufig als der Erfinder des Fließbandes bezeichnet wird. Tatsächlich wurde die Fließbandfertigung bereits 1850 in den Chicagoer Schlachthöfen durchgeführt, deren Prinzip er übernahm. Das erste Fließband in Europa wurde bereits einige Jahre vor Ford eingeführt: bei der Keksproduktion des Unternehmens Bahlsen (vgl. Arnu 1999).

Zahlreiche **Elemente** des Taylorismus und Fordismus finden sich auch **heute noch** in vielen Bereichen des Lebens. Güter, die in Massenproduktion hergestellt werden, bestehen aus austauschbaren, standardisierten Teilen. Die Produktion erfolgt am Fließband. Produkte, welche keine oder wenig Differenzierungsvorteile aufweisen, werden von meist ungelernten Arbeitern mittlerweile in so genannten Billiglohnländern zusammengesetzt. Aber auch in anderen Bereichen finden sich die Elemente des Taylorismus und Fordismus.

Hintergrund

Der Taylorismus und Fast Food

Elemente des Taylorismus und Fordismus finden sich bspw. auch bei der „Produktion" eines Hamburgers (und der anderen Speisen) in den Restaurants der großen Fast-Food-Ketten.

Der Hamburger besteht aus austauschbaren, standardisierten Teilen (Hackfleisch, Zwiebeln, Brötchen etc.), welche bestimmten Anforderungen an Frische und Qualität, Größe und Gewicht erfüllen müssen. Die Produktion des Hamburgers ist streng arbeitsteilig. Ein Mitarbeiter ist bspw. für das Braten des Hackfleischs, ein anderer für das Schneiden der Zwiebeln zuständig. Die Arbeitsplätze der Mitarbeiter sind so durchgeplant und optimiert, dass bspw. in der Küche jeder nur wenige Schritte machen muss, um seine spezialisierten Aufgaben zu erledigen. Für die Arbeit in der Küche sind keine Kochkenntnisse erforderlich. Das Wissen, welches zur Zubereitung notwendig ist, ist im System integriert. Darüber hinaus gibt es eine technische Kontrolle, ähnlich einem Fließband; z. B. wird durch akustische Signale angezeigt, dass die Pommes Frites fertig sind oder das Chili umzurühren ist. Zu Stoßzeiten werden auch die Kunden in das System integriert, wenn die Schlangen vor den Kassen bspw. durch Absperrungen gelenkt werden.

6.2   Bürokratiemodell

Das Bürokratiemodell von Max Weber (1864–1920) basiert wie das Herangehen von Taylor auf dem **Grundprinzip des Rationalismus**. Daher spricht er auch von der Grundidee der Rationalisierung, welche das **Ideal** seiner bürokratischen Organisation prägt (vgl. im Folgenden Kieser 2006 a, S. 63 ff.; Bea/Göbel 2006, S. 60 ff.; Bühner 2004, S. 103 f. und die dort angegebene Literatur). Weber gilt als einer der Begründer der **Soziologie** und durch seine Betrachtung der Bürokratie auch als ein **Wegbereiter der Organisationswissenschaft.**

Während heute der Begriff Bürokratie fast ausschließlich **negativ** besetzt ist, beschreibt Weber einen **Idealtypus** Bürokratie als Organisationsform für die Verwaltung, um diesen zu untersuchen. Für ihn ist die Bürokratie die **effizienteste** aller **Verwaltungsformen**. Die Bürokratie hat ihre Existenzberechtigung insbesondere deshalb, weil sie **zentrale Nachteile** eines **nicht-bürokratischen Herrschaftssystems ausschaltet**: Entscheidungen werden hier durch persönliche Vorlieben, Gefühle, Vetternwirtschaft oder Vorurteile beeinflusst. Die Bürokratie hingegen soll wie ein sog. „mechanischer Richter" funktionieren, der aufgrund der **Regeln** und des gegebenen Falles **gerechte, für alle gleiche** und **nachvollziehbare Entscheidungen** trifft. Ziel ist, dass die Verwaltung präzise, verlässlich, kontinuierlich und straff arbeitet.

Hierzu muss das **bürokratische System** bestimmte **Eigenschaften** besitzen (vgl. Bennis 1971, S. 10):

- eine wohldefinierte Hierarchie,
- eine klare Arbeitsteilung basierend auf der **Spezialisierung,**
- ein System von **schriftlichen Regelungen** für die Rechte und Pflichten eines jeden Stelleninhabers,
- ein System von **schriftlichen Handlungsanweisungen** für alle Arbeitsaktivitäten,
- Auswahl und Beförderung basiert auf der technischen Kompetenz der Mitarbeiter,
- **Unpersönliche** Beziehungen.

Insbesondere im Sinne der **Nachvollziehbarkeit** besitzt eine (ideale) bürokratische Organisation große **Vorteile**. In **stabilen Umwelten** mit immer wiederkehrenden Aufgaben ist sie sogar **effizienter** als Organisationen, welche flexibler organisiert sind (vgl. Abschn. 3.2 zu den Vor- und Nachteilen der Koordination durch Programme). Dies liegt daran, dass für bestehende Problemstellungen bereits eine **Lösung** erarbeitet wurde, und die „richtige" Reaktion durch die bürokratischen Strukturen **sichergestellt** ist.

Da eine Organisation jedoch **meist nicht in stabilen Umwelten** existiert, ist eine bürokratische Organisationsform in heutigen Unternehmen nicht sinnvoll. Auch in der öffentlichen Verwaltung oder in sicherheitsrelevanten Unternehmen (z. B. Kernkraftwerke oder Flughäfen), in denen die Bürokratie insbesondere durch die **Nachvollziehbarkeit** der Handlungen und der **Berechenbarkeit** notwendig ist, wird versucht, allzu starre bürokratische Strukturen abzubauen. Dies liegt u. a. daran, dass auch eine **ideale Bürokratie,** wie sie Weber untersucht, **inhärente Schwächen** aufweist. Dies sind bspw. (vgl. Nolte 1999, S. 160 ff.):

- **Sich widersprechende Prinzipien**: Bspw. sollen Lösungen durch Spezialisten gefunden werden, gleichzeitig soll aber eine strenge Hierarchie gelten;
- **Nicht adäquates Menschenbild**: Die Bürokratie (und die darin befindlichen Menschen) sollen wie ein mechanischer Richter handeln. Menschliche Verhaltensweisen, Motivation, Weiterentwicklung werden in der Bürokratie ausgeblendet;
- **Nicht angemessene Ansichten** über die Aufgaben einer Organisation („Ziele sind bekannt, Aufgaben wiederholen sich."): Die Ziele einer Organisation sind oftmals nicht exakt bestimmbar, können widersprüchlich sein (z. B. kurz- vs. langfristige

Gewinnorientierung) oder sich im Laufe der Zeit ändern. Aufgaben und Probleme verändern sich in dynamischen Umwelten ständig;

- **Unerwartete Konsequenzen**: Das Aufstellen und schriftliche Fixieren von Regeln kann selten so exakt erfolgen, dass nicht Interpretationsspielraum entstünde oder die Regeln mit Leben erfüllt werden müssten. Insofern ist die Vorstellung von exakten Regeln illusorisch. Nicht umsonst heißt eine Umschreibung für Streik „Dienst nach Vorschrift".

6.3   Human Relations- und Human Resource-Ansätze

Die **Human Relations-Ansätze** ergaben sich aus Studien zur Verbesserung der Arbeitsleistung durch Veränderung der Arbeitsumgebung. In diesem Sinne sind sie eine **Fortentwicklung des Taylorismus**. Während allerdings der Taylorismus Menschen lediglich als Werkzeuge betrachtet, messen die Human Relations-Ansätze dem **Faktor Mensch** eine **große Bedeutung** für die Produktivität bei (vgl. im folgenden Kieser 2006c, S. 33 ff.; Walter-Busch 1996, S. 143 ff. oder Bea/Göbel 2006, S. 82 ff. und die dort angegebene Literatur).

Bei einer Studie in den Hawthorne-Werken der Western Electric Co. in den Jahren 1924–1932 sollte u. a. herausgefunden werden, wie sich die Veränderung der Beleuchtung auf die Produktivität bei der Produktion bspw. von Glühlampen und Relais auswirken. Es zeigte sich, dass die **Produktivität anstieg**, gleich ob die Beleuchtung heller oder dunkler wurde. Insbesondere Mayo interpretierte die Ergebnisse, die als **Hawthorne-Effekt** bekannt wurden, so, dass humane Faktoren die Leistung entscheidend beeinflussen, z. B.:

- die Beachtung der Gruppe durch das Management,
- sozial erwünschtes Verhalten,
- das Verhältnis zu Vorgesetzten,
- die Einstellung zur Arbeit und zum Unternehmen,
- insbesondere die Möglichkeit der stärkeren sozialen Interaktion in der für die Experimente ausgewählten Gruppen,
- die Arbeitsmoral (Zufriedenheit).

Auch wenn diese **Effekte** in späteren Untersuchungen **in Zweifel** gezogen wurden, ja den Forschern sogar ideologische Verzerrung der Ergebnisse vorgeworfen wurde, war der Grundstein gelegt, **verhaltenswissenschaftliche Untersuchungen** in der Organisationsforschung miteinzubeziehen und die **Bedeutung des Faktors Mensch** zu betonen.

In einer weiteren Studie durch Roethlisberger wurde herausgefunden, dass neben der **formalen Organisation** (Vorgesetzte, Leistungsnormen) eine **informale Organisation** besteht (informale Führung, innerhalb der Gruppe sozial sanktionierte Leistungsnormen, felt injustice syndrome, so dass die Leistung der Gruppe dem angepasst wird, was von ihr als faire Gegenleistung wahrgenommen wird). Die zentrale Schlussfolgerung von Roethlisberger aus den Ergebnissen der Hawthorne-Studien war, dass **menschliche Probleme** auch nur mit **menschlichen Mitteln** gelöst werden könnten.

Während die **Human Relations-Ansätze** als **Einführung der Sozialpsychologie** in das **Scientific Management** gesehen werden können, gehen die **Human Resource-Ansätze** weiter. Basis der Ansätze ist die Überlegung, dass **menschliches Verhalten** in Organisationen **gesteuert** und **koordiniert** werden muss. Um dies zu erreichen, muss das **menschliche Verhalten** auch **vorhergesagt** werden können und somit **untersucht** werden. Traditionelle Organisationsstrukturen hinderten den Menschen, Initiative und Verantwortungsbewusstsein zu zeigen. Daher müssten Strukturen eine wirtschaftliche Nutzung der Human-Ressourcen erlauben, indem sie Entfaltungsmöglichkeiten bieten (vgl. im Folgenden Schreyögg 2008, S. 40 ff.). Im Zentrum der Forschung steht die Frage nach der **Motivation** des Menschen. Drei **wichtige Ansätze** sind die **Bedürfnishierarchie nach Maslow**, das **Zwei-Faktoren-Modell von Herzberg** (vgl. Ulich 2005, S. 203; Bühner 2004, S. 94; Schulte-Zurhausen 2010, S. 20) und die **Menschenbilder X und Y von McGregor.**

Die oft rezipierte **Bedürfnishierarchie** von **Maslow** (vgl. im Folgenden Bröckermann 2012, S. 251 f.) zeigt, dass es **unterschiedliche Ebenen von Bedürfnissen** gibt, die auf unterschiedliche Art und Weise befriedigt werden können (vgl. Abb. 6.1). Der Ansatz wurde bereits in den 1940er und 50er-Jahre entwickelt (vgl. Maslow 1943, 1954/2008).

Die ersten vier Bedürfniskategorien bezeichnen Defizitbedürfnisse, während die fünfte Kategorie von Maslow als Wachstumsbedürfnis deklariert wird.

Die hierarchische Anordnung bedeutet, dass die „unteren" Bedürfnisse im Entwicklungsprozess des Menschen früher in Erscheinung treten, und auch weniger individuelle und soziale Ausdrucksvarianz kennen. Die Bedürfnishierarchie baut auf zwei Thesen auf: dem Defizitprinzip und dem Progressionsprinzip.

Das Defizitprinzip besagt, dass Menschen grundsätzlich danach streben, unbefriedigte Bedürfnisse zu befriedigen. Ein befriedigtes Bedürfnis hat keine Motivationskraft mehr.

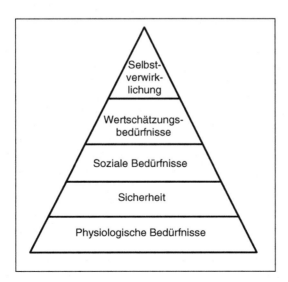

Abb. 6.1 Ursprüngliche Fassung der Bedürfnishierarchie nach Maslow 1954 (Quelle: Eigene Darstellung basierend auf Bühner (2004, S. 94), Weibler (2012, S. 188))

Das Progressionsprinzip besagt, dass menschliches Verhalten grundsätzlich durch die hierarchisch niedrigste, unbefriedigte Bedürfnisklasse motiviert wird. De Mensch versucht zunächst, seine physiologischen Bedürfnisse in hinreichender Weise zu befriedigen. Ist das geschehen, üben diese Bedürfnisse laut Maslow keinen Handlungsanreiz mehr auf. Diese Entwicklung setzt sich fort bis zum Bedürfnis nach Selbstverwirklichung. Maslow beugt der Fehlinterpretation seiner Theorie zwar dadurch vor, dass eine Klasse von Bedürfnissen nicht zu 100 % befriedigt sein muss, bevor die nächste Klasse von Bedürfnissen handlungsleitend wirkt (vgl. Maslow 1954/2008, S. 82). Bedauerlicherweise hat sich jedoch eine unglückliche Darstellung seines Ansatzes durchgesetzt, nach der eine starre Abfolge der Bedürfnisse als ,Pyramide' mit den Wachstumsbedürfnissen an der Spitze und den physiologischen Grundbedürfnissen an der Basis wiedergegeben wird. Mit der **Pyramide** wird der **falsche Eindruck erweckt**, man könne ein Bedürfnis vollständig und für alle Zeit befriedigen, und die jeweils höher angesiedelten Bedürfnisse seien höherwertig, aber weniger umfangreich als die darunter stehenden. Maslow ist im Gegensatz dazu davon überzeugt, dass das Verhalten regelmäßig durch mehrere Bedürfnisse bestimmt wird, die sich zudem überlappen. Allerdings sei dabei aktuell immer eine Bedürfnisklasse vorherrschend. Abbildung 6.2 fasst die **Vor- und Nachteile** der Bedürfnishierarchie nach Maslow zusammen.

Vorteile	Nachteile
• auf den ersten Blick plausibel • praktische Übertragbarkeit in den Alltagund in Unternehmenspraxis grundsätzlich möglich • Beachtung einer Vielfalt von Bedürfnissen • Übersichtlich: Orientierungshilfe für die Frage, welche Motive Menschen grundsätzlich bewegen können.	• Bedürfnisse können nicht streng getrennt werden (Abgrenzbarkeit und Operationalisierbarkeit) • Stark schematisierend • Postulat der Allgemeingültigkeit • stufenweise Bedürfnishierarchie (mehrere Bedürfnisse können durchausgleichzeitig motivierend wirken) • Es fehlt eine klare Verknüpfung zwischen den Annahmen der individuellen Bedürfnisbefriedigung und den tatsächlich gezeigten Verhaltensweisen • Unzureichende empirische Bestätigung der Ergebnisse

Abb. 6.2 Vor- und Nachteile der Bedürfnishierarchie nach Maslow (Quelle: Eigene Darstellung, basierend auf Bröckermann (2012, S. 253 f.); Bühner (2004, S. 94 f.); Weibler (2012, S. 189))

Der Mythos von der Maslow'schen Pyramide

Maslow geht davon aus, dass die menschlichen Grundbedürfnisse nicht absolut, sondern nach ihrer relativen Vorherrschaft hierarchisch geordnet sind:

„Bisher könnten unsere Theorien den Eindruck vermittelt haben, dass die fünf Ensembles von Bedürfnissen irgendwie in folgender Weise funktionieren: Wenn ein Bedürfnis befriedigt ist, taucht das nächste auf. Eine solche Behauptung könnte den falschen Eindruck erwecken, dass ein Bedürfnis hundertprozentig befriedigt sein muss, bevor das nächste auftritt. Tatsächlich sind die meisten Menschen ... teilweise befriedigt, was ihre Grundbedürfnisse anbetrifft, zugleich aber auch teilweise unbefriedigt. Eine realistischere Beschreibung der Hierarchie wäre in den Begriffen abnehmender Prozentsätze ... möglich. Zum Beispiel ... wird der durchschnittliche Bürger vielleicht zu 85 % in seinen physiologischen Bedürfnissen befriedigt sein, zu 70 % in seinen Sicherheitsbedürfnissen, zu 50 % in seinen Liebesbedürfnissen, zu 40 % in seinen Selbstachtungsbedürfnissen und zu 10 % in seinen Selbstverwirklichungsbedürfnissen." (Maslow 1954/2008, S. 82)

Maslow verwendete in seinen Publikationen den Begriff Pyramide überhaupt nicht, sondern schrieb stets von der Hierarchie („Hierarchy of needs"), ebenso fehlt zu seinen Lebzeiten die Visualisierung in Form einer Abbildung o. ä.. Die grafische Darstellung in Form einer Pyramide ist offensichtlich eine spätere Interpretation seiner Gedanken durch andere, insbesondere des deutschen Werner Correll (Hochschullehrer für pädagogische Psychologie an der Universität Gießen), weswegen der Begriff Pyramide überwiegend im deutschen Sprachraum verwendet wird. Es ist also wenn überhaupt die Correll-Pyramide mit den fünf Bedürfnisklassen (soziale Anerkennung, Sicherheit und Geborgenheit, Liebe und Vertrauen, Selbstachtung sowie Unabhängigkeit an der Spitze).

Außerdem wird von Maslow fast immer die alte Form der Hierarchie rezipiert, obwohl Maslow kurz vor seinem Tod 1970 nun 8 Kategorien mit der Transzendenz (also die Suche nach Gott) als 'höchster' Bedürfniskategorie unterscheidet. Wenngleich häufig Maslow mit dem Jahr 1970 zitiert wird, wird die Bedürfnishierarchie in der veralteten Fassung mit 5 (anstelle der 8) Bedürfniskategorien dargestellt.

Quellen: Maslow (1954/2008, S. 82), Rademacher (2014, S. 37), Schnura/Müller-Schoppen (2008, S. 39-41), Correll (2007, S. 47 ff.).

Maslow hat dabei auch keine direkten Aussagen zur Arbeitszufriedenheit gemacht. Gerade in der populären Führungsliteratur wird jedoch meist mit einer Verknüpfungshypothese gearbeitet, dass mit zunehmender Befriedigung der einzelnen Bedürfnisse in der Arbeitswelt die Arbeitszufriedenheit steigen soll.

Es ist vielmehr fraglich, welche praktischen Implikationen („Wenn-dann-Hypothesen") sich aus der Hierarchie von Maslow für die konkrete betriebliche Personal- und Organisationsarbeit überhaupt ableiten lassen, abgesehen von der offensichtlichen (und damit zumindest aus Sicht des 21. Jahrhunderts nahezu trivialen) Einsicht, dass jeder Mensch – und damit auch Mitarbeiter im Unternehmen – (individuell) unterschiedliche Bedürfnisse (= Motive) hat. Hierbei ist zu beachten, dass Maslow nur über die Natur des Menschen allgemein und nicht über Motivation von Mitarbeitern in Unternehmen geschrieben hat.

Ein bestimmter Anreiz (bspw. Geld) kann außerdem zugleich die Grundbedürfnisse sichern und das Machtbedürfnis befriedigen. Ebenso sei an den erfolglosen Künstler erinnert, der nach Selbstverwirklichung strebt, obwohl in manchen Fällen weder die physiologischen Bedürfnisse noch die Sicherheitsbedürfnisse befriedigt sind. (vgl. Hentze et al. 2005, S. 114).

„Trotz vielfältiger Kritik erfreut sich die Idee der … [Bedürfnishierarchie, RB/MG] weiterhin großer Beliebtheit. Dies liegt sowohl an der Plausibilität und Eingängigkeit der Argumentation, aber auch an der begrifflichen Unbestimmtheit, die viel Raum für individuelle Interpretationen bietet." (Weibler 2012, S. 189). Bedürfnisse sind potenziell zu jeder Zeit bedeutsam, die Intensität variiert stark individuell, situationsspezifisch und auf den Lebenszyklus des Menschen bezogen.

Die Bedürfnishierarchie ist nur eine sog. Inhaltstheorie (wie Herzbergs Zwei-Faktoren-Modell) mit einer Klassifikation von Motiven (im Sinne von möglichen Bedürfniskategorien), die jedoch nicht zwingend mit einem bestimmten Verhalten verknüpft sein müssen; sie thematisiert jedoch nicht den Prozess, wie Motivation (im Sinne von positiver Handlungsbereitschaft) bei Mitarbeitern in Organisationen überhaupt entsteht.

Insgesamt stellen die Arbeiten von Maslow einen ersten Ausgangspunkt einer am Menschen orientierten Arbeits- und Organisationspsychologie dar und haben vielfältige Anregungen für weitere Untersuchungen gegeben (vgl. Weibler 2012, S. 189).

Herzberg unterscheidet in seinem **Zwei-Faktoren-Modell** zwischen Zufriedenheit und Unzufriedenheit nicht als zwei Enden eines Kontinuums, sondern als zwei unterschiedliche Dimensionen. Das heißt, dass die Abwesenheit von Unzufriedenheit nicht gleichzeitig bedeutet, dass eine Person zufrieden ist, und umgekehrt. Unter dem Begriff **Hygienefaktoren** (bspw. Arbeitsbedingungen und Führungsstil) fasst Herzberg solche Faktoren zusammen, welche Unzufriedenheit vermeiden, aber nicht automatisch zur Zufriedenheit führen. Zu den sog. **Motivationsfaktoren** (bspw. Anerkennung und die Herausforderung der Arbeit) gehören solche Faktoren, welche zu Zufriedenheit und erhöhter Motivation führen. Ein erstaunliches Ergebnis ist, dass Herzberg **finanzielle Anreize** (Gehalt) **nicht** zu den **Motivationsfaktoren** zählt, sondern dass eine schlechte Bezahlung zu Unzufriedenheit, aber ein hohes Gehalt nicht automatisch zu Zufriedenheit führt. Dies steht im **Gegensatz** zum **Scientific Management**, nach dem finanzielle Anreize das einzig motivierende Mittel seien. Im Gegensatz zu den Hygienefaktoren sind die **Motivatoren** praktisch **unbegrenzt** in der Lage, **Zufriedenheit** zu **erhöhen**.

McGregors Theorie X und Theorie Y sind an sich keine Theorien, sondern eher als **Führungsphilosophie** zu sehen. Er beschreibt zwei unterschiedliche Menschenbilder, den Typ X und den Typ Y (vgl. Abb. 6.3).

Typ X	Typ Y
Der Mensch hat eine angeborene Abneigung vor der Arbeit und versucht, sie soweit wie möglich zu vermeiden.	Der Mensch hat <u>keine</u> angeborene Abneigung vor der Arbeit. Im Gegenteil: Arbeit kann eine wichtige Quelle der Zufriedenheit sein. Wenn der Mensch sich mit den Zielen der Organisation identifiziert, sind externe Kontrollen unnötig, er wird Selbstkontrolle und eigene Initiative entwickeln.
Deshalb müssen die meisten Menschen kontrolliert, geführt und mit Strafandrohunggezwungen werden, einen produktiven Beitrag zur Erreichung der Organisationsziele zu leisten.	
Der Mensch zieht es vor, geführt zu werden. Er möchte Verantwortung vermeiden.	Die wichtigsten Bedürfnisse sind die Befriedigung von Ich-Bedürfnissen und das Streben nach Selbstverwirklichung.
Der Mensch hat wenig Ehrgeiz und strebt vor allem nach Sicherheit.	Der Mensch sucht bei entsprechender Anleitung eigene Verantwortung. Einfallsreichtum und Kreativität sind weit verbreitete Eigenschaften.

Abb. 6.3 Menschenbilder Typ X und Y (Quelle: Probst (1992, S. 429))

Dabei beschreibt er das **Menschenbild des Taylorismus** als **Theorie X** und führt aus, dass die **Wahrnehmung des Menschen den Führungsstil beeinflusst**, dieser wiederum das **Verhalten der Mitarbeiter** und sich daraus ein **Teufelskreis** entwickelt, welcher die Vorurteile bestätigt: Durch das Menschenbild wird ein rigides Kontroll- und Führungssystem aufgebaut, welches zu passivem Arbeitsverhalten führt, das dann das Menschenbild bestätigt. Der umgekehrte Fall, ein positiver Regelkreis, tritt bei der Theorie Y ein.

McGregor sieht die Theorie Y der Theorie X als **überlegen** an. Er beschreibt hier jedoch **keine Theorien**, sondern gibt **normativ** auf pauschalisierende Menschenbilder beruhende **Handlungsempfehlungen**. Insofern lassen sich die Erkenntnisse McGregors nicht unkritisch übernehmen. Seine Überlegungen sollten jedoch dazu führen, dass sich die Unternehmensführung und jede Führungskraft **Gedanken über ihr Menschenbild** machen sollte und wie es die **Organisationsstrukturen** und den **Führungsstil** beeinflussen.

6.4 Entscheidungstheorie

In den Ansätzen der Entscheidungstheorie wird die **Organisation** als eine **Ansammlung** von zu treffenden **Entscheidungen** gesehen. Daraus haben sich **zwei** unterschiedliche **Richtungen** entwickelt. Der **präskriptive Ansatz** versucht, **Modelle und Instrumente** zur Verfügung zu stellen, um möglichst **rational** die „**richtigen**" Entscheidungen treffen zu können. Der **deskriptive Ansatz** hingegen untersucht, **wie Entscheidungen** in Organisationen **zu Stande kommen** und welche Grenzen dabei gesetzt sind (vgl. im Folgenden Berger/Bernhard-Mehlich 2006, S. 169 ff.; Bea/Göbel 2006, S. 123 ff.).

Präskriptive Entscheidungstheorie

Präskriptive Modelle helfen dabei, Entscheidungssituationen systematisch zu erfassen und durch Gewichtung der Handlungsmöglichkeiten zu einer möglichst rationalen Entscheidung zu kommen. Grundlagen für eine möglichst rationale Entscheidung sind dabei:

* die Handlungsmöglichkeiten des Entscheiders, die zur Verfügung stehen (investieren, nicht investieren, Standort A, B oder C etc.);
* die Konsequenzen der Entscheidung, die nicht zuletzt von den Umweltbedingungen (Handlungen anderer, Konjunkturentwicklung oder ähnliches) abhängen;
* der Wert, der den Konsequenzen beigemessen wird (quantitativ oder qualitativ) im Vergleich zu den anderen Resultaten.

Das grundsätzliche Problem der Entscheidung besteht darin, dass die **Folgen der Entscheidung** in der **Zukunft** liegen, welche nur zu einem gewissen Grad vorhersagbar ist. Daher sind nahezu alle Entscheidungen, welche in Unternehmen zu treffen sind, **Entscheidungen unter Unsicherheit** (Eintrittswahrscheinlichkeiten sind nicht bekannt) oder **Risiko** (Eintrittswahrscheinlichkeiten sind bekannt).

Entscheidungsbaum

Ein weit verbreitetes Instrument, um Entscheidungsmöglichkeiten abzubilden und zu bewerten, ist der Entscheidungsbaum. Als vereinfachtes Beispiel dient im Folgenden ein Auffahrunfall:

Fallbeispiel
Entscheidungsbaum: Auffahrunfall
Ein Autofahrer fährt auf Ihr Fahrzeug auf, weigert sich aber, Ihren Schaden von 5000 € zu bezahlen. Sie haben nun die Möglichkeit zu klagen oder nicht zu klagen. Im Beispiel seien die Anwaltskosten auch im Erfolgsfall selbst zu tragen. Klagen Sie nicht, beträgt der Endwert −5000 € (Ihr Schaden) (vgl. Abb. 6.4).

Klagen Sie, fallen 500 € Anwaltskosten an (in Klammern). Zuerst kommt es zu einem Schlichtungsvorschlag, Ihnen die Hälfte der Kosten zu erstatten. Falls Sie akzeptieren, hätten sie Einen Endwert von −3000 € (Hälfte des Schadens + Anwaltskosten). Akzeptieren Sie die Schlichtung nicht (500 € weitere Anwaltskosten), kommt es vor Gericht zu einem Urteil. Im Erfolgsfall würden Sie Ihren Schaden ersetzt bekommen, müssten aber die Anwaltskosten tragen, hätten also einen Endwert von −1000 €. Im Falle der Bestätigung des Schlichterspruchs müssten Sie die Anwaltskosten + die Hälfte des Schadens tragen (−3500 €). Im Falle einer Niederlage ergäbe sich ein Endwert von −6000 € (Schaden + Anwaltskosten).

Der Entscheidungsbaum eignet sich also hervorragend, um die verschiedenen Handlungsmöglichkeiten aufzuzeigen und zu bewerten. Er kann auch mehrstufige

(Fortsetzung)

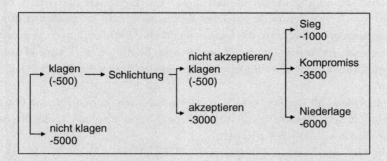

Abb. 6.4 Entscheidungsbaum

Entscheidungen abbilden. Erfolgt die Entscheidung unter Risiko, können die Handlungsmöglichkeiten mit Wahrscheinlichkeiten versehen werden und Erwartungswerte gebildet werden. Besteht bspw. eine Wahrscheinlichkeit von 80 %, dass eine Klage erfolgreich wäre (andere Ausgänge je 10 %; Schätzung könnte bspw. durch einen Rechtsexperten erfolgen), so ergäbe sich für eine Klage ein Erwartungswert von −1750 €, so dass ein risikoneutraler Entscheider die Schlichtung (−3000 €) nicht akzeptieren und lieber klagen würde. Im Falle einer Entscheidung unter Unsicherheit kann nach der Laplace-Regel jedem Ausgang des Prozesses eine gleich hohe Wahrscheinlichkeit zugerechnet werden. In diesem Fall ergibt sich ein Erwartungswert von −3500 €, ein risikoneutraler Entscheider würde hier also das Akzeptieren der Schlichtung bevorzugen.

Da jedoch die meisten Menschen nicht risikoneutral sind (und in diesem Beispiel sich der Erwartungswert nicht durch Reproduktion erreichen lässt, da es sich um ein einmaliges Ereignis handelt), hilft auch hier die Darstellung mittels eines Entscheidungsbaums weiter. Ein absoluter Pessimist würde z. B. immer mit dem Schlimmsten rechnen (Niederlage: −6000 €) und deshalb keinesfalls klagen, weil er seinen Schaden minimieren möchte. Ein absoluter Optimist würde auf jeden Fall klagen, da er versucht, seinen Nutzen zu maximieren.

Quelle: Vgl. Winterfeldt/Edwards (1993, S. 63 ff.).

Nachteilig beim Einsatz von Entscheidungsbäumen ist, dass diese schnell **unübersichtlich** werden, sobald es sich um mehrstufige komplexe Entscheidungen mit vielen Lösungsmöglichkeiten handelt. Darüber hinaus liefert er wie alle präskriptiven Modelle zwar eine optimale, berechenbare Lösung, das Zustandekommen der den Handlungsmöglichkeiten beigemessenen Werte kann jedoch höchst subjektiv sein. Es entsteht also eine **pseudo-objektive Lösung**.

Scoring-Modell (Pattern Analyse)

Scoring-Modelle sind im unternehmerischen Alltag **weit verbreitet**. Sie sind relativ leicht aufzustellen und **strukturieren** eine **Entscheidung**, indem sich die Entscheider über die

wesentlichen Handlungsmöglichkeiten sowie die **Kriterien** und deren **Bedeutung** (Gewichtung) klar werden müssen. Daher dienen sie häufig im **Entscheidungsprozess** als **Moderationsgrundlage**, um die Diskussionen über Entscheidungen in geordnete und nachvollziehbare Bahnen zu lenken. Dabei kann das Scoring-Modell sowohl **quantitative** als auch **qualitative** Analysen zusammenführen (vgl. im Folgenden Perlitz 2004, S. 239 ff.; Krelle 1968).

Im einfachsten Fall werden beim Scoring-Modell die Kriterien für eine Entscheidung und die Handlungsmöglichkeiten jeweils auf einer Achse abgebildet. Hinzu kommt eine Spalte für die Gewichtung der Kriterien.

In dem hier stark verkürzt dargestellten Beispiel (vgl. Abb. 6.5) geht es um eine Standortentscheidung für ein Unternehmen. Zur Auswahl stehen Standorte in Deutschland, Polen oder China. Als relevante **Kriterien** wurden hier Faktoren wie politische Stabilität, Lohnniveau etc. identifiziert. Diese wurden wiederum mit einem **Gewichtungsfaktor** (hier mit Werten von 1 bis 3) versehen, so dass hier bspw. der Wert des Marktes halb so stark gewichtet wird, wie die politische Stabilität. Dann wurden die einzelnen **Handlungsmöglichkeiten bewertet** (hier auf einer Skala von 1 (schlecht) bis 5 (gut)). Deutschland erhält für die Produktivität 5, Polen 4 und China 2 Punkte. Diese qualitativ (bspw. durch Diskussion und Konsens im Entscheidungsgremium) ermittelte Zahl wird nun mit dem Gewichtungsfaktor multipliziert und die einzelnen **Ergebnisse summiert**. Hier hätte also „Standort in Deutschland" die höchste Punktzahl erreicht.

Das Modell lässt sich nun leicht um **andere Aspekte erweitern**, wie **Wahrscheinlichkeitsschätzungen** für bestimmte Umweltbedingungen, welche die Bewertung beeinflussen würden, quantitative Aspekte oder auch eine Veränderung der Bewertungs- und Gewichtungsvariablen. Es lassen sich **K.O.-Kriterien** einführen oder die Berechnungsmethoden verändern (Multiplikation, Addition etc.). Insofern kann das Scoring-Modell sehr **flexibel** auf **zahlreiche Entscheidungssituationen** angewendet werden.

Da auch hier **qualitative Aspekte** und Risikoschätzungen in das Modell eingehen, sind die Zahlenwerte, welche am Ende für die Handlungsmöglichkeiten berechnet werden,

	Gewichtung 1-3	Bewertung D/PL/Chi (1-5)	Deutschland	Polen	China
Politische Stabilität	2	4/3/2	8	6	4
Lohnniveau	3	1/3/5	3	9	15
Produktivität	3	5/4/2	15	12	6
Wert des Marktes	1	5/3/1	5	3	1
		Gesamt	31	30	26

Abb. 6.5 Scoring Modell

kritisch zu betrachten. Es kommt zwar ein **quantitativer Wert** heraus, dieser „optimalen" Lösung blind zu folgen, wäre aber nicht angemessen. Es entsteht eine **Scheingenauigkeit**. Daher sollte das Ergebnis kritisch hinterfragt und ggf. trotzdem anderen Lösungen der Vorzug gegeben werden. Positiv anzumerken ist, dass ein Scoring-Modell die **Entscheidungsprozesse** und relevante Kriterien durch das Bewertungsverfahren **transparent** macht. Ein Einsatz eines Scoring-Modells als **Moderationsgrundlage** in **komplexen Entscheidungssituationen** oder zur **Auflösung von Konflikten** in Entscheidungsgremien bietet sich daher an.

Hintergrund

Der Einsatz von Entscheidungsmodellen bei der SAP

In einem Interview zum Einsatz von Entscheidungsmodellen und dem Umgang mit den Lösungen, die daraus erwachsen, äußerte das damalige Vorstandsmitglied der SAP (1996–2009) Dr. Heinrich:

„Es kann sein, dass eine Lösung von uns 99 Punkte bekommt und die andere nur 95. Und dann nehmen wir doch die zweite. Einfach, weil das Bauchgefühl stimmt, weil wir einen Schuss mutiger sind als andere, weil die Erfahrung das rät (. . .)."

Frage: Fällen Sie häufiger die „99-Punkte-Entscheidung" oder die, für die letztlich Ihr Bauch stimmt?

Antwort: „Wir sind bei SAP schon alle sehr analytisch. Ich denke, auch analytischer als in anderen Bereichen. Das liegt gewiss auch an der Zusammenstellung. Wir haben viele Diplom-Mathematiker, Physiker, Ingenieure – und die sind alle sehr quantitativ orientiert. Wir treffen Entscheidungen also schon sehr rational. Aber, und das ist ganz wichtig: Wir brauchen eben auch Begeisterung für die Entscheidung. Denn es ist ja vergleichsweise leicht, einen Beschluss zu treffen – man muss sich aber auch langfristig mit ihm anfreunden und die Folgen gerne tragen wollen."

Quelle: Knauß (2006, S. 25).

Deskriptive Entscheidungstheorie

Die deskriptive Entscheidungstheorie beschäftigt sich mit der **Beschreibung, wie Entscheidungen in Organisationen zustande** kommen. Dabei steht im Vordergrund zu **verstehen**, warum welche Entscheidungen zustande kommen und die „Fehler", welche beim Entscheiden eine Rolle spielen, zu benennen (vgl. Simon 1955, S. 56 f.).

Grundlage der deskriptiven Ansätze ist die Überlegung, dass Entscheidungen fast **niemals** ausschließlich **rational** gefällt werden können. Dies liegt an der **begrenzten Rationalität**. Rationalität muss zwangsläufig begrenzt sein:

1. Rationalität verlangt vollständiges Wissen und Vorausberechenbarkeit. Wissen kann jedoch nur fragmentarisch vorhanden sein.

2. Die Folgen der Entscheidung liegen in der Zukunft. Parameter für die Ergebnisse der Entscheidung müssen also geschätzt werden.
3. Rationalität verlangt, dass eine Wahl unter allen Handlungsmöglichkeiten stattfindet. Tatsächlich sind nicht immer alle Handlungsmöglichkeiten bekannt und befinden sich nicht im Bewusstsein des Entscheiders.

Hinzu kommen **weitere Effekte**, welche **Defekte des Entscheidungsverhaltens** auslösen können (vgl. Elster 1982 oder Hogarth 1980).

Fallbeispiel
Theaterkarten
Das folgende Beispiel zeigt, wie verschiedene Effekte, z. B. die Rahmenbedingungen, Entscheidungen veränderten. Stellen Sie sich vor,

1. Sie möchten ein Theaterstück sehen und haben sich im Vorfeld eine Karte für 50 € besorgt. An der Kasse stellen Sie fest, dass Sie die Karte verloren haben. Würden Sie sich eine neue kaufen?
2. Sie möchten ein Theaterstück sehen und stellen an der Abendkasse fest, dass Sie einen von mehreren 50 €-Scheinen verloren haben. Würden Sie sich dennoch eine Karte für 50 € kaufen?

Typischerweise neigen die meisten Menschen im ersten Fall dazu, auf den Theaterbesuch zu verzichten, während im zweiten Fall die meisten eine Karte kaufen würden.
Obwohl beide Fälle rational betrachtet gleich sind („Kosten" für den Besuch 100 €), besteht im Falle der verlorenen Karte eine direkte „Verbindung" der Karte mit dem Theaterstück, während der Geldschein „neutral" wahrgenommen wird.

Quelle: In Anlehnung an Elster (1982, S. 123 ff.).

Zu diesen gehören:

Informationsgewinnung
* **Voreingenommenheit** aufgrund eigener Erfahrung: Eigene Erfahrungen werden höher gewichtet als objektive Informationen.
* **Falsche Korrelationen**: Dem gemeinsamen Auftreten von Ereignissen muss keine Korrelation zugrunde liegen.
* **Verfügbarkeit**: Ereignisse werden als wahrscheinlicher eingeschätzt, wenn sie leichter vorstellbar oder noch in Erinnerung sind.
* **Datenpräsentation**: Die Form der Darstellung einer Entscheidung zugrunde liegenden Daten beeinflusst stark die Wahrnehmung dieser Informationen.

Informationsverarbeitung

- **Vorurteile**: Menschen halten an einmal gebildeten Meinungen fest bzw. passen sie nicht in demselben Maße an, wie sie neue Informationen berücksichtigen müssten.
- **Lineares Denken**: Die meisten Menschen denken eher linear und unterschätzen exponentielles Wachstum.
- **Denkvereinfachung**: Entscheider nutzen bei der Entscheidung Heuristiken wie Daumengrößen, Analogien oder entscheiden sich für die Handlungsmöglichkeit, für die sie sich am besten rechtfertigen können.

Anmutung des Ergebnisses

- **Wunschdenken**: Die Illusion, etwas sei leichter zu erreichen, als es ist oder dass etwas nicht sein kann, was nicht sein darf.
- **Kontrollillusion**: Der Irrglaube, dass ein Sachverhalt beherrscht werden kann (eine Art magisches Denken) und jedes Ergebnis durch eigenes Handeln erreichbar sei.

Lernen

- **Falsche Attributionen:** Bspw. werden Erfolge eher dem Handeln der eigenen Person zugeschrieben als äußeren Umständen oder umgekehrt. Auch werden Details eines Geschehens, da man sich nicht mehr an sie erinnern kann, durch erfundene Beobachtungen ersetzt, da im Rückblick sich ein logisches Ganzes ergeben soll.
- **Vermeidung von kognitiven Dissonanzen:** Zeigt sich nach der Entscheidung, dass andere Handlungsmöglichkeiten besser waren oder stellt sich Unzufriedenheit mit der Entscheidung ein, dann entstehen kognitive Ungleichgewichte. Der Entscheider versucht, diese zu vermeiden, indem er seine Entscheidung bestätigende Informationen sucht und überbewertet und dissonanzauslösende Informationen ignoriert oder unterbewertet (vgl. auch Nieschlag et al. 2002, S. 1025 ff.).
- **Sunk Costs:** Es werden weitere Investitionen getätigt, weil bereits sehr viel Geld investiert wurde. Dieses Geld ist jedoch bereits „versunken". Basis der Entscheidung darf nur sein, wie viel Geld jetzt noch benötigt wird, um das Ziel zu erreichen. Wenn dies nicht absehbar ist, darf das Argument nicht sein, weiter zu investieren, weil bereits so viel investiert wurde (Folge ist ein „Fass ohne Boden" oder das Entstehen von Investitionsruinen).

Weitere Ursachen für Entscheidungsdefekte bei Gruppenentscheidungen werden in Kap. 2 behandelt.

Ein Beispiel in der deskriptiven Entscheidungstheorie für das Zustandekommen von (defekten) Entscheidungen stellt das **Garbage Can Model** dar (vgl. Berger/Bernhard-Mehlich 2006, S. 185 ff.; Cohen et al. 1972, S. 1 ff.). Es beschreibt, dass **Entscheidungen in großen Organisationen** fast schon **zufällig** getroffen werden, wenn bestimmte, voneinander unabhängige Elemente (Probleme, Lösungen, Teilnehmer und Lösungsgelegenheiten), zufällig zusammentreffen.

6.5   Systemtheoretische Ansätze

Die **systemisch orientierten Ansätze** haben gemeinsam, dass eine Organisation als **System in Interaktion** mit seiner **relevanten Umwelt** gesehen wird. Dazu gehören erste Ansätze, welche das **Unternehmen als Organismus** sehen, bis hin zu **kybernetischen** oder auf der **neueren Systemtheorie** basierenden Ansätzen, z. B. das **St. Galler Managementmodell** (vgl. Nolte 1999, S. 203 ff.).

   Basis der Systemtheorie ist (vgl. Luhmann 1971 und 1984; Bertalanffy 1968; Willke 1993):

- Betrachtung der **Interaktion** zwischen einem **System** und seiner **relevanten Umwelt**.
- Die **Grenze** zwischen System und Umwelt wird **durch das System selbst geschaffen** (z. B. Zellmembran wird durch eine Zelle geschaffen).
- Biologische Systeme haben physische Grenzen, psychische oder **soziale Systeme besitzen symbolische** (sinnhafte) **Grenzen**.
- Die Grenzen werden durch **Selbstreferenz** des Systems geschaffen, welches sich aus **seinen eigenen Teilen selbst repliziert**. Dies wird als **Autopoiese** bezeichnet. Autopoietische Systeme sind somit **lebensfähige Systeme**. Dies können biologische, psychische oder soziale Systeme sein.
- Autopoietische Systeme sind aufgrund ihrer **basalen Zirkularität operational geschlossen**, von außen können sie nicht direkt beeinflusst werden (bspw. können zwei sich unterhaltende Personen als zwei psychische Systeme gesehen werden, welche sich gegenseitig beeinflussen, aber eben nur indirekt, weil das Gesagte im psychischen System aufgenommen, umgewandelt und interpretiert wird).
- Informationen und Energie werden von außen aufgenommen und durch die **inneren Strukturen** des Systems **aufgenommen und umgewandelt**. Dies kann die inneren (selbstreferentiellen Prozesse) beeinflussen und verändern.
- Ein System mit einem gewissen Komplexitätsgrad kann **emergente Phänomene** entwickeln („das Ganze ist mehr als die Summe seiner Teile", z. B. Gehirnzellen (relativ einfach) und das sich daraus ergebende Bewusstsein (komplex)).
- **Emergenz** kann sich allerdings **erst entwickeln**, wenn zuvor gewisse **Freiheitsgrade** der Systemelemente **eingeschränkt** werden.
- Systeme sind nur lebensfähig, wenn sie in der Lage sind, **Umweltkomplexität zu reduzieren** (verarbeiten).
- In einer **Gesellschaft** wird **Komplexität** durch **Arbeitsteilung, Hierarchien und Subsysteme reduziert** (bspw. muss sich bei einem Gesetzesverstoß nicht die ganze Gesellschaft mit den Informationen befassen, um zu einem gemeinschaftlichen Urteil zu kommen, dies geschieht im Subsystem Justiz).
- In komplexen sozialen Systemen wird die **Komplexität** auch durch bestimmte **semantische Codes** (Medien) **reduziert**, wie Geld, Macht oder Vertrauen.

- **Komplexität kann nur mit Komplexität bezwungen werden** („Only variety. . .can destroy variety"); dies wird als **Ashby's Law** bezeichnet (Ashby 1956, S. 207). Hierbei wird Variety als Maß der Komplexität gesehen (vgl. Beer 1979, S. 32). Um **Komplexität zu reduzieren**, muss ein System eine eigene, **innere Komplexität besitzen** (Abhängigkeiten, Verknüpfung der Systemelemente).
- Ein System, welches in der Lage ist, seine inneren Prozesse und Strukturen anzupassen, um auf Umweltveränderungen zu reagieren, wird als **ultrastabil** bezeichnet.

Daraus ergeben sich folgende **Schlussfolgerungen** (vgl. zusammenfassend Garrecht 2002, S. 78):

Ein System, das in einer dynamischen, **komplexen Umwelt** überleben will, muss **ultrastabil** sein. Um die Umweltkomplexität zu bewältigen, bspw. bei sich ständig ändernden Umweltbedingungen, muss es selbst eine gewisse **Komplexität** besitzen. Auch der **Umkehrschluss** ist hier zulässig: In einer **stabilen Umwelt** ist ein **wenig komplexes System effizienter** als ein komplexes, da diese Komplexität bspw. durch zahlreiche Verknüpfungen der Organisationsmitglieder (Informationsfluss), Kontingenzspielräume oder Redundanzen erreicht wird. So ist also eine **bürokratische Organisation in einer stabilen Umwelt**, deren Prozesse und Strukturen den Umweltbedingungen perfekt angepasst wurden, durch eingeschränkte Kontingenzen (in diesem Falle Handlungsspielräume der Mitglieder) und niedrige Komplexität (wenige Interdependenzen und Querverbindungen, sondern strenge Hierarchie) **effizienter** als bspw. ein dezentral organisiertes Unternehmen mit hoher Entscheidungsdelegation. Da ein solches bürokratisches Unternehmen jedoch durch die Umwelt nicht direkt beeinflusst wird, sondern diese nur wahrgenommen und (entsprechend langsam) in seinen inneren Strukturen verarbeitet wird (operative Geschlossenheit des Systems), kann es bei einer **Zunahme der Umweltkomplexität** zu einem **Zusammenbruch** der Autopoiese (sprich: Tod, also Insolvenz des Unternehmens) kommen.

6.6   Weitere Ansätze: Situativer Ansatz, Neue Institutionenökonomik und Spieltheorie

Über die bereits vorgestellten Ansätze, existiert eine große Zahl weiterer Ansätze, welche als Organisationstheorien bezeichnet werden können. Diese entwickelten jedoch keine so starke Auswirkung insbesondere auf die Organisationspraxis. Hier wird deshalb beispielhaft auf **drei Ansätze** eingegangen, welche die Diskussion in der **Organisationswissenschaft** in den letzten Jahren stark beeinflusst haben.

Situativer Ansatz

Der situative Ansatz, auch **Kontingenzansatz** genannt, entstand Mitte der 1960er Jahre, als die Komplexität von Organisationen, die Umweltdynamik und das allgemeine

Dimensionen der internen Situation	Dimensionen der externen Situation
Gegenwartsbezogene Faktoren	**Aufgabenspezifische Umwelt**
• Leistungsprogramm	• Konkurrenzverhältnisse
• Größe	• Kundenstruktur
• Fertigungstechnik	• Dynamik der technischen
• Informationstechnik	Entwicklung
• Rechtsform, Eigentums-verhältnisse	
Vergangenheitsbezogenen Faktoren	**Globale Umwelt**
• Alter der Organisation	• Gesellschaftliche Bedingungen
• Art der Gründung	• Kulturelle Bedingungen
• Entwicklungsstadium der Organisation	

Abb. 6.6 Einflussfaktoren der Organisationsstruktur (Quelle: Kieser (2006d, S. 222))

Bildungsniveau der Mitarbeiter stark zunahm (vgl. im Folgenden Schulte-Zurhausen 2010, S. 23 ff.; Kieser 2006d, S. 216 ff.). Es zeigte sich, dass allgemein gültige **Organisationsprinzipien** (z. B. die Wirtschaftlichkeit großer Arbeitsteilung) **nicht mehr haltbar** waren. Vielmehr postulieren die Vertreter des situativen Ansatzes, dass die **Unterschiede** zwischen den verschiedenen **Organisationsstrukturen** auf die **spezifische Situation** des jeweiligen Unternehmens zurückzuführen sind (vgl. Abb. 6.6).

Des Weiteren kann in **verschiedenen Situationen** eine **unterschiedliche Organisationsstruktur effizient** sein. **Empirisch** können die unterschiedlichen **Organisationsstrukturen** anhand von **Strukturdimensionen** untersucht werden. Insofern folgt der Aufbau dieses Buches im Kap. 3 dem situativen Ansatz. In dem Grundgedanken der **Abhängigkeit** von **Organisationsstruktur und Umweltbedingungen** besteht eine Verwandtschaft zu den systemtheoretischen Ansätzen. **Kritik** am situativen Ansatz entzündet sich bspw. daran, dass sich je nach Definition der Strukturdimensionen und den verwendeten empirischen Methoden **unterschiedliche Ergebnisse** zu den strukturellen Zusammenhängen ergeben.

Neue Institutionenökonomik

Die sog. neue Institutionenökonomik beschäftigt sich grundsätzlich mit der Fragestellung, warum **Transaktionen marktlich** oder in **Organisationen** (Hierarchie) durchgeführt werden.

Der **Transaktionskostenansatz** entwickelte sich ausgehend von den Arbeiten von Coase 1937 (vgl. im Folgenden zusammenfassend Picot et al. 2003, S. 49 ff.; Garrecht 2002, S. 62 ff.). Die grundsätzliche Überlegung dabei war, aus welchem Grund **Unternehmen existieren**, da nach der klassischen volkswirtschaftlichen Auffassung der **Markt** die **optimale Form** der **Allokation von Ressourcen** darstellt. Coase und insbesondere der auf seinen Arbeiten aufbauende Williamson (vgl. Coase 1937; Williamson 1975, 1991) führen die Existenz von Unternehmen auf das Vorhandensein von so genannten **Transaktionskosten** zurück, die **zusätzlich** zum **Marktpreis** anfallen. Dabei handelt es sich im Einzelnen um:

- Kosten der Informationssuche, -beschaffung und Kontaktaufnahme (**Anbahnungskosten**),
- Kosten für Vertragsentwürfe und Verhandlungen zwischen den Transaktionspartnern (**Vereinbarungskosten**),
- Kosten der Absicherung der Vereinbarungen (bspw. Einhaltung von Termin-, Qualitäts-, Mengen-, Preis- und Geheimhaltungsabsprachen) und, insbesondere bei hierarchischer Koordinationsform, Kosten für das Beherrschungs- und Kontrollsystem (**Kontrollkosten**),
- Kosten bei auftretenden Termin-, Qualitäts-, Mengen- und Preisänderungen (**Anpassungskosten**),
- Beendigungskosten.

Das **Element** der Analyse im Transaktionskostenansatz stellt eine **Transaktion** dar, welche als **Transfer von Verfügungsrechten** gesehen wird. Da der Transaktionskostenansatz als ein die Mikroökonomie erweiternder, also **einsparungsorientierter Ansatz** gesehen wird, werden **einige Aspekte**, die das Entstehen von Hierarchien erklären könnten, **ausgeblendet**, bspw. Macht oder die Persönlichkeit eines Unternehmers. Trotzdem liefert er durch die Betrachtung verschiedener möglicher Institutionen des Austausches sowie einer (wenn auch nur gedanklich möglichen) quantitativen Analyse gute Ansatzpunkte zur **Erklärung verschiedener institutioneller Arrangements**.

Entsprechend dem Transaktionskostenansatz bietet sich diejenige Koordinationsform für eine oder ein Bündel von Transaktionen an, welche die **geringsten Transaktionskosten** aufweist. Die Transaktionskosten werden von bestimmten **situativen Bedingungen** der Transaktion beeinflusst: **Faktorspezifität**, **Unsicherheit**, **Häufigkeit** und **Messbarkeit**. Ist bspw. die Unsicherheit sehr hoch, so sind die Transaktionskosten bei einer hierarchischen Abwicklung niedriger, da die Kosten für den Einsatz eines internen Kontroll- und Beherrschungssystem niedriger sind als die Suche nach vertrauenswürdigen Partnern, ggf. Anwalts- und Gerichtskosten etc. bei einer marktlichen Transaktion.

Die eng verwandte **Theorie der Verfügungsrechte (Property-Rights-Ansatz)** beschäftigt sich mit den **Auswirkungen** der unterschiedlichen **Verfügungsrechte** an einem Gut (vgl. Alchian/Demsetz 1972, S. 777 ff.). Sie unterscheidet zwischen:

- usus: Das Recht eine Sache zu benutzen,
- usus fructus: Das Recht, die Erträge, die durch die Sache entstehen, zu behalten,
- abusus: Das Recht, die Sache zu verändern,
- ius abutendi: Das Recht, die Sache gesamt oder teilweise zu verkaufen und den Gewinn zu behalten.

Der **Wert** einer Sache bestimmt sich nicht aus dessen Substanz, sondern vor allem daraus, **welche Verfügungsrechte** über das Gut bestehen. Bspw. ist ein Grundstück in bester Lage weniger wert, wenn es nicht bebaut werden darf.

Treten **externe Effekte** auf (bspw. verschmutzt eine Fabrik einen Fluss und der Ertrag der Fischer flussabwärts sinkt), so lässt sich eine gesamtwirtschaftlich optimale Lösung finden, indem das **Problem internalisiert** wird, hier bspw. durch die Übertragung von Verfügungsrechten an dem Fluss an einen der Betroffenen. Dadurch kommt es zu **Verhandlungen**, welche zu einer Pareto-optimalen Lösung führen, soweit **keine Transaktionskosten** im Spiel sind.

Die **Principal-Agent-Theorie** (vgl. zusammenfassend Ebers/Gotsch 2006, S. 258 ff.) zeigt, dass bei Transaktionen meist eine **asymmetrische Informationsverteilung** zwischen Auftraggeber (**Prinzipal**) und Auftragnehmer (**Agent**) vorliegt. Diese kann durch den Agenten **opportunistisch** ausgenutzt werden (z. B. kann der Prinzipal nicht einschätzen, wie viel Zeit der Agent für eine Aufgabe benötigt, was dieser in Form einer höheren Stundenabrechnung ausnutzt). Um dieses opportunistische Handeln zu **verhindern,** muss bspw. ein **Kontrollsystem** aufgebaut werden.

Spieltheorie

Die Spieltheorie ist an sich **zwischen der präskriptiven** und **deskriptiven Entscheidungstheorie** anzusiedeln. Einerseits werden reale **Entscheidungssituationen** durch Überführung in ein Modell mit bestimmten Spielregeln und kalkulierbaren Resultaten der Entscheidungen der zwei oder mehr Spieler **berechnet** und nach **optimalen Lösungen** gesucht. Andererseits kann durch **Experimente**, die auf diesen Spielen basieren, das **tatsächliche Entscheidungsverhalten** der Spieler **beobachtet** werden (vgl. im Folgenden Neumann/Morgenstern 1961; Holler/Illing 1996).

Bekanntestes **Beispiel** der Spieltheorie ist das sog. **Gefangenendilemma**. Dabei stehen zwei Spielern die **Handlungsalternativen Kooperieren** (nicht gestehen) und **Ausscheren** (gestehen; den anderen belasten) zur Verfügung. Eine mögliche Ereignis- und Auszahlungsmatrix stellt Abb. 6.7 dar.

Kooperieren beide, kommt es zu einem geringen Strafmaß, was für beide Spieler zusammengenommen die günstigste Lösung darstellt. Gestehen beide, kommt es zu einem

Spieler 1 Spieler 2	gestehen		nicht gestehen	
gestehen	8 Jahre	8 Jahre	3 Monate	10 Jahre
nicht gestehen	10 Jahre	3 Monate	1 Jahr	1 Jahr

Quelle: In Anlehnung an Holler/Illing (1996, S. 3), leicht modifiziert.

Abb. 6.7 Gefangenendilemma (Quelle: In Anlehnung an Holler/Illing (1996, S. 3), leicht modifiziert)

mittleren Strafmaß, gesteht nur einer, bedeutet dies für den ausscherenden Spieler den maximal möglichen Gewinn (geringstes Strafmaß), für den Anderen den maximal möglichen Verlust (höchstes Strafmaß).

Da **keiner** der Spieler **weiß, welche Strategie** der **andere wählt**, ergibt sich als **rationale Entscheidung (dominante Strategie)** das Gestehen, da man sich dadurch in jedem Falle **besser stellt**, egal was der Andere entscheidet. Das **insgesamt beste Ergebnis** ergäbe jedoch eine **Kooperation**.

Bei einem **iterierten Gefangenendilemma** wird das Spiel über **mehrere Runden wiederholt**. Dabei hat der durch Defektion des anderen geschädigte Spieler die Möglichkeit, als **Sanktion** in der darauf folgenden Spielrunde ebenfalls eine nicht-kooperative Haltung einzunehmen und somit das Spiel auch für den anderen Spieler zu einem dauerhaft schlechteren Ausgang zu bringen. Eine **Simulation** von Axelrod (1995, S. 18 ff.) zeigt, dass die **dominante Strategie** bei **iterierten Gefangenendilemmata** eine **Tit-for-Tat-Strategie** darstellt, bei der ein Spieler immer in der darauf folgenden Spielrunde mit der Handlung des anderen Spielers in der aktuellen Runde reagiert, dabei aber mit einer kooperativen Haltung beginnt. Mit Ausnahme der Sonderstellung des sog. letzten Spieles stellt nun die **Kooperation** eine **dominante Strategie** für beide Spieler dar.

Spiele wie das Gefangenendilemma oder andere bekannt gewordenen Spiele wie die Hirschjagd, Kampf der Geschlechter oder das Hasenfußspiel können auf **reale Situationen** in Organisationen **angewendet** werden. Gleichzeitig können sie als **Laborsituation** gestaltet werden, um tatsächliches Entscheidungsverhalten zu beobachten (dabei zeigt sich z. B., dass es deutlich höheres Kooperationsverhalten gibt, als es rational betrachtet sein dürfte).

6.7 Übersicht über organisationstheoretische Ansätze

In der Abb. 6.8 sind die wesentlichen Aussagen der o. g. organisationstheoretischen Ansätze tabellarisch gegenübergestellt.

	Die Organisation des Unternehmens ist …	Die Organisation, die ein Unternehmen hat, soll …	Ordnung im Unternehmen entsteht durch …	Metapher
Scientific Management	…ein Aufgabenerfüllungssystem	… für eine effiziente Aufgabenerfüllung sorgen	… wissenschaftlich fundierte Konstruktion von Strukturen	Maschine
Bürokratie- modell	… eine Form legitimer Herrschaft	… Herrschaft sichern und legitimieren	… rationale Satzung	Maschine, Apparat
Human Relations- Ansatz	… ein soziales, humanes und formales zielorientiertes System	… ökonomische Effizienz und Mitarbeiterzufriedenheit bewirken	… rationale Fremdorganisation und informale Organisation	Organismus
Situativer Ansatz	… ein soziales und formales, zielorientiertes, offenes System	… das Verhalten der Organisations mitglieder zielorientiert steuern	… die rationale Wahl einer situativ passenden Konfiguration	Organismus, Maschine
Entscheidungs- theoretischer Ansatz	… eine Koalition von Individuen mit je eigenen Interessen	… die Objektentscheidungen der Organisations mit-glieder zielorientiert steuern	… eine (optimale) Entscheidung zwischen Organisations- alternativen	Gehirn, politisches System, Mülleimer
Property Rights- Ansatz	… eine Verfügungsrechtsstruktur	… Verfügungsrechte anreizoptimal verteilen	… rationale Wahl der anreizoptimalen Lösung	Netzwerk von Verträgen
Transaktions- kostenansatz	… ein alternatives (hierarchisches) institutionelles Arrangement zum Markt	… für eine effiziente Abwicklung (spezifischer) Transaktionen sorgen	… (rationale) Wahl der transaktionskostenminimalen Lösung	Netzwerk von rationalen Verträgen
Principal- Agent-Ansatz	… eine Institution, in der Prinzipale Aufgaben an Agenten delegieren	… die Agenturkosten für die Prinzipale minimieren	… rationale Wahl der agenturkosten minimalen Lösung	Netzwerk von Verträgen

Abb. 6.8 Übersicht über organisationstheoretische Ansätze (Quelle: Eigene Darstellung auf Basis von Bea/Göbel (2006, S. 218–220))

	Menschenbild	Bevorzugte Methoden	Aktuelle Bedeutung
Scientific Management	Der Mensch (Arbeiter) ist leistungsunwillig und egoistisch. Er ist nur über Geld zu motivieren	Induktion, Systematische Beobachtung, Experiment	Optimierung von Abläufen Eignungsdiagnostik bei Mitarbeitern Verlagerung von „Kopfarbeit" auf Stabsstellen
Bürokratiemodell	Der Mensch handelt zweckrational, gefühls- und gewohnheitsmäßig	Bildung von Idealtypen, erklärendes Verstehen	Sicherung von Führung Merkmale zur Beschreibung einer Struktur
Human Relations-Ansatz	Der Mensch ist ein soziales Wesen. Sein individuelles Verhalten hängt von vielen Einflüssen gleichzeitig ab.	Experiment, Beobachtung, Unstrukturierte Tiefeninterviews	Informale Organisation Zusammenhang zwischen ökonomischer und sozialer Effizienz
Situativer Ansatz	Der Mensch ist umweltoffen und lernfähig. Das Verhalten wird von der Struktur beeinflusst.	Vergleichende Forschung durch: Strukturierte Befragungen, Dokumentenanalyse, Typenbildung	Fit von Organisation mit externen & internen Situationsfaktoren Bildung von Konfigurationstypen
Entscheidungstheoretischer Ansatz	Der Mensch ist selbstinteressiert, begrenzt rational und individuell verschieden.	Modellanalyse, Befragung, Beobachtung, Dokumentenanalyse, Experimente, Berufung auf Alltagswissen	Problem divergierender Interessen Bedeutung organisationalen Lernens
Property Rights-Ansatz	Der Mensch ist Nutzenmaximierer und Opportunist. Er ist unbegrenzt rational.	Modellanalyse, Fallstudien	Gestaltung der Unternehmensverfassung
Transaktionskostenansatz	Der Mensch ist begrenzt rational und opportunistisch.	Modellanalyse, Typenbildung, Fallstudien	Grenzen des Unternehmens Gestaltung von Kooperationen
Principal-Agent-Ansatz	Der Mensch ist (unbegrenzt) rationaler Nutzenmaximierer. Als Arbeitnehmer ist er unmotiviert.	Modellanalyse, Typenbildung, Fallstudien	Entscheidung über Delegation und Dezentralisation

Abb. 6.8 (Fortsetzung)

6.8   Kontrollfragen zu Kap. 6

Welche der folgenden Aussagen sind vollständig richtig (r) und welche Aussagen sind falsch (f)?

1. Taylor führte das wissenschaftliche Experiment als zentralen Bestandteil seiner Managementlehre ein.
2. Gemäß Taylor gibt es den einen besten Weg (One best way), um jegliche Aufgabe durchzuführen.
3. Ziel der Anreize bei Taylor ist, die Arbeiter zur Einhaltung der Regeln und Anweisungen der Vorgesetzten zu motivieren.
4. Funktionierende Motivatoren nach Taylor sind finanzielle Anreize und Selbstverwirklichung bei der Arbeit.
5. Im Organisationsverständnis von Taylor waren die Menschen so in die Struktur des Unternehmens einzupassen, dass sie an den vorbestimmten Arbeits- und Koordinationsabläufen nichts veränderten, sondern diese lediglich anweisungsgerecht vollziehen sollten.
6. Wichtige Elemente des Fordismus sind vor allem hohe Arbeitsteilung, die Standardisierung von Produkten, Werkzeugen und Verfahren sowie der Nutzung des Fließbandes.
7. Menschliche Arbeitskraft wird bei Ford, abgesehen von Ingenieurtätigkeiten, als eine auf die Organisation und ihre Technologie einwirkende Störgröße betrachtet, die es möglichst zu standardisieren und minimieren gilt.
8. Die Bürokratie nach Max Weber soll aufgrund von Regeln und des gegebenen Falls gerechte, für alle gleiche und nachvollziehbare Entscheidungen treffen.
9. Wichtige Eigenschaften bürokratischer Systeme sind bspw. ein System von schriftlichen Handlungsanweisungen für alle Arbeitsaktivitäten und persönliche Beziehungen.
10. In stabilen Umwelten mit wiederkehrenden Aufgaben ist die Bürokratie häufig sogar effizienter als Organisationen, welche flexibler organisiert sind.
11. Die Human Relations-Ansätze messen dem Faktor Mensch eine große Bedeutung für die Produktivität bei.
12. Nach den Human Resource-Ansätzen sollen Strukturen eine wirtschaftliche Nutzung der Humanressourcen erlauben, indem sie Entfaltungsmöglichkeiten bieten.
13. Das Menschenbild X nach McGregor lässt sich wie folgt beschreiben: Die wichtigsten Bedürfnisse sind die Befriedigung von Ich-Bedürfnissen und das Streben nach Selbstverwirklichung.
14. Der deskriptive Ansatz der Entscheidungstheorie versucht, Modelle und Instrumente zur Verfügung zu stellen, um möglichst rational die „richtigen" Entscheidungen treffen zu können.
15. Präskriptive Modelle helfen, Entscheidungssituationen systematisch zu erfassen und durch Gewichtung der Handlungsmöglichkeiten zu einer möglichst rationalen Entscheidung zu kommen.

16. Nahezu alle Entscheidungen in Unternehmen sind Entscheidungen unter Unsicherheit oder Risiko.
17. Nachteilig beim Einsatz von Entscheidungsbäumen ist, dass sie schnell unübersichtlich werden, sobald es sich um mehrstufige komplexe Entscheidungen mit vielen Lösungsmöglichkeiten handelt.
18. Scoring-Modelle strukturieren eine Entscheidung, indem sich die Entscheider über die wesentlichen Handlungsmöglichkeiten sowie die Kriterien und deren Bedeutung (Gewichtung) klar werden müssen.
19. Die präskriptive Entscheidungstheorie beschäftigt sich mit der Beschreibung, wie Entscheidungen in Organisationen zustande kommen.
20. Grundlage der deskriptiven Ansätze ist die Überlegung, dass Entscheidungen niemals ausschließlich rational gefällt werden können.
21. Die systemtheoretischen Ansätze haben gemeinsam, dass eine Organisation als System in Interaktion mit seiner relevanten Umwelt gesehen wird.
22. Emergenz kann sich erst entwickeln, wenn zuvor gewisse Freiheitsgrade der Systemelemente eingeschränkt werden.
23. Um Komplexität zu reduzieren, muss ein System eine eigene, innere Komplexität besitzen.
24. Leistungsprogramm, Fertigungstechnik oder Unternehmensgröße sind Dimensionen der internen Situation eines Unternehmens.
25. Gesellschaftliche Bedingungen und kulturelle Bedingungen sind Dimensionen der Aufgabenumwelt.
26. Die Kritik am situativen Ansatz entzündet sich bspw. daran, dass sich je nach Definition der Strukturdimensionen und den verwendeten empirischen Methoden unterschiedliche Ergebnisse zu den strukturellen Zusammenhängen ergeben.
27. Die Transaktionskosten setzen sich aus Anbahnungs-, Vereinbarungs-, Kontroll-, Anpassungs- und Beendigungskosten zusammen.
28. Die Transaktionskosten werden von situativen Bedingungen der Transaktion (Faktorspezifität, Unsicherheit, Häufigkeit und Messbarkeit) beeinflusst.
29. Ist die Unsicherheit sehr niedrig, so sind die Transaktionskosten bei einer hierarchischen Abwicklung niedriger als bei einer marktlichen Transaktion.
30. Nach dem Property-Rights-Ansatz bestimmt sich der Wert einer Sache nicht aus dessen Substanz, sondern vor allem daraus, welche Verfügungsrechte über das Gut bestehen.
31. Die Principal-Agent-Theorie zeigt, dass bei Transaktionen meist eine symmetrische Informationsverteilung zwischen Auftraggeber (Prinzipal) und Auftragnehmer (Agent) vorliegt.
32. In der Spieltheorie werden u. a. reale Entscheidungssituationen durch Überführung in ein Modell mit bestimmten Spielregeln und kalkulierbaren Resultaten der Entscheidungen der Spieler berechnet und nach optimalen Lösungen gesucht.

Neuere Entwicklungen der Organisation

7

Lernziele

Dieses Kapitel vermittelt,

- warum Unternehmen heute so organisiert sind, wie sie es sind,
- welche Organisationsansätze in jüngerer Zeit große Bedeutung für die Organisationspraxis erlangt haben,
- eine Beschreibung und kritische Würdigung dieser neuen Organisationsansätze,
- unter welchen Voraussetzungen sich Management-Moden entwickeln und wie diese zu erkennen sind.

Organisationale Veränderungen wurden seit den 1980er-Jahren zum Gegenstand zahlreicher Reorganisationsmaßnahmen in der Praxis, diverser Managementbestseller und der Diskussion in der Wissenschaft.

Im Kontext dieser Veränderungen sind neue **Organisationskonzepte** entstanden, die bspw. eine stärkere Prozess-, Kunden-, Mitarbeiter- und Kompetenzorientierung postulieren. Teilweise entwickelten sich dabei regelrechte **Managementmoden** (vgl. Kieser 1996a, S. 21). Unter diese Konzepte fallen bspw. die Fraktale Fabrik, die Modulare Organisation, die Atomisierte Organisation, Wissensmanagement oder die Hypertextorganisation. Nachfolgend werden solche Konzepte vorgestellt, welche sich auch über die Zeit der modischen Rezeption von Management-Bestsellern in Wissenschaft und Praxis etabliert haben. Dazu gehören das **Lean Management** (inkl. Total Quality Management), **Business Process Reengineering**, der auf dem **Ressourcenorientierten Ansatz** (inkl. Organisationalem Lernen) aufbauende **Kernkompetenzen-Ansatz** sowie der **Netzwerkansatz** (inkl. der Virtuellen Organisation). Die Ansätze haben sich z. T. parallel entwickelt und sind nicht immer scharf voneinander abzugrenzen. Unter einem Managementkonzept wird allgemein ein Konzept für das Management „verstanden, das

© Springer-Verlag Berlin Heidelberg 2016

R. Bergmann, M. Garrecht, *Organisation und Projektmanagement*, BA KOMPAKT,
DOI 10.1007/978-3-642-32250-1_7

praktische Erfahrungen systematisch interpretiert und generalisiert sowie zu grundlegenden Gestaltungsempfehlungen für das Management in Organisationen verdichtet" (Süß 2009, S. 29). Managementkonzepte weisen grundsätzlich verschiedene Kennzeichen auf. Danach

- „besteht in der Regel die Möglichkeit ihrer Personifizierung und damit der Bezugnahme auf einen „Schöpfer" des Konzepts,
- beruhen Konzepte auf Voraussetzungen oder Grundannahmen ihrer Entwickler,
- weisen sie Anwendungsnähe und eine Orientierung an managementbezogenen Praktikerinteressen auf,
- definieren sie sich über ihre empirische Relevanz,
- repräsentieren sie Erfahrungswissen,
- beinhalten sie den Vorschlag einer bestimmten Grundausrichtung für ihre Anwender,
- stellen sie Methoden und Instrumente bereit,
- erstrecken sie sich in ihrer Anwendung über mehrere Personen, Aufgaben und Ebenen in Organisationen und
- geben sie … Gestaltungsempfehlungen für einzelne Managementfunktionen oder für das gesamte Management.

Managementkonzepte stellen somit Werkzeuge zur Lösung von Managementproblemen dar und beruhen auf managementrelevantem Wissen (sog. Managementwissen)." (Süß 2009, S. 29).

7.1   Lean Management und Total Quality Management

Die MIT-Studie und japanische Vorbilder des Lean Managements
Das **Produktionssystem** des **Lean Managements** (z. T. auch Lean Production oder Lean Organization genannt) wurde bereits in 1950er-Jahren in der Toyota Motor Company entwickelt, fand aber erst **beflügelt** durch den **Bestseller** „Die zweite Revolution in der Autoindustrie" von Womack, Jones und Roos (vgl. Womack et al. 1992; die US-Erstauflage „The Machine That Changed the World" erschien 1990) seine starke Verbreitung in Wissenschaft und Beratungsprojekten überall auf der Welt.

Basierend auf den **Untersuchungen** des Massachusetts Institute of Technology (MIT) Mitte der 1980er-Jahre von 90 **Montagewerken der Automobilindustrie** in den USA, Japan und Westeuropa stellten Womack et al. bei den damals erfolgreichen japanischen Wettbewerbern signifikante **Vorsprünge** bei den strategischen **Erfolgsfaktoren** von Zeit, Qualität und Kosten fest. Während bspw. der **Zeitbedarf** für die Endmontage von 100 Fahrzeugen in den USA bei 25,1 Stunden und in Europa bei z. T. 36,2 Stunden lag, betrug dieser in Japan lediglich knapp 16,8 Stunden. Das gleiche Bild bot sich bei der **Qualität**: Betrug die Zahl der durchschnittlichen Mängel je 100 Fahrzeuge in den

USA 82,3 und in Europa z. T. 97,0, waren es in Japan nur 60. Lag die Absentismus-Quote in Westeuropa und USA bei ca. 12 %, betrug sie in Japan lediglich 5 % (vgl. Womack et al. 1992, S. 97).

Auch wenn die Validität der Daten bestritten werden kann, stellt sich die Frage, aus welchen Gründen die japanischen Unternehmen erfolgreicher waren. Die MIT-Studie kam zu dem Schluss, dass der Erfolg nur z. t. auf den höheren Automatisierungsgrad, die Nutzung von IT oder die Berücksichtigung der Fertigungsprobleme bereits bei der Produktentwicklung zurück zu führen war, sondern dass vor allem die **Ausgestaltung der Organisation** der Produktion und der **Führung** der Mitarbeiter die **wichtigsten Einflussfaktoren** für die höhere Produktivität waren (vgl. Kayser 1994, S. 20 f.). Diese in den japanischen Werken vorherrschende Organisation wurde mit dem Begriff **Lean Management** versehen.

Ziele des Lean Managements sind (vgl. Bösenberg/Metzen 1993, S. 8 ff.) die bessere Ausschöpfung des geistigen **Potentials** der Mitarbeiter auf allen Hierarchieebenen, **Kundenorientierung** mit bestmöglichen Produkten (**Qualität** und **Effizienz**), persönliches **Engagement** des Managements, **Konzentration** auf die eigentliche **Wertschöpfung**, Vermeidung von Verschwendung (**Muda**) und **ganzheitliches Denken** (Prozesse und die darin eingebundenen Mitarbeiter). Es werden dabei 7 Arten der Verschwendung identifiziert: Überschussproduktion, Verzögerungen (bspw. durch Warten), Transportbewegungen, (Über-)Bearbeitung, Lagerbestände (auch in Zwischenlagern von unfertigen Erzeugnissen in der Produktion), unnötige Bewegungsabläufe und fehlerhafte Produkte.

Techniken des Lean Managements
Das bei Toyota von Taichi Ohno eingeführte System (Toyotismus) ist zwar am **Fließband** Fords (vgl. Abschn. 3.1 zur Spezialisierung und 6.1 zum Scientific Management und Fordismus) orientiert, **löst** sich aber von der **Produktstandardisierung** und von den Einzweck-Bearbeitungsmaschinen und übernimmt auch die auf Taylor (vgl. Abschn. 6.1 Scientific Management) zurückgehende optimale Nutzung von Zeit und Arbeitskraft der Mitarbeiter. Dies geschieht jedoch auf eine völlig andere Weise: durch **Gruppenarbeit**. Wesentliche Merkmale sind die Gruppenarbeit als Grundlage betrieblicher Organisation und die Verbindung der Vorteile der Massenproduktion (Schnelligkeit, niedrige Stückkosten) mit den Vorzügen des Handwerksbetriebes (hohe Flexibilität, Qualität). Jedes Gruppenmitglied soll alle Teilaufgaben der Gruppe erfüllen können (bspw. durch **Job Rotation**) und sich für die Gesamtaufgabe der Gruppe **verantwortlich** fühlen. Lean Management beendet die Zergliederung in immer kleinere und einfachere Teilarbeitsgänge. Wichtige Techniken von Lean Management sind außerdem (vgl. Kayser 1994, S. 20; Scholz 1994, S. 185; Shingo 1992, S. 54; Volk 1993, S. 116):

- größere **Einsatzflexibilität** der Mitarbeiter und die damit einhergehende Reduktion des Personaleinsatzes;
- **Reduktion** des in Bearbeitung befindlichen **Materials**. Voraussetzung für die Minimierung der personellen und materialmäßigen Puffer ist eine produktionssynchrone

Anbindung mit den vor Ort ansässigen rechtlich selbstständigen Zuliefererunternehmen (**Just-in-Time**-Verfahren) bis hinein in alle Stufen des internen Produktionsprozesses mit der Folge **geringer Pufferbestände** in Vor-, Zwischen- und Endlager und Vermeidung von Lagerkosten beim Produzenten. Durch die enge Kopplung lassen sich kurze Liege- und Leerzeiten realisieren;

- Verknüpft mit dem Null-Puffer-Prinzip ist das **Null-Fehler-Prinzip** durch frühzeitiges Aufdecken von Störungen, notfalls durch Produktionsstopp und Störungsbeseitigung innerhalb der betroffenen Gruppe, wobei bei personellen Engpässen andere Gruppenmitglieder einspringen. Entstehende Lücken in der täglichen Produktion werden ggf. durch Mehrarbeit über die reguläre Arbeitszeit hinaus geschlossen;
- **Reduktion** der **Produktkomplexität** durch systematische Verringerung der Teilevielfalt und verstärkte **Modulbauweise** (Plattform- oder Baukastenstrategien);
- **Total Quality Management** (TQM) mit ständiger Qualitätskontrolle der Produkte und Prozesse des Unternehmens dient der permanenten Verbesserung mittels **Kaizen** (kai – ändern; zen – das Gute i. S. „zum Guten ändern" durch ständige inkrementelle Anstrengungen); bspw. in Workshops zum **Kontinuierlichen Verbesserungsprozess** (KVP);
- Hohe Einsatzflexibilität der Maschinen und Werkzeuge und **kurze Rüstzeiten** (bis hin zur bearbeitungsparallelen Umrüstung);
- Höherer Nutzungsgrad der Maschinen und Anlagen, u. a. durch Verringerung von Maschinenausfällen durch gruppeninterne Instandhaltungsverantwortliche (**Total Productive Maintenance**);
- **Anordnung** der **Betriebsmittel** um den **Arbeitsplatz** zur Vermeidung langer Arbeitswege;
- Geringer Flächenbedarf durch bedarfsgerechte **Materialbereitstellung** und Vermeidung von Pufferlagern (**Kanban**);
- Fokussierung auf wenige Systemlieferanten im Zusammenhang mit einer Reduktion der Fertigungstiefe durch Outsourcing und Lieferantenaudits zur Sicherung der Zulieferqualität.

Hintergrund

Henry Ford als Vordenker der Just-in-Time-Produktion
Der Gedanke der lagerlosen Produktion mittels der Just-in-Time-Technik durch die Direktanlieferung in die Produktion und der verminderten Kapitalbindung aufgrund fehlender Eingangslager wurde noch vor Toyota bereits von Henry Ford angedacht:

„Es lohnt nicht, sich über den augenblicklichen Bedarf hinaus einzudecken. Wir kaufen daher nur so viel, wie wir für unseren Produktionsplan unter Berücksichtigung der herrschenden Transportverhältnisse brauchen. Wäre das Transportwesen vollständig durchorganisiert, sodass eine gleichmäßige Materialzufuhr gesichert erschiene, dann wäre es überhaupt nicht nötig, sich mit einem Lager zu belasten. Die Waggons mit Rohmaterial würden planmäßig in der bestellten Reihenfolge und Anzahl eintreffen und der Inhalt direkt von der Bahnstation der Produktion zugeführt werden. Dadurch ließe sich viel Geld sparen, da es einen außerordentlich raschen Absatz ermöglichen und das in Materialbeständen festgelegte Geld verringern würde. Nur infolge der schlechten Transportverhältnisse ist man gezwungen, ein größeres Lager anzulegen."

Quelle: Ford (1923/2008, S. 129).

Lean Management versucht eine Optimierung der Prozesse durch niedrigere Kosten, weniger Personal und Fehler, mehr Qualität, höhere Kundenzufriedenheit und bessere Lieferantenbeziehungen zu erreichen – **Aspekte**, die in **anderen Konzepten** häufig als **entgegengesetzt** empfunden werden.

Fallbeispiel

Total Quality Management und der KVP bei Volkswagen

Seit den 1990er-Jahren hat sich die Qualitätsorientierung zu einem Leitgedanken vieler Unternehmen entwickelt. Qualitätsmanagement wurde bereits 1937 bei General Motors eingeführt. Neu ist der Grundsatz eines alle Teilbereiche der Produkterstellung (Mitarbeiter, Lieferanten, Kunden) umfassenden Qualitätsmanagements (Total Quality Management). Die Bedürfnisse und Zufriedenheit der externen Kunden sind Maßstab für die Qualität. Daraus leitet sich die Übertragung auf interne Kunden-/Lieferantenbeziehungen als Voraussetzung für die Realisierung von Qualität ab. Qualität ist daher in allen Unternehmensbereichen einzuführen. Während in funktionsorientierten Unternehmen die Qualitätsverantwortung speziellen Organisationseinheiten (sog. Qualitätskontrolle) übertragen wird, ist Qualität beim TQM Aufgabe aller Mitarbeiter. Um eine Verankerung dieses Qualitätsgedankens zu erreichen, ist ein Wandel der Organisationskultur hin zu einer Qualitätskultur notwendig. Das Denken und Handeln aller Führungskräfte und Mitarbeiter soll den Kunden und der Qualität dienen. Um diese Zielsetzung zu erreichen, werden die Prozesse kontinuierlich im Hinblick auf interne und externe Kunden entwickelt und verbessert. Ein wichtiges Instrument stellt der Kontinuierliche Verbesserungsprozess (KVP) dar.

Der KVP wurde bspw. bei Volkswagen 1993 eingeführt. Das Prinzip von KVP soll so einfach wie genial sein: Die Planung von Verbesserungen kommt nicht von oben, die Mitarbeiter denken selbst über Verbesserungen nach. Die Ideen werden nicht – wie in klassischen und auch vorher bei VW üblichen Qualitätszirkeln – über die Dauer von ein, zwei Jahren zerredet, sondern innerhalb weniger Monate umgesetzt. Die Spanne reicht von der ,Rückruf-Aktion' der Kantine für ,verlorenes' Besteck und Geschirr bis zur ,Vorsorgenden Maschineninstandhaltung'. Das

(Fortsetzung)

Vorschlagswesen verläuft dezentral, um besser in die betriebsinternen Abläufe eingebunden zu sein und umso die Mitarbeiter noch mehr zu motivieren. Die Mitarbeiter erhalten die Verantwortlichkeit, ihr Arbeitsumfeld zu optimieren und damit
auf das Unternehmensergebnis einzuwirken. Der KVP erstreckt sich nicht nur auf die
Fertigungs- und Montageabteilungen, sondern auch auf indirekte Bereiche wie
Forschung und Entwicklung. Ein Standardverfahren für sämtliche Unternehmens-
bereiche gibt es nicht. Vielmehr muss für jeden einzelnen Bereich ein ‚schlankes
Konzept' erarbeitet werden. So fanden bei VW bspw. allein von 1993 bis 1996 über
19.000 KVP-Workshops statt. In den Werken der Marke VW wurde hierdurch bis
1995 eine Steigerung der Arbeitsproduktivität von 15 % erreicht. Aber auch der KVP
selbst wird kontinuierlich verbessert, so dass zunehmend Lieferanten eingebunden
werden, um Vorschläge für neue Materialien, aber auch komplette Systeme zu
erarbeiten und umzusetzen. Durch die KVP-Workshops stieg bei VW nach eigenen
Angaben die Fertigungsqualität um 26 %, die Produktivität um 19 %; 8 % der
Fabrikflächen wurden eingespart und die Durchlaufzeiten um 15 % reduziert. Der
KVP wurde für den Volkswagen-Konzern zum etablierten Optimierungsprozess.

Andere Methoden und Techniken des TQM sind Self-Assessments und Quality
Function Deployment (QFD). Vorstufe und damit Voraussetzung für ein TQM ist
das Qualitätssicherungssystem. Weiteren praktischen Niederschlag findet TQM
auch in Form der Qualitätszertifizierungen nach DIN EN ISO 9000ff. oder bspw.
in der Evaluation von Forschung und Lehre an Hochschulen. Wichtig ist beim TQM
das Schaffen von Bedingungen, um bei den Mitarbeitern zunächst ein Qualitäts-
bewusstsein zu wecken und anschließend jedem Mitarbeiter auch tatsächlich die
Mitwirkung an der gemeinsamen Aufgabe Qualität zu ermöglichen. Dies erfordert
eine an TQM orientierte Qualifikation und Personalentwicklung sowie die Delegation von Aufgaben, Kompetenzen und Verantwortung.

Quelle: Vgl. Töpfer/Mehdorn (1995, S. 32); Fank (2004, S. 756 f.) sowie mit
weiteren Nachweisen Nolte (1999, S. 242 ff.).

Das Drei-Ebenen-Modell des Lean Managements

Lean Management lässt sich nicht auf Schlagworte wie „Abbau von Hierarchien" und
Just-in-Time-Produktion reduzieren. Lean Management ist von seinem Ursprung her ein
moderates Management-Konzept. Wichtige Aspekte des Lean Managements haben ihre
Wurzeln in den tieferen Schichten der **japanischen Landeskultur.** Bei Lean Management
lässt sich eine Differenzierung nach den äußerlich sichtbaren **Artefakten** und Prozessen,
den darunter liegenden **Grundsätzen** und den tief in einer japanisierten Kultur verwurzel-
ten **Basisannahmen** vornehmen. Die auf dem Drei-Ebenen-Modell der Organisationskultur (vgl. Abschn. 3.2.2.2) basierende Abb. 7.1 stellt die verschiedenen Ebenen dar.

Abb. 7.1 Ebenen des Lean Managements (Quelle: In Anlehnung an Scholz (1994, S. 185), leicht modifiziert)

Wirkungszusammenhänge des Lean Managements

Die Lean-Management-**Basisannahmen** mit dem Grundsatz der permanenten Lernorientierung des **Kaizen**, der Einfachheit und Ritterlichkeit (**Bushido**) und des **Kooperationsgedankens** wurzeln in der kollektivistisch geprägten japanischen Kultur. Diese Basisannahmen werden in den Lean Management-**Grundsätzen** weiter konkretisiert. Dazu gehören bspw. die Gruppenorientierung, die sofortige Fehlerbeseitigung an der Quelle zum Zweck der Vermeidung von Folgefehlern an Schnittstellen, die kleinen beherrschbaren Schritten oder das permanente Feedback sowohl innerhalb von Organisationseinheiten als auch zu Zulieferunternehmen

Erst mit **Verständnis** von Lean Management **Kultur** und Lean Management **Grundsätzen** lassen sich die weithin verbreiteten o. g. Lean Management Techniken verstehen und erfolgreich in Unternehmen einsetzen. Die Auswirkungen von Lean Management auf Wettbewerbsstärke, Ertragsstärke sowie Kunden- und Mitarbeiterorientierung ergeben sich aus dem **Wirkungszusammenhang** mit der **Unternehmensstrategie**, dem **Leistungsprogramm** und der konkreten **Unternehmenssituation** (vgl. Abb. 7.2).

Das Lean Management überträgt diese Prinzipien aus der Produktion auf die **Führung** des gesamten Unternehmens: „Schlankes Management als Veränderungsmodell bedeutet demnach die **ganzheitliche Ausrichtung** der Unternehmensführung und -organisation an der Wertschöpfungskette. Die Zielsetzungen sind eine größere Marktnähe, eine erhöhte Kundenzufriedenheit, eine Optimierung des menschlichen Arbeitseinsatzes

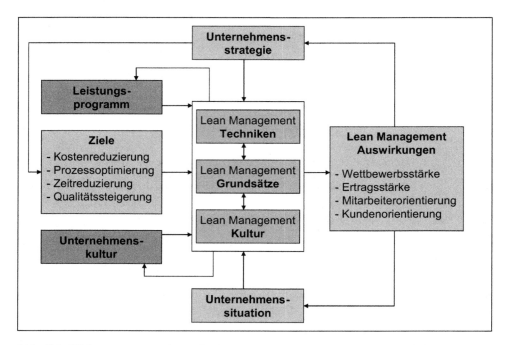

Abb. 7.2 Wirkungszusammenhänge im Lean Management (Quelle: Scholz (1994, S. 185))

und eine laufende Verbesserung der Produkt- und Prozessqualität." (Vahs 2015, S. 274). Es erfolgt eine **Verlagerung** von der **Ergebnis-** hin zur **Prozessorientierung** (vgl. Kap. 4).

Lean Management in der Praxis
Die Einführung von Lean Management hat in der Praxis zu Wettbewerbsvorteilen geführt, bspw. im Fall von General Motors zu einer **Produktivitätssteigerung** um 80 % nach Neustrukturierung und **Senkung** der **Abwesenheitsrate** von 9 % auf 3,5 %. Die Einführung ist aber häufig auch auf **Barrieren** gestoßen (vgl. im Folgenden Kayser 1994, S. 21 f.). Diese betrafen u. a. die **Vorbereitung** der Mitarbeiter für neue Aufgabenverteilungen **(Gruppenarbeit)** oder den Widerstand der Mitarbeiter bei **Job Rotation** oder das Erfordernis breiterer Qualifizierung und höherer Einsatzflexibilität. Lean Management erfordert daher begleitende **Personalentwicklungsmaßnahmen**, z. B. die Intensivierung der sozialen und kommunikativen Fähigkeiten der Gruppenmitglieder, um eine Face-to-Face-Abstimmung innerhalb einer Gruppe und auch zwischen den Gruppen zu fördern. Bei den Führungskräften, insbesondere der mittleren Managementebene muss die **Bereitschaft** wachsen, ausführenden Mitgliedern Initiativ-, Mitsprache- und Mitentscheidungsrechte einzuräumen.

Bei der **Einführung** von Lean Management wird insbesondere versucht, die **Gruppenarbeit** und die aus dem Verantwortungsbewusstsein der Gruppe hervorgehende **permanente Verbesserung** von Produkt, Qualität und Prozessen auch für europäische Unternehmen zu **übernehmen**. Bei der im Zuge des Lean Managements wieder

Element	Nutzenpotenzial	Gefahrenpotenzial
Just-in-Time-Fertigung	geringe Lagerhaltungs- und Kapitalkosten	sehr hohe wechselseitige Abhängigkeit von Zuliefern (zeitlich, Prozessqualität)
Gruppen-orientierung	hohe Arbeitszufriedenheit durch abwechslungsreiche Tätigkeit (Aufgabenerweiterung und -anreicherung) und höheres Zusammengehörigkeits gefühl (mehr Leistung aufgrund höherer Motivation)	hoher Zeitverlust durch Abstimmungen in Diskussionen, ggf. Ausübung von Gruppendruck auf leistungsgeminderte Mitarbeiter erhöhtes Konkurrenzverhalten
Kontinuier-liche Verbesse rung (KVP)	Erhöhung der Produktivität durch stetige Verbesserungsschritte	Nachlassen der Veränderungsbereitschaft durch permanenten Verbesserungsdruck/-stress
Permanente Weiterbil-dung der Mitarbeiter	Chancen zur Höherqualifizierung Zukunftssicherung für den Einzelnen und das Unternehmen Erhöhung der Beschäftigungsfähigkeit („Employability")	Angst vor Überforderung
Total Quality Management	Verankerung des Qualitätsgedankens auf allen Ebenen im Unternehmen	Bürokratiegefahr durch starke Formalisierung
Höhere Verantwor-tung des Einzelnen	weniger explizite, externe Kontrollen notwendig; Nutzung des Problemlösungspotenzials der Mitarbeiter	einige Mitarbeiter können sich überfordert fühlen (verstärkter Leistungsdruck) oder wollen wenig oder ggf. gar keine Verantwortung übernehmen
Flache Hierarchien	Kürzere Entscheidungswege durch Reduktion der Reibung in der vertikale Kommunikation aufgrund des Wegfalls von Informationsfiltern (Entbürokratisierung)	Arbeitsplatzverlust für mittleres Management geringere Aufstiegschancen für Mitarbeiter
Outsourcing	Höhere Management Attention durch Konzentration auf Kernprozesse Kostensenkung durch Abbau indirekter Bereiche	Know-how Drift zum Outsourcing-Partner ggf. Stellenverlust, wenn Outsourcing-Partner für gleiche Tätigkeit weniger Mitarbeiter genötigt
Vermei dung Verschwen-dung (Muda)	Reduzierung überflüssiger Schritte; dadurch höhere Wirtschaftlichkeit mit Fokus auf „eigentliche" Wertschöpfung	Reiner Rationalisierungsfokus („mager" statt schlank)

Abb. 7.3 Nutzen- und Gefahrenpotenziale der Lean Management-Techniken (Quelle: Eigene Darstellung basierend auf Scholz (1994))

aufgelebten Diskussion um **Gruppen**- oder **Teamarbeit** handelt es sich in der Praxis jedoch weniger um integrierte Produktionsfacharbeit durch **teilautonome Gruppen** als in erster Linie um **Fertigungsteams** an getakteten Fließbändern (vgl. Wilkens und Pawlowsky 1996, S. 6). Womack et al. führen als Erfolg der Übertragbarkeit von Lean Management die sog. Transplants japanischer Unternehmen in Nordamerika und Westeuropa an. Diese Transplants waren allerdings nur unter bestimmten Bedingungen möglich:

- starke Krise in Automobilindustrie,
- handverlesene (i. d. R. jüngere und belastbarere) Mitarbeiter,
- hohe Arbeitslosigkeit in der Region verbunden mit hoher Motivation und Toleranz gegenüber sozialem Druck,
- konsensorientierte Gewerkschaften.

Aus der Praxis

Smart

Smart France S.A.S., ein Tochterunternehmen der Daimler AG, ist in der Automobilbranche das Unternehmen mit der geringsten Fertigungstiefe. Sie beträgt lediglich 10 %. Bei den meisten anderen Automobilherstellern sind es noch 25–40 % (vgl. Dietl et al. 2009, S. 448). Das bedeutet, dass bei Smart 90 % der Produktionsschritte bis zum fertigen Fahrzeug von Zulieferern erbracht werden.

Um das 1997 in Hambach (Lothringen, Frankreich) eröffnete Smartwerk wurden die meisten der Systemlieferanten mit einer eigenen Produktion auf dem Werkgelände angesiedelt. Die Hallen wurden zwar von Daimler gebaut. Doch die meisten Hallen sind an Lieferanten vermietet

Die Montagelinie in Form eines Plus-Zeichens soll die Anforderungen von Logistik und Montage optimal erfüllen und für eine effiziente Gestaltung der Produktionsabläufe sorgen: Die eigentliche Montagehalle liegt wie ein Kreuz in der Mitte des Komplexes. An den Seiten sind die Produktionsstätten der wichtigsten Zulieferer angesiedelt, die ihre Teile über Brücken direkt an das Fließband liefern.

Die Lieferanten bei Smart haben eine Vielzahl von Arbeiten übernommen, die bis dahin kein Autohersteller aus der Hand gegeben hatte. Der kanadisch-österreichische Systemlieferant Magna zum Beispiel presst die Blechteile und schweißt die Karosserie zusammen. Außerdem produziert er das Chassis.

Die Karosserie wird anschließend vom Böblinger Unternehmen Eisenmann lackiert und zur Halle von VDO Automotive AG (ehemals Siemens VDO), einem Tochternehmen der Continental AG, transportiert.

VDO als Hersteller von Armaturen und Tachometern hat das Cockpit entwickelt und montiert es auch selbst, ebenso wie die Kabelbäume. ThyssenKrupp Automotive liefert die komplette Antriebseinheit. Die Plastikanbauteile (sog. Body Panels) werden von Dynamit Nobel produziert und montiert. Türen und Klappen von Ymos in die Karosserie eingesetzt. Die Reifen werden von Continental angeliefert.

Die Smart-Fertigung wird ohne Lagerhaltung realisiert. Alle Teile (wie bspw. die Autositze) werden just-in-time und just-in-sequence angeliefert. Sämtliche Zulieferer haben dabei Zugriff auf die individuellen Bestelldaten jedes Fahrzeugs, damit sie überhaupt in die Lage versetzt werden, die Teile in der genau richtigen Reihenfolge ans Produktionsband anzuliefern.

Selbst wenn die Montagezeit der Lieferanten hinzugerechnet wird, wird der Smart schneller gefertigt als jedes andere Auto bis dahin, in rund sieben Stunden.

„Viele clevere Lösungen sind den Lieferanten zu verdanken, von denen der neue Autohersteller Smart „brutalst abhängig ist, wie der Leiter des Smartwerkes sagt. Für manchen Entwickler bei Mercedes ist dies eine grauenvolle Vorstellung. Jahrzehntelang arbeiteten sie nach der Devise, dass ein Scheibenwischer nur dann ein Scheibenwischer ist, wenn er auch von Mercedes stammt. Doch wenn jetzt beim Smart selbst die Konstruktion des Cockpits oder der Karosserie von Lieferanten erledigt wird, wie viel Arbeit bleibt für die Mercedes-Ingenieure dann noch übrig?" (Hawranek 1997, S. 142).

Jeweils acht Mitarbeiter sind in einem Fertigungsteam organisiert. Das Durchschnittsalter der Mitarbeiter in der Smart-Produktion liegt bei 30 Jahren. Jede Woche wird für eine Viertelstunde die Produktion angehalten, um den Teams zu ermöglichen, über eine Verbesserung der Abläufe nachzudenken. Außerdem haben alle Mitarbeiter über ein Beteiligungssystem die Gelegenheit, Verbesserungsvorschläge zum Produktionsablauf einzureichen. Die besten Ideen werden mit einem Bonus prämiert.

Quellen: Daimler AG (2015), Hawranek (1997), Dietl et al. (2009, S. 448).

Auf lange Sicht können **Motivationsprobleme** auftreten, da eine aktive Beteiligung aller Mitarbeiter an der ständigen Verbesserung auch eine Grenze hat; ebenso wie ggf. auftretender interner Widerstand beim Outsourcing von defizitären Produktbereichen.

Für Lean Management sind z. T. völlig **neue Denk- und Verhaltensweisen** notwendig. Bei relativ kurzen Einführungszeiträumen ist fraglich, ob eine notwendige Internalisierung stattfinden kann und lässt daher eine erfolgreiche **Übertragbarkeit fraglich** erscheinen: bspw. eine Einführung von Lean Management Strukturen, die sich lediglich auf die Lean Management Techniken der Oberflächenstruktur bezieht, nicht jedoch auf die Grundsätze einer Lean Management Kultur, die in der japanischen kollektivistischen und konsensorientierten Landeskultur begründet sind. Gerade beim **Transfer** von Managementkonzepten ist eine **Technokratiegefahr** in der Form zu berücksichtigen, da das Augenmerk der organisatorischen Gestaltung sich nicht allein auf die Instrumentalisierung der Artefakte-Ebene konzentrieren darf, wobei die Mitarbeiter möglicherweise nur die Lean Management Techniken erlernen, ohne jedoch den zugrunde liegenden Sinngehalt zu verstehen (vgl. Scholz 1994, S. 185). Es besteht auch eine **Kulturtransfergefahr**, die in die prinzipielle Frage mündet, ob sich das japanisch geprägte Lean Management **überhaupt** auf andere Kulturkreise **übertragen** lässt. Die Transferierbarkeit von Management-Know-how in andere Kulturen ist allenfalls bedingt möglich, da kulturell Normen und Werte unterschiedliche **Anforderungen** an die Organisation stellen und Generalisierungen schon innerhalb einer Kultur nur situationsgebunden möglich sind

(vgl. Schreyögg 1976, S. 80). In Abb. 7.3 sind die Nutzen- und Gefahrenpotenziale aus-
gewählter Lean Management-Techniken tabellarisch gegenübergestellt.

Kritische Würdigung des Lean Management-Ansatzes
Bei Lean Management handelt es sich insofern zum Teil um „alten Wein in neuen
Schläuchen", da diverse Techniken bereits vorher verbreitet waren. Neuartig war in den
1990er-Jahren die spezielle Komposition der vielfältigen Techniken, die sich auszeichnet
durch seine konsequente Implementierung in real existierenden Montagewerken, seinen
überwältigenden weltweiten **praktischen Erfolg** in der Automobilindustrie und den
prozessualen Ansatz der kontinuierlichen Verbesserung. In der beratergetriebenen Managementliteratur dominierte jedoch die datenorientiert-populistische Beschreibung durch
die MIT-Studie bei Vernachlässigung einer theoriegeleiteten Spezifizierung des Rahmen-
konzepts.

Trotz der **Grenzen der Übertragbarkeit** des Ansatzes haben viele Organisationen von
Unternehmen der Automobilindustrie bis zur öffentlichen Verwaltung die **Prinzipien** des
Lean Managements auf ihren Kontext versucht zu **übertragen**, z. B. durch eine „schlan-
kere Struktur" mit dem Abbau von Hierarchieebenen, der Einführung von Teamarbeit,
„Empowerment" von Mitarbeitern oder der Neugestaltung von Prozessen. Es führte in der
Praxis zu Rationalisierungskonzepten, die eine (Neu-)Organisation entlang der gesamten
Wertschöpfungskette (auch zwischen Unternehmen) in den Mittelpunkt stellte. Insgesamt
hat der Lean Management-Ansatz in vielen Organisationen den Anstoß oder zumindest
den Anlass für **grundlegende Veränderungen** (vgl. auch Kap. 8) gegeben, bspw. durch
den Abbau von Hierarchieebenen, die Verbesserung der internen und externen Kommu-
nikationsbeziehungen, die Einführung von sog. Teamarbeit und die Neugestaltung der
primären und sekundären Prozesse (vgl. Vahs 2015, S. 274).

Der Lean-Ansatz wurde dabei von der Automobilindustrie auf andere Industrieunter-
nehmen und später auch auf Dienstleistungsunternehmen und die öffentliche Verwaltung
übertragen. Die Lean-Ansätze haben in vielen Unternehmen den Anstoß zu grundlegenden Veränderungen gegeben und die Bereitschaft der Entscheidungsträger gefördert, sich
überhaupt mit dem geplanten Wandels ihres Unternehmens auseinander zu setzen. Lean
Management **verkommt** aber zum **Schlagwort**, wenn es im Zuge einer Reorganisation
lediglich als Legitimation zur Redimensionierung mit Stellenabbau oder Reduktion von
Overhead-Ressourcen (Bürokratie) auf ein wettbewerbsübliches Niveau dient.

7.2 Business Process Reengineering

In der ersten Hälfte der 1990er-Jahre wurde Lean Management mehr und mehr durch
Business Reengineering abgelöst. Business Reengineering **übernimmt** einige **Elemente**
von **Lean Management** und entwickelt es in der Form weiter, dass das Unternehmen
nicht nur verschlankt wird, sondern alle Unternehmensaktivitäten **entlang der Prozesse**
organisiert werden. Die prominentesten Vertreter des Konzepts, Michael Hammer und

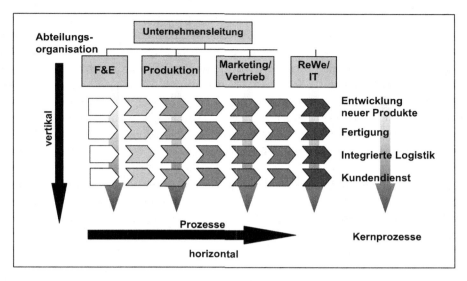

Abb. 7.4 Fokussierung des Business Reengineering auf die Kernprozesse (Quelle: Eigene Darstellung auf Basis von Thommen/Achleitner (2012, S. 903))

James Champy, propagieren das **fundamentale Überdenken** und **radikales Redesign** von Unternehmens- bzw. Kernprozessen (vgl. Hammer/Champy 2003. Die US-Erstauflage erscheint 1993 unter dem Titel „Reengineering the Corporation"). Sie postulieren, dass ein Unternehmen über maximal **acht Kernprozesse** verfügt. **Beispiele** für **Kernprozesse** sind Fertigung (von der Beschaffung bis zur Auslieferung), Kundenbetreuung, Auftragsbearbeitung, Außenmontage, Ersatzteilversorgung, Wartungsabwicklung oder Kundendienst (von der Anfrage bis zur Problemlösung). **Supportprozesse** finden sich im Rechnungswesen (Finanzbuchhaltung und Kostenrechnung) oder im Personalwesen. **Ziel** des Business Reengineering durch **Neuausrichtung** des Unternehmens und seiner Prozesse sind drastische **Verbesserungen** in den Bereichen Kosten, Qualität, Service und Zeit (vgl. Abb. 7.4).

Die **traditionelle Aufbauorganisation** eines Unternehmens steht – bedingt durch die aus den Vorteilen der Spezialisierung und daraus resultierenden verrichtungs- oder objektorientierten Konfiguration (vgl. Abschn. 3.3) – häufig **quer zu den Prozessen**. Das Business Reengineering will durch die Prozessorientierung die Abteilungsgrenzen aufheben. Die **Prozesse** und damit die Ablauforganisation werden zum **Ausgangspunkt** der Unternehmensgestaltung gewählt. Hammer/Champy verwenden einen sehr weiten Begriff für Prozesse: „Tätigkeiten, die zusammengenommen einen Wert für den Kunden schaffen – zum Beispiel die Entwicklung eines neuen Produkts." bzw. „Bündel von Aktivitäten, für das ein oder mehrere unterschiedliche Inputs benötigt werden und das für den Kunden ein Ergebnis von Wert erzeugt." (Hammer/Champy 2003, S. 14 bzw. S. 52; vgl. hierzu Thommen/Achleitner 2012, S. 902).

Die Prozesse sollen durch Business Reengineering **nicht evolutionär**, sondern **radikal** neu gestaltet werden (von lateinisch radis = die Wurzel). Das Bestehende wird **grundsätzlich** in Frage gestellt und in **großen Schritten** grundlegend geändert. Es ist nicht die Frage „Wie betreiben wir unser Geschäft?", sondern „Warum machen wir das überhaupt?" (Hammer/Champy 2003, S. 15) zu beantworten. Aufbauend auf der **Prozessanalyse** werden die **Prozesse optimiert** bzw. neu aufgesetzt. Es wird nach der **Grüne-Wiese**-Methode gearbeitet: „Wenn wir unser Unternehmen völlig neu auf der grünen Wiese bauen würden, wie würden wir dann unsere Prozesse gestalten?"

Business Reengineering basiert auf **drei Grundideen**:

1. Das Unternehmen soll **um die Prozesse herum organisiert** werden, um Kunden zufrieden zu stellen und Wertschöpfung zu erzeugen, nicht um Funktionen herum. Die Unternehmensstrukturen werden abhängige Variablen der betrieblichen Prozesse (Structure follows Processes).
2. Das durch die Arbeitsteilung bedingte Denken in Funktionen und Objekten wird abgelöst durch das **Denken in Prozessen** mit dem Ziel der Reduktion von Schnittstellen durch die Schaffung übergreifender Prozessketten.
3. Die **Unternehmenstätigkeit** wird **ganzheitlich gesehen** mittels der Bestimmung von Process Owners bzw. Case Teams, die für einen funktionsübergreifenden Prozess verantwortlich sind.

Schlüsselaspekte des Business Reengineering sind dabei:

- **Radikales Redesign** von wesentlichen Unternehmensprozessen.
- Ziel der Kostensenkung, Produktivitäts-, Marktanteils- und Qualitätssteigerung in sog. **„Quantensprüngen"**. Verbesserungen von 30–90 % werden angestrebt.
- Ausrichtung der Unternehmensorganisation an der **Wertschöpfungskette** der Kernprozesse.
- **Drei Prinzipien**: One best way, Routinisierung, Schnittstellenreduktion durch übergreifende Prozessketten. Die Informations- und Kommunikations-Technologie stellt dabei einen wichtigen Gestaltungsfaktor dar.
- Festlegung von **Verantwortlichkeiten** für einen ganzen Prozess.

Neben dem Aspekt der Arbeitsteilung (Orientierung an den Kernprozessen) tragen die Arbeitskoordination mit der Bildung von Prozessketten und die Benennung von **Prozessverantwortlichen** zur Koordination bei (Arbeitskoordination).

Hammer/Champy verdeutlichen das **fundamentale Redesign** der Prozesse u. a. am Beispiel der Kreditsachbearbeitung bei der IBM Credit Corporation (vgl. das Fallbeispiel „IBM Credit" im Abschn. 4.2 zum Prozessmanagement).

Nach dem Business Process Reengineering ist der Prozess vollständig neu gestaltet, u. a. durch die Entwicklung und Nutzung eines neuen **Informationssystems**. Hierdurch wird eine **radikale Reduktion** der **Durchlaufzeiten** erreicht, da ein Großteil bislang Liege- und nicht Bearbeitungszeiten waren. Die **Kosten sinken** und die vom Kunden oder Lieferanten wahrgenommene **Qualität steigt.** Zur Realisierung der ambitionierten Ziele werden beim Reengineering häufig neue Informations- und Kommunikationstechniken eingesetzt. Die Prozesse werden in ihrer **Gesamtheit** betrachtet und die einzelnen Funktionen treten in den Hintergrund.

Beim Business Process Reengineering ändern sich die Arbeitsstrukturen von verrichtungs- oder objektorientierten Abteilungen hin zu **Prozessteams.** Diese Teams revidieren die von Taylor propagierten Schritte der Arbeitsteilung. Die Rolle der Mitarbeiter entwickelt sich von kontrolliert zu eigenverantwortlich. Durch das **Zusammenlegen von Aktivitäten** bekommen die Mitarbeiter mehr Aufgaben übertragen: agieren, kommunizieren, Entscheidungen treffen. Hierzu ist, um die **Kongruenz** der Stellenbildung von Aufgabe, Kompetenz und Verantwortung (vgl. Abschn. 3.3.1 Stellenbildung) sicherzustellen, eine Verbreiterung der Fähigkeiten und Fertigkeiten mittels **Personalentwicklung** und **Übertragung von Verantwortlichkeiten** durch **Entscheidungsdelegation** erforderlich (**Empowerment**).

In Reengineering-Projekten eingesetzte **Instrumente** sind bspw. Wertketten-Analysen, Benchmarking, Prozesskostenrechnung und moderne Informationstechnologie. Wie Praxiserfahrungen zeigten, war die Umsetzung des radikalen Wandels auf keinen Fall einfach. Das Business Reengineering hat daher zahlreiche **Kritik** erfahren (vgl. Theuvsen 1996, S. 79; Bea/Göbel 2006, S. 425):

- **Top-down** getriebener, kompromissloser Veränderungsprozess,
- **kurzfristiger** Fokus (vs. langfristige und kontinuierliche Weiterentwicklung),
- in der Praxis häufig **gescheitert**, da die ambitionierten Ziele nicht erreicht wurden (vgl. sogar Hammer/Champy 2003, S. 260: „Über den Daumen gepeilt schätzen wir, dass sogar 50 bis 70 Prozent der Unternehmen, die den Weg des Business Reengineering wählen, nicht die beabsichtigten, durchschlagenden Resultate erreichen"),
- unflexibler und mechanistischer Ansatz,
- **unzureichende Einbindung** der betroffenen Mitarbeiter und ggf. damit verbundene Entwicklung starker Widerstände oder Überforderung,
- fehlende evolutionäre Perspektive,
- geht **implizit** von einer existenten **verrichtungs- oder objektorientierten Organisation** aus, die dann radikal reorganisiert wird,
- zu starker Einsatz von externen Unternehmensberatern.

Das Business Reengineering ist nicht grundsätzlich neu, sondern vielmehr die Fortsetzung eines Trends der Organisationsgestaltung weg von den Funktionen hin zu einer stärkeren Objektorientierung, wie sie bereits 1921 mit der Einführung der divisionalen Organisation bei DuPont begann. Neu am Business Reengineering ist aber, dass es auf fundamentale und radikale Veränderungen statt auf inkrementellen Wandel setzte. Problematisch ist dabei, dass nur wenige Unternehmen zu einem derartigen radikalen Wandel tatsächlich bereit und in der Lage sind. Nur wenige Unternehmen können mit einem Schlag ihre tradierten Strukturen und Prozesse aufbrechen und die gesamte Wertschöpfungskette ‚auf der grünen Wiese' neu zu gestalten (vgl. Vahs 2015, S. 367). Hammer/

Champy haben wichtige Punkte **nicht diskutiert**. Diese betreffen u. a. – trotz der angeführten Best Practice – die praktische Umsetzung, das konkrete Vorgehen der Projektleitung, die Organisation der Kampagne für den Wandel und den Umgang mit den Implementierungsproblemen.

Die von Hammer/Champy gewählten Beispiele **betrachten** häufig **nicht** die eigentlichen **Kernprozesse** der untersuchten Unternehmen, wie das ebenfalls häufig zitierte Beispiel Reengineering in der Lieferantenbuchhaltung von Ford (vgl. Hammer 1995, S. 95 ff.).

Beim Reengineering wird eines unterschätzt: Die Langlebigkeit der Unternehmenskultur. Ihre Veränderung beansprucht Zeit und sollte eher Gegenstand eines evolutionären und partizipativ orientierten anstatt eines revolutionären und autoritär orientierten Vorgehens sein. Jahre später ist daher auch James Champy zu der Einsicht gelangt: „Ein Mangel des Reengineering ist vielleicht, nicht erkannt zu haben, dass sich die Prozessveränderungen innerhalb einer größeren Unternehmenskultur abspielen – und die zu ändern, dauert Jahre" (Champy 2002).

Weiterentwicklung des Business Reengineering
Das Business Reengineering hat – trotz aller Kritikpunkte – die **Prozessorientierung** wieder in den **Fokus** von Theorie und Praxis geholt. Die Umsetzung der dafür erforderlichen Veränderungen sollte zunächst mit vergleichsweise geringer Partizipation der Mitarbeiter und häufig großer Unterstützung externer Berater erfolgen. Gaben im Februar 1994 noch 75 % der größten öffentlichen und privaten europäischen und 69 % der entsprechenden nordamerikanischen Unternehmen an, mindestens ein Reengineering-Projekt zu betreiben (vgl. CSC Index 1994, S. 3), wird zu Beginn des 21. Jahrhunderts viel **weniger** von **Reengineering gesprochen**. Die **Vernachlässigung des Faktors Mensch** ist u. a. einer der entscheidenden Gründe, warum 60–70 % aller **Reengineering-Projekte scheitern** (vgl. Osterloh/ Frost 2006, S. 243). Die Kritik am Reengineering wurde von den Autoren aufgenommen. Stand in den 1990er-Jahren mehr der **technokratische** Aspekt im Vordergrund, setzen neue Reengineering-Ansätze verstärkt auf die **Partizipation** der betroffenen Mitarbeiter (vgl. Hammer 2007; Friedli 2007). Das Reengineering nimmt damit Elemente partizipativ orientierter Ansätze von **Change Management** auf. Zur Gegenüberstellung des revolutionären Business Reengineering mit der evolutionären Organisationsentwicklung vgl. Abb. 8.11 in Kap. 8 Change Management.

7.3   Ressourcenorientierter Ansatz

Marktorientierte Sicht des strategischen Managements
Im Zuge der Veränderung und Redimensionierung von Unternehmen wird vielfach das Schlagwort der **„Konzentration auf die Kernkompetenzen"** verwendet. Der Kernkompetenzen-Ansatz, der Anfang der 1990er-Jahre große Verbreitung erlangte, basiert im Wesentlichen auf dem **ressourcenorientierten Ansatz** des **strategischen Managements**.

Bis Mitte der 1980er-Jahre stand die **Marktperspektive** im Vordergrund. Die Wettbewerbsvorteile wurden dabei primär auf eine optimale **Positionierung** des einzelnen Unternehmens in **attraktiven Märkten** und **Branchen** zurückgeführt (bspw. das Five-Forces-Modell von Porter (1992 und 1995)). Grundlage dieses **marktorientierten Ansatzes** bildet das **Paradigma** der **Industrieökonomik**, demzufolge das ökonomische Ergebnis (= Performance) eines Industriezweiges von seinen branchenspezifischen Charakteristika (= Structure) sowie dem daraus resultierenden Marktverhalten (= Conduct) der beteiligten Unternehmen bestimmt wird. Das Marktergebnis hängt vom Marktverhalten ab und dieses wiederum wird aus der Marktstruktur heraus erklärt. Dieser Umfeld orientierten Sichtweise liegt das **Structure-Conduct-Performance**-Paradigma zugrunde (vgl. Nolte/Bergmann 1998, S. 5). Vernachlässigt wird hingegen eine Strategie mit dem Fokus auf die **Ressourcenausstattung** des Unternehmens. Abbildung 7.5 zeigt die Gegenüberstellung von markt- und ressourcenorientiertem Ansatz.

Grundmodell des ressourcenorientierten Ansatzes
Ein Unternehmen wird nach dem Ressourcenansatz als ein **Bündel von Ressourcen** und **organisationalen Fähigkeiten** aufgefasst (vgl. Barney 1986, 1991; Penrose 1995; Peteraf 1993; Prahalad/Hamel 1990; Rühli 1994, S. 42, zusammenfassend Nolte/Bergmann 1998, S. 8 ff.). Die Art und Weise der **Ressourcenbündelung** bildet die Grundlage für nachhaltige Wettbewerbsvorteile (**Resource-Conduct-Performance-Paradigma**). Wettbewerbliche Chancen entstehen durch die **Unvollkommenheit von Faktormärkten**, da Ressourcen und organisationale Fähigkeiten nur **begrenzt transferierbar** sind.

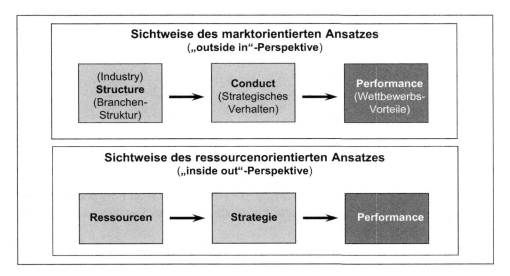

Abb. 7.5 Gegenüberstellung von markt- und ressourcenorientiertem Ansatz (Quelle: In Anlehnung an Rühli (1994, S. 34), leicht modifiziert)

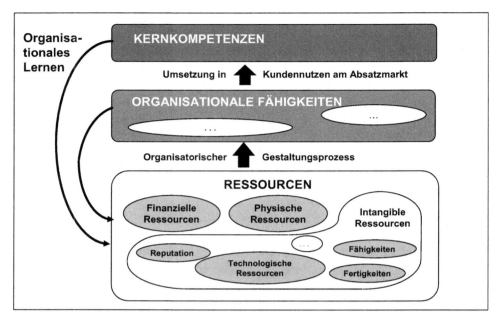

Abb. 7.6 Grundmodell des ressourcenorientierten Ansatzes (Quelle: Eigene Darstellung auf Basis von Nolte/Bergmann (1998, S. 8)), Bergmann (2000, S. 54))

Der **Fokus** richtet sich zunächst nach **innen. Ziel** ist die **Identifizierung**, der Aufbau, der Schutz, die Nutzung und die Weiterentwicklung der **Ressourcen** und organisationalen Fähigkeiten.

Das Grundmodell des ressourcenorientierten Ansatzes umfasst **drei Ebenen**: Die **Ressourcen**, die **organisationalen Fähigkeiten** und die **Kernkompetenzen**. Abbildung 7.6 zeigt das Grundmodell des ressourcenorientierten Ansatzes mit dem Zusammenspiel der drei Ebenen.

Ressourcenbegriff

„Unter Ressourcen wird die Gesamtheit der Faktoren verstanden, die dem Unternehmen zur Verfügung stehen." (Nolte/Bergmann 1998, S. 12; vgl. auch Penrose 1995, S. 24.) Die Ressourcen, die als Input in die Produktion von Gütern und Dienstleistungen eingehen, sind zunächst die **kleinste Analyseeinheit**. Durch die Bündelung mit anderen Ressourcen werden sie – über viele Zwischenschritte – letztlich zu **Endprodukten** verknüpft. **Ressourcen** können in **physische, finanzielle, intangible** und **weitere** Ressourcen **klassifiziert** werden (vgl. Abb. 7.7).

Intangible Ressourcen sind bspw. individuelle Fähigkeiten und Fertigkeiten der Mitarbeiter, technologische Ressourcen (Patente, Warenzeichen), Reputation, Beziehungen zu Kunden, Lieferanten, Behörden und Kreditinstituten u. v. m. (vgl. Chatterjee/Wernerfelt 1991, S. 34; Grant 1991, S. 118; Hall 1993, S. 611; McGrath et al. 1995, S. 252; Rühli 1995, S. 97). Die **Mitarbeiter** sind selbst keine Ressourcen oder „Kapital" des

Abb. 7.7 Die Ressourcen als Ausgangspunkt

Unternehmens, sondern die **Träger der Ressourcen**. Weitere Ressourcen sind bspw. Unternehmenskultur, Managementsysteme oder Produktionsverfahren. **Intangible Ressourcen** spielen eine **entscheidende wettbewerbsrelevante** Rolle, da sie schwerer zu imitieren sind als materielle Ressourcen. Sie nutzen sich bei häufigem Gebrauch nicht ab. Je mehr sie eingesetzt und verwendet werden können, desto besser können sie weiterentwickelt werden (vgl. Frost 1998, S. 128).

In einer Phase der zunehmenden Technisierung und Redimensionierung werden die **humanbezogenen Ressourcen** zur **entscheidenden Voraussetzung** zur Generierung von **Wettbewerbsvorteilen**. Während sich die materielle Gestalt von Unternehmen durch den prinzipiellen Zugang zu Maschinen, Technologien und Finanzmärkten immer mehr angleicht (vgl. Pawlowsky 1995, S. 450), wird der Vorsprung gegenüber den Wettbewerbern in ihrer **intelligenten Anwendung** durch **menschliche Aufgabenträger** gesehen.

Hintergrund

Der ressourcenorientierte Ansatz im Vergleich zu Gutenbergs Elementarfaktoren
Der ressourcenorientierte Ansatz kann in Bezug auf die Basiskonzepte der Betriebswirtschaftslehre prinzipiell als eine Weiterentwicklung des faktoranalytischen Ansatzes von Gutenberg verstanden werden. Gutenberg unterscheidet drei Elementarfaktoren (vgl. Gutenberg 1958, S. 27):

- Menschliche Arbeitsleistungen (objektbezogen und dispositiv),
- Werkstoff (Rohstoffe und Zwischenprodukte),
- Betriebsmittel (Grundstücke, Gebäude, Einrichtungen, Aggregate, Maschinen, Werkzeuge).

Gutenberg nimmt beim dispositiven Faktor Bezug auf die wissenschaftliche Betriebsführung von Taylor (vgl. Abschn. 6.1). Der dispositive Faktor (Geschäfts- und Betriebsleitung, Planung und Betriebsorganisation) steuert bei Gutenberg den Prozess der Kombination der Elementarfaktoren. Da sich der dispositive Faktor nach Ansicht Gutenbergs in kein rationales Schema einordnen lässt und damit quantifizierbaren Methoden nur begrenzt zugänglich ist, wird er aus seiner Analyse ausgeschlossen (vgl. Staehle 1994, S. 126). Der wesentliche Unterschied zum ressourcenorientierten Ansatz besteht darin, dass dieser in bewusster Abkehr von den klassischen Organisationsansätzen gerade die schwer quantifizierbaren und messbaren Ressourcen und organisationalen Fähigkeiten in den Mittelpunkt der Untersuchung stellt. Der innovative Charakter des ressourcenorientierten Ansatzes besteht darin, dass er den dispositiven Faktor auf die Ebene der Elementarfaktoren bringt und ihn zum Ausgangspunkt der Gestaltung macht, anstatt ihn auszublenden.

Quelle: Vgl. Bergmann (2000, S. 27 und 44).

Organisationale Fähigkeiten

Eine **einzelne Ressource**, bspw. eine Produktionsmaschine oder eine spezielle Fähigkeit eines Mitarbeiters, ist **für sich allein** genommen **nicht produktiv**. Erst durch ihr **Zusammenwirken** mit anderen **Ressourcen** entstehen **Ressourcenkombinationen**, die Potential entfalten können. Die **organisationalen Fähigkeiten** bilden dabei die **nächsthöhere Ebene** im ressourcenorientierten Ansatz: Organisationale Fähigkeiten entstehen durch **Gestalten von Ressourcen**. Unter Gestalten wird insbesondere Organisieren als „zielgerichtete Integration und/oder Koordination von Ressourcen" (Nolte 1999, S. 41; vgl. den funktionalen Organisationsbegriff in Kap. 1) verstanden. Organisationale Fähigkeiten können als Fähigkeit zum Integrieren und Koordinieren von Ressourcen definiert werden (vgl. Ulrich/Lake 1990 S. 40). Organisationale Fähigkeiten sind durch **fünf Merkmale** gekennzeichnet (vgl. Knyphausen-Aufseß 1995, S. 94 ff.):

- Sie wirken auf die Koordination von Handlungen,
- sie sind in der **Tiefenstruktur** des Systems verankert,
- sie besitzen Potentialcharakter,
- sie haben eine dynamische Komponente,
- sie dienen der **Differenzierung** von den Wettbewerbern.

Kernkompetenzen

Die dritte Ebene im ressourcenorientierten Ansatz sind die Kernkompetenzen. Abbildung 7.8 gibt Beispiele für die Kernkompetenzen verschiedener Unternehmen.
Es existiert eine **Vielzahl von Definitionen** für **Kernkompetenzen** (vgl. Prahalad/Hamel 1990, S. 82; Bühner 1990, S. 72; Hofer/Schendel 1978, S. 25; Penrose 1995, S. 25; Rühli 1994, S. 50; Krüger/Homp 1997, S. 27; Vahs 2015, S. 194). Zusammenfassend lassen sich **Kernkompetenzen** als die Fähigkeit zur **Umsetzung von Ressourcen und organisatio-**

Unternehmen	Kernkompetenzen
Sony	Miniaturisierung (Walkman/Discman, Camcorder, Hi-Fi-Geräte) durch Bündelung spezifischer Fähigkeiten in Feinmechanik, Optik und Elektronik
Honda	Entwicklung und Herstellung von Motoren (Autos, Motorräder) und Händlermanagement
Canon	Feinmechanik, Feinoptik und Mikroelektronik
NEC	Systemintegration in der Digitaltechnik/Miniaturisierung in der Halbleitertechnik
Swatch	Kombination von Automatisierungstechnologie, Design und Marketing im Bereich „emotionaler Güter"
BMW	Image-Management auf Basis qualitativ hochwertiger Fahrzeuge
Federal Express	Integration von Balkencode-Technologie, drahtloser Kommunikation und Netzwerkmanagement weltweiter Logistik- und Distributionsprozesse
3M	Oberflächenbehandlung (z. B. „Post it" -Haftnotizen)

Abb. 7.8 Beispiele für Kernkompetenzen (Quelle: Eigene Darstellung auf Basis von Prahalad/Hamel (1990); Geldern (1997, S. 158); Krüger/Homp (1997, S. 27 und 68); Grant (1998, S. 120); Amponsem et al. (1996, S. 221))

nalen Fähigkeiten in einen Kundennutzen verstehen. Sie tragen dazu bei, dass die Unternehmen oder bestimmte strategische Geschäftseinheiten zu den führenden Wettbewerbern in ihrer Branche gehören. Ein **Wettbewerbsvorteil** ergibt sich grundsätzlich dann, wenn die Leistung eines Unternehmens durch die Kunden einen höheren Wert beigemessen bekommt als die eines Wettbewerbers (vgl. Meffert 1994 S. 51; Hinterhuber 1996, S. 179).

Die **Quelle** für diese **nachhaltige Wettbewerbsposition** liegt in den **organisationalen Fähigkeiten** und **Ressourcen**. Vielfach werden aber auch organisationale Fähigkeiten mit Kernkompetenzen gleichgesetzt.

> **Hintergrund**
>
> **Unterschied zwischen organisationalen Fähigkeiten und Kernkompetenzen**
> Ein Philharmonisches Orchester mag als ganzes die (organisationale) Fähigkeit besitzen, bspw. die Sinfonien Beethovens in brillanter Weise zu interpretieren. Dies stellt aber so lange noch keine Kernkompetenz dar, bis diese organisationale Fähigkeit nicht auch (z. B. im Rahmen von Aufführungen, CD-Einspielungen) bei den Konzertbesuchern bzw. Hörern (Kunden) umgesetzt und von diesen wahrgenommen wird, also Kundennutzen entstanden ist.

Nachhaltigkeitskriterien

Während in der marktorientierten Sicht Wettbewerbsvorteile insbesondere durch Produkt-Markt-Kombinationen erreicht werden sollen, werden diese in der ressourcenorientierten Sicht durch organisationale Fähigkeiten erreicht. Ein weiterer Schlüsselbegriff ist dabei die **Nachhaltigkeit**. Diese liegt vor, wenn der Effekt des **strategischen Vermögens** – hierunter werden Ressourcen, organisationale Fähigkeiten und der Gestaltungsprozess verstanden – eines Unternehmens **nicht** – im Planungshorizont dieses Unternehmens – **von einem Wettbewerber** oder einem potentiellen Wettbewerber **erreicht werden** kann (vgl. Nolte/Bergmann 1998, S. 16 ff.).

Wenn **Teile** des **strategischen Vermögens** die Kriterien für die **Nachhaltigkeit** eines Wettbewerbsvorteils in ihrer Gesamtheit erfüllen, ist der auf ihnen beruhende **Wettbewerbsvorteil nachhaltig** (vgl. Abb. 7.9).

Wenn zum Beispiel eine Ressource leicht transferierbar ist (bspw. eine einzelne Produktionsanlage), kann der auf ihr beruhende Wettbewerbsvorteil nicht als nachhaltig bezeichnet werden. Das heißt, mit der Produktion von Gütern auf dieser Maschine kann durchaus ein Wettbewerbsvorteil erreicht werden, dieser ist jedoch kein nachhaltiger Wettbewerbsvorteil, da die Maschine (auch) relativ leicht imitiert werden kann, oder, falls es sich nicht um eine Spezialmaschine handelt, auch relativ leicht ersetzt werden kann. Wenn jedoch bspw. organisationale Fähigkeiten relativ **komplex** (Unterkriterium für kausale Ambiguität) sind, wird es **umso schwieriger**, dass diese von Wettbewerbern bspw. **imitiert** werden können.

Die Nachhaltigkeit einer organisationalen Fähigkeit lässt sich in der Regel nur in **Einzelfallstudien** ex post feststellen, nachdem eine entsprechende Gestaltung im Unternehmen stattgefunden hat.

> **Fallbeispiel**
> **Von Ressourcen zu Kernkompetenzen**
> Das Unternehmen Beiersdorf hat im Laufe der letzten Jahrzehnte die Reputation der Marke Nivea für eine einfache Allzweckcreme aus den 1920er-Jahren in eine Vielzahl von Produkten diversifizieren können. Beiersdorf war in der Lage, eine aus einer langen Historie gewachsene, schwer imitierbare, kaum zu substituierende, sehr seltene und schwer auf andere Unternehmen zu transferierende Ressource (Reputation der Marke Nivea) auf verwandte Produkte zu übertragen. Nivea ist inzwischen Leitmarke einer Markenfamilienstrategie für Körpermilch, Gesichtscreme, Sonnencreme, Haarshampoo, Duschgel, Rasiercreme u. v. m. Der hierauf beruhende Wettbewerbsvorteil ist nachhaltig. Beiersdorf besitzt im Segment Körperpflege eine Kernkompetenz.

Organisationales Lernen im Kontext des Ressourcenansatzes

Organisationale Fähigkeiten entstehen nicht durch einmaliges Gestalten von Ressourcen, sondern in einem **dynamischen Prozess** organisationalen Lernens.

Kriterium	Beschreibung
Dauerhaftigkeit (zeitlicher Aspekt)	Die Rate, in der das strategische Vermögen seinen Wert verliert oder obsolet wird, wobei die Dauerhaftigkeit umso ausgeprägter ist, je geringer diese Rate ist.
Verwertbarkeit	Bedeutet die Erhöhung der Effektivität und Effizienz des Unternehmens.
Relative Seltenheit	Bedeutet, dass nicht alle Wettbewerber über dieses strategische Vermögen verfügen.
Keine Transferierbarkeit	Bedeutet, dass andere Unternehmen das strategische Vermögen nicht zu vergleichbaren Bedingungen erwerben können. Eine Übertragung in andere Bereiche und Geschäftseinheiten des eigenen Unternehmens ist jedoch möglich.
Keine Ersetzbarkeit	Bedeutet, dass es kein entsprechend anderes verwertbares strategisches Vermögen gibt.
Fehlende Imitierbarkeit	Bedeutet, dass das strategische Vermögen des einen Unternehmens nicht durch ein anderes Unternehmen ohne weiteres kopiert werden kann.
Kausale Ambiguität	Bedeutet, dass man das strategische Vermögen nicht eindeutig auf seine Ursachen zurückführen kann (Intransparenz).
Tacitness	Bezeichnet die Unmöglichkeit, zugrunde liegende Ressourcen oder organisationale Fähigkeiten zu durchschauen.
Komplexität	Bezeichnet die Vielschichtigkeit und Vernetztheit von Ressourcen bzw. Ressourcenbündeln.
Spezifität	Anpassung des strategischen Vermögens an die Bedürfnisse der Transaktionspartner.
Historizität	Prägung des strategischen Vermögens vom bisherigen Entwicklungspfad des Unternehmens.

Abb. 7.9 Kriterien für die Nachhaltigkeit eines Wettbewerbsvorteils (Quelle: Eigene Darstellung auf Basis von Nolte/Bergmann (1998, S. 16 ff.))

Organisationales Lernen versucht, **vom Individuum zu abstrahieren** (vgl. Hedberg 1981; Shrivastava 1983; Fiol/Lyles 1985; Levitt/March 1988). Dabei ist es jedoch **nicht** mit der **Addition** des **individuellen Lernens** der Organisationsmitglieder gleichzusetzen und geht grundsätzlich von zwei Prämissen aus (vgl. Klimecki/Probst 1993, S. 252):

- Organisationales Lernen baut auf individuellem Lernen auf;
- Organisationen können Wissen unabhängig von ihren Mitgliedern speichern.

„Wissen bezeichnet die Gesamtheit der Kenntnisse und Fähigkeiten, die Individuen zur Lösung von Problemen einsetzen. Dies umfasst sowohl **theoretische Erkenntnisse** als auch **praktische Alltagsregeln** und **Handlungsanweisungen**" (Probst et al. 1997, S. 44).

Es gibt dabei **Handlungsmuster**, die unabhängig von Individuen in **organisationalen** „**kognitiven Landkarten**" (Probst/Büchel 1994 S. 24) abgelegt sind. Sie können bspw. durch die **Organisationskultur** an neue **Organisationsmitglieder weitergegeben** werden (vgl. Nolte 1999, S. 56).

Formen organisationalen Lernens

Es werden i. d. R. **drei Formen** organisationalen Lernens (vgl. hierzu den Überblick bei Pawlowsky 1992, S. 205) unterschieden: Anpassungslernen, Veränderungslernen und Prozesslernen (siehe Abb. 7.10).

Für Kernkompetenzen ist ein **Managementzyklus** mit den Phasen Identifikation, Entwicklung, Integration, Nutzung und Transfer auf andere Geschäftsbereiche erforderlich (vgl. Krüger/Homp 1997, S. 93). Das **organisationale Lernen** ist hierbei eine **Voraussetzung**, um die **Entwicklungsfähigkeit** für Aufbau und Verteidigung der Kernkompetenzen sicherzustellen. Organisationales Lernen kommt nur in Gang, wenn in Unternehmen Strukturen, Kulturen und Strategien implementiert sind, die als **Lernkontext** organisationales Lernen fördern.

Lernform	Beschreibung
Anpassungslernen	„Reaktion der Organisation auf die interne und externe Umwelt, indem Abweichungen von der Gebrauchstheorie so korrigiert werden, dasssie wieder im Einklang mit bestehenden Normen und 'alten, bewährten Gewohnheiten' sind und diese möglicherweise besser verwirklichen."
Veränderungslernen	„Erschließung, Bewertung und Verbreitung von neuem Wissen sowie die eigenständige Entwicklung neuer Voraussetzungen für Handlungstheorien. Institutionelle Bezugsrahmen werden in Frage gestellt, Normen und Ziele neu festgelegt und die Qualität der Problemlösung erhöht."
Prozesslernen	„… Verbesserung der Lernfähigkeit, indem Lernen selbst zum Gegenstand des Lernens wird." Im Zentrum stehen die Reflexion des Lernkontextes und das Entdecken von Lernhindernissen und -erleichterungen.

Abb. 7.10 Formen organisationalen Lernens (Quelle: Probst (1994, S. 307 ff.))

Kritische Würdigung des ressourcenorientierten Ansatzes

Die **Vorteile** des ressourcenorientierten Ansatzes bestehen insbesondere im Vergleich zum marktorientierten Ansatz in Folgendem:

- **Realitätsnahe Annahme** unvollkommener Faktormärkte,
- Berücksichtigung der intern vorhandenen oder noch zu entwickelnden **Fähigkeiten** von Unternehmen,
- Betonung der immateriellen Ressourcen als Ausgangsbasis der Wettbewerbsstrategie in Zeiten der Wissens- und Dienstleistungsgesellschaft,
- Berücksichtigung **dynamischer Effekte** bei der Generierung von Kernkompetenzen,
- Entwicklung eines am klassischen Problemlösungs- und Strategieprozesses orientierten Kernkompetenz-Management-Zyklus
- **Erklärung** für Rückgang von **Diversifikation** und verstärktes **Outsourcing** (Konzentration auf Kernkompetenzen).

Der ressourcenorientierte Ansatz hat jedoch auch diverse **kritische Punkte** (vgl. Osterloh/Grand 1994, S. 279; Wiegand 1996, S. 466; Mahoney/Pandian 1992, S. 363; Conner 1991; Raub 1998, S. 290 f.):

- Der **Ressourcenbegriff** ist teilweise **unklar** und sehr weit gefasst.
- Die Betrachtung des Unternehmens als Pool heterogener Ressourcen ist zu **abstrakt** und **schwer operationalisierbar.**
- **Paradoxon** z. T. diffuser Kausalzusammenhänge (bspw. kausale Ambiguität).
- Die **Ursachen** eines Wettbewerbsvorteils sind **nicht transparent** sind. Hierdurch können organisationale Fähigkeiten und Kernkompetenzen schwer identifiziert werden.
- Z. T. **mangelnde Implikationen** für die **Praxis** (Wie werden Kernkompetenzen erlangt entwickelt und weiter aufgebaut?).
- Es erfolgt häufig eine **Analyse einzelner Ressourcen** statt eine systematische Untersuchung des Unternehmens in seiner Innen- und Außenwelt (methodologische Kritik).
- Dilemma, dass Kernkompetenzen schwer imitierbar von bzw. transferierbar zu Wettbewerbern sein sollen, gleichzeitig aber diese im Rahmen des Kernkompetenz-Managements in andere Geschäftseinheiten des eigenen Unternehmensverbundes transferiert werden sollen.
- Der ressourcenorientierte Ansatz ist zwar ein eigenständiger Ansatz des strategischen Managements, kann aber **nicht als eigenständiger (organisations-)theoretischer Ansatz** angesehen werden, der neben bekannten Theorieansätzen steht.

Bei der Gegenüberstellung von Markt- und Ressourcenansatz drängt sich geradezu die Metapher „von den **zwei Seiten einer Medaille**" auf. Bei dem marktorientierten und dem ressourcenorientierten Ansatz wird das gleiche Problem – Erreichen bzw. Bewahren einer günstigen Marktposition – aus unterschiedlichen Sichtweisen heraus behandelt, so dass sich die beiden Ansätze bei der Strategiewahl **ergänzen** (vgl. Wernerfelt 1984; Nolte/Bergmann 1998, S. 4). Nur wenn beiden Seiten entsprochen wird, kann es zu nachhaltigen Wettbewerbsvorteilen kommen.

7.4   Formen des Outsourcings und Schnittstellenorganisation

Bei der Identifikation von **Kernkompetenzen** eines Unternehmens stellt sich die Frage, wie mit solchen Teilprozessen oder **Unternehmensteilen,** welche die **Kernkompetenzen** des Unternehmens **nicht berühren,** verfahren werden kann. Insbesondere seit Anfang der 1990er-Jahre gibt es eine starke Tendenz in Unternehmen, solche unterstützenden Bereiche zu zentralisieren (bspw. in sog. **Shared Service Centern**) oder ganz an andere Unternehmen zu übertragen (**Outsourcing**) (vgl. im Folgenden Kinkel/Lay 2003, S. 1 ff.; Balze et al. 2007). Diese **Verringerung der Fertigungstiefe** erfolgt häufig unter dem Leitbild, **nur solche Aktivitäten** im Unternehmen selbst zu belassen, welche **wettbewerbsdifferenzierend** sind. Für die übrigen Aktivitäten stellt sich dann die Frage: „**Make or Buy?**", also ob die Leistungen selbst erstellt oder fremdbezogen werden. Fällt die Entscheidung, die Leistungen fremd zu beziehen, so können die Unternehmensteile, welche diese Leistungen derzeit erbringen, inklusive der Arbeitsmittel und Mitarbeiter an ein **anderes Unternehmen übertragen** werden, das diese Leistungen zukünftig erbringt. In diesem Falle spricht man von einem **klassischen Outsourcing**. Betroffen sind meist **unterstützende Aktivitäten**, bspw. IT-Leistungen, Personalverwaltung oder Facility Management, z. T. auch die komplette Fertigung von Produkten. So haben bspw. viele Sportartikelhersteller die Fertigung fremdvergeben und konzentrieren sich nur noch auf ihre vermeintliche Kernkompetenz, die Vermarktung der Produkte (vgl. Hirn 1996, S. 78 ff.).

Es gibt **verschiedene Vorgehensweisen**, Stufen und **Mischformen**, welche häufig alle mit dem Outsourcing-Begriff verbunden werden:

- Beim **Outtasking** werden nur einzelne Aufgaben an Fremdunternehmen vergeben, bspw. das Schreiben von Programmzeilen bei der Softwareentwicklung oder das Reinigen von Büros.
- In **Shared Service Center** (SSC) werden die betrachteten Aufgaben organisatorisch gebündelt. Dies kann, muss aber nicht, eine geographische Zentralisierung bedeuten. So zentralisierte bspw. SAP im Jahre 2005 die Lohnbuchhaltung und Reisekostenabrechnung in Tschechien. Die Leistungen innerhalb des Unternehmens müssen nun von diesem SSC bezogen werden. Dies kann auch innerhalb einer Holding geschehen, wobei nun alle Unternehmen auf dieses SSC zugreifen müssen. Das SSC kann auch als rechtlich eigenständiges Unternehmen ausgegründet werden, bspw. in Form einer „SSC GmbH". Das SSC kann auch zusammen mit Partnerunternehmen i. S. einer Kooperation genutzt werden oder Leistungen für Drittunternehmen anbieten.
- **Ausgründung** wird häufig synonym zu Outsourcing verwendet. Die Leistungen werden in einer organisatorischen Einheit gebündelt, die rechtlich verselbstständigt wird, i. d. R. dem Konzern als Tochtergesellschaft jedoch weiter angehört. Dieses Serviceunternehmen kann nun wie ein Fremdunternehmen gegenüber dem alten Unternehmen auftreten, Rechnungen stellen und versuchen, Gewinne zu erzielen. Darüber hinaus kann es auch am Drittmarkt tätig werden und von anderen Unternehmen ausgegründete Unternehmensteile übernehmen. Durch eine Ausgründung der IT-Aktivitäten von General Motors entstand auf diesem

Wege bspw. die EDS, einer der weltweit größten Anbieter von IT-Leistungen und Outsourcing-Partner, der mittlerweile von HP übernommen wurde. Bezeichnenderweise (vgl. die Anmerkung in Abschn. 1.3 zum „Pendel zwischen Zentralisierung und Dezentralisierung (Outsourcing)") versucht General Motors seit 2012 in einem großen Insourcing-Projekt, die meisten IT-Leistungen wieder intern zu erbringen. (vgl. Hackmann 2012)

- Beim **klassischen Outsourcing** wird das ausgegründete Unternehmen von einem anderen Unternehmen übernommen oder die zu outsourcenden Bereiche direkt in das Fremdunternehmen überführt. Dabei kommt es – wie bei der Ausgründung – häufig zu einem Betriebsübergang.
- **Offshoring** ist der Fremdbezug von Leistungen, welche i. d. R. in Niedriglohnländern durchgeführt werden. Dabei werden Bereiche im Unternehmen, welche diese Leistungen bisher erbracht haben, aufgelöst oder die Leistungen durch das Fremdunternehmen ergänzt. Ein Beispiel hierfür ist die Vergabe von Programmieraufgaben an indische Unternehmen.

Hauptbeweggrund für ein Outsourcing ist, neben Kapazitäts- oder Know-how-Engpässen, meist **Kostenersparnis** verbunden mit einem Kapazitätspuffer. Das heißt, dass die Nachfrage nach den Leistungen von dem tatsächlichen Bedarf des Unternehmens abhängt und bspw. keine Überkapazitäten zum Abfangen von Stoßzeiten aufgebaut werden müssen (vgl. Kinkel/Lay 2003, S. 4). Es lässt sich beobachten, dass neben den analytischen Überlegungen hinsichtlich Kernkompetenzen und darauf aufbauender Make-or-Buy-Entscheidung auch ein gewisser **Trend zum Outsourcing** zu herrschen scheint, der durch Bandwagon-Effekte erklärt werden kann (vgl. Abschn. 7.6 zu Organisationsmoden).

Da einige Unternehmen mittlerweile **negative Erfahrungen** mit Outsourcing gemacht haben, weil bspw. langfristig doch keine Kostensenkung gelang, bedeutsames Know-how abgeflossen ist oder Verbundeffekte verloren gingen (z. B. informelle Kontakte), gibt es teilweise bereits wieder die **gegenläufige Tendenz zum Insourcing,** wie u. a. das obige Beispiel von General Motors zeigt.

Grundsätzlich ist beim Outsourcing zu beachten, dass eine vordergründig geplante Kostenersparnis häufig nicht zum Tragen kommt, da Aspekte wie unterschiedliche **Qualität** der Leistung, Mitarbeitermotivation oder auch **Kosten für ein Auftraggeber- und Kontrollsystem** nicht berücksichtigt wurden oder schwer quantifizierbar sind. In einigen Branchen, wie Banken und Versicherungen, welche nicht vorsteuerabzugsberechtigt sind, würde sich durch ein Outsourcing die Dienstleistung allein durch die nun zu entrichtende Mehrwertsteuer an das Fremdunternehmen nach dem derzeitigen Satz um 19 % verteuern.

Ein weiterer, häufig vernachlässigter Aspekt ist, dass auch bei einem Outsourcing die **Auftraggeber-Kompetenz** im Unternehmen verbleiben muss. Gerade in Bereichen wie der IT, wo sich zahlreiche Leistungen nicht einfach standardisieren lassen und diese durch die Unterstützung auch kernkompetenzrelevanter Prozesse eine gewisse strategische Bedeutung haben, muss die **Schnittstellenorganisation** wohl überlegt sein.

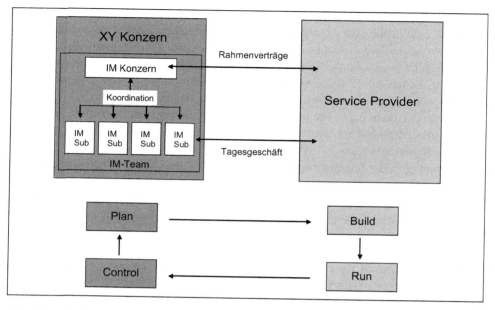

Abb. 7.11 Beispiel einer Schnittstellenorganisation im IT-Bereich

Abbildung 7.11 zeigt beispielhaft, wie in einem Konzern, welcher seine IT-Leistungen ausgelagert hat, die Auftraggeber-Kompetenz in Form eines Information Management (IM) im Unternehmen verbleibt.

Das **Information Management** (IM) spielt dabei die Rolle eines Übersetzers für die IT-Bedürfnisse des Fachbereichs und erstellt näher spezifizierte Anforderungen (bspw. in Form von Pflichtenheften). Ein Konzern-IM koordiniert die IM-Abteilungen der Tochterunternehmen (IM Sub) und verhandelt die Rahmenverträge mit dem Service Provider, welcher die outgesourcten Abteilungen des Konzerns übernommen hat. Das Tagesgeschäft reguliert der Service Provider mit dem IM der Tochterunternehmen. Die **Abstimmung** zwischen dem IM und dem Service Provider findet in **gemeinsamen Gremien** statt. Von Bedeutung ist, dass die **strategische Steuerung** der IT im Unternehmen verbleibt. Der Service Provider übernimmt die Build- und Run-Funktion, während die Plan- und die Control-Funktion im Unternehmen verbleiben muss.

7.5   Netzwerkorganisationen und Virtuelle Unternehmen

Eine weitere Organisationsform, welche in der Organisations- und Managementliteratur in den letzten 15 Jahren stark propagiert wurde, ist die **Netzwerkorganisation**. Dabei kann ein Netzwerk **intraorganisational**, also bspw. in einem Konzern zwischen verschiedenen Mitarbeitern oder Abteilungen vorliegen. Diese kooperieren in bestimmten Fragestellungen und tauschen sich auch informell aus. Es besteht dann eine Ähnlichkeit zu sozialen Netzwerken. Da diese Netzwerke nicht in der **Primärorganisation** abgebildet sind, gehören sie ähnlich wie die **formalistischeren Kollegien** zur **Sekundärorganisation**.

Besteht ein Netzwerk **zwischen Unternehmen**, so wird von einem **Unternehmensnetzwerk** gesprochen. Dieses ist von **kooperativen Beziehungen** geprägt.

▶ **Definition Unternehmensnetzwerk** „Ein Unternehmensnetzwerk stellt eine auf die Realisierung von Wettbewerbsvorteilen zielende Organisationsform ökonomischer Aktivitäten dar, die sich durch komplex-reziproke, eher kooperative denn kompetitive und relativ stabile Beziehungen zwischen rechtlich selbstständigen, wirtschaftlich jedoch zumeist abhängigen Unternehmungen auszeichnet. Ein derartiges Netzwerk … ist das Ergebnis einer Unternehmensgrenzen übergreifenden Differenzierung und Integration ökonomischer Aktivitäten.“

Quelle: Sydow (1992, S. 79).

Im Sinne des Transaktionskostenansatzes (vgl. Abschn. 6.6) ist ein Netzwerk eine **Hybridform** zwischen **Markt und Hierarchie** (vgl. Sydow 1991, S. 12), da einerseits zwischen den Netzwerkmitgliedern keine formalen Weisungsbefugnisse vorhanden sind, jedoch einzelne Mitglieder Koordinationsfunktionen übernehmen können. Andererseits geht die Zusammenarbeit innerhalb des Netzwerks über rein marktliche Beziehungen hinaus.

Im Sinne der Systemtheorie (vgl. Abschn. 6.5) stellt ein Netzwerk ein autopoietisches Sozialsystem dar, welches implizit oder explizit durch Absprachen zwischen den Netzwerkmitgliedern entsteht (vgl. Krebs/Rock 1994, S. 337).

Netzwerkorganisationen erhöhen einerseits die **Flexibilität** des einzelnen Unternehmens, da auf Kompetenzen und Kapazitäten der Netzwerkmitglieder zugegriffen werden kann. Gleichzeitig können durch das im Netzwerk notwendige **Vertrauen** oder die Berechenbarkeit des Verhaltens der anderen Mitglieder die **Transaktionskosten gesenkt** werden.

Nachteilig ist, dass für die Gründung und Aufrechterhaltung des Netzwerkes **Kosten** entstehen (insbesondere Informations- und Kommunikationskosten) und die **Handlungsmöglichkeiten** der Netzwerkmitglieder durch das System Netzwerk **eingeschränkt** werden.

Es gibt **verschiedene Formen** der Netzwerkorganisation, die eine wirtschaftliche Bedeutung haben (vgl. Berghoff/Sydow 2007):

* **Strategische Allianzen** entstehen durch eine Zusammenarbeit zwischen Unternehmen auf **strategischer Ebene**. Dabei gehen die Unternehmen teilweise **Minderheitsbeteiligungen** aneinander ein, bleiben aber **wirtschaftlich und rechtlich unabhängig**. Es wird auf verschiedenen Ebenen kooperiert. **Beispiel** für strategische Allianzen ist die **Luftfahrt**. Hier konkurrieren hauptsächlich die drei strategischen Allianzen Star Alliance (Lufthansa, United Airlines etc.), oneworld Alliance (British Airways, American Airlines, Air Berlin, Etihad etc.) und Sky Team (Air France-KLM, Alitalia, Delta Air Lines etc.) miteinander. Die Partner in der Allianz stimmen dabei Buchungssystem, Vielfliegerprogramme oder Anschlussflüge aufeinander ab und stellen Sitzplätze in ihren Flugzeugen zur Verfügung (Codeshare).

- **Keiretsu** ist ein Unternehmensverbund in **Japan**, welcher durch verschiedene Merkmale gekennzeichnet ist. Dazu gehört bspw. ein sog. **Präsidentenclub**, in welchem auch **soziale Beziehungen** zwischen den Präsidenten der verschiedenen Unternehmen gepflegt und Absprachen getroffen werden. Die Unternehmen gruppieren sich häufig um eine Art **Hausbank** und einen **Industriekonzern**. Meist werden **Überkreuzbeteiligungen** zwischen den verschiedenen Unternehmen gehalten. Die Keiretsu gingen nach dem Zweiten Weltkrieg aus den **Zaibatsu** (Holdings in Familienbesitz) hervor, welche von den USA zerschlagen wurden. Diese entsprechen den in Korea anzutreffenden **Chaebols** (vgl. Gilson/Roe 1993, S. 871 ff.).
- **Joint Ventures** sind Unternehmen, an welchen zwei oder mehr verschiedene **Unternehmen beteiligt** sind und in diesen üblicherweise **partnerschaftlich** zusammenarbeiten. Die Netzwerkbeziehung besteht insofern über das Joint Venture zwischen den daran beteiligten Unternehmen. Joint Ventures finden sich in vielfältiger Form und aus unterschiedlichen Gründen, bspw. zum **Eintritt** in einen **geschützten** ausländischen **Markt**, der nationale Beteiligungen erfordert (bspw. in China). Des Weiteren gibt es Joint Ventures zur **Teilung** von **Risiken** und Aufwendungen zwischen Unternehmen, bspw. im F & E-Bereich, oder um **Synergien** zwischen den Partnerunternehmen zu erreichen, seien sie technologischer oder wirtschaftlicher Art (Economies of Scale). So brachten z. B. Siemens und Bosch bereits 1967 ihre Haushaltsgerätesparten in das bis 2014 bestehende Joint Venture BSH Bosch und Siemens Hausgeräte GmbH ein (vgl. Bosch Siemens 2014). Kooperationen über **Joint Ventures** sind jedoch, im Gegensatz zu obigem Beispiel, **häufig nicht erfolgreich**. So ergab eine Studie, dass lediglich 50 % der untersuchten Joint Ventures die Erwartungen der Partner erfüllt hätten. Hauptgrund für ein Scheitern seien dabei strukturelle und kulturelle Unterschiede zwischen den Mutterunternehmen (vgl. Raffée/Eisele 1994, S.17 ff.).
- **Konsortien** sind die befristete oder unbefristete **rechtlich verselbstständigte Zusammenarbeit** zwischen Unternehmen, ohne dass ein Joint Venture gebildet wird. Konsortien entstehen meist, um große Projekte gemeinschaftlich zu bewerkstelligen, insbesondere im Bereich der **Bauwirtschaft**, wo zahlreiche Großprojekte in **ARGEn** (Arbeitsgemeinschaften) durchgeführt werden. Im Innenverhältnis wird die Zusammenarbeit der Unternehmen meist durch einen Konsortialvertrag geregelt, im Außenverhältnis ist nach deutschem Recht strittig, ob ein Konsortium automatisch als eine Gesellschaft des bürgerlichen Rechts einzustufen ist (vgl. Jacob/Brauns 2006).
- **Zuliefernetzwerke** werden als eine Verbindung zwischen einem **fokalen Produktionsunternehmen** (meist in der Automobilindustrie) und deren **Zulieferern** verstanden (vgl. Nolte 1999, S. 105). Dabei sind die Zulieferer und das fokale Unternehmen meist nicht aneinander beteiligt, aber es besteht häufig eine starke **wirtschaftliche Abhängigkeit**. Diese ist umso stärker ausgeprägt, desto weniger Geschäfte außerhalb des Netzwerkes getätigt werden. Meist besteht die Abhängigkeit der oftmals klein- und mittelständischen Zulieferunternehmen in Richtung des fokalen Unternehmens, bei großen Systemlieferanten kann sie jedoch auch umgekehrt ausgeprägt sein.
- **Regionale Cluster** entstehen, wenn Unternehmen in einem relativ **begrenzten geographischen Raum** (meist ein Radius von ca. 50 km) für den gleichen Markt

produzieren (vgl. im Folgenden Nolte 1999, S. 107 ff.). Dabei kann es zu einer **Arbeitsteilung** zwischen den Unternehmen kommen. Meist sind die Unternehmen durch **soziale Beziehungen** miteinander verbunden („man kennt sich") (vgl. Asheim 1992, S. 52 f.). Dabei werden teilweise auch **Kapazitäten ergänzt** oder gar gemeinsam F&E betrieben. Neugründungen entstehen häufig als **Spin-Off** aus bestehenden Unternehmen. Ein gewachsener gemeinsamer **sozialer Hintergrund**, bspw. durch ethnische, politische oder religiöse Bindungen, wirkt dabei **mindernd** auf **Opportunismus** ein. **Direkte Kommunikation** wirkt **vertrauensbildend**, dadurch werden **Transaktionskosten** innerhalb des Netzwerkes **gesenkt**. Beispiele sind die Strickwarenproduktion in Raum Modena, die „Virtuelle Fabrik" Bodensee (vgl. Scherer 2005, S. 63 ff.), das Silicon Valley oder die Spielwarenfabrikation im Raum Seiffen im Erzgebirge. Auch Unternehmen und einzelne Künstler in der Filmwirtschaft arbeiten ähnlich wie ein regionales Cluster zusammen. Auch wenn es bestimmte Zentren gibt (Babelsberg, Cinecittà Rom oder Hollywood), so findet die Zusammenarbeit häufig über die Grenzen dieser Zentren hinaus statt. Hier wirkt vor allem das verbreitete Empfehlungswesen vertrauensfördernd und somit transaktionskostenmindernd (vgl. Nolte 1996, S. 33 ff.).

Virtuelle Unternehmen

Das Virtuelle Unternehmen oder die Virtuelle Organisation wurde insbesondere Ende der 1990er-Jahre als „die" Organisationsform der Zukunft gesehen (vgl. Albach et al. 2000, S. VII). Dabei gibt es **keine einheitliche Definition**, was unter einem Virtuellen Unternehmen zu verstehen ist. Aufbauend auf dem Begriff virtuell ergeben sich verschiedene Deutungsmöglichkeiten. Virtuell hat **drei Bedeutungen** (vgl. Garrecht 2002, S. 26 f.):

1. Die ursprüngliche Bedeutung ergibt sich aus der lateinischen Wurzel „virtus", und bezeichnet eine verborgene, innewohnende Kraft, ähnlich zu „virtuos."
2. Diese steht im Zusammenhang mit der Hauptbedeutung des Wortes im Deutschen „der Möglichkeit nach vorhanden" und insbesondere der daraus abgeleiteten technischen Bedeutung (aus der Optik) und kann als „scheinbar", „beinahe schon" angegeben werden. Diese spielt insbesondere eine Rolle, wenn der Begriff aus dem Englischen ins Deutsche übertragen wird.
3. Das Wort kann auch „computergeneriert" bedeuten, da in aktuellen Texten das Wort mit starken Konnotationen zu Informationstechnologien auftaucht.

In der Literatur haben sich **vier Hauptströmungen** herausgebildet, wie der Begriff des Virtuellen Unternehmens interpretiert wird. Diese sind:

1. **Mowshowitz** (vgl. Mowshowitz 1986, S. 389) betrachtet Virtuelle Unternehmen eher aus einer **intraorganisationalen** Perspektive und betont durch eine Analogie zum **virtuellen Speicher eines Computers** Aspekte der **Dezentralisierung** und des **Outsourcings**. Er nutzte als erster den Begriff, die folgenden Autoren griffen jedoch meist nicht auf seine Definition zurück.

2. **Davidow und Malone** (vgl. Davidow/Malone 1993, S. 13 f.) dagegen stellen eher ein **Managementkonzept** auf, welches die Veränderungen in Organisationen und Märkten beleuchtet und aus einem Unternehmen ein virtuelles, im Sinne von **virtuoses** machen soll. Dabei betrachten sie die Entwicklung der Individualisierung von Massenprodukten, neuen Fertigungsmethoden und den Möglichkeiten der Informationstechnik und kleben der Kombination verschiedener Managementmodelle, wie Just-in-time-Belieferung, TQM, Management by Objectives oder Speed-Management das **Etikett** des Virtuellen Unternehmens auf.

3. **Byrne** (Byrne 1993, S. 37) sieht in einem journalistischen Beitrag Virtuelle Unternehmen **interorganisational** als temporäre Unternehmensverbünde im Prinzip wie ein **dynamisches Netzwerk**, das durch Informations- und Kommunikationstechnologien (IKT) verknüpft ist. Diesem Ansatz folgen die **meisten Autoren**, welche sich wissenschaftlich mit den Konsequenzen und Möglichkeiten Virtueller Unternehmen auseinandersetzen.

4. Darüber hinaus gibt es **weitere Betrachtungen**, u. a. die Verbindung des Begriffs Virtuelle Unternehmen mit Unternehmen, welche im Bereich des **E-Commerce** tätig sind.

Neue Erkenntnisse bringt hauptsächlich die Betrachtung von Virtuellen Unternehmen als **dynamische Netzwerke**.

▶ **Definition Virtuelle Unternehmen** „Ein Virtuelles Unternehmen ist eine auf die Erzielung von Wettbewerbsvorteilen zielende Organisationsform, in der Unternehmen, Teile von Unternehmen oder einzelne Spezialisten hauptsächlich verbunden durch IKT, kooperieren, um ein gemeinsames spezifisches wirtschaftliches Ziel zu erreichen."

Quelle: Garrecht (2002, S. 56).

Ein **dynamisches Netzwerk** (vgl. Abb. 7.12) ist gekennzeichnet durch das Zusammenkommen **verschiedener Mitglieder** eines **potentiellen** oder **latenten Netzwerkes** (Netzwerkmitglieder, welche als Teil des Netzwerkes potentiell zusammenarbeiten können und sich dessen bewusst sind oder bereits zusammengearbeitet haben) für eine **spezifische Gelegenheit**.

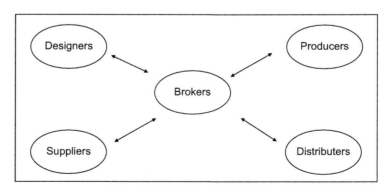

Abb. 7.12 Dynamisches Netzwerk (Quelle: Snow/Miles (1986, S. 65))

Dabei wird die **Rolle** eines **Brokers** benötigt, welcher die verschiedenen **Spezialisten** für die Erfüllung der spezifischen Aufgabe **zusammenbringt**. Diese Rolle kann auch bspw. von dem Unternehmen eingenommen werden, welche das Design einbringt oder den Kontakt zum Kunden herstellt.

Zentrale Fragestellung bei der Betrachtung Virtueller Unternehmen ist, inwieweit das notwendige **Vertrauen** zwischen den Akteuren hergestellt werden kann, da die Kommunikation und Zusammenarbeit fast ausschließlich über **Informationstechnologien** abgewickelt werden. Dazu muss das Virtuelle Unternehmen verschiedene Eigenschaften besitzen, nämlich einerseits die **Fähigkeit** (Charakter, Wertvorstellungen) der **Mitglieder, vertrauensvoll über IT-Systeme zu kooperieren** und andererseits ein **Rahmennetzwerk**, welches vertrauensfördernd wirkt. Dazu gehört bspw. ein Empfehlungswesen oder Eintrittsbedingungen, welche **Opportunität entgegen wirken**.

Das Konzept des Virtuellen Unternehmens muss insofern **kritisch** gesehen werden, als dass die **Prognose**, dass es eine der wichtigsten Organisationsformen der Zukunft sein wird, bisher noch **nicht** einmal annähernd **eingetroffen** ist. Auch wenn sich die Reinform von Virtuellen Unternehmen in der Praxis nicht finden lässt, so sind **Teilaspekte** dennoch von **hoher Bedeutung**. So ist die Fragestellung, wie oder wie gut Unternehmen oder einzelne Spezialisten über IT-Systeme kooperieren können, auch für global agierende Unternehmen, welche bspw. F&E von **globalen Teams** durchführen lassen möchten, von Bedeutung. Ebenso wie die Frage wie in anderen **intra- oder interorganisationalen Projektteams** zusammengearbeitet werden kann, ohne sich ständig an einem gemeinsamen Arbeitsort zu befinden (vgl. Garrecht 2002, S. 231 ff.).

7.6   Organisationskonzepte als Managementmode

Zahlreiche Ansätze, welche in diesem Kapitel zu den neueren Entwicklungen der Organisation behandelt wurden, haben **Phasen modischer Höhepunkte** durchlaufen. Kieser (1996a) zeigt auf, warum es zu **Organisationsmoden/Managementmoden** kommt. Dies ist der Fall, wenn sich eine **Arena** aus **Beteiligten** bildet, welche von der Entstehung einer Organisationsmode profitieren, bspw. Unternehmensberater oder Professoren, die dem Konzept eine wissenschaftliche Bedeutung verleihen können. Darüber hinaus ist das Erscheinen eines **Management-Bestsellers**, welcher sich einer bestimmten **Rhetorik** bedient, von Vorteil. **Praktiker** folgen Organisationsmoden häufig, weil sie dadurch sowohl auf der Höhe des State of the Art erscheinen, als auch Organisationsveränderungen ohne weitere Rechtfertigung anstoßen können („es tun alle") (vgl. Abb. 7.13). Moden sind durch Oberflächlichkeit, Vergänglichkeit und Wechselhaftigkeit gekennzeichnet (vgl. Abrahamson 1991, S. 595–600). Daher wird ihnen häufig ein nachhaltiger, ökonomischer Nutzen abgesprochen; „stattdessen kann ihnen allenfalls ein legitimatorischer Nutzen zugeschrieben werden, der daraus resultiert, dass eine Organisation als modern und fortschrittlich gilt, wenn sie – auch ohne Prüfung der Substanz der Konzepte – neuartige Managementkonzepte adaptiert." (Süß 2009, 32).

Arena – Personen und Foren	Rhetorik des Management-Bestsellers	
<ul><li>Bestseller-Autoren</li><li>Unternehmensberater</li><li>Professoren</li><li>Praktiker</li><li>Kongresse</li><li>Gesprächskreise</li><li>Seminare</li><li>Internet-Foren</li></ul>	<ul><li>Aufbau von Drohkulissen: Intensive Artikulation sog. „Defizite", „Herausforderungen"</li><li>Ein Schlüsselfaktor</li><li>Radikaler Bruch mit dem Bisherigen</li><li>Unausweichliche Anwendung, dessen Vernachlässigung mit negativen Konsequenzen verbunden wird</li><li>Versprechen von sog. „Quantensprüngen"</li></ul>	<ul><li>Best-practice-Darstellung, denen „Erfolg" bescheinigt wird; im Anschluss deren weitere Verbreitung</li><li>Helden (Personifizierung), die als Autoritäten präsentiert werden und die Legitimierung sichern</li><li>Leichte Lesbarkeit Anlehnung an Wissenschaft (aber ohne Theorie)</li><li>Entwicklung eines Mythos (aus sagenhaften Erfolgen und Vagheit)</li></ul>

Abb. 7.13 Auslöser von Organisationsmoden (Quelle: Eigene Darstellung auf Basis von Kieser (1996a, S. 23–29))

Allerdings ist das Erscheinen einer **Organisationsmode nicht** unbedingt **nachteilig**: Wenn durch sie ein notwendiger Wandel im Unternehmen stattfindet, hat sie letztendlich positive Auswirkungen und damit einen messbaren Nutzen. Des Weiteren sagt das Auftreten eines Modezyklus bei einem Organisationskonzept nichts über dessen tatsächliche Qualität aus.

Eine Organisationsmode beginnt nach Kieser (1996a, b) mit sehr geringen Veröffentlichungszahlen von ‚Vordenkern' der neue Mode. Anschließend folgt – häufig beschleunigt durch einen Management-Bestseller (bspw. Hammer/Champy 2003 zum Business Reengineering, Peters/Waterman 1995 zur Unternehmenskultur, Womack et al. 1992 zum Lean Management, Hamel/Prahalad 1997 zu Kernkompetenzen, Nonaka/Takeuchi 1997 zum Wissensmanagement, Kotter 1996 zum Change Management) – ein starker Anstieg der Veröffentlichungen, wobei die neue Mode Nachahmer und Anhänger findet, über einen Zeitraum, wo das Managementkonzept von einer Vielzahl von Wissenschaftlern und Praktikern diskutiert bzw. ‚angewendet' wird bis zu ihrem Ende, wo die Mode entweder aufgrund von Erfolglosigkeit ‚entmystifiziert' ist oder aufgrund der starken Ausdifferenzierung in Theorie und Praxis zunehmend ihren orientierungsstiftenden Charakter verliert, ihre erfolgversprechenden Botschaften somit auch nicht mehr zur

Differenzierung im Wettbewerb dienen bzw. von einer neuen Mode abgelöst wird, und die Veröffentlichungszahl wieder stark zurückgeht.

Der Verlauf in den vier Phasen des Lebenszyklus einer Organisationsmode (Latenz-, Verbreitungs-, Reife- und Ablehnungs-/Degenerationsphase; vgl. Abrahmson/Fairchild 1999, S. 720) wird hauptsächlich durch die Akteure geprägt, die sich in den „Arenen der Organisationsmoden" (Kieser 1996b, S. 23) engagieren. Diese Akteure sind u. a. Unternehmensberater (Consultants), Manager und andere Business-„Praktiker", Hochschullehrer (vor allem Vertreter sog. Business Schools, insbesondere aus anglo-amerikanischen Ländern), Redakteure von Managementzeitschriften, Buchverlage, Seminarveranstalter u. a.

Hintergrund

Die Rolle von Unternehmensberatern

Unternehmensberater stellen im Rahmen der Entwicklung und Verbreitung von Managementkonzepten einen wichtigen Akteur dar. Sie unterscheiden sich von den sonstigen Praktikern aber dadurch, dass sie primär Anbieter und weniger Nachfrager von Managementkonzepten sind. Für Unternehmen stellen sie daher i. d. R. einen wichtigen Ansprechpartner dar, wenn diese eine bestimmte Problemlösung benötigen. Die Rolle der Berater wird – insbesondere aus Perspektive der Wissenschaft – oft negativ bewertet Sie gelten vielfach als Rhetorikkünstler oder gar als Scharlatane, deren Leistungen sich einer ökonomischen Bewertung entziehen. Dem steht allerdings der Befund entgegen, dass der Markt für Managementberatung seit den 1980er-Jahren sowohl für Unternehmen als auch die öffentliche Verwaltung und das Gesundheitswesen gewachsen ist, was einen entsprechenden Bedarf verrät.

Der Anlass für Unternehmensberater, neue Managementkonzepte zu entwickeln bzw. bereits bestehende Konzepte aufzugreifen und damit zu verbreiten, ist in der Regel in Bemühungen zur Kundenakquisition oder in konkreten Kundenaufträgen zu sehen. Diese resultieren daraus, dass Unternehmen selbst aus zeitlichen, kapazitativen und / oder qualitativen Gründen nicht in der Lage sind, bestimmte Probleme zu lösen bzw. Problemlösungen durchzusetzen. Berater zielen darauf ab, managementbezogene Probleme bei ihren Kunden zu lösen, indem sie (bereits erprobte) Konzepte in konkreten Situationen anwenden, die Managementkapazität ihrer Kunden temporär erweitern sowie durch eine externe, scheinbar objektive und unabhängige Unterstützung das Management ihrer Kundenunternehmen qualitativ verbessern.

In der Literatur wird herausgestellt, dass eine Vereinfachung und Strukturierung der Realität sowie die Einfachheit der Ursache-Wirkungs-Beziehungen der propagierten Lösungen typisch für das Auftreten von Managementberatern und die von ihnen vorgeschlagenen Managementkonzepte sind. Diese Vereinfachung wird durch verschiedene, überwiegend rhetorische Elemente erreicht: Konzentration auf einen so genannten Schlüsselfaktor, Verweise auf stilisierte „Best practise"-Beispiele, einfache grafische Darstellungen, leicht verständliche Sprache und Mystifizierung der präsentierten Problemlösungen.

Die tatsächliche Unterstützungsleistung der Berater für einzelfallbezogene Probleme der Unternehmen ist jedoch fraglich, was nicht zuletzt daran liegt, dass Berater Management-konzepte in der Regel in generalisierter, standardisierter Form anbieten; es erfolgt damit eine Imitation von als besonders erfolgreich wahrgenommenen Unternehmen bzw. Konzepten und ihre Übertragung auf den Einzelfall. Damit tragen Unternehmensberater besonders stark zur Verbreitung standardisierter Managementkonzepte bei und sind auch maßgeblich für die Herausbildung von Managementmoden verantwortlich, wobei diese Kritik innerhalb der Managementforschung inzwischen selbst modisch geworden ist. Damit verbunden ist der Vorwurf einer vergleichsweise oberflächlichen und substanzlosen Produktion von Managementwissen bzw. -konzepten. Andererseits sind Beratungsleistungen jedoch vielfach standardisiert und weisen zumindest den Anschein objektiver, neutraler und wissenschaftlich fundierter Leistungen auf, die jedoch – anders als wissenschaftliche Konzepte – auf den Einzelfall bezogen werden (können), was insbesondere die Unternehmenspraxis zu schätzen weiß.

Quelle: Süß (2009, S. 35 f.).

Ursachen für die Entstehung des Phänomens Organisationsmode sind nach Kieser 1996a u. a. (a) eine Verunsicherung des Managements, die aus sich immer schneller verändernden Umfeldbedingungen resultiert, (b) eine kaum noch zu bewältigende Informationsflut (c) der Wunsch nach einfachen, klaren Antworten in Form von Konzepten mit ‚Allheilmittelcharakter‘, sowie (d) eine Differenzierung der Unternehmen vom Wettbewerb durch Einsatz von Organisationskonzepten als Instrument zur Steigerung von Produktivität und Wirtschaftlichkeit i. S. eines instrumentalen Organisationsbegriffes. Organisationskonzepte übernehmen hierbei eine Filterfunktion, sie strukturieren und sollen in den Entscheidungsprozess für Veränderungen vereinfachen. Zudem sind mit ihnen häufig hohe Erwartungen verknüpft in Bezug auf die klassischen Erfolgsfaktoren (bspw. Verbesserung der Kostenposition im Wettbewerb, Reduktion der Durchlaufzeiten, Steigerung von Qualität und Kundennutzen).

Wie die **Entstehung** einer **Management-Mode** funktioniert, sei am **Beispiel** des **Business Process Reengineering** und des **Kernkompetenzen**-Ansatzes gezeigt.

Business Process Reengineering ist eine **Mischung** aus bekannten Ansätzen und neuen Ideen mit japanischen und amerikanischen Elementen. Hammer/Champy setzen ihren Ansatz bewusst in **Gegensatz** zu Adam Smith und dem Taylorismus: „Die wesentliche Botschaft unseres Buches lautet . . . : Es ist nicht mehr sinnvoll oder wünschenswert, dass Unternehmen ihre Tätigkeit nach Adam Smiths Grundsätzen der Arbeitsteilung organisieren. Einzelaufgabenorientierte Arbeitsplätze sind in einer Welt der Kunden, des Wettbewerbs und des Wandels nicht mehr zeitgemäß. Stattdessen müssen die Firmen die Arbeit prozessorientiert organisieren." (Hammer/Champy 2003, S. 43). Durch die Orientierung am One best Way der Prozessroutinisierung besteht aber eigentlich eine Nähe zur Wissenschaftlichen Betriebsführung von Taylor.

Die Autoren konzentrieren sich auf einen **Schlüsselfaktor** – die Prozessorientierung –, dessen **Anwendung** als **unausweichlich dargestellt** wird, und einen radikalen Bruch mit dem bisherigen Vorgehen bedeutet („Im Grunde geht es beim Business Reengineering um die Umkehr der Industriellen Revolution. . . . Die Tradition zählt nicht, Business Reengineering ist ein neuer Anfang.", Hammer/Champy 2003, S. 70). Es wird **ein Faktor** betont, der bisher **sträflich vernachlässigt wurde**, weshalb die Entdeckung von den Autoren als revolutionär bezeichnet wird.

Neu ist die grundsätzliche Ausrichtung der Organisation an den Prozessen jedoch nicht (vgl. hierzu im deutschsprachigen Raum bereits Gaitanides 1983). Die Autoren messen ihren Ideen dennoch den **gleichen Stellenwert** bei wie dem Prinzip der Arbeitsteilung von Adam Smith (vgl. Abschn. 3.1 Arbeitsteilung). Es folgt der **dringende Appell** an die Leser, das Konzept anzuwenden. Ansonsten sei vor dem Hintergrund von Konkurrenzvorsprüngen in Asien, der Dynamisierung der Märkte, der immer kürzer werdenden Lebenszyklen, der steigenden Ansprüche der Kunden oder anderer **Drohkulissen** mit geradezu **apokalyptischen Konsequenzen** zu rechnen („Auch die größten Unternehmen – ja selbst die erfolgreichsten und aufstrebendsten – müssen sich die Grundsätze des Business Reengineering zu eigen machen, weil sie ansonsten im Schatten . . . stehen werden.", Hammer/Champy 2003, S. 12).

Sie geben stets **einleuchtende Beispiele** der **Best Practice** aus der Welt **großer namhafter Unternehmen** (IBM, Ford, Kodak; vgl. im Folgenden insbesondere Kieser 1996a, S. 23 ff.). Es wird mit vollmundigen Versprechen gelockt wie z. B. **Kostensenkungen** von 30–90 % oder **Produktivitätssteigerungen** von bis zu 100 %. Gelingt es, eine **Organisationsmode** zu **platzieren**, dann ist im Idealfall ein **Mythos** entstanden, der **keiner** weiteren **wissenschaftlichen Begründung** bedarf. Er wird nicht bezweifelt, da der propagierte Praxiserfolg jeglicher Beweislast enthebt. Jetzt kommt es nur noch darauf an, die **einfachen Grundideen** umzusetzen, um die **Leistungssprünge** auch im eigenen Unternehmen zu erreichen. Das Konzept ist trotz der **Klarheit der Rhetorik vage in der Beschreibung der Umsetzung**. Die programmatische Radikalität steht dabei im umgekehrten Verhältnis zu Hinweisen für die praktische Umsetzung (vgl. Gaitanides et al. 1994, S. 5). Diese **Kombination** von **Einfachheit und Mehrdeutigkeit** macht aber vor dem Hintergrund der operativen Erfordernisse der Unternehmenspraxis häufig den (von den Interessengruppen intendierten) Einsatz von Beratern erforderlich.

Die sog. Quantensprünge von 80–90 % **Effizienzverbesserungen** bei Durchlaufzeiten oder Produktivität wurden beim Business Reengineering nicht erreicht. Diese bezogen sich meist nur auf einzelne, nicht auf alle Prozesse eines Unternehmens (vgl. Kieser 1996b, S. 183). Man kann **Moden** relativ schnell auf ihre **einfachen Kerne** reduzieren, muss sich für die Praxis daraus dann Lösungen nach Maß schneidern. Eigene Strategie und Konzepte bleiben daher für die Umsetzung unverzichtbar.

Die Moden werden – neben den z. T. Eigeninteressen verfolgenden Arena-Akteuren – beeinflusst und gesteuert durch **exogene** ökonomische oder **umweltpolitische Faktoren**, die einen grundlegenden **Wandel** einzelner **Modeströmungen** erzeugen. **Manager** finden **Moden hilfreich**, denn sie machen es ihnen leicht, **fortschrittlich zu erscheinen**. Moden legen den Einsatz von **Beratern** nahe und vereinfachen deren Auswahl. Moden **reduzieren** die **Komplexität der Umwelt**, Risiko und persönliche Verantwortung, lassen sich zur Motivation einsetzen und liefern **Argumentationsmuster**, um die gerade anstehende Reorganisation als sinnvoll, gelungen und über jeden Zweifel erhaben erscheinen zu lassen. Die Beteiligten in der Organisationsarena stellen somit Lösungen unabhängig von tatsächlichen Problemen zur Verfügung (vgl. das Garbage Can Model in Abschn. 6.4).

Die fortschreitende Diffusion von Managementkonzepten zieht zunächst weitere Anwender an (**Herdenverhalten**). Es werden mehr und mehr sog. „Best Practice"-Beispiele (Unternehmen, Verwaltungen, Hochschulen) identifiziert, denen in Publikationen und auf Kongressen „Erfolg" bescheinigt wird Es erfolgt auch eine Ausweitung der Autoritäten Dank zunehmender Nachahmer, die mit ihrer Umsetzung /Verbreitung selbst zu Autoritäten der neuen Managementmode werden und für fachliche Zuverlässigkeit mit ‚eigenem Namen' stehen – vor allem Unternehmensberater (vgl. Schütz 2015, S. 103).

Doch mit der Zeit **nutzen** sich die **Moden ab**. Im Zuge ihrer Verbreitung und dem Erfordernis der Anpassung der Konzepte an die betriebliche Realität erleiden sie eine **starke Ausdifferenzierung** und bieten somit immer weniger eine überzeugende Rhetorik und Orientierung. Je mehr Manager und Organisationen einer Mode folgen, desto geringer wird auch die Möglichkeit, sich von der „Masse" abzuheben. Abgesehen davon bedingen Moden selbst neue Moden. Die neuen Praktiken verlieren früher oder später an Strahlkraft. Ehedem beschworene Konzepte werden auf einmal selbst zu Problemen erklärt, an die **neue Moden** anschließen können, um jene alten zu revidieren. Das Ende der alten ist sogleich die Geburt der neuen Mode. Es kommt zu diesen Korrekturen, „um die herrschende Praxis alt aussehen zu lassen" (Kieser 1996a, S. 33). So führt eine Zentralisierungsmode zu einer besseren zentralen Kontrolle, vernachlässigt aber die Autonomie von Organisationen und die Partizipation von Mitarbeitern auf den untergeordneten Hierarchieebenen. Die Zentralisierung bietet somit Nährboden für eine neue Mode, die eine Dezentralisierung propagiert.

Die Arena der „Moden & Mythen des Organisierens" (vgl. Kieser 1996a) und mit ihr die Autoren Hammer und Champy (vgl. Hammer 2007) sind inzwischen weiter gezogen. Organisationale Veränderungen sind im Ansatz jetzt nicht mehr „schlank" oder „radikal", sondern werden – derzeit unter stärkerer Betonung der Mitarbeiterperspektive – unter dem wesentlich moderateren Label Prozess- oder **Change-Management** propagiert. Die Modewelle ist inzwischen auch an der Selbstorganisation, der Lernenden Organisation, dem Wissensmanagement und der Hypertextorganisation vorbeigezogen und hat im Personalmanagement inzwischen bspw. Diversity Management, Employability Management, Talent- und Retention Management erreicht. Was steht als nächstes auf der „. . .Reise, für die es keine Landkarte gibt" (James Champy)?

Kernkompetenzen

Der Kernkompetenzen-Ansatz von Hamel und Prahalad mit der Wirkungskette „Kernkompetenzen, Kernprodukte, Endprodukte, dauerhafter Wettbewerbsvorteil" ist häufig rezipiert worden. Folgt man den Bestseller-Veröffentlichungen, kommt es eigentlich nur darauf an, die Kernkompetenzen in möglichst vielen Geschäftsfeldern des Unternehmens zu diversifizieren. Es wird eine **simple Botschaft** („Konzentration auf die Kernkompetenzen") verbreitet und mit **vielen Best Practice Beispielen** illustriert. Bei den aufgeführten Unternehmen (s. a. Abb. 7.8 in Kap. 7) handelt es sich fast immer um **Großunternehmen** mit weltweit hohem Bekanntheitsgrad. Niemand wird den Erfolg von Sony, BMW oder Honda in Abrede stellen wollen. Es ist aber zu bezweifeln, dass jemand, der 3 M oder FedEx als Beispiel für Unternehmen mit Kernkompetenzen hält, auch detailliertes Hintergrundwissen über diese Unternehmen besitzt.

Es besteht die Gefahr, dass „gerade bei bekannten Großunternehmen, die allgemein als erfolgreich gelten, die (vor allem qualitativ) dargestellten Erklärungen für die Ursachen ihres Erfolgs zu wenig hinterfragt und zu unkritisch übernommen werden. Davon ganz abgesehen scheint es sehr schwierig, aus den Schilderungen solcher **„Success Stories"** Regeln und Hinweise für das eigene Handeln abzuleiten. Im Grunde wird nur die **Oberfläche** (Ergebnisse) beleuchtet, ursächlich wirkungsrelevante Zusammenhänge bleiben aber auch den Analysten meist verborgen." (Knafl 1995, S. 96). Die Existenz von Kernkompetenzen wird hierbei häufig zustandsbezogen als gegeben vorausgesetzt (vgl. Rasche 1994, S. 218). Obwohl von vielen Autoren übereinstimmend festgestellt wird, dass Kernkompetenzen Wettbewerbsvorteile schaffen, wird die Voraussetzung, dass Kernkompetenzen erst einmal generiert bzw. erlernt werden müssen (es also einen Entstehungsprozess geben muss) weitgehend konzeptionell ausgeklammert. Es werden auch nur wenige konkrete Ausführungen darüber gegeben, wie Organisationen eine nachhaltige Ressourcenausstattung aufbauen und entwickeln können (vgl. Wiegand 1996, S. 466; Link 1997, S. 67). Es besteht beim Kernkompetenzen-Ansatz ein Defizit, dass zwar übereinstimmend festgestellt wird, dass durch Kernkompetenzen nachhaltige Wettbewerbsvorteile entstehen, aber die Voraussetzung hierfür, dass organisationale Fähigkeiten überhaupt erst im Unternehmen gebildet werden müssen, häufig vernachlässigt wird.

Es soll keine Pauschalverurteilung des Kernkompetenzen-Ansatzes als Mode oder Mythos vorgenommen werden. Er ist vielmehr ein Beispiel dafür, dass bei der Gestaltung organisatorischer Strukturen und Prozesse auch „das Kleingedruckte" zu lesen ist, um rhetorische Verkürzungen durch anekdotische Unternehmensdarstellungen und unzulässige **Verallgemeinerungen zu verhindern** (vgl. Raub 1998, S. 290). Erst dann, wenn bspw. auf Ressourcen aufbauende organisationale Fähigkeiten vorhanden sind, können diese in einen Kundennutzen umgesetzt werden und diese Kernkompetenzen weiter gestaltet werden, um bspw. diese in andere Geschäftsfelder zu diversifizieren.

7.7 Gemeinsamkeiten moderner Organisationskonzepte

Moderne Organisations- und Managementkonzepte weisen – trotz der von den Autoren häufig mit starker Rhetorik propagierten Unterschiede zu anderen Konzepten – diverse Managementkonzept-übergreifende, insbesondere organisationsstrukturelle, Gemeinsamkeiten auf (vgl. auch bereits Drumm 1996). Hierunter fallen u. a. die Stärkung des Gedanken des „Unternehmers im Unternehmen", die Dezentralisation von Entscheidungskompetenzen i. V. m. hoher Autonomie der Organisationseinheiten und ihrer Mitarbeiter, die Abkehr von sog. „tayloristischer" Spezialisierung hin zur prozessorientierten Zusammenfassung von Aufgaben, die Aufhebung der Trennung zwischen Kopf und Handarbeit mit der Verlagerung von Entscheidungskompetenzen bis hin zur Selbstorganisation in Gruppen / „Teams" und zwischen Gruppen vor dem Hintergrund eines komplexen Menschenbilds, sog. flache Hierarchien mit geringer Leitungstiefe und breiter Führungsspanne, komplementäre zentrale Steuerung der dezentralen Einheiten zumindest auf strategischer Ebene, die Abkehr von konglomeraten hin zu netzwerkartigen Unternehmensstrukturen, bis hin zur frühzeitigen Einbindung der Kunden in die Unternehmensprozesse.

Die Tabelle in Abb. 7.14 stellt diese Gemeinsamkeiten moderner Organisationskonzepte den klassischen Organisationstheorien gegenüber.

Die Organisationskonzepte führen zu einem Wandel der Führung von Unternehmen von einer Organisation mit verbindlichen, allgemein gültigen und tendenziell strikten Vorgaben von oben („Top-down"), Ausführungskontrollen und geringer Mitarbeiterbeteiligung bei Entscheidungsprozessen hin zu einer Organisation autonomer Teileinheiten mit vergleichsweise hohen Freiheitsgraden, abgestimmten Aufgaben durch Delegation von Entscheidungskompetenzen und Verantwortung.

Diverse Managementkonzepte haben neben der Unternehmenspraxis – nicht nur in Großunternehmen sondern auch bei Klein- und mittelständischen Unternehmen (vgl. bspw. Scheiber et al. 2012) – auch Einzug in die Hochschullehre zur (Strategischen) Unternehmensführung und Organisationslehre gefunden (bspw. Lean Management, Prozessmanagement, Unternehmenskultur, Change Management und andere in diesem Lehrbuch vorgestellte Konzepte). Die Managementkonzepte büßen damit jedoch gleichzeitig ihr Differenzierungspotenzial und ihren orientierungsstiftenden Charakter für Theorie und Praxis ein. Die einst innovativen Konzepte werden damit häufig zum Standard – zu Werkzeugen im „Handwerkskasten" i. S. eines instrumentalen Organisationsbegriffs. Dies ist eine Entwicklung im Lebenszyklus von Managementkonzepten bzw. -techniken, ähnlich wie dies bereits geschehen ist mit der Einführung der Massenproduktion und der damit verbundenen Economies of Scale (bspw. durch die Einführung des Fließbandes unter Henry Ford in der Automobilindustrie), dem Marketing mit der ‚Entdeckung des Kunden' nach dem Wandel vom Verkäufer- zum Käufermarkt, den Techniken des Lean Managements und des Qualitätsmanagements (insbesondere in der Automobilindustrie in den 1990er-Jahren) oder mit der Prozessorientierung im Supply Chain Management und der Mass Customization mit der kundenindividuellen Massenproduktion in der Automobil- oder Computerbranche (vgl. Bergmann/Bungert 2012, S. 245 f.).

Klassische Organisationstheorie	Moderne Organisationskonzepte
• Prämisse einer stabilen Unternehmensumwelt	• Prämisse einer sich ständig wandelnden Unternehmensumwelt (Megatrends, wandelnde Kundenbedürfnisse)
• Fokus auf Stabilität und wiederkehrende Routinetätigkeiten	• Fokus auf Anpassungsflexibilität und Veränderung im Hinblick auf Innovations- und Sonderaufgaben
• Hohe Spezialisierung i. S. horizontaler Arbeitsteilung	• Geringe Spezialisierung: Job Enrichment und Job Enlargement
• Segmentierende Strukturen durch Primärorganisation (funktional, divisional)	• Traversierende Strukturen durch Einsatz diverser Elemente von Sekundärorganisation
• Technokratische Koordination (Pläne, Programme) sowie persönliche Weisung durch Vorgesetzte • Fremdorganisation	• Koordination durch Selbstabstimmung • Selbstorganisation und -kontrolle
• Trennung zwischen Kopf- und Handarbeit (vertikale Arbeitsteilung)	• Übertragung von Managementkompetenzen auf nachgelagerte Ebenen
• Entscheidungszentralisation an der Unternehmensspitze	• Partizipation und Entscheidungsdelegation
• Strenge und steile Hierarchie mit vielen Leitungsebenen	• Flache Hierarchie mit geringer Leitungstiefe und i. d. R. hoher Führungsspanne
• Abteilungsorientierung	• Prozessorientierung
• Hoher Formalisierungsgrad	• Informale Strukturen, Koordination durch Unternehmenskultur
• Konglomerate Strukturen mit hoher Wertschöpfungstiefe (hohe vertikale Integration der Unternehmensaktivitäten)	• Konzentration auf Kernkompetenzen/Outsourcing im Unternehmensnetzwerk, dadurch geringe Wertschöpfungstiefe im Einzelunternehmen
• Trennung zwischen Unternehmen und Unternehmensumwelt (Kunde, Lieferanten)	• Frühzeitige Einbindung der Kunden und Lieferanten in die Unternehmensprozesse (bspw. i. R. von F & E)

Abb. 7.14 Entwicklungstrends moderner Organisationskonzepte (Quelle: Eigene Darstellung)

7.8   Kontrollfragen zu Kapitel 7

Welche der folgenden Aussagen sind vollständig richtig (r) und welche Aussagen sind falsch (f)?

1. Ziele von Lean Management sind u. a. die bessere Ausschöpfung des geistigen Potentials der Mitarbeiter auf allen Hierarchieebenen, Kundenorientierung und Konzentration auf die eigentliche Wertschöpfung.

2. Das Toyota-Produktionssystem löst sich von der Produktdifferenzierung und übernimmt auch die auf Taylor zurückgehende optimale Nutzung von Zeit und Arbeitskraft der Mitarbeiter.

3. Im Lean Management sind Grundlagen betrieblicher Organisation die Gruppenarbeit und die Verbindung der Vorteile der Massenproduktion (Schnelligkeit, niedrige Stückkosten) mit den Vorzügen des Handwerksbetriebes (hohe Flexibilität, Qualität).

4. Das sog. Null-Fehler-Prinzip versucht frühzeitig Störungen aufzudecken, ggf. durch Produktionsstopp und Störungsbeseitigung innerhalb der betroffenen Gruppe.

5. Total Quality Management mit ständiger Qualitätskontrolle der Produkte und Prozesse des Unternehmens dient der permanenten Verbesserung.

6. Lean Management ist bestrebt, möglichst viele Systemlieferanten in die Produktion einzubinden, um Abhängigkeiten von Externen zu reduzieren.

7. Die Reduktion der Fertigungstiefe durch Outsourcing und Lieferantenaudits zur Sicherung der Zulieferqualität sind weitere Lean Management Techniken.

8. Lean Management versucht eine Optimierung der Prozesse durch niedrigere Kosten, weniger Personal und Fehler, mehr Qualität, höhere Kundenzufriedenheit und bessere Lieferantenbeziehungen zu erreichen.

9. In Unternehmen mit TQM-Orientierung wird die Qualitätsverantwortung speziellen Organisationseinheiten (Qualitätskontrolle) übertragen.

10. Beim TQM sind die Bedürfnisse und Zufriedenheit der externen Kunden Maßstab für die Qualität. Daraus leitet sich die Übertragung auf interne Kunden-/Lieferantenbeziehungen ab.

11. Um eine Verankerung des TQM im Unternehmen zu erreichen, ist ein Wandel der Organisationskultur hin zu einer Qualitätskultur erforderlich.

12. Die Lean-Management-Basisannahmen mit dem Grundsatz der permanenten Lernorientierung und des Kooperationsgedanken wurzeln in der individualistisch geprägten japanischen Landeskultur.

13. Die Einführung sog. schlanker Organisationsstrukturen ist in westlichen Industrieländern häufig deshalb gescheitert, da dort lediglich die Lean Management Techniken (z. B. Just in Time-, CIM-) übertragen wurden, jedoch die zugrunde liegenden Lean-Management-Basisannahmen nicht hinreichend berücksichtigt worden sind.

14. Schlankes Management als Veränderungsmodell bedeutet die ganzheitliche Ausrichtung der Unternehmensführung und -organisation an der Wertschöpfungskette.

15. Bei organisatorischen Veränderungen besteht die Gefahr, das Augenmerk der organisatorischen Gestaltung allein auf die Artefakte-Ebene zu legen, wobei Mitarbeiter möglicherweise nur den zugrunde liegenden Sinngehalt nicht verstehen.

16. Während Lean Management insbesondere auf Dienstleistungsunternehmen fokussiert, liegt der Schwerpunkt des Business Process Reengineering auf Produktionsunternehmen.

17. Ziel des Business Reengineering durch Neuausrichtung des Unternehmens und seiner Prozesse sind drastische Verbesserungen in den Bereichen Kosten, Qualität, Service und Zeit.

18. Die traditionelle Aufbauorganisation eines Unternehmens steht aufgrund der verrichtungs- oder objektorientierten Konfiguration häufig quer zu den Prozessen.

19. Im Business Process Reengineering werden die Prozesse und damit die Aufbauorganisation zum Ausgangspunkt der Unternehmensgestaltung gewählt.

20. Die Prozesse sollen durch Business Reengineering evolutionär und radikal neu gestaltet werden.

21. Eine Grundidee des Business Reengineering ist das Denken in Prozessen mit dem Ziel der Reduktion von Schnittstellen durch die Schaffung übergreifender Prozessketten.

22. Durch das Zusammenlegen von Aktivitäten bekommen die Mitarbeiter i. d. R. mehr Aufgaben übertragen. Hierzu ist u. a. eine Verbreiterung der Fähigkeiten und Fertigkeiten mittels Personalentwicklung erforderlich.

23. In Reengineering-Projekten eingesetzte Instrumente sind bspw. Benchmarking, Prozesskostenrechnung und moderne Informationstechnologien.

24. Kritikpunkte am Reengineering sind u. a die unzureichende Einbindung der betroffenen Mitarbeiter und der zu geringe Einsatz externer Berater.

25. Die Vernachlässigung des Faktors Mensch ist u. a. einer der Gründe, warum 60 bis 70 % aller Reengineering-Projekte gescheitert sind.

26. Dem ressourcenorientierten Ansatz liegt das Structure-Conduct-Performance-Paradigma zugrunde.

27. Intangible Ressourcen sind bspw. die Fähigkeiten und Fertigkeiten der Mitarbeiter, technologische Ressourcen oder die Beziehungen zu Kunden, Lieferanten, Behörden und Kreditinstituten.

28. Intangible Ressourcen spielen eine geringe wettbewerbsrelevante Rolle, da sie schwerer zu imitieren sind als materielle Ressourcen.

29. In einer Phase der zunehmenden Technisierung und Redimensionierung werden die materiellen Ressourcen zur entscheidenden Voraussetzung zur Generierung von Wettbewerbsvorteilen, da diese prinzipiell allen Unternehmen zugänglich sind.

30. Ein Wettbewerbsvorteil ergibt sich grundsätzlich dann, wenn die Leistung eines Unternehmens durch die Kunden einen höheren Wert beigemessen bekommt als die eines Wettbewerbers.

31. Kausale Ambiguität bedeutet, dass man das strategische Vermögen nicht eindeutig auf seine Ursachen zurückführen kann.

32. Beim Prozesslernen wird Lernen selbst zum Gegenstand des Lernens.

33. Für Kernkompetenzen ist ein Managementzyklus mit den Phasen Identifikation, Entwicklung, Integration, Nutzung, Transfer auf andere Geschäftsbereiche nicht erforderlich.

34. Das organisationale Lernen ist eine Voraussetzung, um die Entwicklungsfähigkeit für den Aufbau und Verteidigung der Kernkompetenzen sicherzustellen.

35. Bei dem marktorientierten und dem ressourcenorientierten Ansatz wird das gleiche Problem – Erreichen bzw. Bewahren einer günstigen Marktposition – aus unterschiedlichen Sichtweisen heraus behandelt, so dass sich die beiden Ansätze bei der Strategiewahl ergänzen.

36. Beim Outtasking werden nur einzelne Aufgaben an Fremdunternehmen vergeben.

37. Gründe für ein Outsourcing sind Kapazitäts- oder Know-how-Engpässe, Kostenersparnis oder Kapazitätspuffer.

38. Beim Outsourcing ist zu beachten, dass eine vordergründig geplante Kostenersparnis häufig nicht zum Tragen kommt, wenn Aspekte wie unterschiedliche Qualität der Leistung, Mitarbeitermotivation oder auch Kosten für ein Auftraggeber- und Kontrollsystem nicht berücksichtigt werden.

39. Ein Unternehmensnetzwerk stellt eine Organisationsform dar, die sich durch komplex-reziproke, eher wettbewerbliche als kooperative und relativ stabile Beziehungen zwischen rechtlich selbstständigen, wirtschaftlich jedoch zumeist abhängigen Unternehmungen auszeichnet.

40. Unternehmensnetzwerke verfolgen eine Unternehmensgrenzen übergreifende Differenzierung und Integration ökonomischer Aktivitäten.

41. Im Sinne des Transaktionskostenansatzes ist ein Netzwerk eine Hybridform zwischen Markt und Hierarchie.

42. Strategische Allianzen entstehen durch eine Zusammenarbeit zwischen Unternehmen auf strategischer Ebene. Dabei gehen die Unternehmen z. T. Minderheitsbeteiligungen aneinander ein, bleiben aber wirtschaftlich und rechtlich unabhängig.

43. Konsortien sind die befristete oder unbefristete rechtlich verselbstständigte Zusammenarbeit zwischen Unternehmen, ohne dass ein Joint Venture gebildet wird.

44. Unter einem virtuellen Unternehmen kann man ein projektbezogenes dynamisches Unternehmensnetzwerk ohne informationstechnischer Kopplung verstehen.

45. Zentrale Fragestellung bei Virtuellen Unternehmen ist, inwieweit das notwendige Vertrauen zwischen den Akteuren hergestellt werden kann, da die Kommunikation und Zusammenarbeit fast ausschließlich über Informationstechnologien abgewickelt werden.

46. Bei der Bildung von Netzwerken können regionale Cluster entstehen. Viele Netzwerk-Partner sind dabei innerhalb eines Radius von 50 km anzutreffen (z. B. Silicon Valley).

Change Management

8

Lernziele

Dieses Kapitel vermittelt,

- welche Faktoren unternehmerischen Wandel auslösen,
- welche Formen und Ursachen von Widerstand bei Veränderungsprozessen auftreten können,
- wie Symptome von Widerstand identifiziert werden und mit diesen konstruktiv umgegangen wird,
- welche Phasen in Veränderungsprozessen durchlaufen werden,
- welche Werkzeuge für die erfolgreiche Umsetzung von Veränderungen zur Verfügung stehen,
- die Kenntnis von Erfolgs- und Misserfolgsfaktoren von Veränderungsprozessen.

8.1 Treiber von Veränderungen

Change Management ist der **Überbegriff** für das **professionelle Management von Veränderungen**. Diese Veränderungen können **evolutionär** oder **revolutionär** gemanagt werden. Change Management ist der Umgang mit **geplantem** und **systematischem Wandel**, der durch die Beeinflussung der Organisationsstruktur, Unternehmenskultur und individuellem Verhalten der Organisationsmitglieder zu Stande kommt. Die Veränderung muss dabei nicht gleich die Reorganisation des gesamten Unternehmens sein. Auch die Durchführung eines IT-Projekts, die Einführung von Gruppenarbeit oder die Integration einer ausländischen Beteiligung gehören hierzu.

© Springer-Verlag Berlin Heidelberg 2016
R. Bergmann, M. Garrecht, *Organisation und Projektmanagement*, BA KOMPAKT,
DOI 10.1007/978-3-642-32250-1_8

Dies geschieht – abhängig von der gewählten Vorgehensweisen – auf einem Kontinuum von geringer bis zu größtmöglicher **Beteiligung** der betroffenen Mitarbeiter. Als offene, sozio-technische Systeme sind Unternehmen ständig von Veränderungen ihrer Umwelt betroffen. Die Ursachen von Veränderungen liegen daher sehr häufig in der Veränderung der ökonomischen, technologischen, rechtlich-politischen, sozio-kulturellen und physisch-ökologischen **Rahmenbedingungen**. Dies sind bspw. die zunehmende Wettbewerbsintensität auf den Märkten durch die Globalisierung der Weltwirtschaft als Folge der Deregulierung der Märkte und Beseitigung von Handelshemmnissen, sinkender Kommunikations- und Transportkosten, Vernetzung durch Internet, technologischer Innovationen mit der Folge der Verkürzung der Produktlebenszyklen oder einer Veränderung von Kundenanforderungen, wie z. B. die Verlagerung der Produktionsstandorte der Hauptkunden der Automobilzuliefererindustrie (vgl. Abb. 8.1).

Veränderungsbedarf ergibt sich neben den externen Treibern auch durch **krisenanfällige Übergänge** in den Phasen der Unternehmensentwicklung (vgl. Abb. 1.2 in Kap. 1), bspw. der Übergang von der Pionier- zur Markterschließungs- oder Diversifikationsphase mit einer Veränderung in der Zusammensetzung der Unternehmensleitung.

Abb. 8.1 Änderung der Rahmenbedingungen als Treiber organisatorischer Veränderungen (Quelle: Eigene Darstellung auf Basis von Perlitz/Rank (2001, S. 326), Kutschker/Schmid (2004, S. 193))

Wandel des Unternehmens	von ...	zu ...
Deutsche Telekom	Staatlicher Monopolist des Telefonfestnetzes	Weltweit führender integrierter Telekommunikationskonzern
Deutsche Post Deutsche Bahn	Staatlicher Brief- und Paketzusteller (Bundespost), Nationaler Transporteur und Behörde (Bundesbahn)	Weltweit operierende Logistik-Dienstleister
Eon RWE	Staatseigene Konglomerate (VEBA, VIAG)	Größter privater Strom- und Gaskonzern in Europa (Eon)
Lufthansa	Staatlicher Monopolist	Privatisierter Aviation-Konzern im Star Alliance-Verbund
Condor/ Thomas Cook	Deutscher Ferienflieger	Europas zweitgrößtes Touristikunternehmen
TUI	Stahlproduzent, Metall- und Schiffbau (Preussag AG)	Weltweit größtes Tourismusunternehmen

Abb. 8.2 Praxisbeispiele für grundlegenden Wandel deutscher Großunternehmen

Großen Veränderungsbedarf gibt es bspw. auch durch den Wegfall der Alimentierung ehemaliger Staatsunternehmen (z. B. Deutsche Telekom, Deutsche Post, Deutsche Bahn) und anderer öffentlicher Betriebe, die dadurch dem Wettbewerb ausgesetzt werden und häufig einen „Veränderungsstau" zu bewältigen haben (vgl. Abb. 8.2).

Für viele Unternehmen bedeutet dies ein härteres, dynamischeres und schwerer planbares Wettbewerbsumfeld, das eine Anpassung an die veränderten externen und internen Rahmenbedingungen zur Sicherung der Wettbewerbs- und Überlebensfähigkeit erfordert.

Bei der Klassifikation in Abb. 8.3 handelt es sich um eine idealtypischen Verlauf, der nicht auf die Entwicklungsgeschichte eines bestimmten Unternehmens zutreffen muss, so dass die Entwicklungsphasen verkürzt durchlaufen oder sogar einzelne Phasen übersprungen werden. Das Phasenmodell von Bleicher bietet wie andere Phasenmodelle (z. B. Greiner oder Hurst; vgl. hierzu Vahs 2015, S. 304 ff. bzw. 314 ff.) eine Vielzahl von Anhaltspunkten für die Beurteilung der tatsächlichen Entwicklung von Unternehmen.

Übergang ...	Mögliche Krisenpotentiale
Von der Pionier- in die Markterschließungsphase	• Abhängigkeit von der Person des Gründers • Mangelnde Professionalisierung in der Führung • Zentralistische Organisationsstruktur mit Improvisationscharakter • Unzureichende Produkteigenschaften • Materielle, personelle und finanzielle Ressourcenbeschränkung
Von der Markterschließungs- zur Diversifikationsphase	• Zu schmales Produkt- und Regionalprogramm • Zentralistisch geführte funktionale Organisation
Von der Markterschließungs- zur Diversifikationsphase	• Technokratisches Management und unzureichende Berücksichtigung der Kompetenzen des mittleren Managements • Erstarrung im Routinebetrieb
Von Diversifikations-in die Akquisitionsphase	• Koordinationsmängel trotz vielfältiger Zentral- und Stabsstellen • Zu breites Produkt- und Regionalprogramm • Starres Budget- und Planungsdenken • Unzureichende Nutzung von Synergiepotential • Spartenegoismus und kurzfristiges Profit-Center-Denken
Von der Akquisitions-in die Kooperationsphase	• Entdeckungen der Grenzen des Managements zur Führung von Unternehmen anderer Markt- oder Technologieausprägung • Mangelnde kulturelle Integration akquirierter Unternehmen • Beibehaltung der Organisationsstruktur des Stammhauses bei Unterordnung unter dessen Unternehmenspolitik und Führung • Sinkende Ertragskraft durch Reduzierung der Entwicklungsvorhaben in vielen Bereichen
Von der Kooperations- in die Restrukturierungsphase	• Misstrauen beherrscht das Klima der Zusammenarbeit • Der eigene Führungsstil widerspricht den Anforderungen an eine harmonische Zusammenarbeit • Scheitern von Kooperationsverhältnissen • Scheitern von Kooperationsverhältnissen • Verzettelung eigener Ressourcen durch vorausgehende Versuche zur Diversifikation und Akquisitionen • Ungenügendes Qualitätsmanagement

Abb. 8.3 Krisenpotentiale in der Unternehmensentwicklung als Auslöser von Changeprozessen (Quelle: Eigene Darstellung, auf Basis von Bleicher (1991, S. 795 ff.))

8.2   Dimensionen des Change Managements

Eine der **Hauptfragen** des Change Managements ist: Wie können Unternehmen den Herausforderungen eines sich ständig wandelnden Umsystems begegnen und durch ein pro- und reaktives Vorgehen ihre fortlaufende Zielerreichung („Geld verdienen") und ihr langfristiges Überleben („Verdienstquelle sichern") unter Berücksichtigung der Anforderungen der Stakeholder (insbes. Anteilseigner, Mitarbeiter) sichern?

Hierfür existieren **verschiedene Konzepte** des geplanten organisatorischen Wandels. Der Wandel kann als eine **kontinuierliche Anpassung** (evolutorischer Wandel) oder als **radikale Umgestaltung** (revolutionärer Wandel) erfolgen (vgl. Abb. 8.4).

Wie sollen nun aber Veränderungsprozesse gemanagt werden? Dies hängt von der **Situation**, in welcher sich das Unternehmen befindet ab, insbesondere von den Rahmenbedingungen, dem Problemlösungsdruck und den Beteiligten auf Unternehmensleitungs- und Mitarbeiterebene. Es lassen sich dabei **zwei Grundmuster**, die an jeweils einem Ende des Kontinuums von Fremdorganisation zur Selbstorganisation stehen, identifizieren.

Ausgehend von den externen Rahmenbedingungen und den internen, insbesondere personellen Einflussgrößen, lassen sich zunächst die auslösende **Krisenarten** differenzieren. Wenn ein Unternehmen (bspw. Schlecker, Arcandor o. a.) in die Insolvenz geht, ist das i. d. R. das Ende einer längeren Krisenentwicklung (vgl. im Folgenden auch Alter 2013, S. 15). Am Beginn steht die Strategiekrise. In einer Strategiekrise ist das Erfolgspotential des Unternehmens mit der Positionierung in Märkten oder/und Technologien (sinkende Marktanteile, sinkende Imagewerte) gefährdet, ohne dass jedoch ein

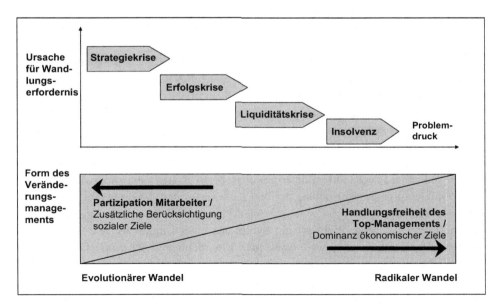

Abb. 8.4 Dimensionen des Change Managements (Quelle: Eigene Darstellung auf Basis von Thom (1997, S. 213))

akuter Leidensdruck besteht. Hier kann es wichtig sein, die im Unternehmen vorhandenen Fähigkeiten und Fertigkeiten der Mitarbeiter zu mobilisieren, in dem diese **aktiv** am **Veränderungsprozess beteiligt** werden.

In vielen Fällen aber werden trotz erkennbarer Hinweise die Symptome der Strategiekrise von Mitarbeitern und auch von Führungskräften ignoriert. Erfolge der Vergangenheit dienen hierbei oftmals als Argument dafür, den bisherigen Kurs nicht zu verändern, insbesondere wenn das Unternehmen noch Gewinne erwirtschaftet.

Eine **mittlere Position** nimmt die Erfolgs-/Ergebniskrise ein. Die sinkenden Marktanteile finden ihren Niederschlag im Zahlenwerk des Unternehmens, wenn bspw. eine massive Abweichung der Ist- von den Soll-Zuständen beim Unternehmenserfolg (Jahresüberschuss, EBIT oder Cash flow), geringe Kapazitätsauslastung, zu lange Durchlaufzeiten in der Produktion oder eine geringe Kundenzufriedenheit vorliegen. Die Umsätze und Ergebnisgrößen schrumpfen deutlich; es kommt schließlich zu Verlusten. Spätestens hier wacht die Mehrzahl der betroffenen Unternehmen auf und versucht gegenzusteuern. Hier kann in einem **Gegenstromverfahren** Top down- und Bottom-up (partizipativ) den Krisen entgegengesteuert werden, wie dies bspw. in den 1990er-Jahren in der Automobilindustrie mit Workshops zum Kontinuierlichen Verbesserungsprozess bei Opel oder Volkswagen erfolgte (vgl. Volkswagen AG 1997, S. 29).

Es gibt aber auch Fälle, in denen dennoch weiter gezögert wird oder der notwendige Veränderungsbedarf nicht erkannt wird. Selbst wenn das Problem schließlich doch gesehen wird, kann auch oft die Entschlossenheit zum Handeln, die Wandlungsbereitschaft, fehlen. Mit dem weiteren Voranschreiten der Krise wird zugleich die Handlungsfähigkeit des Unternehmens immer weiter eingeschränkt.

Werden keine Resultate bringenden Aktionen eingeleitet, spitzt sich die Ertrags-/Ergebniskrise weiter zu und entwickelt sich zur Liquiditätskrise. Das Unternehmen befindet sich auf einer existenzbedrohenden Bahn. Die Verbindung zu den Kunden funktioniert immer weniger. Damit kommt nicht mehr genügend Geld durch das laufende Geschäft ins Unternehmen, um die Zahlungsverpflichtungen zu erfüllen. Ein negativer Cashflow ist ein deutliches Kennzeichen einer Liquiditätskrise. Wenn nicht durch oft drastische Maßnahmen oder Kapitalzufuhr von außen massiv gegengesteuert wird, ist der „Crash" unvermeidbar. Befindet sich das Unternehmen dann in einer solch **akuten Krise** – sei es eine Liquiditätskrise oder die (bevorstehende) Insolvenz mit der Gefahr des Ausscheidens aus dem Wirtschaftsleben – kann es erforderlich sein, diesen Wandel allein aufgrund des starken zeitlichen Drucks **autoritär** zu gestalten (Starker Top-down-Approach).

Die Reihenfolge der Entstehung der drei Krisenarten und die Reihenfolge der Erkennung der Symptome der Krise sind gegenläufig, weshalb auch von einem **Krisenparadoxon** gesprochen wird. Während die Symptome einer Liquiditätskrise für viele Mitarbeiter offensichtlich sind, weil bspw. das Unternehmen Löhne und Gehälter nicht mehr pünktlich zahlen kann, ist die Strategiekrise – obwohl sie zeitlich weit vor der Liquiditätskrise liegt – nur schwer und dann auch nur für einen Teil der Mitarbeiter (Top Management, Mitarbeite aus dem Rechnungswesen) erkennbar, während für die übrigen Mitarbeiter das Geschäftsgeschehen scheinbar noch gut läuft, und daher für diese Mitarbeiter noch keine Einsicht in die Notwendigkeit einer Veränderung vorhanden ist.

Krisenentwicklung ähnelt einer kritischen Flugbahn
Die Krisenentwicklung mit Strategie-, Ertrags-/Ergebniskrise, Liquiditätskrise und
Insolvenz ähnelt der Flugbahn eines Flugzeugs. Bei dieser Analogie ist daran zu
denken, dass das Management eines Unternehmens – als Kapitän des Flugzeugs – eine
ansteigende (Flug-)Bahn als Ziel der Unternehmensentwicklung hat. Um beim Flug-
zeugbeispiel zu bleiben: Der Flugkapitän möchte, dass sein Flugzeug an Flughöhe
gewinnt. Dies geschieht aber in einer Krise nicht mehr.

Je später der Flugkapitän den Veränderungsbedarf realisiert, d. h. dass sich das
Flugzeug auf einer kritischen Bahn befindet, umso später können auch erst Gegen-
maßnahmen eingeleitet werden. Dort, wo zu Beginn, bspw. in der Strategiekrise, noch
vergleichsweise leichte Korrekturen (strategische Neuausrichtung bei fehlendem „Leidensdruck" in sog. „guten Zeiten") gereicht hätten, müssen im weiteren Krisenverlauf
(bspw. Liquiditätskrise) immer drastischere Maßnahmen ergriffen werden, um als
Getriebener der Entwicklungen auf den wachsenden Problemdruck zu reagieren. Ab
einem gewissen Punkt ist das Flugzeug oft nicht mehr zu retten. Es kann zum Crash des
Unternehmens in Form der Insolvenz kommen.

Quelle: Alter (2012, S. 28 f.).

Abhängig vom Leidensdruck bei organisatorischen Veränderungen lässt sich das
Management von Veränderungsprozessen in **proaktives** versus **reaktives** Change Management differenzieren (vgl. Abb. 8.5).

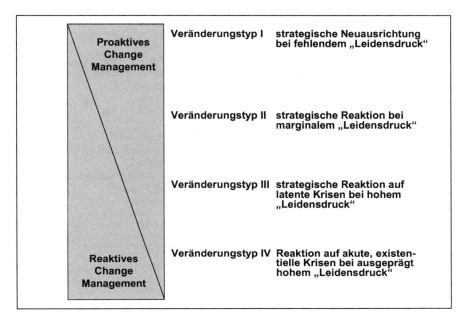

Abb. 8.5 Veränderungstypen des Change Managements (Quelle: Sonntag (2002, S. 7))

8.3   Widerstand in Veränderungsprozessen

Untersuchungen zu Veränderungsprozessen in der Praxis zeigen, dass viele Veränderungen – oft bereits in der Initiierungsphase – scheitern oder deutlich **hinter** den **Erwartungen zurückbleiben** (vgl. CapGemini 2005, S. 67).

Ein **Hauptgrund** wird im **Widerstand** der betroffenen Mitarbeiter und Führungskräfte gesehen Hinzu kommen noch **organisatorischer Defizite** im Projektmanagement, bspw. in der Zeit- und Ressourcenplanung oder ein fehlendes Maßnahmen-Monitoring in der Umsetzungsphase. Vielfach wird die Veränderung nur auf der **Fach- und Sachebene** gesehen („Bis wann wird SAP eingeführt?", „Wie muss der Intranet-Auftritt aussehen?", „Wann funktioniert die Kunden-Hotline?") und davon ausgegangen, dass sich der **menschliche Faktor** schon einfügen wird.

Widerstand ist eine Kraft, die auf den Erhalt bzw. die Widerherstellung des Status Quo gerichtet ist und versucht, die geplante Veränderung zu behindern oder zu stoppen. **Akzeptanz** als Gegenteil von Widerstand ist erst erreicht, wenn eine positive Handlungsbereitschaft besteht. Die typischen Symptome von Widerstand zeigt Abb. 8.6.

Diese Symptome lassen sich in eine **Checkliste** für Changeverantwortliche überführen, die Frühwarnsignale aufspüren kann (vgl. Abb. 8.7).

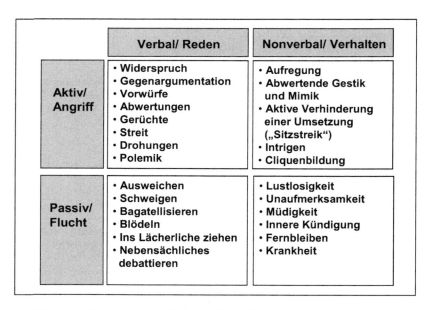

Abb. 8.6 Allgemeine Symptome von Widerstand (Quelle: Doppler/Lauterburg (2002, S. 326))

Checkliste „Wächst der Widerstand in Ihrem Verantwortungsbereich?"	Ja	Nein
Hat der Krankenstand in Ihrem Verantwortungsbereich seit Beginn des Change Management-Projekts zugenommen?	❑	❑
Kommt es verstärkt zu Fehlleistungen und Pannen in Ihrem Kompetenzbereich?	❑	❑
Sichern sich ihre Mitarbeiter zunehmend ab?	❑	❑
Nimmt die formelle Kommunikation zu (z. B. in Form von Memos, E-Mails in großem Verteiler)?	❑	❑
Gibt es zunehmend aktiven oder verbalen Widerstand gegen das Change Management-Projekt?	❑	❑
Kommt es zu Spannungen und Konflikten unter den Mitarbeitern?	❑	❑
Sind Verdächtigungen und Gerüchte im Umlauf	❑	❑
Spüren Sie eine zunehmende Demotivation und Anzeichen von innerer Kündigung bei den Mitarbeitern?	❑	❑

Abb. 8.7 Checkliste – Frühwarnsignale für Widerstand in Veränderungsprozessen (Quelle: Kornmeier/Schneider (2006, S. 49))

Die **Ursachen** für diesen Widerstand können sehr vielfältig sein. Beispiele sind:

- **Mangel** an richtiger oder umfassender **Information** (Intransparenz),
- **Fehlende Einsicht** in Veränderungsnotwendigkeit,
- **Unzufriedenheit** mit dem Prozess der Entscheidungsfindung über die eingeleitete Veränderung,
- Angst vor Arbeitsplatzverlust,
- Angst vor Verlust von Einfluss und Macht,
- **Angst**, geliebte **Privilegien** und Statussymbole (ersatzlos) zu **verlieren,**
- **Mangelnde Bereitschaft** zur Übernahme von Zusatzaufgaben,
- **Angst**, einer neuen Aufgabe **nicht gewachsen** zu sein,
- Unzufriedenheit mit dem geplanten Umsetzungsprozedere,
- Eingeschliffene Gewohnheiten, fest eingeübte Praktiken,
- Kollektive Orientierungsmuster (Lagerdenken),
- **Oktroyierung von außen**, z. B. durch Unternehmensberater („not invented here"-Syndrom),
- **Grundsätzliche Aversion** des Menschen **gegen Veränderung** verbunden mit dem Wunsch nach Wunsch nach Stabilität.

Dem Widerstand gegenüber Veränderungen sollte von vornherein im Change-Management-Prozess Rechnung getragen werden. Für den Erfolg eines Change Management-Projekts ist von **entscheidender Bedeutung**, dass Widerstand – in welcher Form auch immer – **frühzeitig erkannt** und adäquat beantwortet wird. (vgl. im Folgenden Doppler/Lauterburg 2002, S. 323 ff.). Nicht das Auftreten von Widerstand, sondern das **Ausbleiben** sollte Anlass zur **Beunruhigung** geben. Denn wenn bei einer Veränderung keine Widerstände auftreten, kann dies bedeuten, dass von vornherein niemand an die Umsetzung glaubt. Die unterschwellige Energie des Widerstands sollte stets ernst genommen und **sinnvoll kanalisiert** werden („Mit dem Widerstand, nicht gegen ihn gehen"):

- **Druck wegnehmen** statt ihn zu erhöhen (dem Widerstand Raum geben),
- **Antennen ausfahren** (in Dialog treten, Ursachen erforschen),
- **gemeinsames Vorgehen** neu festlegen: Angefangen bei Information, Einbezug, Unterstützung, Hilfe, Gespräche, Verhandlungen (auch mit Betriebsrat und Gewerkschaften).

Ein **autoritäres Herangehen** würde die Widerstände zwar erkennen und aufnehmen, auch Informationen an die Betroffenen geben, aber diese nicht aktiv einbinden, sondern sie in einer **passiven Rolle** lassen (ggf. bis zur Anwendung von Anweisungen oder Zwang).

Aus der Praxis

Jack Welch (ehem. CEO von General Electric) – Harter Umgang mit Widerständlern in den USA

Identifizieren und eliminieren Sie Widerständler, selbst wenn ihre Leistungen zufrieden stellend sind.

Das ist der schwierigste Teil jeder Veränderung. Es gibt in jedem Unternehmen Mitarbeiter, die den Wandel um keinen Preis akzeptieren wollen, ganz egal, wie gut Ihre Argumente sind. Entweder sie sind von Natur aus dazu nicht in der Lage, oder sie sind emotional, intellektuell oder strukturell so tief im Bestehenden verwurzelt, dass sie keine Verbesserungsmöglichkeit erkennen können. Diese Leute müssen meistens weg. Das klingt bestimmt kaltschnäuzig, aber Sie tun niemandem einen Gefallen, wenn Sie verzweifelt versuchen, Widerständler einzubinden. Sie heizen unweigerlich unterschwelligen Widerstand an und untergraben die Moral der Leute, die den Wandel befürworten. Diese Mitarbeiter sollen sich lieber ein Unternehmen suchen, bei dem sie sich besser aufgehoben fühlen. Manche Manager halten an Widerständlern fest, weil sie spezielle Fähigkeiten haben oder einfach schon ewig da sind. Tun Sie das bloß nicht! Widerständler werden mit der Zeit immer verbohrter. Sie ersticken den Veränderungsprozess. Werden Sie sie frühzeitig los.

Quelle: Welch, J./ Welch, S. (2007, S. 156).

8.4   Phasenmodell der Organisationsentwicklung

Unter **Organisationsentwicklung** wird ein Konzept verstanden, welches versucht die **Veränderung** (Entwicklung) der Organisationsstrukturen und des Mitarbeiterverhaltens durch das **größtmögliche Einbeziehen** der betroffenen Mitarbeiter zu erreichen.

Der Sozialpsychologe Kurt Lewin (1890–1947), einer der Mitbegründer und prominentesten Vertreter der Organisationsentwicklung, befasste sich mit speziellen Problemen von Gruppenbeziehungen (Gruppendynamik) und entwickelte ein **dreistufiges Phasenschema** (vgl. auch Abb. 8.8):

1. **Auftauen (Unfreezing)**: Zielsetzung ist Auflockerung des derzeitigen Spannungszustandes (Altes in Frage stellen und die Notwendigkeit des Wandels verdeutlichen). Die Bereitschaft zur Veränderung soll gefördert werden. Die Betroffenen werden über die bevorstehenden organisatorischen Veränderungen intensiv informiert. Sie sollen von der Notwendigkeit der Veränderung überzeugt werden. Damit alte Denkmuster durch neue Werte und Normen abgelöst werden, bindet man sie in alle Aktivitäten ein. Dadurch sollen Ängste und Widerstände gegen den Wandel abgebaut werden.
2. **Bewegen (Moving)**: Zielsetzung in diesem Übergangsprozess ist das Hinüberleiten auf ein neues Niveau. Die Mitarbeiter sollen für neue Einstellungen und Verhaltensweisen zugänglich gemacht werden, um das Verhalten zu ändern. Für die Realisierung eines

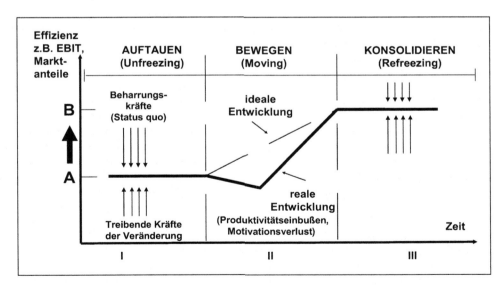

Abb. 8.8 Grundprinzip von Veränderungsprozessen nach Lewin (Quelle: In Anlehnung an Schreyögg/Noss (1995, S. 171), modifiziert)

neuen Konzepts werden entsprechende Instrumente benötigt: Informationen werden gesammelt und aufbereitet, Lösungsmöglichkeiten generiert, bewertet, ausgewählt und durchgeführt. Hinzu kommen personelle und organisatorische Entwicklungsmaßnahmen, um bspw. die Teamfähigkeit der Mitglieder von Gruppen zu verbessern. Die Wandelphase baut auf den Aktivitäten des Unfreezing und der durch die Einbindung der Betroffenen erzeugten Identifikation auf.

3. **Konsolidieren (Refreezing)**: Zielsetzung ist die Absicherung des neuen Niveaus und Routinisieren (Verhalten absichern). Die implementierte Lösung soll stabilisiert werden, damit die Organisation nicht nach einer Weile wieder in alten Zustand zurückfällt. Gleichzeitig werden Erfahrungen mit dem neuen Konzept ausgewertet. Die Auswertung dient als Grundlage für weitere Verbesserungen und Anpassungen.

Zentrale Erkenntnis von Lewin ist, dass in einer Organisation Veränderungs- und Beharrungstendenzen vorliegen. Wenn diese ausbalanciert sind, ist keine Veränderung zu erwarten. Wenn aber in einer Organisation sehr viel stärkere Kräfte in Richtung einer Veränderung vorherrschen, dann nimmt auch der Widerstand gegen den Wandel ab und die Organisation verlässt den Status quo (vgl. Jones/Bouncken 2008, S. 610).

Dieses **Schema** (wie andere Phasenmodelle auch) **schafft Orientierung** für die Beteiligten angesichts des jeweils immer andersartigen und im Einzelfall nicht im Detail prognostizierbaren Verlaufs von Veränderungsprojekten.

Das Phasen-Modell von Lewin ist dabei ein **partizipativer Ansatz** der Organisationsentwicklung, die als grundsätzlich **langfristig angelegter**, **organisationsumfassender** Entwicklungs- und Veränderungsprozess von Organisationen und der in ihnen tätigen Menschen verstanden werden. Bei einer solchen partizipativen Vorgehensweise **tragen** die **Mitarbeiter** den **Wandel selbst** („Betroffene zu Beteiligten machen") und bestimmen mit Hilfe von Prozessberatern und der Unternehmensleitung den Inhalt der Veränderungsprozesse („Hilfe zur Selbsthilfe"). Dann und nur dann, so die Arbeitshypothese der Organisationsentwicklung, vermag sich die **Einsicht** in die Notwendigkeit und die Bereitschaft zum persönlichen Engagement entwickeln (vgl. Bröckermann 2012, S. 344). Ziel ist die Erhöhung von Wirtschaftlichkeit (ökonomische Effizienz) und Humanität (soziale Effizienz).

Diese Partizipation bedeutet eine **Beteiligung**, die über die **gesetzlich vorgeschriebene** oder im Rahmen der Unternehmensverfassung kodifizierte Mitbestimmung **hinausgeht**. Die Partizipation „ist der einzige Wege, möglichst viel Wissen, das in einer Organisation vorhanden ist, in eine Entscheidung einschließen zu lassen. ... Daher liegt es im ureigenen Interesse jener Führungskräfte, die gute und richtige Entscheidungen treffen möchten, möglichst viel von dem Wissen und der Urteilskraft, die bei den Mitarbeitern vorhanden ist, zu nutzen." (Malik 2001, S. 227).

Sie eröffnet somit grundsätzlich die Chance, das Wissen, die Fähigkeiten und Fertigkeiten und das auf den mittleren und unteren Ebenen des Unternehmens liegende Problemlösungspotenzial der Mitarbeiter zu mobilisieren und für die Entwicklung erfolgversprechender Lösungen für den identifizierten Veränderungsbedarf proaktiv zu nutzen.

Keine Beteiligung	Information	Beratung	Mitwirkung bei Problemstellung	Mitwirkung bei Entscheidung
•Betroffene werden ohne vorherige Information am Tag „X" vor vollendete Tatsachen gestellt. •z.B. in Form v. Presseberichten, Betriebsversammlungen, Projektpräsentationen	•Betroffene werden frühzeitig und umfangreich über geplante Veränderungen informiert. •z.B. in Form v. Betriebsversammlungen, Mitarbeiterzeitschrift, Intranet, Präsentationen, Roadshows, Round Table-Gespräche	•Betroffene können Meinung zu geplanten Veränderungen äußern u. Verbesserungsvorschläge unterbreiten. Sie haben jedoch nur beratende Funktion. •z.B. in Form v. Großgruppenverantaltungen, erweitertes Projektteam, Workshops, RT-Gespräche	•Betroffene wirken bei Auswahl der zu bearbeitenden Probleme und Definition des Projektauftrags mit. •z.B. in Form v. Beteiligung im Projektkernteam oder erweitertem Projektteam, Beteiligung im Lenkunsgsausschuss	•Betroffene wirken bei Entscheidungen darüber mit, ob Bedarf für Veränderungen besteht und wie diese durchgeführt werden. •Differenzierung ob nur Vorschläge unterbreitet werden oder delegativ Entscheidungen (mit-) getroffen werden

Zunehmender Grad der Beteiligung bei Veränderungsprozessen

Abb. 8.9 Formen der Partizipation in Veränderungsprozessen (Quelle: Klimmer (2012, S. 233), leicht modifiziert)

Widerstände können dadurch reduziert werden und Veränderungsbereitschaft erzeugt werden. Heutzutage konzentriert sich die Frage der Partizipation weniger auf das „ob", sondern auf den Kreis der Beteiligten (obere bis mittlere Führungskräfte, direkt betroffene Mitarbeiter, Schlüsselkunden, Betriebsrat etc.) sowie Art und Tiefe der Beteiligung („wie").

Die in Abb. 8.9 beschriebenen Formen der Partizipation in Veränderungsprozessen lassen sich im Wesentlichen auf das weit verbreitete Führungsstilkontinuum von Tannenbaum/Schmid zurückführen (vgl. Staehle 1994, S. 317). Bei großen Veränderungsprojekten gelingt es nicht immer, alle Betroffenen Mitarbeiter in die Vorbereitung einzubeziehen. Hier empfiehlt sich, Mitarbeiter aus verschiedenen Bereichen repräsentativ auszuwählen und ihnen den Auftrag zu erteilen, als Multiplikatoren ihre Kollegen über den Stand der Vorbereitungen und der Durchführung auf dem Laufenden zu halten (vgl. Siebenbrock 2013, S. 89).

Die eigentliche Entscheidung über Veränderungen verbleibt in den meisten Fällen jedoch bei den zuständigen Vorgesetzten. Malik warnt davor, dass Verantwortlichkeiten in einer Organisation „durch fragwürdige Motivationsüberlegungen [und] ... durch sozialromantische Demokratie-Missverständnisse" (Malik 2001, S. 229), die auf einer falsch verstandenen Partizipation beruhen, verwässert werden.

Neben den Kosten-Nutzen-Abwägungen einer Einbindung (Kosten- und Zeitaufwand für eine Vielzahl von Diskussionen und Entscheidungsrunden) sollte berücksichtigt werden, ob die Beteiligung der Betroffenen vor dem Hintergrund ihrer Fähigkeiten und ggf. (Stakeholder-)Interessen tatsächlich immer qualitativ „bessere Lösungen" generiert.

Auch wenn eine partizipative Vorgehensweise eine höhere Akzeptanz verspricht, gibt es bestimmte Veränderungen, die eine geringe oder gar keine Partizipation sinnvoll erscheinen lassen können (z. B. bei in einer drohenden Insolvenz oder bei einer längst von den Entscheidungsgremien des Mutterunternehmens beschlossenen Schließung von Produktionsstandorten einer Tochtergesellschaft). Um gerade in solchen Krisenfällen kontraproduktive Effekte zu vermeiden, sollte jede Form der Beteiligung ehrlich und ohne Manipulationsversuche erfolgen, da das Gefühl einer „Pseudo-Partizipation" bei längst „von oben" getroffenen (Vor-)entscheidungen Wut und Enttäuschung hervorrufen kann und das Vertrauen der Mitarbeiter oder anderer Stakeholder in weitere von der Unternehmensleitung initiierte Veränderungsprozesse für die Zukunft nachhaltig beschädigen kann.

Folgende **Hauptrollen** werden im Prozess der Organisationsentwicklung wahrgenommen (vgl. Thommen/Achleitner 2012, S. 905 ff.):

- Die **Change Agents** (Veränderungshelfer) sollen dem Klientensystem helfen, eigene Ressourcen und Problemlösungsstrategien zu entwickeln und vermeiden, eigenes organisatorisches Fachwissen dem Klientensystem zu übermitteln, da er ansonsten die traditionelle Rolle eines Beraters, der selbst organisatorische Fragen löst, einnimmt.
- Das **Client System** (Kundensystem) besteht aus direkt von den organisatorischen Maßnahmen Betroffenen. Sie arbeiten eng mit den Prozessberatern zusammen. Die Beiträge liegen primär bei der genauen Kenntnis der Ist-Zustände (z. B. Schwachstellen), in der Generierung von Soll-Zuständen (Handlungsmöglichkeiten) sowie der Kenntnis und Beseitigung von Hindernissen auf dem Weg zum Soll-Zustand.
- Der **Change Catalyst** nimmt eine vermittelnde Funktion ein zwischen Kundensystem und Veränderungshelfer. Er soll über Entscheidungsbefugnisse verfügen, die ihm als Machtpromotor erlaubt, bspw. den Veränderungsprozess bei Bedarf zu beschleunigen bzw. zu verlangsamen.
- **Gestaltungsmaßnahmen** der Organisationsentwicklung können sowohl auf die Veränderung von Personen (personaler Ansatz) als auch auf die Verbesserung der Organisationsstruktur liegen (struktuaraler Ansatz). Beispiele sind die Einführung von Gruppenarbeit in der Produktion oder Veränderungen von Non-Profit-Organisationen mit ehrenamtlichen Mitarbeitern. Instrumente sind Teamentwicklungsmaßnahmen, Problemlösungsworkshops, Mitarbeiterumfragen oder Personalentwicklung.

Chancen	Risiken
• Ganzheitliche Betrachtungsweise • Hohe Partizipation der Betroffenen soll zu geringeren Widerständen führen • Langfristiger, kontinuierlicher Veränderungsprozess • Verbessern der Problemlösungs-Kapazitäten: Entwicklung von Veränderungs-Know-how auf verschiedenen Hierarchieebenen.	• Evtl. zu starke organisations-interne Perspektive, Vernachlässigung von Stakeholder • „Herumdoktern" ohne klare Zielrichtung • Lange Dauer für Lösungsfindung: Ständige Unruhe im Unternehmen • Ggf. nachlassende Veränderungsbereitschaft • Nur anwendbar, wenn genügend Zeit/Ressourcen zur Verfügung stehen

Abb. 8.10 Chancen und Risiken der Organisationsentwicklung

Chancen und Risiken des partizipativen Vorgehens der Organisationsentwicklung fasst Abb. 8.10 zusammen.

Der Einsatz der **Organisationsentwicklung** hat gute Erfolgschancen, **Widerstand** zu **schwächen**. Es besteht jedoch auch die **Gefahr** des Missbrauchs der Kommunikation mit den beteiligten Mitarbeitern und die Gefahr von Veränderungsmüdigkeit, gerade dann, wenn sich Veränderungsprozesse über viele Jahre hinzuziehen.

8.5   Business Reengineering und Organisationsentwicklung: Ein Vergleich

In Abb. 8.11 werden die **Charakteristika** der **Veränderungskonzepte** der Organisations-entwicklung und des in Abschn. 7.2 dargestellten Business Reengineering gegenüberge-stellt. Business Reengineering und Organisationsentwicklung finden sich in der Praxis häufig **nicht** in **Reinform** wieder. In der Regel werden Top-down- und Bottom-up-Instrumente **miteinander kombiniert**. Auch wenn eine partizipative Vorgehensweise eine höhere Akzeptanz erfährt, gibt es bestimmte Veränderungen, die einer autoritären Vorgehensweise bedürfen (z. B. bei in einer drohenden Insolvenz).

	Business Reengineering	Organisationsentwicklung
Herkunft des Ansatzes	Ingenieurwissenschaften, Beratungspraxis (management-orientiert	Sozialpsychologie, Beratungspraxis (sozialorientiert)
Prämisse	Nur bei einem hohen Problemdruck können grundlegende Veränderungen durchgesetzt werden	Nur schrittweise Veränderungen werden von den handelnden Mitarbeitern dauerhaft akzeptiert
Grundidee	Radikales Redesign von Unternehmen oder Unternehmensprozessen (revolutionärer Wandel, Top-down)	Längerfristig angelegter Veränderungs- und Entwicklungsprozess von Organisation und der darin tätigen Mitarbeiter (evolutionärer Wandel; Top-down & Bottom-up)
Normative Grundposition	Diskontinuierliches Denken, Frage nach dem Warum, Überzeugte zu Beteiligten machen	Hilfe zur Selbsthilfe, Betroffene zu Beteiligten machen Demokratisierung und Enthierarchisierung der Organisation
Ziel	Erhöhung der Wirtschaftlichkeit (ökonomische Effizienz)	Erhöhung von Wirtschaftlichkeit (ökonomische Effizienz) und Humanität (soziale Effizienz)
Veränderungs charakter	Fundamentales Überdenken und radikale Neugestaltung durch ein diskontinuierliches und zeitlich begrenztes Vorgehen in einem Prozess der kreativen Zerstörung („Tabula rasa"-/„Grüne Wiese"-Ansatz)-	Behutsame Weiterentwicklung über einen längeren Zeitraum hinweg in kleinen Schritten Wandel als kontinuierlicher Prozess
Zeithorizont	Mehrere Monate, wenige Jahre mit Druck auf raschem Erfolg (in quantifizierbaren Größen)	Langfristige (mehrere Jahre) mit Geduld und Offenheit des Prozesses
Veränderungs objekt	Gesamtunternehmen bzw. Kernprozesse	Gesamtunternehmen bzw. Teilbereiche
Rolle externer Berater	Fachlich-konzeptionelle Beratung, inkl. Projektmanagement	Prozessberater, Moderator, Coach, Vermittler
Selbstverstän dnis der Führung	Rationaler Planer, autoritärer Macher	Prozessmoderator, Coach

Abb. 8.11 Gegenüberstellung von Business Reengineering und Organisationsentwicklung (Quelle: In Anlehnung an Thommen/Achleitner (2012, S. 908 f.); Vahs (2015, S. 365))

	Business Reengineering	Organisationsentwicklung
Menschenbild	Tendenziell „Theorie X"	„Theorie Y" (McGregor)
Mitarbeiter	Informationslieferant und „Dispositionsmasse"	Mitgestalter als beteiligter Betroffener „Hilfe zur Selbsthilfe"
Stärken	Klare Abgrenzung der Veränderungsphasen Möglichkeit zum Neuanfang Chance zur deutlichen Steigerung der Wirtschaftlichkeit Schnelligkeit des Wandels	Hohe Mitarbeiterorientierung Berücksichtigung der Entwicklungsfähigkeit der Organisationsmitglieder Förderung des Selbstorganisationspotenzial Langfristige Orientierung Vermeidung/Reduktion von Veränderungswiderständen
Schwächen	Instabilität in der Phase der Veränderung Zeit- und Handlungsdruck Druck auf kurzfristige Resultatverbesserung Mangelnde Sozialverträglichkeit (geringe Berücksichtigung von Widerständen	Geringere Reaktionsgeschwindigkeit Hohe Anforderungen an die Sozialkompetenz der Organisationsmitglieder Zwang zur Suche nach Kompromissen Unzureichende Möglichkeit zur Durchsetzung unpopulärer, aber notwendiger Entscheidungen Vernachlässigung anderer Stakeholdergruppen Nachlassen der Veränderungsbereitschaft

Abb. 8.11 (Fortsetzung)

8.6   Veränderungsprozess: Aufgaben und Werkzeuge im Spannungsfeld zwischen Wandlungsbedarf, Wandlungsbereitschaft und Wandlungsfähigkeit

Die in Changeprojekten einzusetzenden **Werkzeuge** ergeben sich aus den Hauptaufgaben im Changeprozess. John P. Kotter hat hierzu einen **Acht-Schritte-Plan** entworfen (vgl. Kotter 1995, S. 59 ff.).

1. Ein Gefühl von Dringlichkeit muss etabliert werden. Der Status quo muss gefährlicher erscheinen als die Reise ins Unbekannte. („Wenn alles so bleibt wie es ist, wird nichts mehr so sein, wie es war.").

2. Die Koalition der Veränderung (Führungsteam) muss mächtig sein an Informationen, Erfahrungen, Reputation und Beziehungen.

3. Die Vision (als Ziel) der Veränderung ist zu entwickeln und muss in wenigen Minuten kommunizierbar sein, so dass diese sowohl verstanden als auch interessiert aufgenommen wird. Hierzu sind alle verfügbaren Mittel zur Kommunikation nutzen: Mitarbeiterversammlungen, Mitarbeiterzeitung, Intranetauftritt, Arbeitsgruppentreffen, informelle Kommunikation, insbesondere Face-to-Face-Kommunikation der Vorgesetzten mit ihren Mitarbeitern. Die Kommunikation kann hierbei nicht an die Kommunikationsabteilung delegiert werden, da diese nur die offiziellen Tools zur Verfügung stellen kann. Eine Einstellungs- und Verhaltensänderung bei den vom Wandel betroffenen Mitarbeitern lässt sich vielmehr im Dialog initiieren.

4. Die Vision muss vermittelt werden. Ihre Kernaussage muss vom Management im täglichen Handeln eingebaut sein (Leading by Example). Ggf. ist eine zielgruppengerechte Qualifizierung der Führungskräfte (bspw. bei ehemaligen Staatsunternehmen und in Verwaltung) erforderlich. Die Führungskräfte müssen von den Veränderungsprozessen überzeugt sein und diese mittragen.

5. Die wichtigsten Hindernisse eines Veränderungsprozesses müssen identifiziert und überwunden werden. Das heißt, die Strukturen und Prozesse sowie Mitarbeiter, die den Veränderungen entgegenstehen, müssen verändert bzw. ggf. auch freigesetzt werden.

6. Systematische Planung und Generierung von sichtbaren Erfolgen („Early Wins") mittels eines professionellen Projektmanagements („Keine Maßnahme ohne Analyse") inkl. einer systematischen Erfolgskontrolle der Maßnahmen (Analyse, Planung und Umsetzung sowie Controlling).

7. Die ersten Erfolge müssen genutzt werden, um weitere Probleme anzugehen („Nicht zu früh den Sieg erklären"). In Großunternehmen kann die Einrichtung einer zentralen Koordinationsstelle erforderlich sein, welche die konzernweiten Change Projekte im Rahmen eines Multi-Projektmanagements koordiniert. Es geht darum, Beweise zu liefern, dass sich die Mühe lohnt, um dadurch verbliebene Kritiker zu überzeugen oder zumindest zu schwächen.

8. Verankerung des Wandels in der Unternehmenskultur („This is the way we do things around here") – Für einen organisationsumfassenden, die Einstellung der Mitarbeiter betreffenden Wandel, muss hierbei insbesondere genügend Zeit vorhanden sein.

Das erfolgreiche Management des Wandels von tief greifenden und dennoch nachhaltigen Veränderungen zählt zu den wichtigsten Aufgaben der Beteiligten in der Unternehmensführung. Das Management des Wandels findet sich im Spannungsfeld zwischen **Wandlungsbedarf, Wandlungsbereitschaft** und **Wandlungsfähigkeit**. Zentrale Aufgaben des Managements von Veränderungsprozessen sind dabei (vgl. Bleicher 1991, S. 768 ff.; Krüger 1994, S. 228; Klimmer 2012, S. 220):

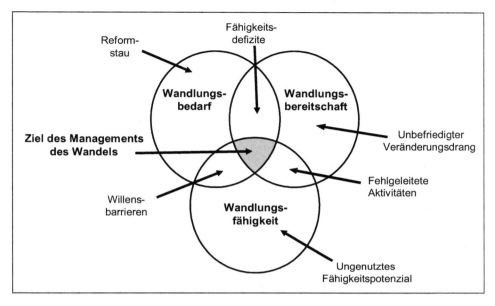

Abb. 8.12 Missverhältnisse im Spannungsfeld des Wandels (Quelle: Vgl. Krüger (2006, S. 137))

- das rechtzeitige Wahrnehmen des **Veränderungsbedarfs** (interne oder externe Erfordernis der sachlich notwendigen Veränderung des Unternehmens, seiner Teilbereiche und Mitarbeiter),
- das Sicherstellen der erforderlichen **Veränderungsfähigkeit** (organisatorische und personelle Kompetenzen zur erfolgreichen Durchführung von Veränderungen) und
- das Mobilisieren einer breiten **Veränderungsbereitschaft** (die Einstellungen und das Verhalten der Betroffenen und Beteiligten des Wandels gegenüber dessen Ziele und Maßnahmen).

In diesem Spannungsfeld sollten sich Bedarf, Bereitschaft und Fähigkeiten weitestgehend decken, damit es nicht zu den in Abb. 8.12 skizzierten Missverhältnissen und Schwierigkeiten kommt.

Für die Erfüllung der o. g. Aufgaben steht eine **Vielzahl von Werkzeugen** zur Verfügung (vgl. Abb. 8.13). Diese stammen überwiegend aus dem Strategischen Management-Prozess, dem Projektmanagement und der Personalentwicklung.

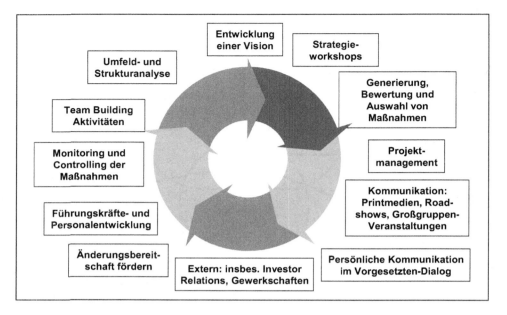

Abb. 8.13 Auswahl von Werkzeugen im Change Management Prozess

8.7   Erfolgs- und Misserfolgsfaktoren in Veränderungsprozessen

Auch wenn organisatorische Veränderungen in vielen Unternehmen heute an der Tages-ordnung sind, verlaufen viele Vorhaben nicht erfolgreich. Studien zufolge liegt der Wert gescheiterter Veränderungsprozesse zwischen 50 % und 80 % (vgl. Rigall et al. 2005, S. 17; Kraus et al. 2004, S. 138). Dies kann darauf hindeuten, dass die Anforderung bei der organisatorischen Gestaltung von Unternehmen weniger im analytischen und konzeptio-nellen Bereich besteht, sondern in der erfolgreichen Umsetzung von Veränderungsplänen. Die Tabelle in Abb. 8.14 zeigt eine Übersicht typischer Fehler in Veränderungsprozessen.

Die Vermeidung o. g. Fehler ist zunächst keine Erfolgsgarantie, erhöht jedoch zumin-dest die Wahrscheinlichkeit für den erfolgreichen Verlauf von Veränderungsprojekten. Die in der Fachliteratur ausgewiesenen Erfolgsfaktoren sind quasi spiegelbildliche For-mulierungen o. g. Misserfolgsfaktoren. (vgl. Klimmer 2012, S. 240 und Vahs 2015, S. 403). Vergleiche dazu Abb. 8.15.

Die Ergebnisse verschiedener Studien über Erfolg und Misserfolg von Veränderung-sprozessen fasst Abb. 8.16 zusammen. Veränderungserfolg ist hierbei oft das Ergebnis von Systematik und Kreativität.

Es gibt dabei keinen One-best-way für das Change Management.

Projektmanagement	• Zu viele Aktivitäten, die nicht priorisiert sind • Unzureichende, insbesondere zeitliche und personelle, Ressourcen • Mangelnde Projektplanung kurzfristiger Erfolge • Verzicht auf Erfolgskontrolle
Kommunikation	• Keine rechtzeitige und ausreichende Information • Unzureichendes Problembewusstsein für Notwendigkeit von Veränderungen • Mangelndes Interesse der Initiatoren (Top Management) an Feedback der betroffenen Mitarbeiter • Unklarheit über längerfristige Richtung des Unternehmens
Top Management	• Unklare oder unrealistische Zielsetzung • Management steht nicht ausreichend hinter den beabsichtigten Veränderungen • Mangelnde Glaubwürdigkeit/Vorbildfunktion • Fehleinschätzung der Bedeutung von Emotionen und gruppendynamischen Prozessen
Veränderungsdesign	• Für die Betroffenen nicht akzeptable Vorgehensweise • Zu viele Änderungen in zu kurzer Zeit • Fehlende Verankerung struktureller Veränderung in den Denk- und Handlungsweisen sowie der Unternehmenskultur
Stakeholder-Management	• Interessen- und Zielkonflikte mit Betroffenen • Unzureichende Berücksichtigung bzw. Einbindung betroffener Stakeholder • Mangelnde Unterstützung durch das mittlere Management

Abb. 8.14 Misserfolgsfaktoren in Veränderungsprozessen (Quelle: Klimmer (2012, S. 239))

Die Veränderung einer Organisation ist ein höchst **individuelles Vorhaben**, das stets auf die **spezifische Situation** des Unternehmens zugeschnitten werden muss. Dieser Wandel findet fast nie „auf der grünen Wiese" statt. Vielmehr sind im Vorfeld **Rahmenbedingungen** (Kontextfaktoren) zu analysieren, deren Ausprägung ausschlaggebend

Projektmanagement	• Professionelles Projektmanagement mit klaren Verantwortlichkeiten, strukturierten Abläufen, hinreichender Projektplanung und -steuerung • Priorisierung und Koordination von Maßnahmen und Teilprojekten • Gezielte Planung und Kommunikation erster sichtbarer Erfolge
Kommunikation	• rechtzeitige und ausreichende Information • Problembewusstsein für Notwendigkeit von Veränderungen auf allen Hierarchieebenen schaffen • Zielgruppenbezogene Ausgestaltung von Information und Kommunikation • Aufzeigen des persönlichen Nutzens der Veränderung
Top Management	• klare Zielsetzung • Aufzeigen der längerfristig geplanten Unternehmensentwicklung • Sichtliches Commitment und Engagement für geplante Veränderungen • Glaubwürdigkeit verkündeter Visionen und Veränderungen durch persönliches Vorleben der neuen Werte
Veränderungsdesign	• Schaffen von Akzeptanz der Betroffenen für Vorgehensweise • Angemessene Veränderungsgeschwindigkeit • Nachhaltige Verankerung struktureller Veränderung in Denk- und Handlungsweisen sowie der Unternehmenskultur
Stakeholder-Management	• zielorientierte Einbindung betroffener Stakeholder (insbesondere in der Konzeptionsphase) • Widerstände rechtzeitig erkennen und ernst nehmen

Abb. 8.15 Erfolgsfaktoren in Veränderungsprozessen (Quelle: Klimmer (2012, S. 240))

dafür ist, wie der Wandel gestaltet werden muss, um zum Erfolg zu führen. Das Problem von Changeprozessen ist i. d. R. nicht die Konzeption, sondern die Umsetzung und Implementierung unter Berücksichtigung der Kontextfaktoren (vgl. Geldern 1997, S. 8).

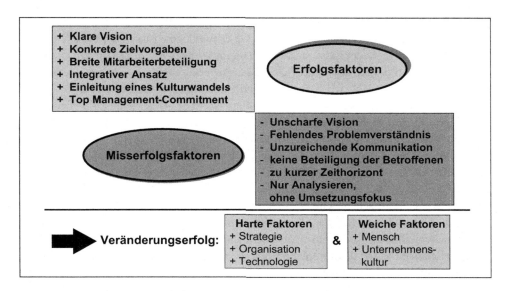

Abb. 8.16 Erfolgs- und Misserfolgsfaktoren von Veränderungsprozessen (Quelle: Eigene Darstellung auf Basis von Vahs (2015, S. 403))

Wandlungsfähige Unternehmen agieren dabei im Spannungsfeld zwischen evolutionären und revolutionären Ansätzen. Sie müssen dabei hinreichend stabil und gleichzeitig anpassungsfähig sein, um ein Gleichgewicht zwischen **Flexibilität und Stabilität** ihrer Struktur, Strategie und Kultur zu erreichen.

Entscheidend ist das (pro-)aktive Management des Wandels, um den Herausforderungen geänderter marktlicher Anforderungen und Rahmenbedingungen auch in Zukunft gerecht zu werden (Chinesisches Sprichwort: „Der Mann, der den Wind der Veränderung spürt, sollte keinen Windschutz errichten, sondern eine Windmühle bauen.").

8.8   Fallstudie: Müller Ingenieurbüro

Herr Michael Müller ist Allein-Geschäftsführer eines Ingenieurbüros für technische Gebäudeausrüstung mit 20 Mitarbeitern und einem Jahresumsatz von ca. 1 Million Euro. Das Ingenieurbüro wurde noch von seinem Vater gegründet und kann mittlerweile auf 30 Jahre unternehmerischen Erfolg zurückblicken. Es ist mit der bisherigen Unternehmensstrategie immer gut „gefahren".

Nach einem Gespräch mit dem Steuerberater des Unternehmens betreffend die Auswertung der Vermögens-, Finanz- und Ertragslage im 1. Halbjahr ist aber schnell klar: Die Finanzkrise ist auch am Ingenieurbüro Müller nicht spurlos vorübergegangen. Alle relevanten Kennzahlen und auch die Auftragslage für den Rest des Geschäftsjahres weichen erheblich von den Vorjahreszahlen ab. Das Unternehmen ist in der aktuellen Marksituation nicht länger in der Lage, sich langfristig im Wettbewerb zu behaupten, wenn nicht möglichst schnell die Kosten in so vielen Bereichen wie möglich reduziert werden. Geschäftsführer Müller sieht sich gezwungen, innerhalb kürzester Zeit zu handeln:

Im Rahmen einer Besprechung mit allen Mitarbeitern des Unternehmens konfrontiert er die Mitarbeiter mit Maßnahmen, welche er zum Fortbestand des Unternehmens ergreifen möchte. Herr Müller macht die Mitarbeiter darauf aufmerksam, dass das Minimieren von Kosten überall im Unternehmen zu erfolgen hat. Er weist sie darauf hin, dass beginnend mit dem laufenden Geschäftsjahr bis auf Weiteres kein Weihnachtsgeld mehr gezahlt wird und er auch die Möglichkeit von Personalfreisetzungen in Betracht zieht, um die Kosten im Personalbereich drastisch zu senken. Außerdem verlangt Herr Müller von seinen Mitarbeitern mehr Unterstützung bei der Akquisition von Kunden, was bis Zeitpunkt der Besprechung ausschließlich in seinem Aufgabenbereich lag, jedoch seines Erachtens inzwischen nicht mehr ausreicht, um das komplette Unternehmen mit Aufträgen am Leben zu erhalten.

Schließlich weist Herr Müller seine Mitarbeiter darauf hin, dass in Zukunft großer Wert auf eine wirtschaftliche und produktive Arbeitsweise von ihm gelegt wird und er daher künftig jedes einzelne Projekt während des gesamten Projektablaufs auf Wirtschaftlichkeit und Qualität hin überprüfen wird. Die Prüfung soll anhand einer von ihm vorgegebenen Kalkulation, welche die zur Verfügung stehenden zeitlichen und finanziellen Ressourcen innerhalb des einzelnen Projektes umfasst, und anhand strenger Qualitätskriterien bei der Leistungserstellung erfolgen. Für das Überschreiten dieses Zeit- und Kostenbudgets bzw. das Unterschreiten des jeweils von ihm vorgegebenen Qualitätsniveaus kündigt Herr Müller bereits jetzt weitereichende Konsequenzen für die jeweiligen Projektmitarbeiter an.

Am Ende der Besprechung, in der ausschließlich Herr Müller das Wort ergriffen hatte, blickt er in ratlose Gesichter. Reaktionen der Mitarbeiter bleiben aus, peinliches Schweigen macht sich im Besprechungsraum breit. Herr Müller löst die Besprechung ohne die Ankündigung oder Vereinbarung nächster Schritte auf, nachdem keine Diskussion über die mitgeteilte Sachlage erfolgt ist. Er selbst ist zu-nächst froh, dass er diese Dinge erstmal „loswerden" und bei den Mitarbeitern „adressieren" konnte.

In den nächsten Wochen beobachtet er eine unruhige Stimmung im Unternehmen, immer öfter stehen Mitarbeiter in Gruppen zusammen und tuscheln, es machen Gerüchte die Runde. Streit zwischen den einzelnen Projektverantwortlichen macht sich breit. Viele Mitarbeiter melden sich vermehrt krank. Zwei Mitarbeiter haben bereits ihre Kündigung eingereicht. Herr Müller ärgert sich über das Verhalten seiner Mitarbeiter, da er ihnen gegenüber doch immer offen und ehrlich kommuniziert hat, was die neuesten Entwicklungen im Unternehmen angeht.

Quelle: Müller (2011), modifiziert.

Fragen zur Fallstudie

1. Welche Formen von Widerstand sind im Fallbeispiel zu erkennen?

2. Was hätte Herr Müller im oben beschriebenen Fall besser machen können (proaktiver Umgang mit Widerstand)? Gehen Sie hierbei auf die Prämissen der Organisationsentwicklung des 8-Phasen-Modells von Kotter ein.

3. Wie sollte Herr Müller nun mit der Situation weiter umgehen (reaktiver Umgang mit Widerstand)?

8.9 Kontrollfragen zu Kapitel

Welche der folgenden Aussagen sind vollständig richtig (r) und welche Aussagen sind falsch (f)?

1. Ursachen von Veränderungen liegen sehr häufig in der Veränderung der ökonomischen, technologischen, rechtlich-politischen, sozio-kulturellen und physisch-ökologischen Rahmenbedingungen.

2. Veränderungsbedarf ergibt sich neben den externen Treibern auch durch Übergänge in den Phasen der Unternehmensentwicklung.

3. Change Management kann als eine kontinuierliche Anpassung (evolutorischer Wandel) oder als radikale Umgestaltung (revolutionärer Wandel) erfolgen.

4. Befindet sich das Unternehmen in einer akuten Krise kann es erforderlich sein, den Wandel allein aufgrund des starken zeitlichen Drucks autoritär zu gestalten (Top-down-Approach).

5. Abhängig vom Leidensdruck bei organisatorischen Veränderungen lässt sich das Management von Veränderungsprozessen in proaktives versus reaktives Change Management differenzieren.

6. Widerstand ist eine Kraft, die auf den Erhalt bzw. die Wiederherstellung des Status Quo gerichtet ist und versucht, geplante Veränderungen zu behindern oder zu stoppen.

7. Ausweichen, Schweigen oder Bagatellisieren sind aktive Formen von Widerstand.

8. Für den Erfolg eines Change Management-Projekts ist von entscheidender Bedeutung, dass Widerstand – in welcher Form auch immer – frühzeitig erkannt und richtig beantwortet wird.

9. Unter Organisationsentwicklung kann man ein Konzept verstehen, welches die Veränderung durch ein möglichst geringes Einbeziehen der betroffenen Mitarbeiter erreichen möchte.

10. Das Phasen-Modell von Lewin ist ein partizipativer Ansatz der Organisationsentwicklung.

11. Der Change Agent vermeidet, eigenes organisatorisches Fachwissen dem Klientensystem zu übermitteln, da er ansonsten die traditionelle Rolle eines Beraters, der selbst organisatorische Fragen löst, einnehmen würde.

12. Instrumente der Organisationsentwicklung sind bspw. Teamentwicklungsmaßnahmen, Problemlösungsworkshops, Mitarbeiterumfragen oder Personalentwicklung.

13. Die hohe Partizipation der Betroffenen führt zu starken Widerständen bei Veränderungen im Rahmen der Organisationsentwicklung.

14. Risiken der Organisationsentwicklung bestehen in einer evtl. zu starken organisationsinternen Perspektive und der Vernachlässigung von Kunden und anderer Stakeholder.

15. Eine Gefahr der Organisationsentwicklung besteht in einer möglichen Veränderungsmüdigkeit, gerade dann, wenn sich Veränderungsprozesse über viele Jahre hinziehen.

16. Auch wenn eine partizipative Vorgehensweise eine höhere Akzeptanz erfährt, gibt es aber auch bestimmte Veränderungen, die einer autoritären Vorgehensweise bedürfen (z. B. in einer drohenden Insolvenzkrise).

17. Veränderungsprozesse benötigen kein Projektmanagement (inkl. einer systematischen Erfolgskontrolle), sondern beruhen vielmehr auf Vision und Kommunikation aller Beteiligten.

18. In Großunternehmen kann die Einrichtung einer zentralen Koordinationsstelle erforderlich sein, welche die konzernweiten Change Projekte koordiniert.

19. Die Kombination von Systematik und Kreativität trägt zum Veränderungserfolg bei.

20. Wandlungsfähige Unternehmen müssen hinreichend stabil und gleichzeitig anpassungsfähig sein, um ein Gleichgewicht zwischen Elastizität und Stabilität ihrer Struktur, Strategie und Kultur zu erreichen.

Projektmanagement

9

Lernziele

Dieses Kapitel vermittelt,

- bei welchen Problemstellungen die Anwendung eines Projektmanagement sinnvoll ist,
- wie sich Projektmanagement im Lauf der Zeit entwickelt hat,
- wie Projekte in die Aufbauorganisation eines Unternehmens integriert werden können und wie die Aufbauorganisation innerhalb eines Projekts strukturiert sein kann,
- wie Projekte ablaufen und welche Instrumente in den einzelnen Phasen zur Verfügung stehen,
- welche Faktoren zum Erfolg von Projekten beitragen.

Projektmanagement stellt den **zweiten Schwerpunkt** dieses Lehrbuches dar. In diesem Kapitel werden die gängigen **Techniken** und **Instrumente** des Projektmanagements beleuchtet. In der **Praxis** des Projektmanagements ist einer der entscheidenden **Erfolgsfaktoren**, wie die Projektmanager mit den „weichen" Aspekten des Projekts umgehen. Dazu zählen die **informalen Aspekte** (vgl. Kap. 1: Die Organisation als Eisberg), insbesondere **Führung**, **Gruppendynamik** (vgl. Kap. 2), **Koordination** (vgl. Abschn. 3.2) sowie die **Organisationskultur** der oft aus Mitgliedern verschiedener Bereiche oder Unternehmen zusammengesetzten Projektteams (vgl. zur Betonung der informalen Aspekte Kiesel 2004, S. 7; DeMarco 1998). Dies sei an dieser Stelle besonders betont, da aufgrund der Kompaktheit der Darstellung der Techniken und Instrumente des Projektmanagements diese informalen Aspekte in der weiteren Darstellung gegenüber ihrer tatsächlichen Bedeutung im Projektmanagement einen geringeren Umfang einnehmen.

© Springer-Verlag Berlin Heidelberg 2016

R. Bergmann, M. Garrecht, *Organisation und Projektmanagement*, BA KOMPAKT, DOI 10.1007/978-3-642-32250-1_9

9.1   Der Sinn eines speziellen „Projekt"-Managements

Ein Projekt (lateinisch proiectum „nach vorne geworfen, hervortretend, hervorragend") ist nach DIN 69 901 „...ein Vorhaben, das im Wesentlichen durch **Einmaligkeit der Bedingungen** in ihrer Gesamtheit gekennzeichnet ist, z. B.

- spezielle, einmalige **Zielvorgabe**,
- zeitliche, finanzielle, personelle oder andere **Begrenzungen**,
- **Abgrenzung** gegenüber anderen Vorhaben,
- projektspezifische **Organisation**."

Abbildung 9.1 klassifiziert Projekte exemplarisch nach ihren **Anwendungsgebieten**. Auch im privaten Bereich können größere Vorhaben (implizit) als Projekte angesehen werden, etwa der Bau eines Hauses oder die Durchführung eines Umzugs.

Ein **Projekt** ist also ein **zeitlich befristetes Vorhaben** mit **definiertem Anfang und Abschluss**, das sich auszeichnet durch die **Einmaligkeit** der Durchführung sowie die **besondere Komplexität** des Vorhabens. Weitere Charakteristika sind die **Interdisziplinarität** (i. S. eines funktions(bereichs)übergreifenden Charakters) der Aufgabenstellung, die eine **projektspezifische Organisationsform** erfordert, und die **relativen Neuartigkeit** der Aufgabenstellung (vgl. Madauss 2000, S. 9 f. und 37). **Projekte** sind daher von häufig wiederholten **Routineaufgaben abzugrenzen**, was jedoch **problematisch** sein

Investitions-projekte	Organisations-projekte	F & E-Projekte	Komplexe Dienstleistungs-projekte
• Großanlagen bau (Stahl-, Kohlekraft-werke) • Einrichtung einer neuen Fertigungslinie • Kauf/Ver-kauf eines Unterneh-mens (M&A)	• Einführung einer neuen Struktur (Change Management) • Einführung eines Planungskon zeptes • Marketingpro-jekte • Organisation einer Messeveran-staltung	• Entwicklung einer neuen Maschine, eines neuen Medikaments , einer neuen Software oder eines neuen Automobils • Entwicklung neuer Herstellungs-verfahren	• Verlegung eines Braunkohle-baggers • groß angelegte Instandhaltungs-maßnahm en, z. B. Generalüber holung eines Kraftwerks

Abb. 9.1 Anwendungsgebiete des Projektmanagements

Arbeit in funktionalen Linieneinheiten (Abteilungen)	Arbeit in Projekten
• Massenproduktion (repetitive Prozesse) • Permanent: Unterliegt normalerweise keinen oder nur selten Änderungen • Teilzielorientiert: Richtet sich nach den zu erledigenden Aufgaben eines Unternehmensteils • Spezialisten: Je Organisationseinheit überwiegend Spezialisten einer Fachrichtung • Geringe Unsicherheit	• Individuallösung (einmalig) • Temporär: Wird aufgelöst, wenn das Projekt beendet ist • Projektzielorientiert: Am ganzheitlich zu erreichenden Ziel ausgerichtet • Teams, die in der Regel interdisziplinär besetzt sind • Hohe Unsicherheit

Abb. 9.2 Gegenüberstellung von Arbeit in funktionalen Linieneinheiten und in Projekten (Quelle: Zell (2007, S. 7))

kann, da die Einmaligkeit schwer zu definieren ist (z. B. Brückenbau). Eine Gegenüberstellung erfolgt in Abb. 9.2.

Der **Begriff Management** (ital. menaggiaré = handhaben, bewerkstelligen) wird **vielschichtig** genutzt, vom „managen" alltäglicher Dinge bis zum Unternehmens-Management. Eine verbreitete **Definition** stammt von Megginson et al. (1989, S. 5): „Management can be defined as working with human, financial, and physical resources to determine, interpret, and achieve organizational objectives by performing the functions of planning, organizing, staffing, leading, and controlling" oder **kürzer ausgedrückt**: „What management is: Making things happen." (ebenda, S. 5). Die Aufgabe des **Projektmanagements** besteht darin, dafür zu sorgen, dass das **Vorhaben durchgeführt** wird und zwar unter der Berücksichtigung der **Projektziele** (bspw. hinsichtlich **Kosten**, **Qualität** und **Zeit**), indem bestimmte **Funktionen** wahrgenommen werden, wie etwa Planung, Führung und Controlling.

Da in einem Projekt grundsätzlich die gleichen **Funktionen** wie bei der **Führung eines Unternehmens** wahrgenommen werden, wenn auch mit unterschiedlichen Schwerpunkten, stellt sich die Frage, **warum** ein **spezielles Projektmanagement** notwendig ist. Tatsächlich sind die im Weiteren vorgestellten Techniken **Teil** der verschiedenen **betriebswirtschaftlichen Disziplinen**, wie Controlling, Produktionswirtschaft oder eben Organisation. Selbst Aspekte des Marketings spielen eine Rolle; schließlich müssen die Projektergebnisse an den Kunden (nicht nur die Auftraggeber, sondern auch die Betroffenen der Auswirkungen des Projekts) gebracht werden. **Projektmanagement** ist daher die **Gesamtheit von Führungsaufgaben**, **-organisation**, **-techniken** und **-mitteln** für die **Abwicklung** von Projekten (DIN 69901).

9.2   Historische Entwicklung des Projektmanagements

Implizites Projektmanagement gibt es, seit in der Geschichte der Menschheit **größere Vorhaben** umgesetzt wurden, seien es der Bau der Pyramiden oder der Chinesischen Mauer oder die Expeditionen der großen Entdecker in der Neuzeit. Als erste große Projekte, welches die Entwicklung und Nutzung eines **systematischen Projektmanagements** und dessen Instrumenten förderten, werden der Bau des Hoover Dammes, das Manhattan-Projekt zur Entwicklung der Atombombe und das Apollo-Programm der NASA genannt. Mitte der 1960er-Jahre gründeten sich auch erste Organisationen und **Verbände** zum **Projektmanagement**, wie etwa 1965 die International Project Management Association (IPMA) in Wien (vgl. IPMA 2007).

Im Zuge einer **Professionalisierung des Projektmanagements** haben sich verschiedene **Methoden und Vorschriften**, bspw. von staatlichen Organisationen zu **Quasi-Standards** im Projektmanagement entwickelt. Hierbei handelt es sich um **Best-Practice-Verfahren**, die häufig für IT-Projekte entwickelt wurden. Sie sind mittlerweile aber für das Managen aller Projekte vorgesehen. Diese definieren zumeist **Standardverfahren**, **Vorgehensweisen**, **Prozesse** und **Beteiligte**. Zwei der **wichtigsten** Verfahren sind:

- **Prince2:** PRINCE (Projects in Controlled Environments) wurde ursprünglich von der britischen Central Computer and Telecommunications Agency als Regierungsstandard für das Projektmanagement für IT-Projekte entwickelt (vgl. im Folgenden Office of Government Commerce 2005; Ebel 2007). Die aktuelle Version, seit 1996 PRINCE2 benannt, ist eine allgemeine Projektmanagement-Methode und hat sich mittlerweile zum De-facto-Standard für Projektmanagement in Großbritannien entwickelt. Prince2 wird derzeit in mehr als 50 Ländern angewendet. Es definiert **acht Prozesse**, wie z. B. Planen eines Projekts, Steuern einer Phase oder Managen der Phasenübergänge sowie **vier Phasen** eines Projekts und **acht Komponenten**, für die **Handlungsanweisungen** gegeben werden, wie z. B. Risikomanagement, Projektorganisation oder Business Cases.
- **PMBoK:** Der Project Management Body of Knowledge ist der international am häufigsten verwendete Industrie-Standard für Projektmanagement (vgl. im Folgenden PMI 2004): Er wird vom US-amerikanischen Project Management Institute – ein Verband für Projektmanagement mit weltweit über 200.000 Mitgliedern – herausgegeben. Der PMBoK definiert **vier Prozessgruppen** (Initiierung, Planung, Steuerung sowie Ausführung und Abschluss). Die darin definierten **Einzelprozesse** sind dann **neun** verschiedenen **Wissensgebieten** (wie z. B. Integrations-, Termin- oder Kostenmanagement) zuzuordnen.

Hinzu kommen noch **weitere Vorgehensmodelle** wie etwa das ICB (International Competence Baseline), die von der o. g. IPMA herausgegeben wird, oder in Deutschland

Vorteile	Nachteile
• Das Vorgehen nach Standards gewährleistet, dass im Projekt alle Aspekte berücksichtigt werden • Einklang mit Qualitätsmanagementsystemen • Lernkurveneffekte für Mitarbeiter, die in mehreren Projekten mit dem Modell arbeiten • Orientierung am wirtschaftlichen Nutzen des Projekts • Definierte Rollen und Verantwortlichkeiten	• Generisches Vorgehensmodelle vernachlässigen ggf. die Einzelsituation des Projekts • Vorgehen nach Standards um den Standards zu genügen, ohne dass ein Mehrwert einer Aktivität geschaffen wird • Bürokratiegefahr durch übermäßige Dokumentationspflicht • Nutzen der Methodologie, ohne den dahinter stehenden Sinn zu verstehen • ohne Anpassung an kleine Projekte für diese zu umfangreich

Abb. 9.3 Vor- und Nachteile von Standardmodellen im Projektmanagement

das sog. V-Modell zur IT-Systementwicklung der Koordinierungs- und Beratungsstelle der Bundesregierung für Informationstechnik in der Bundesverwaltung (KBSt), gesteuert vom Bundesverteidigungs- und Innenministerium. Darüber hinaus bestehen in zahlreichen Unternehmen **interne Standards oder Richtlinien** zum **Projektmanagement**. Vor- und Nachteile von Standardmodellen sind in Abb. 9.3 dargestellt.

9.3 Projektaufbauorganisation

9.3.1 Einbindung von Projekten in die Aufbauorganisation des Unternehmens

Da Projekte **temporären Charakter** haben, nehmen die Projektmitarbeiter meist noch andere Aufgaben in der **Linie**, also innerhalb der **Primärorganisation** des Unternehmens wahr. Die reguläre **Linienorganisation** ist meistens **nicht** für die erfolgreiche Durchführung von Projekten **geeignet**, da jede Abteilung i. d. R. ihr **abteilungsorientiertes Tagesgeschäft** optimiert und dieser abteilungsorientierte Erfolg honoriert wird. Abteilungsübergreifende Projekte erfordern daher häufig eine **eigene Projektorganisation**.

Projekte gehören i. d. R. zur **Sekundärorganisation** des Unternehmens (vgl. Abschn. 3.3 zur Konfiguration). Besitzen Projekte im Unternehmen jedoch eine sehr **große Bedeutung**, kann die Einbindung von Projekten in die Aufbauorganisation auch über anderen Formen erfolgen, wodurch diese Teil **der Primärorganisation** werden.

Formen der **Einbindung** von **Projekten** in die **Aufbauorganisation** sind (vgl. im Folgenden Kiesel 2004, S. 52 ff.; Kessler/Winkelhofer 2004, S. 25 ff.):

Projektkoordination
Bei der Projektkoordination (auch **Einfluss-Projektmanagement** genannt) gehört das Projektteam zur Sekundärorganisation. Die Projektmitarbeiter verbleiben **disziplinarisch** ihren **Linienvorgesetzten** unterstellt und arbeiten nur **zeitweise** im Projekt. Der Projektleiter hat lediglich eine **fachliche Weisungsbefugnis** bezogen auf die Projektarbeit. Diese Form ist die am **meisten verbreitete** in Unternehmen. Sie bietet sich für Projekte an, die von **keiner** extrem **hohen Bedeutung** für das Unternehmen sind. Meist steht die Arbeit der Projektmitarbeiter im Projekt hinter der Aufgabenerfüllung in der Linie zurück. Auch der **Projektleiter verbleibt** organisatorisch häufig in seiner **Linienfunktion**. Abbildung 9.4 zeigt, dass der Projektleiter aber auch wie eine **Stabsstelle** fest in die Primärorganisation integriert sein kann (sog. **Stablinienprojektorganisation**). Dennoch besitzt er gegenüber der Linie **keine disziplinarische Weisungsbefugnis** und kann den aus der Linie stammenden Projektmitarbeitern nur **fachlich** vorstehen (**Dotted-Line-Prinzip**, vgl. Abschn. 3.3.1).

Die **Projektkoordination** besitzt die in Abb. 9.5 genannten **Vor- und Nachteile**.

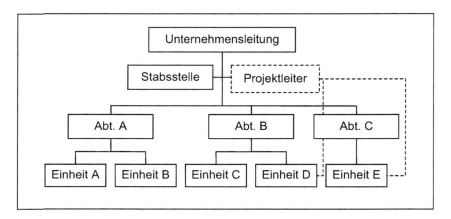

Abb. 9.4 Projektkoordination: Stabliniennprojektorganisation (Quelle: Probst (1992, S. 255))

Vorteile	Nachteile
● Keine Änderung der Grundkonfiguration des Unternehmens ● Große Flexibilität der Mitarbeiter, die an verschiedenen Projekten gleichzeitig mitarbeiten können ● Geringe Überlagerung der Projektorganisation mit der Grundkonfiguration des Unternehmens ● Möglichkeit zur zentralen Planung und Kostenkontrolle	● Keine klare Zuordnung der Gesamtverantwortung, da der Projektleiter u. U. keine Weisungsbefugnis besitzt ● Lange Reaktionszeiten, da sich die Projektmitarbeiter z. T. nur bei Arbeitssitzungen sehen ● Schwierigkeiten bei der Koordination zwischen Mitarbeitern verschiedener Abteilungen ● Langsame Entscheidungen, da Beschlüsse von den Linienvorgesetzten zurückgestellt werden können

Abb. 9.5 Vor- und Nachteile der Projektkoordination (Quelle: In Anlehnung an Probst (1992, S. 255), leicht modifiziert)

Reine Projektorganisation

Bei der reinen Projektorganisation ist das **Projektteam** einschließlich Projektleiter als **eigene Abteilung** in der **Primärorganisation** des Unternehmens konfiguriert. Die Projektmitglieder nehmen **außerhalb des Projekts** i. d. R. **keine** weiteren **Aufgaben** wahr; sie sind dem Projektleiter **fachlich und disziplinarisch** unterstellt (vgl. Abb. 9.6). Diese Form der Projektorganisation findet sich bei **Projekten** mit sehr hoher Bedeutung für das Unternehmen. Sie ist daher **eher selten** anzutreffen.

In der reinen Projektorganisation wird die Idee einer Sekundärorganisation aufgegeben und die Projektleitung erhält alle zur Erfüllung des Projektauftrages notwendigen Kompetenzen und Ressourcen. Die projektbeteiligten Mitarbeiter werden aus den verschiedenen Unternehmensbereichen für die Dauer des Projektes (in der Luftfahrt-Industrie bei der Entwicklung von neuen Flugzeugtypen bis zu 10 Jahre) in direkter Linie der Projektleitung unterstellt (vgl. Schreyögg 2008, S. 160).

Vor- und Nachteile der **reinen Projektorganisation** fasst Abb. 9.7 zusammen.

Wird ein großes Projekt, wie etwa ein Bauprojekt von mehreren **rechtlich selbständigen** Unternehmen durchgeführt und eine **feste Projektorganisation außerhalb** dieser Unternehmen geschaffen, so wird diese **Projektgesellschaft** genannt. Dabei handelt es sich um ein rechtlich selbständiges Unternehmen, etwa in Form einer ARGE (vgl. Abschn. 7.5).

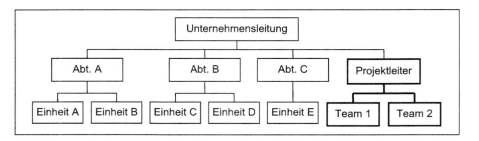

Abb. 9.6 Reine Projektorganisation (Quelle: Probst (1992, S. 254))

Vorteile	Nachteile
• Vermeidung von Autoritätskonflikten dank Machtzentralisierung	• Mitarbeiter werden vorübergehend aus der Grundstruktur herausgelöst, um am Projekt arbeiten zu können
• Mitarbeiter arbeiten ausschließlich am Projekt	
• Ermöglicht schnelles Reagieren	• Die Reintegration der Teammitglieder in die Grundstruktur könnte sich als problematisch erweisen
• Alle Teammitglieder können sich mit dem Projekt identifizieren	
• Relativ einfache Koordination	• Der Erfolg des Projekts hängt sehr stark vom Projektleiter ab

Abb. 9.7 Vor- und Nachteile der reinen Projektorganisation (Quelle: Probst (1992, S. 254))

Matrix-Projektorganisation

Bei der Matrix-Projektorganisation besteht analog zur **Matrixorganisation** (vgl. Abschn. 3.3.5) die Möglichkeit, die Achsen der Matrix anhand unterschiedlicher **Konfigurationsmöglichkeiten** (bspw. Objekt- oder funktional orientiert) zu gestalten. In Falle der Matrix-Projektorganisation ist eine **Dimension** der Matrix **anhand von Projekten** konfiguriert (vgl. Abb. 9.8).

Die **Matrix-Projektorganisation** bietet sich an, wenn das Unternehmen sehr häufig **Projekte** durchführt (etwa in einer Unternehmensberatung). Die Projektmitarbeiter bleiben **disziplinarisch** dem **Linienvorgesetzten** unterstellt, **fachlich** dem **Projektleiter**, der in diesem Falle häufig über Kapazitäten, Termine und Sachinhalte bestimmt. Insofern hat er deutlich **mehr Einflussmöglichkeiten** als bei der Projektkoordination. Im Prinzip ist die Matrix-Projektorganisation ein **Anheben** von Projekten von der **Sekundärorganisation** in die **Primärorganisation**. Die **Matrix-Projektorganisation** hat dabei die in Abb. 9.9 gelisteten **Vor- und Nachteile**.

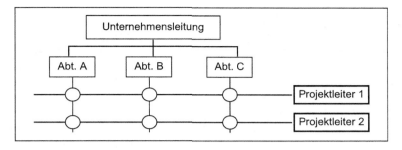

Abb. 9.8 Matrix-Projektorganisation (Quelle: Probst (1992, S. 256))

Vorteile	Nachteile
• Die Verantwortung liegt eindeutig beim Projektleiter • Mitarbeiter entwickeln Fachkenntnisse, die sie auch in anderen Projekten anwenden können • Größeres Sicherheitsgefühl bei den Mitarbeitern, da sie ihren gewohnten Bezugsrahmen nicht verlieren • Flexible Organisation je nach Fortgang des Projekts	• Birgt ein inhaltliches und ressourcenbezogenes Konfliktpotential zwischen Linieninstanz und Projektgruppen in sich • Jeder Mitarbeiter ist mehreren Vorgesetzten unterstellt

Abb. 9.9 Vor- und Nachteile der Matrix-Projektorganisation (Quelle: Probst (1992, S. 256))

Die **Wahl der Projektaufbauorganisation** hängt von verschiedenen Faktoren ab. Grundsätzlich lässt sich festhalten, dass bei einer **hohen Bedeutung** und **Komplexität** des Projekts eher eine **reine Projektorganisation** zu wählen ist, bei einer **mittleren** eine **Matrix-Organisation** von Vorteil ist, und bei einer **niedrigen** eine **Projekt-Koordination (Stabsprojektorganisation)** ausreicht (vgl. Abb. 9.10).

Kriterien für die Projektkomplexität sind bspw. wissenschaftlicher Neuigkeitsgrad, Risiko, das Projektziel zu verfehlen, spezifische Projektgröße (Mittelverbrauch/Zeit), Anzahl und Bedeutung der beteiligten Organisationseinheiten und Externen (Schnittstellen), Anzahl der gleichzeitig bearbeiteten Projekte, Stärke der Abhängigkeiten oder Zahl der Querverbindungen zwischen den Teilaufgaben (Vernetztheit).

Kriterium	Reine Projektorganisation	Projektkoordination	Matrix-Projektorganisation
Bedeutung des Projekts	sehr hoch	eher gering bis mittel	hoch
Projektumfang	sehr hoch	Mittel bis gering	mittel bis hoch
Unsicherheit bzgl. der Ziele	sehr hoch	Gering bis mittel	hoch
Dringlichkeit/Zeitdruck	hoch	gering bis mittel	mittel
Projektdauer	lang	kurz	mittel
Komplexität der Problemsituation	hoch	gering	mittel
Bedürfnis nach zentraler Steuerung	sehr hoch	mittel	hoch
Zeitlicher Einsatz der Mitarbeiter	Vollzeit	Sporadisch/nebenamtlich	Teilzeit
Persönlichkeit des Projektleiters	Sehr fähiger Projektleiter	kaum relevant (Koordinator)	Qualifizierter Projektleiter
Notwendigkeit der Identifizierung mit dem Projekt	groß	gering	mittel

Abb. 9.10 Kriterien für die Wahl der Projektaufbauorganisation (Quelle: Eigene Darstellung auf Basis von Probst (1992, S. 257); Schulte-Zurhausen (2010, S. 445))

9.3.2 Aufbauorganisation innerhalb des Projekts

Innerhalb des Projekts gibt es üblicherweise **drei Institutionen**, welche von Bedeutung sind: **Projektteam**, **Projektleitung** und **Lenkungsausschuss**.

Das **Projektteam** arbeitet meist tatsächlich als Team zusammen, es ist also von **keinen** oder nur wenigen **Hierarchieunterschieden** geprägt. Die **Zusammensetzung** des Projektteams hinsichtlich Fachkompetenz, Kapazitäten (insbesondere bei der Projektkoordination) und sozialen Fähigkeiten ist für den **Erfolg** des Projekts von **entscheidender Bedeutung**. Je nach Größe des Projekts kann es auch ein **Kernteam** geben, welches für die eigentliche Aufgabenerfüllung zuständig ist, sowie ein erweitertes Team, welches **Expertenwissen** bspw. in Workshops einbringt.

Die **Projektleitung** besteht aus einer oder mehreren Personen, welche gegenüber den Mitgliedern des Projektteams meist **fachlich weisungsbefugt** sind.
Aufgaben der Projektleitung sind:

- **Zusammenstellung, Führung und Koordination** des **Projektteams** oder der Teilprojektteams, ggf. inkl. der dem Projekt zuarbeitenden Fachabteilungen,
- Koordination externer Partnerunternehmen,
- Festlegung der Aufbau- und Ablauforganisation des Projekts,
- Herbeiführung von Projektentscheidungen,
- **Information** der Projektauftraggeber und des Lenkungskreises.

Der **Lenkungsausschuss**, häufig auch Steering Committee oder Lenkungskreis genannt, besteht i. d. R. aus Mitgliedern der Geschäftsleitung des Bereiches, welche als Projektauftraggeber fungiert sowie einer Führungskraft, welche dem Projektleiter übergeordnet ist, und ggf. noch leitende Manager der vom Projekt betroffenen Bereiche. Der Lenkungsausschuss ist zuständig, wenn **Konflikte** innerhalb des Projekts nicht gelöst werden können und dient dabei als **Eskalations-** sowie als **Steuerungsgremium** des Projekts hinsichtlich Budget, Auftrag, Abnahme von Meilensteinen und **Veränderung** der **Projektrahmenbedingungen**.

Je nach Größe und Bedeutung des Projekts kann auch ein Mitglied des **Vorstandes** des Unternehmens gegenüber dem Projekt als **Mentor**, **Sponsor** oder **Reviewpartner** zur Verfügung stehen, um dem Projekt die ggf. notwendige **Management Attention** zu geben. Dieser bzw. die Mitglieder des Lenkungsausschusses sollten gegenüber den Projektbeteiligten eine **disziplinarische Führungsfunktion** einnehmen, so dass die **fachliche Autorität** der Projektleitung ggf. auch disziplinarisch unterstützt werden kann.

Bei **Großprojekten** findet häufig eine Aufteilung in **Teilprojekte** statt. Hierbei ist die Bestellung von **Teilprojektleitern** durch den Projektleiter, das Projektleitungs-Team oder Projektauftraggeber sowie die Bildung von **Teilprojektteams** mit der Auswahl geeigneter Mitarbeiter aus den Fachabteilungen durch die Teilprojektleiter oder den Gesamtprojektleiter erforderlich. Aufgabe der Projektleitung ist hier zusätzlich die **Führung und Koordination** der Teilprojektteams.

9.4 Ablauf eines Projekts

Der Ablauf eines Projekts erfolgt in verschiedene **Phasen**, welche sich z. T. auch überlappen können. Im Vorfeld des Projekts erfolgt die **Planung**. Hier werden die wesentlichen **Rahmenbedingungen** für das Projekt, insbesondere die **Zielstellung,** festgelegt. Die Planung des Vorgehens im Projekt wird meist mithilfe von **Projektablaufplänen** realisiert. Im Vorfeld des Projekts ist es insbesondere bei Projekten von hoher Relevanz für das Unternehmen von großer Bedeutung, eine **Umfeld- und Risikoanalyse** vorzunehmen. Mit der Abschätzung der benötigten Kapazitäten im Rahmen der Projektplanung wird auch die **Budgetierung** des Projekts festgelegt. Während der kompletten Laufzeit wird das Projekt im Rahmen des **Projektcontrollings** gesteuert und auf Abweichungen vom Plan mit Anpassungen in einem der Bereiche reagiert.

9.4.1 Projektplanung

In der **Projektplanung** werden die **wesentlichen Bedingungen** für das Projekt festgelegt. Durch die Planung sollen realistische Werte für **Leistung** (inkl. Qualität), **Kosten** und **Termine** ermittelt werden, um Fehlentwicklungen bereits im Vorfeld zu verhindern, Fehler zu reduzieren und mangelnder Abstimmung vorzubeugen. Aufgaben der Projektplanung betreffen die Formulierung des **Projektauftrages**, die Planung der **Projektstruktur**, des **Projektaufwandes**, des Personaleinsatzes, der **Meilensteine** und der **Dokumentation**. Die **Zielstellung** des Projekts sollte zwischen dem Auftraggeber und den Verantwortlichen des Projekts verbindlich und klar festgelegt werden. Grundsätzlich sollten bei der Planung insbesondere folgende „**W-Fragen**" geklärt werden (vgl. Abb. 9.11):

Die „W-Fragen" können in Form eines **Projektsteckbriefs** zusammengefasst werden. Dadurch sind die **relevanten Daten** des Projekts den Projektbeteiligten zugänglich.

Die **generellen Zielsetzungen** werden vom **Auftraggeber festgelegt**. Sie sollten in **Abstimmung** mit dem **Lenkungskreis** und dem **Projektleiter** hinsichtlich folgender Kriterien validiert werden (vgl. BMI 2001, S. 9 f.):

Warum?	Warum wird das Projekt gemacht? Was sind die generellen Zielsetzungen?
Was?	Was muss gemacht werden? Was sind die spezifischen Projektziele?
Wie?	Wie soll vorgegangen werden? Welche Mittel und Ressourcen werden eingesetzt?
Wo?	Wo wird am Projekt gearbeitet? An welchen Standorten?
Wer?	Welche Personen und Unternehmen sind an der Durchführung und Finanzierung beteiligt?
Wann?	Wann wird mit dem Projekt begonnen? Wann soll/muss es fertig sein?
Wie viel?	Wie viel wird das Projekt kosten (Budgetierung)?
Wie gut?	Welche Qualitätsziele müssen erreicht werden?

Abb. 9.11 Die „W-Fragen" in der Projektplanung (Quelle: In Anlehnung an van Zijl (1988, S. 8))

- **Strategieverträglichkeit**: Die Projektziele müssen mit den Unternehmenszielen übereinstimmen und diese unterstützen;
- **Realisierbarkeit**: Die Ziele müssen durch das Projekt tatsächlich erreichbar sein;
- **Vollständigkeit**: Die Ziele sollten vollständig beschrieben werden, alle relevanten Ziele sollten genannt sein;
- **Widerspruchsfreiheit**: Die Ziele dürfen sich nicht widersprechen;
- **Relevanz**: Die Ziele müssen für den Erfolg des Projekts relevant sein.

Häufig ist es auch sinnvoll, sog. **Nicht-Ziele** zu definieren. So kann bspw. das Nicht-Ziel eines Projekts zur Erstellung eines Angebotes für eine Industrieanlage sein, ein Angebot um jeden Preis abzugeben. In einem **Change Management-Projekt** kann bspw. von vornherein als Nicht-Ziel definiert werden, dass Stellen abgebaut werden.

Die **spezifischen Projektziele** werden daraufhin aus den generellen Zielsetzungen abgeleitet. Sie finden sich im **Projektablaufplan** wieder. Dort wird auch in Form von **Arbeitspaketen** bestimmt, wie vorgegangen werden soll, und welche Mittel und Ressourcen eingesetzt werden. Letzteres findet sich auch im **Kapazitätsplan** wieder.

Die Frage nach dem **Standort** des Projekts ist von Bedeutung, wenn Räumlichkeiten knapp sind. Dann wird bspw. Büroraum als Ressource im Kapazitätsplan aufgeführt. Von weiterer Bedeutung ist die Frage des Ortes, wenn an **verschiedenen Standorten** am Projekt gearbeitet wird. Dann ist zu klären, inwieweit Vor-Ort-Termine durchgeführt werden müssen oder welche **Informations- und Kommunikationstechnologien** unter welchen Bedingungen und Regelungen (z. B. zur E-Mail-Kommunikation) eingesetzt werden (vgl. auch Abschn. 7.5 zu virtuellen Unternehmen).

Die Frage, **wer** am Projekt beteiligt ist, ist einerseits von Bedeutung für die **Kapazitätsplanung**, andererseits aber auch für die **Umfeldanalyse**. Diese ist wiederum für die **Risikoanalyse** von Bedeutung. Des Weiteren ist es notwendig, einen Überblick über die Beteiligten zu haben, um einen **Kommunikationsplan** aufzustellen und dies im Sinne der Frage, wer von dem Projekt betroffen ist, bspw. für das **Change Management** (vgl. Kap. 8) zu berücksichtigen.

Die Frage nach dem „**wann**" wird im **Projektstrukturplan** meist durch ein **Balkendiagramm** beantwortet. Dieser **Zeitplan** enthält auch die Zeitpunkte für wichtige Zwischenergebnisse, den sog. **Meilensteinen**, die sich aus der zeitlichen Reihenfolge der Projektabwicklung ergeben. Das Erreichen der Meilensteine ist wiederum für das **Projektcontrolling** von großer Bedeutung. Wesentliche Meilensteine und damit verbundene Zwischenergebnisse werden häufig durch den **Lenkungsausschuss** abgenommen.

Die Frage nach der **Finanzierung** des Projekts wird im Rahmen der **Kostenplanung** beantwortet. Dort wird festgelegt, was das Projekt voraussichtlich kostet und wer der **Geldgeber** ist.

In den Zielen des Projekts sollte auch formuliert sein, in welcher **Qualität** diese Ziele zu erreichen sind. In einem projektinternen **Qualitätsmanagement** (vgl. hierzu auch Abschn. 7.1) solle nicht nur die Qualität des Projektergebnisses, sondern auch des **Weges** dahin kontrolliert werden. Bei der **Qualitätsplanung** gilt es, im Vorfeld **Qualitätsmerkmale** festzulegen und ggf. zu gewichten (vgl. BMI 2001, S. 14 f.). Dies ist insbesondere von Bedeutung, wenn im Zuge der Projektsteuerung ein **Abwägen** zwischen den Kosten, der Zeit und der Qualität des Projektergebnisses notwendig wird.

Erfolgt durch das Projekt eine Veränderung im Unternehmen, so ist ein aktives **Change Management** (vgl. Kap. 8) notwendig. Hierbei ist insbesondere festzustellen, wer von den Auswirkungen des Projekts betroffen ist, inwieweit diese einzubinden sind und wie die Kommunikation des Projekts nach außen durchgeführt wird (Teil des **Kommunikationsplans**, s. o.).

9.4.2 Projektstrukturplan und Netzplantechnik

Wichtigstes **Instrument** im Rahmen der **Projektplanung**, um das ganze Projekt zu erfassen und zu strukturieren, ist der **Projektstrukturplan**. In ihm wird die Projektaufgabe in **Teilaufgaben**, sog. **Arbeitspaketen**, zerlegt und die **Beziehung** zwischen den Arbeitspaketen beschrieben. Er ist häufig das wichtigste Instrument des **Projektcontrollings**, da in ihm die Projektaufgabe vollständig beschrieben ist und somit nachvollzogen werden kann.

Die Erstellung des Projektstrukturplans erfolgt ähnlich wie die **Aufgabenanalyse** (vgl. Abschn. 5.2). Wie diese können im Projektstrukturplan die Hauptaufgaben **objekt**- oder **funktionsorientiert** auf **Teilaufgaben**, die Arbeitspakete, heruntergebrochen werden. Diese können weiter untergliedert werden: die **kleinste Ebene** ist die Ebene der **Vorgänge**.

Auf der ersten Ebene wird die **Gesamtaufgabe** festgelegt und beschrieben. Diese wird auf die Ebene der **Arbeitspakete** heruntergebrochen. Für diese Arbeitspakete können nun die **spezifischen Ziele** festgelegt werden, anhand derer auch das **Projektcontrolling** durchgeführt wird. In großen Projekten können für die Arbeitspakete Verantwortliche festgelegt werden, welche dann als **Teilprojektleiter** fungieren Abb. 9.12 zeigt ein Beispiel für einen Projektstrukturplan.

Werden die einzelnen Arbeitspakete oder Vorgänge in zeitliche **Abhängigkeit** gebracht und mit einer **Zeitschätzung** versehen, entsteht der **Netzplan. Weitere Methoden** der Termin- und Ablaufplanung sind:

- Meilensteinplanung (grobe Terminplanung mit vergleichsweise geringem Aufwand),
- Terminplan (verfeinerte Terminplanung auf Basis des Strukturplans),
- Balkendiagramm (Gantt-Diagramm, verfeinerte Termin- und Ablaufplanung auf Basis des Strukturplans),
- Netzplantechnik (detaillierte grafische Darstellung der Ablaufstruktur mit Visualisierung der logischen und zeitlichen Folge aller Projektvorgänge).

In einem **Gantt-Diagramm** (**Balkenplan**, benannt nach Henry Laurence Gantt, einem Kollegen von F.W. Taylor, vgl. Abb. 9.13) wird die zeitliche Abfolge von Aktivitäten grafisch in Form von Balken auf einer Zeitachse dargestellt (vgl. Geldern 1997, S. 231 f.). Im Unterschied zum Netzplan ist die **Dauer der Aktivitäten** im Gantt-Diagramm **sicht-**

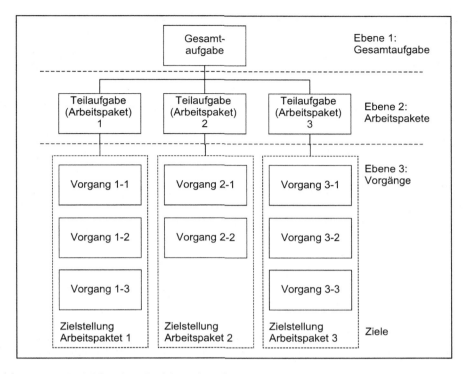

Abb. 9.12   Beispiel für einen Projektstrukturplan

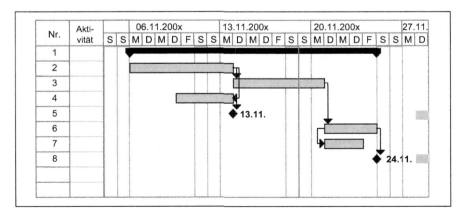

Abb. 9.13   Prinzipdarstellung eines Gantt-Diagramms

bar. Weitere **Vorteile** sind die **Einfachheit** und **Verständlichkeit**. **Nachteile** des Gantt-Diagramms sind, dass die **Abhängigkeit** zwischen einzelnen Aktivitäten und **Zeitreserven** nur **eingeschränkt darstellbar** sind, was wiederum die **Stärke** des **Netzplans** ist.

Nach DIN 69900 umfasst die **Netzplantechnik** alle Verfahren zur Analyse, Beschreibung, Planung, Steuerung, Überwachung von Abläufen auf Grundlage der **Graphentheorie**, wobei Zeit, Kosten, Einsatzmittel (Mitarbeiter, Anlagen, Geräte) und weitere Einflussgrößen berücksichtigt werden können. Aus dem **Netzplan** lässt sich also der **Zeitplan** und durch Belegung der Arbeitspakete mit Ressourcen der **Ressourcenplan** (**Kapazitätsplan**) ableiten.

Die kleinste Ebene im **Projektstrukturplan** ist die Ebene der **Vorgänge**. Auf dieser Ebene wird der **Netzplan** erstellt. Es gibt verschiedene Formen von Netzplänen, je nachdem, ob **Ereignisse** oder **Vorgänge** als **Knoten** oder **Pfeile** dargestellt werden, bspw. den **Ereignisknotenplan** oder den **Vorgangspfeil-Netzplan**. Hier soll ein Vorgangsknotennetzplan vorgestellt werden.

Die Erstellung des Netzplanes erfolgt in **vier Schritten**:

- Schritt 1: Zerlegen von Arbeitspaketen in **Vorgänge**. Dies ist in Abb. 9.12 bereits erfolgt und als dritte Ebene im Projektstrukturplan bereits abgebildet.
- Schritt 2: Verknüpfen der Vorgänge in **logische Abhängigkeiten** innerhalb der Arbeitspakete. Bspw. kann im Arbeitspaket 1 der Vorgang 1–2 erst durchgeführt werden, wenn Vorgang 1–1 beendet ist. Aus diesem Schritt entstehen **Teilnetzpläne**.
- Schritt 3: Verknüpfen der Teilnetzpläne anhand logischer Abhängigkeiten in den **Gesamtnetzplan**. Für diese Aufgabe ist es sinnvoll, für jeden Vorgang sämtliche Vorgänger und Nachfolger aufzulisten. Bspw. ist vorstellbar, dass Vorgang 1–2 erst beginnen kann, wenn Vorgang 3–3 beendet ist.

Ein **Vorgangsknotennetzplan** kann dabei die **Anordnungsbeziehungen** abbilden, welche in Abb. 9.14 dargestellt werden.

- Schritt 4: Berechnen des Gesamtnetzplanes. Hierzu sind folgende Aktionen notwendig:
- **4a) Schätzung des Aufwandes je Vorgang:** Der Aufwand wird in Einheiten wie Manntagen, Arbeitsstunden o. ä. geschätzt.
- **4b) Berechnung der Dauer:** Die Dauer des Vorgangs wird in Abhängigkeit von den vorhandenen Ressourcen berechnet. Dieser Schritt ist häufig aufwändig, da in Projekten oft Spezialwissen für bestimmte Vorgänge benötigt wird, das sich in ein und derselben Ressource bündelt (bspw. besitzt nur ein dem Projekt zur Verfügung stehender Mitarbeiter bestimmte Fähigkeiten, welche zur Durchführung des Vorgangs erforderlich sind). Daher sind Netz- und Ressourcenplanung stark voneinander abhängig, und häufig bestimmt die Verfügbarkeit knapper Ressourcen die mögliche parallele Bearbeitung bestimmter Vorgänge, die nicht direkt voneinander abhängig sind.
- **4c) Berechnung der frühesten Anfangs- und Endzeitpunkte:** In einer Vorwärtsrechnung werden anhand der Dauer des einzelnen Vorgangs und der Abhängigkeiten

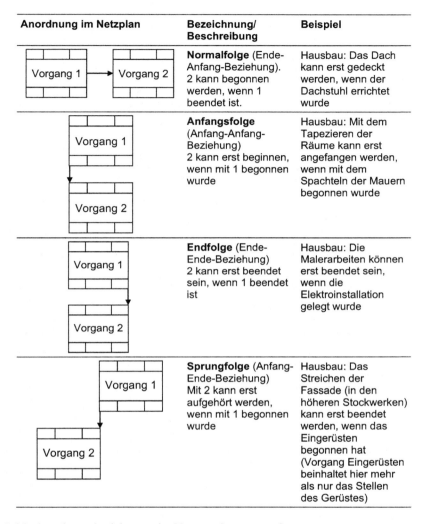

Anordnung im Netzplan	Bezeichnung/ Beschreibung	Beispiel
Vorgang 1 → Vorgang 2	**Normalfolge** (Ende-Anfang-Beziehung). 2 kann begonnen werden, wenn 1 beendet ist.	Hausbau: Das Dach kann erst gedeckt werden, wenn der Dachstuhl errichtet wurde
Vorgang 1 ↓ Vorgang 2	**Anfangsfolge** (Anfang-Anfang-Beziehung) 2 kann erst beginnen, wenn mit 1 begonnen wurde	Hausbau: Mit dem Tapezieren der Räume kann erst angefangen werden, wenn mit dem Spachteln der Mauern begonnen wurde
Vorgang 1 ↓ Vorgang 2	**Endfolge** (Ende-Ende-Beziehung) 2 kann erst beendet sein, wenn 1 beendet ist	Hausbau: Die Malerarbeiten können erst beendet sein, wenn die Elektroinstallation gelegt wurde
Vorgang 1 ↓ Vorgang 2	**Sprungfolge** (Anfang-Ende-Beziehung) Mit 2 kann erst aufgehört werden, wenn mit 1 begonnen wurde	Hausbau: Das Streichen der Fassade (in den höheren Stockwerken) kann erst beendet werden, wenn das Eingerüsten begonnen hat (Vorgang Eingerüsten beinhaltet hier mehr als nur das Stellen des Gerüstes)

Abb. 9.14 Anordnungsbeziehungen im Vorgangsknotennetzplan

der Vorgänge voneinander die frühesten Anfangs- und Endzeitpunkte für jeden Vorgang bestimmt. Dabei ergibt sich der der Früheste Anfangszeitpunkt (FAZ) eines Vorgangs aus dem Frühesten Endzeitpunkt (FEZ) desjenigen Vorgängers, welcher den spätesten Endzeitpunkt aufweist. Der FEZ eines Vorgangs ergibt sich aus der Addition des FAZ und der Dauer des Vorgangs.

- **4d) Berechnung der spätesten Anfangs- und Endzeitpunkte:** Steht die Mindestgesamtdauer des gesamten Projekts fest, kann anhand der Dauer des Vorgangs und der Abhängigkeiten in einer Rückwärtsrechnung der jeweils späteste Anfangs- und Endzeitpunkt eines Vorgangs berechnet werden. Der Späteste Endzeitpunkt (SEZ) eines

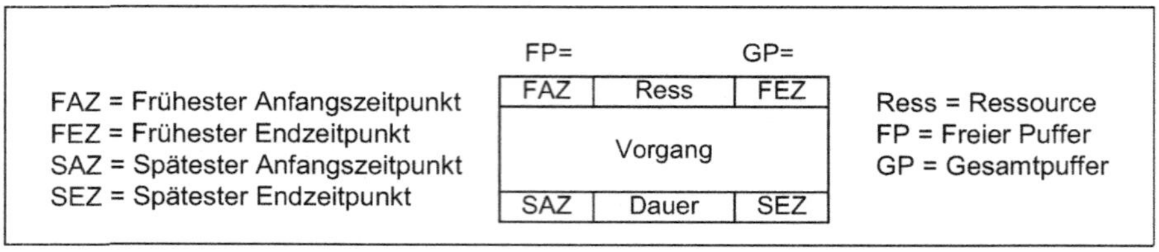

FP=		GP=	
FAZ	Ress	FEZ	Ress = Ressource
Vorgang			FP = Freier Puffer
SAZ	Dauer	SEZ	GP = Gesamtpuffer

FAZ = Frühester Anfangszeitpunkt
FEZ = Frühester Endzeitpunkt
SAZ = Spätester Anfangszeitpunkt
SEZ = Spätester Endzeitpunkt

Abb. 9.15 Knoten eines Netzplanes

Vorgangs ergibt sich aus dem Spätesten Anfangszeitpunkt (SAZ) desjenigen Nachfolgers des Vorgangs, welcher den niedrigsten Wert der SAZe aller direkten Nachfolger des Vorgangs aufweist. Der FAZ eines Vorgangs ergibt sich aus der Subtraktion der Dauer vom SAZ des Vorgangs.

• **4e) Berechnung der Puffer:** Für jeden Vorgang kann nun der Puffer bestimmt werden. Der **Gesamtpuffer** (GP) gibt an, um wie viel Zeiteinheiten ein Vorgang verschoben werden kann, ohne den Endzeitpunkt des Projekts zu gefährden. Er ergibt sich aus der Subtraktion des FEZ vom SEZ eines Vorgangs. Wird der Gesamtpuffer in einem Vorgang aufgebraucht, so bedeutet dies, dass dann sämtliche Nachfolger zu ihrem SAZ beginnen würden. Eine weitere Verzögerung in einem Vorgang würde nun auch das Projektende hinauszögern. Daher die Bezeichnung Gesamtpuffer, da der Puffer innerhalb eines Vorgangs quasi für das gesamte Projekt aufgebraucht wird. Der **Freie Puffer** (FP) gibt an, um wie viel ein Vorgang verschoben werden kann, ohne den FAZ desjenigen Nachfolgers zu gefährden, welcher den ehesten FAZ aller direkten Nachfolger eines Vorgangs hat. Er berechnet sich aus dem minimalen FAZ der Nachfolger minus dem FEZ des Vorgangs. Dieser Puffer ist daher tatsächlich für den jeweiligen Vorgang frei. Den späteren Vorgängen steht der Gesamtpuffer immer noch zur Verfügung, selbst wenn der freie Puffer in einem Vorgang aufgebraucht wurde. Diejenige Kette von Vorgängen, welche keinen Puffer aufweist, wird als **kritischer Pfad** bezeichnet. Verzögert sich ein Vorgang des kritischen Pfades, so verzögert sich auch das Projektende.

Die verschiedenen Daten können beispielhaft wie in Abb. 9.15 in einen Knoten des Netzplans eingezeichnet werden.

Sind sämtliche Vorgänge mit Verbindungslinien nach ihrer jeweiligen Abhängigkeit (vgl. Abb. 9.14) miteinander verbunden und die Anfangs- und Endzeitpunkte sowie die Puffer berechnet, ist der Netzplan fertig gestellt.

9.4.3 Risikomanagement

Risiko ist ein **ungewolltes Ereignis**, das mit einer gewissen **Wahrscheinlichkeit** eintritt und dann einen **Schaden** mit einer **bestimmten Tragweite** auslöst (vgl. im Folgenden Kiesel 2004, S. 76 ff.; PMI 2004).

Hauptprozess	Beschreibung
Risikomanagementplanung	Festlegung der Verfahren, mit denen die übrigen Hauptprozesse des Risikomanagements arbeiten (Identifikationsmethoden, Dokumentationsstrategien, Bewertungsstrategien und Verantwortlichkeiten)
Risikoidentifikation	Identifikation und Dokumentation der potentiellen ungewünschten Ereignisse
Qualitative Risikoanalyse	Qualifikation der Risiken, insbesondere Priorisierung auf Basis der Wahrscheinlichkeit des Eintretens und der voraussichtlichen Auswirkungen auf den Projekterfolg.
Quantitative Risikoanalyse	Quantitative, monetäre Bewertung der Wirkung der Risiken und der entsprechenden Gegenmaßnahmen
Planung zur Risikobewältigung	Planung der konkreten Gegenmaßnahmen, um das Eintreten von Risiken zu minimieren oder zumindest die Auswirkungen der Risiken zu reduzieren
Risikoüberwachung und -verfolgung	Kontinuierliche Überwachung des Status der Risiken (bspw. in Form einer Risikoliste) und der Gegenmaßnahmen.

Abb. 9.16 Hauptprozesse des Risikomanagements (Quelle: Eigene Darstellung auf Basis von PMI (2004, S. 217))

Das **projektspezifische Risikomanagement** enthält **Risikoanalysen, präventive Maßnahmen** und **Notfallkonzepte**. Es ist insbesondere bei komplexen Projekten von Bedeutung. Risiken existieren im **weiteren** (z. B ökonomische, technische, politische, soziale Risiken) oder im **engeren Projektumfeld** (z. B. bei Kunden, Partnern, Subunternehmern). Diese können mittels einer **Umfeldanalyse** identifiziert und bewertet werden. Weitere Risiken bestehen im Ablauf des Projekts (**Prozessrisiko**). **Typische Prozessrisiken** sind bspw. **fehlerhafte Projektpläne** (insbesondere Zeit- und Kostenüberschreitungen), stetige **Erhöhung der Anforderungen** an das Projektergebnis und die Projektführung, **Mitarbeiterfluktuation, geringe Produktivität** oder/und **Qualität** sowie **Gruppeneffekte** (vgl. Kap. 2).

Risikomanagement in **Projekten** beschäftigt sich daher mit der Formulierung von (Gegen-)**Maßnahmen**, die der **Verhinderung** von oder dem **Umgang** mit **ungewollten Ereignissen**, die den Projektverlauf gefährden, dienen. Generell findet ein **Abwägen** des erforderlichen **Aufwandes** zur **Risikominimierung** oder des (mit der **Eintrittswahrscheinlichkeit** gewichteten) **Schadens** bei **Risikoeintritt** statt. Die sechs **Hauptprozesse** des **Risikomanagements** stellt Abb. 9.16 dar.

9.4.4   Kostenplanung

Die **Kostenplanung** baut auf der **Struktur- und Zeitplanung** auf. Die **Bewertung** der **Vorgangsdauern** im **Netzplan** mit den zugehörigen Kosten eröffnen die Möglichkeiten zur **Kostenanalyse** und -**kontrolle**. Eine kostenminimale Projektdauer lässt sich bei Vorhandensein von alternativen Einsatzmöglichkeiten der Ressourcen bestimmen. (vgl. Drexl 2001, S. 633).

Aufgabe der Kostenplanung ist die **Prognose** derjenigen Kosten, die abhängig vom gewünschten Detaillierungsgrad einem Projekt als Ganzen, einzelnen Teilen eines Projekts (Teilprojekte, Arbeitspakete) oder einzelnen Vorgängen eines Projekts zukommen. Die **Kosten** umfassen die **Projektkosten** i. e. S. (bspw. die Entwicklungskosten bei der Entwicklung eines neuen Automotors oder die Baukosten für die Erstellung eines Kraftwerkes bekannter Technologie), die **Betriebs-** und **Instandhaltungskosten** des entwickelten Produktes oder der Anlage sowie die **Entsorgungskosten** (zum Übergang zur Life Cycle Kostenrechnung in Projekten vgl. Madauss 2000, S. 286–290).

Kostenplanungen im Bereich des Projektmanagements (vgl. Madauss 2000, S. 338) können **intern** oder **extern orientiert** sein:

- Die **intern orientierte**, möglichst **verursachungsgerechte Kostenplanung** dient zur Ermittlung von **Preisuntergrenzen** bei der Teilnahme von Projektausschreibungen sowie zur Vorgabe von Soll-/Plan-Kosten zur Unterstützung des Projektcontrollings.
- Die **extern orientierte**, taktische Kostenplanung dient zur Begründung von **Preisforderungen** gegenüber Projektauftraggebern in der Phase der Auftragsvergabe (geschätzte Selbstkosten) und zur Bemessung von kostenabhängigen Prämien in der Phase der Auftragsabwicklung (Zielkosten).

Probleme bei der Kostenplanung ergeben sich insbesondere durch **Wissensdefizite** hinsichtlich der tatsächlich verursachten Kosten sowie durch das taktische **Verfälschen** des vorhandenen Wissens über tatsächliche oder zumindest mutmaßliche Kosten: einerseits **Kostenüberschätzungen** (hohe Zielkosten), um bei niedrigeren tatsächlichen Projektkosten entsprechende höhere Prämien zu erwirtschaften (z. B. bei der sog. Cost Plus Incentive Fee-Rechnung, d. h. Selbstkostenerstattungspreis mit Prämienaufschlag); andererseits **Kostenunterschätzungen** (niedrige Zielkosten), um den Zuschlag bei der Auftragsvergabe im Rahmen der Projektakquisition zu erhalten (z. B. bei der Cost Plus Fixed Fee-Rechnung, d. h. Selbstkostenerstattungspreis mit festem Gewinn).

In der Praxis treten Kostenplanungsprobleme häufig bei **Großprojekten**, insbesondere bei öffentlichen Auftraggebern (Einführung der LKW-Maut durch das Toll Collect-Konsortium, Weltausstellung Expo 2000, Bau der Elbphilharmonie in Hamburg oder des Flughafens BER u. v. a. m.), oder bei Neuentwicklungen (Galileo Satellitennavigationsprojekt der ESA, Entwicklung des Überschallflugzeugs Concorde) auf. Das **Dilemma der Kostenplanung** in frühen Projektphasen besteht insbesondere darin, dass Entscheidungen getroffen werden, welche die späteren Projektkosten in erheblichem Maße vorbestimmen, obwohl die hierfür erforderlichen **Informationen** oftmals nicht oder nur **unzuverlässig** zur Verfügung stehen (zur Kostenplanung auf Basis der Netzplantechnik vgl. Schwarze 2001, S. 242 ff.).

Die Projektplanung (inkl. Termine und Kosten) kann entweder **Top-down** oder **Bottom-up** erfolgen. **Vorteile** der **Top-down-Planung** durch die Unternehmensleitung sind **eindeutige Vorgaben** und **Übereinstimmung** mit den **Unternehmenszielen**. **Nachteilig** sind ggf. sich ergebende **unrealistische Vorgaben** und **Demotivation** der Projektmitarbeiter. Bei der **Bottom-up-Planung** erfolgt die Planung durch Projektmitarbeiter und Teilprojektleiter und wird von der Unternehmensleitung aggregiert. **Vorteile** sind die **Identifikation** der Planungsträger mit dem Projekt. **Nachteilig** kann die ggf. **mangelnde Abstimmung** mit der Unternehmensstrategie sein. Beim **Gegenstromverfahren** als Kompromiss werden die Hauptziele des Projekts durch die Unternehmensleitung bzw. den Projektleiter festgelegt. Die Entwicklung und **Auswahl** der **Handlungsmöglichkeiten** erfolgt durch den Projektleiter bzw. die Teilprojektleiter mit anschließenden Vorlage und **Entscheidung** durch die nächsthöhere Instanz. Anschließend erfolgt je nach erforderlichem Änderungsbedarf eine **Modifikation** und ggf. weitere Vorlage bei der Entscheidungsinstanz (zur detaillierten Methodenbeschreibung vgl. Burghardt 1993, S. 156 ff.). Die Kostenplanung kann darüber hinaus eine **Finanzierungsplanung** mit der Planung der Herkunft der Projektmittel, dem Aufzeichnen von Fälligkeiten über Zahlungen und der Darstellung von Überschüssen oder Fehlbeträgen enthalten.

Das Ergebnis der Kostenplanung bildet das **Projektbudget**. Dieses sollte grundsätzlich nur dann geändert, wenn:

- eine erhebliche **Änderung** des **Leistungsumfanges** auftritt,
- eine erneute Kostenschätzung **realistischere Werte** liefert,
- die **Plankosten** für eine konkrete Aufgabe **nicht** mehr **ausreichen** und durch Minderkosten in den anderen Bereichen **nicht kompensiert** werden können.

9.4.5   Projektcontrolling

Projektcontrolling hat die Aufgabe der Koordination und Schaffung von **Transparenz** mittels eines effizienten Reportings und die Entscheidungsvor- und -nachbereitung.

Voraussetzungen hier sind eine realistische, vollständige und nachvollziehbare **Planung** (Kosten- und Zeitplanung) sowie die Verfügbarkeit aktueller **Ist-Daten**. Das Projektcontrolling zur Einhaltung der Projektziele bewegt sich dabei im **magischen Dreieck** von Zeit, Qualität und Kosten (vgl. Abb. 9.17).

Die Darstellung als Dreieck soll vermitteln, dass Sachziel (Qualität), Aufwandsziel (Kosten) und Terminziel (Zeit) nicht unabhängig voneinander verändert werden können, sondern in einer wechselseitigen Abhängigkeit stehen. Je höher die Anforderungen an das Sachziel des Projektes, desto höher sind i. d. R. der notwendige Kosten- und Zeitaufwand. So ist eine Anhebung des Anspruchsniveaus der Sachziele in Bezug auf Inhalt und Qualität auch mit einer Verlängerung der Projektdauer und der Erhöhung der Kosten (Personal, Finanzmittel) verbunden (vgl. Schulte-Zurhausen 2010, S. 426).

Abb. 9.17 Magisches Dreieck
des Projektcontrollings

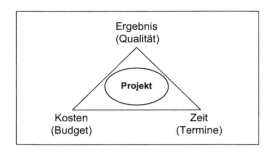

Die geplante Ausprägung der Erfolgsfaktoren wird nicht erreicht, und die Abweichung liegt außerhalb eines mit dem Auftraggeber vereinbarten Toleranzbereiches.
Erheblicher Gegensteuerungsbedarf (ggf. inkl. Zielreview) ist erforderlich (Ampelstatus ist rot).

Die geplante Ausprägung der Erfolgsfaktoren wird voraussichtlich nicht erreicht; die Abweichung liegt allerdings in einem mit dem Auftraggeber vereinbarten Toleranzbereich.

Die Ausprägung der Erfolgsfaktoren wird sicher erreicht und/ oder übertroffen. Das Projekt liegt im Plan („grüner Bereich").

Abb. 9.18 Ampelsteuerung im Projektcontrolling

Die Veränderung einer Zielgröße führt somit in den meisten Fällen zu einer Veränderung der anderen beiden Größen. So lässt sich aber auch umgekehrt bspw. eine Terminverkürzung durch die Erweiterung von Kapazitäten (Kostenerhöhung) oder Abstrichen beim Projektergebnis (Qualität) realisieren. Eine Kernaufgabe des Projektmanagements liegt in der integrativen Planung, Steuerung und Kontrolle der oft konkurrierenden Sach-, Termin- und Kostenziele. Bei den meisten Projekten ist es dabei sinnvoll, **Meilensteine** zu definieren als Zeitpunkte, zu denen (Zwischen-)Ergebnisse i. d. R. vor dem Lenkungsausschuss präsentiert werden.

Abweichungen von den Projektzielen sollten frühzeitig erkannt werden, um rechtzeitig gegensteuern zu können, damit das **Gesamtprojektziel** erreicht werden kann. Manchmal können jedoch Termin- und Kostenüberschreitungen nicht mehr aufgefangen werden. Je **früher** dies erkannt wird, umso höher sind die Chancen, **Alternativlösungen** zu finden. Der **Projektsteuerungszyklus** besteht grundsätzlich aus folgenden Schritten (vgl. Zell 2007, S. 107):

- Erfassung des Ist-Standes,
- Soll-Ist-Vergleich, um Abweichungen festzustellen,
- Analyse der Ursachen und Generierung von Lösungsmöglichkeiten,
- Auswahl einer Lösungsalternative,
- Einleitung und Durchführung der Gegensteuerungsmaßnahmen,
- ggf. Revision der Projektplanung (Ergebnisse, Termine und Kosten).

Art der Besprechung	Inhalte
Projektstartsitzung (Kick off)	• Projektziele, Randbedingungen, Aufgaben und Kompetenzverteilung
Regelmäßige Projektstatusbesprechung (Jour fixe)	• Projektstand (Soll-Ist-Vergleiche) • Umgang mit Abweichungen (Termine, Qualität, Kosten) und Problemen bzgl. Ressourceneinsatz oder Zusammenarbeit der Projektbeteiligten • Diskussion, Erarbeitung und Entscheidung über Steuerungsmaßnahmen • Information und Koordination des Projektteams
Meilenstein-Entscheidungssitzung	• Entscheidung über Status und Fortführung des Projekts (i. d. R. zusammen mit Lenkungsausschuss) • Festschreibung des bisherigen Projektergebnisses • Mögliche Änderungen im Projekt
Ungeplante Ad-hoc-Besprechungen	• Information, Diskussion und Entscheidung bei unerwarteten, wesentlichen Änderungen im Projektablauf
Projektabschlusssitzung	• Verabschiedung und Übergabe der Projektergebnisse • Entlastung des Projektteams • Ex-post-Analyse und Wissensmanagement für neue Projekte

Abb. 9.19 Projektsteuerungsbesprechungen (Quelle: Eigene Darstellung auf Basis von Seibert (1998, S. 421))

Zur **Operationalisierung** der **Projektziele** auf die einzelnen Teilprojekte und Arbeitspakete werden Verantwortliche bestimmt (bspw. Teilprojektleiter), die dann das Ergebnis zum Zeitpunkt der einzelnen Meilensteine vertreten. Anhand der Meilensteine werden **Soll-Ist-Vergleiche** oder **Trendanalysen** der Ziele, der Zeiten und Kosten durchgeführt. Diese werden häufig in Form von **Projekt-** oder **Statusberichten** dokumentiert. Aus der Abweichungsanalyse lassen sich Maßnahmen als Reaktion auf die Differenz zwischen Soll- und Ist-Werten ableiten. Zur **Visualisierung** des Projektfortschritts ist in der Praxis die **Ampelsteuerung** in Bezug auf Zeit, Qualität und Kosten sehr verbreitet (vgl. Abb. 9.18).

Auf Grundlage der **Kostenplanung** wurde zu Beginn ein **Projektbudget** festgelegt. Während des Projekts sollen ständig die unterschiedlichen Informationsstände der Projektbeteiligten angeglichen werden und bei Abweichungen rechtzeitig **Gegensteuerungsmaßnahmen** ergriffen werden. Falls aufgrund von Soll-Ist-Differenzen oder Umfeldänderungen ggf. Änderungen zu beschließen sind, sind die daraus resultierenden **Auswirkungen** auf die drei **Zielgrößen** Kosten, Zeit und Qualität zu berücksichtigen. Ggf. ist zu prüfen, ob und inwieweit (Teil-)Ziele modifiziert werden müssen.

Für ein **effizientes Projektcontrolling** ist es wesentlich, nicht nur ex-post durch **Kontrolle** und Überwachung Abweichungen festzustellen, sondern das Auftreten von Abweichungen **antizipativ** erst gar nicht entstehen zu lassen. Für diesen **proaktiven Ansatz** der **Projektsteuerung** steht eine Vielzahl von dialogorientierten Kommunikationsformen zur Verfügung (vgl. Abb. 9.19).

9.4.6 Multiprojektmanagement

Multiprojektmanagement liegt dann vor, wenn **mehrere Projekte** gleichzeitig gesteuert und koordiniert werden. Multiprojektmanagement, das sich bspw. in großen Bauunternehmen, im Anlagenbau oder bei M & A-Projekten in Großunternehmen findet, stellt eine besondere **Herausforderung** an die Beteiligten dar, da **Ressourcen** über mehrere, voneinander **unabhängige** und um Ressourcen konkurrierende, Projekte hinweg zu **koordinieren** sind.

Die **Führung** der Projekte ist dann **nicht** mehr **unabhängig** voneinander möglich, sondern muss durch ein übergeordnetes **Multiprojektmanagement** gesteuert und **koordiniert** werden (vgl. Abb. 9.20; Bühner 2004, S. 221).

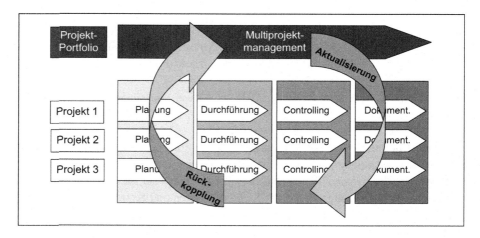

Abb. 9.20 Multiprojektmanagement

Gründe für die zunehmende Notwendigkeit des Multiprojektmanagements sind:

- die zunehmende Zahl **bereichsübergreifender Projekte** in einem Unternehmen,
- eine größere Zahl von parallelen Klein- und Großprojekten,
- die Umsetzung der verstärkten Forderung nach sinkenden Entwicklungszeiten und dadurch **überlappender Projektlaufzeiten**.

Hinsichtlich der zeitlichen, finanziellen und unternehmenspolitischen Bedeutung wird oft zwischen A-, B-, und C-Projekten mittels eines **unternehmensspezifischen Projektportfolios** differenziert (vgl. Schulte-Zurhausen 2010, S. 423).

Vom **Multiprojektmanagement unterscheidet** sich das **Programmmanagement** dadurch, dass dort ein **Bündel** (inhaltlich) **zusammengehörender Projekte** geführt wird (bspw. Sanierungsprogramm eines Großunternehmens oder Integration einer neu erworbenen Beteiligung). Das Programmmanagement ist im Gegensatz zu Multiprojektmanagement – wie ein Projekt – zeitlich begrenzt.

9.4.7   Projektabschluss

Der **Projektabschluss** bietet die Chance, aus den **Erfahrungen** des Projekts zu **lernen**. Zu einem **Projektabschluss** gehören die **Projektdokumentation** (Datenkonsolidierung, Nachkalkulation, Aktualisierung der Projektpläne, Arbeitspakete-Aufwände, Anschlussbericht), die **Ergebnisabnahme** durch den Auftraggeber, die **Entlastung** des Projektleiters sowie die **Ex-post-Analyse** des Projekts (Post Project Review) mit dem Ziel, Erkenntnisse für Folgeprojekte zu gewinnen (**Lessons Learned**). Diese können ihren Niederschlag finden im **Projekthandbuch**, aktualisierten **Checklisten** und Verbesserung des **Methodeneinsatzes**. Nur wenige Unternehmen führen eine Post Project Review durch. Ein Grund hierfür ist bspw., dass der alte Projektleiter keinen direkten Nutzen aus der Weitergabe seines Wissens hat, das meist **Tacit Knowledge** ist (vgl. Abschn. 7.3). Daher ist es wichtig, **Anreize** und Möglichkeiten zur **Wissensweitergabe** zu setzen bzw. zu schaffen. Das Vorgehen bei der Projektdokumentation umfasst folgende Schritte:

- Festlegung der Dokumentationsart (Berichte, Zeichnungen, Verträge etc.);
- Festlegung der Dokumentationserfordernisse (Was soll wie abgelegt werden?);
- wer gibt die Dokumente frei? (Lenkungsausschuss oder Projektleiter);
- Festlegung, an wen die Dokumente verteilt werden;
- Sicherstellung, dass die Dokumente aktuell bleiben.

Formen der **Dokumentation** sind die Ergebnisdokumentation und die Abwicklungsdokumentation (Prozessdokumentation) (vgl. Abb. 9.21).

Ergebnisdokumente	Abwicklungsdokumente
• Pflichtenhefte/Anforderungs-beschreibungen	• Plan der Projektorganisation mit den beteiligten Stellen und ihren Aufgaben
• Systemkonzepte	
• Prozessbeschreibungen	• Projektaufträge
• Handbücher	• Projektplanungen
• Verfahrensanweisungen	• Projektberichte
• Arbeitsanweisungen	
• Formulare	• Besprechungsprotokolle
	• Entscheidungsanalysen
	• Korrespondenz

Abb. 9.21 Projektdokumente (Quelle: Schulte-Zurhausen (2010, S. 469))

9.5   Führung von Projektgruppen

Der **Projektleiter** hat je nach Projekttyp Prioritäten auf die fachlichen, steuernden und kommunikativen Aspekte zu setzen. Aufgrund der **Interdisziplinarität** der Aufgaben-stellung hat er eine Vielzahl von **Anforderungen** zu erfüllen:

- Breites Fachwissen,
- Verhandlungsgeschick,
- Kommunikationsfreude,
- Durchsetzungsfähigkeit,
- Durchhaltevermögen (inkl. Frustrationstolerenz),
- Zeitdisziplin,
- Begeisterungsfähigkeit,
- Delegationsfähigkeit,
- gutes Verhältnis zum (Top-)Management bzw. den Projektauftraggebern.
  Diese ergeben sich aus den **grundsätzlichen Anforderungen** an die **Fähigkeiten** von **Führungskräften** (vgl. bspw. Northouse 2007, S. 39 ff.).
  Neben diesen Anforderungen sollte ein Projektleiter über verschiedene **Kompetenzen** verfügen, welche sich aus der spezifischen Situation des Projekts ergeben (vgl. im Folgenden Kiesel 2004, S. 91 ff.):

- **Führungskompetenz:** Projekte stellen an den Projektleiter hinsichtlich der Führung spezifische Anforderungen. Diese ergeben sich im Wesentlichen aus zwei Faktoren:
  - Der Projektleiter besitzt meist lediglich eine **fachliche Weisungsbefugnis** gegenüber dem Projektteam (zu den Folgen vgl. Abschn. 3.3.1 zu Instanzen und 9.3 zur Aufbauorganisation in Projekten).
  - Der Projektleiter führt eine **Gruppe** bzw. ein **Team**, welches charakteristischen internen interdependenten Prozessen unterworfen ist (vgl. Kap. 2).

  Zur Bewältigung seiner Aufgaben stehen dem Projektleiter verschiedene **Instrumente** der **Führung** zur Verfügung, wie etwa der Einsatz eines bestimmten **Führungsstils** (bspw. zwischen autoritär und partizipativ oder Mitarbeiter- vs. Aufgabenorientierung; zu den verschiedenen Führungsstilen und deren Einsatzmöglichkeiten sowie Konsequenzen vgl. bspw. zusammenfassend Scholz 2000, S. 775 ff.).
- **Methodenkompetenz:** Verschiedene Methoden sind bei der Führung von Projektteams durch den Projektleiter zu nutzen. Dazu gehören:
  - Der Einsatz von Soft Skills (**Sozialkompetenz**), wie Kontaktstärke, Einfühlungsvermögen oder Teamfähigkeit,
  - **interkulturelle Kompetenz**, insbesondere bei internationalen Projekten mit Projektmitgliedern aus verschiedenen Kulturkreisen,
  - Einsatz von Methoden des **Konfliktmanagements**,
  - **Kommunikation** im Projekt, einerseits vom Projektleiter selbst, andererseits die Moderation sowie die Aufstellung von Regeln der Kommunikation im Projekt.
- **Fachliche Kompetenz:** Der Leiter des Projekts sollte auch fachliche Kompetenz in der Themenstellung des Projekts besitzen und einen entsprechenden Background aufweisen, um das Projekt auch fachlich-inhaltlich führen zu können. Dies ist für die Führung des Projektteams und die Steuerung des Ablaufs des Projekts jedoch keine notwendige Voraussetzung. Hier kann sich bei entsprechend komplexen Projekten die Etablierung einer Doppelspitze anbieten, wobei bspw. die eine Seite die fachliche und die andere die kaufmännische Leitung des Projekts übernimmt.

Der Projektleiter hat insofern eine Reihe von z. T. **widersprüchlichen Rollen** im Projekt, die je nach der konkreten Ausgestaltung des Projekts unterschiedlich gestaltet sein können: Fachmann (Experte, Berater, Bearbeiter), Moderator (Teamkoordinator, Schlichter, Zielvereinbarungen im Team), Coach (Fördern von Teammitarbeitern, Motivator, Problemlöser), Außenminister (beim Auftraggeber, bei der Unternehmensleitung), Kommunikator (Informationsdrehscheibe, Vertretung der Interessen des Auftraggebers), Planer und Organisator, Schirmherr (Sündenbock, Vertretung der Interessen der Teammitarbeiter), Entscheider (Sachentscheidungen im Projekt, Planungsentscheidungen im Projekt). Seine Rolle sollte jedoch nicht die eines Durchbeißers, Bosses oder gar Oberlehrers sein. Erfolgreiches Projektmanagement benötigt **Transparenz** und **Realismus**. Die **Motivation** der Projektbeteiligten kann durch klare und realistische **Ziele** gefördert werden sowie durch Delegation mittels klarer und angemessener Verantwortlichkeiten für jeden einzelnen Projektbeteiligten.

9.6   Erfolgsfaktoren im Projektmanagement

Für ein professionelles **Projektmanagement** im Unternehmen sprechen generell die **Leistungsvorteile** in der Bearbeitung und Lösung von innovativen Projektaufgaben, damit das Unternehmen in der Lage ist, sich an gewandelte Kunden- und **Marktanforderungen anzupassen**, die **geeigneten Mitarbeiter** zur Projektlösung zusammenzufassen und die **Projektdauer** zu **beschleunigen**. Weiterhin ermöglicht Projektmanagement eine gezielte **Führungskräfteentwicklung**, da Mitarbeiter im Projektmanagement die Chance erhalten, Erfahrungen zu sammeln und sich zu bewähren. Nach **Beendigung** eines Projekts stellt sich – abhängig von der gewählten Organisationsform – das Problem der **Wiedereingliederung** von Projektleiter und -mitarbeitern in die Primärorganisation (vgl. Bühner 2004, S. 229). Der Einsatz von Projektmanagement allein führt in der Praxis nicht automatisch zum Projekterfolg. Der erfolgreiche Einsatz von Methoden des Projektmanagements hängt entscheidend von einer Vielzahl von soziokulturellen und methodischen Faktoren ab. **Erfolgsfaktoren im Projektmanagement** sind insbesondere:

- **genaue Beschreibung** der **Projektziele** (inkl. Kommunikation an alle Projektbeteiligten),
- eine der Komplexität des Projekts angepasste **Planung** und **Organisation**,
- Definition von Projektschritten (**Meilensteine**) und der **Projektmanagementstandards**,
- realistische **Erwartungen** (auch in Bezug auf die Einhaltung des Zeit- und Budgetrahmens),
- fachlich kompetente und in Projektmanagement-Techniken **geschulte Projektmitarbeiter** sowie eine **professionelle Projektleitung** mit eindeutiger Zuordnung von Aufgaben, Entscheidungskompetenzen und Verantwortlichkeiten (inkl. Kostenverantwortung),
- **Transparenz** und kooperativer Führungsstil (insbesondere bei Projektkoordination und Projektmatrixorganisation),
- Einsatz problemadäquater **Methoden** und Hilfsmittel,
- projektspezifisches antizipativ orientiertes **Risikomanagement**,
- **Unterstützung** der **Projektauftraggeber** (Commitment) sowie ggf. bereits vor Projektende die Einbeziehung der Anwender/Kunden der Projektergebnisse (vgl. Schulte-Zurhausen 2010, S. 426; Schwarze 2001, S. 39; Hagen 2005, S. 1 ff.).

Die **Misserfolgsfaktoren** von Projekten werden – neben einem unprofessionellen Projektmanagement – wesentlich durch die weichen Faktoren, die aus dem **Verhalten** und den **Einstellungen** der Projektbeteiligten resultieren, bestimmt (vgl. Abb. 9.22).

Verhalten	Einstellung
• Rechtvertertigungsverhalten statt Problemlösungsverhalten • Unzureichende Abstimmung zwischen Projekt, Fachabteilungen und Projektauftraggebern • Langwierige Suchprozesse ohne zur Lösungen zu kommen (Paralyse durch Analyse) • Fehlende Verhaltensqualifikation • Widersprüchliches Rollenverhalten • Unkontrollierte Gruppendynamik • Destruktives Verhalten, Kränkungen, Angriffe	• Kein Team, sondern eine Ansammlung von Einzelkämpfern • Geringe Fähigkeit, andere Perspektiven einzunehmen; geringe Empathie • Wenig Eigenverantwortung dem Projekt gegenüber • Externe Attribution („Die Umstände/die Anderen sind schuld") • Fehlende ganzheitliche Sichtweise • Neuerungsbarrieren, Beharren auf Bewährtem • Angst vor dem Misserfolg

Abb. 9.22 Typische weiche Misserfolgsfaktoren im Projektmanagement (Quelle: Schulte-Zurhausen (2010, S. 427), leicht modifiziert)

9.7 Kontrollfragen zu Kapitel 9

Welche der folgenden Aussagen sind vollständig richtig (r) und welche Aussagen sind falsch (f)?

1. Ein Projekt ist ein Vorhaben, das im Wesentlichen durch die Einmaligkeit der Bedingungen (z. B. zeitliche, finanzielle und personelle Begrenzungen) gekennzeichnet ist.
2. Eine sog. „reine Projektorganisation" wird bei Projekten, die von relativ geringer Bedeutung für das Unternehmen sind, eingesetzt.
3. Projektorganisationen sind nicht zwangsläufig den Sekundärorganisationen zuzurechnen, da eine Projektorganisation (bspw. in Form einer Matrixprojektorganisation) auch in der Primärorganisation des Unternehmens verankert sein kann.
4. Eine Matrix-Projektorganisation sollte bei Projekten, die von sehr großer Bedeutung für das Unternehmen sind, eingesetzt werden.

5. Misserfolgsfaktoren in Projekten sind u. a. Angst vor dem Misserfolg, Unkontrollierte Gruppendynamik und eine starke Position des Projektleiters.

6. Projektmanagement ist die Gesamtheit von Führungsaufgaben, −organisation, −techniken und -mitteln für die Abwicklung von Projekten.

7. Vorteil der Projektkoordination ist, dass der Projektleiter keine disziplinarische Weisungsbefugnis besitzt.

8. Ungeplante Ad-hoc-Besprechungen für die Information, Diskussion und Entscheidung bei unerwarteten, wesentlichen Änderungen im Projektablauf gehören zu den Projektsteuerungsbesprechungen.

9. Kosten, Zeit und Personaleinsatz sind die Faktoren im „magischen Dreieck" des Projektcontrollings.

10. Pflichtenhefte sind typische Abwicklungsdokumente im Projektmanagement.

11. Vorteile der Top-down-Planung bei der Projektbudgetierung sind eindeutige Vorgaben und Übereinstimmung mit den Unternehmenszielen.

12. Hauptsteuerungsinstrument beim Multiprojektmanagement ist die Ampelsteuerung.

13. Eine 2-er-Studenten-Wohngemeinschaft möchte aus einer kleineren Wohnung in eine 2-Zimmer-Küche-Bad-Wohnung in Hochschul-Nähe umziehen. Hierzu müssen die Möbel aus der alten in die neue Wohnung mit einem Kleinlaster transportiert werden. In der neuen Wohnung müssen die Räume neu gestrichen und tapeziert werden. Die Küche muss eingerichtet werden, das Bad ist bereits bezugsfertig.

   Notwendige Arbeitspakete sind: Zimmer1 tapezieren – Zimmer1 streichen – Zimmer1 einräumen – Zimmer 2 tapezieren – Zimmer 2 streichen – Zimmer 2einräumen – Küche streichen – Küche einrichten – Kleinlaster anmieten – packen – fahren – Einweihungsparty vorbereiten und feiern.

   (a) Zeichnen Sie einen möglichen Projektstrukturplan!

   (b) Schätzen Sie die Aufwände für die jeweiligen Vorgänge und zeichnen Sie einen kompletten Netzplan (Ressourcen seien genügend vorhanden)!

Lösungen zu den Kontrollfragen und Fallstudien

Kontrollfragen

Kapitel 1: 1 R, 2 R, 3 F, 4 R, 5 F, 6 F, 7 R, 8 R, 9 R, 10 R, **11 R, 12 F,** 13 R, 14 R, 15 R, **16 R, 17 F**

Kapitel 2: 1 R, 2 R, 3 F, 4 R, 5 F, 6 R, 7 R, 8 F, 9 F, 10 R, 11 R, 12 R, 13 R, 14 R, 15 F

Kapitel 3.1: 1 c, 2 R, 3 F, 4 F, 5 F, 6 F, 7 F, 8 R
Kapitel 3.2: 0 d, 1 R, 2 F, 3 F, 4 F, 5 R, 6 R, 7 F, 8 F, 9 R, 10 R, 11 R, 12 F, 13 R, 14 F, 15 F, 16 R, 17 F, 18 F, 19 R, 20 F, 21 F
Kapitel 3.3: 1 F, 2 R, 3 F, 4 R, 5 R, 6 F, 7 R, 8 F, 9 F, 10 R, 11 F, 12 R, 13 R, 14 R, 15 F, 16 F, 17 F, 18 F, 19 R, 20 F, 21 R, 22 F, 23 F, 24 F, 25 F, 26 F

Kapitel 3.4: 1 F, 2 R, 3 F, 4 F, 5 R, 6 F, 7 R, 8 R, 9 F
Kapitel 3.5: 1 R, 2 R, 3 F, 4 R, 5 R, 6 R, 7 F, 8 R

Kapitel 4: 1 R, 2 F, 3 F, 4 F, 5 R, 6 F, 7 R, 8 F, 9 R, 10 R, 11 R, 12 R, 13 F, 14 F, 15 R, 16 R, 17 R

Kapitel 5: 1 R, 2 F, 3 R, 4 R, 5 F, 6 R, 7 R, 8 R, 9 F, 10 F, 11 R, 12 F, 13 R, 14 F, 15 R

Kapitel 6: 1 R, 2 R, 3 R, 4 F, 5 R, 6 R, 7 R, 8 R, 9 F, 10 R, 11 R, 12 R, 13 F, 14 F, 15 R, 16 R, 17 R, 18 R, 19 F, 20 R, 21 R, 22 R, 23 R, 24 R, 25 F, 26 R, 27 R, 28 R, 29 F, 30 R, 31 F, 32 R

Kapitel 7: 1 R, 2 F, 3 R 4 R, 5 R, 6 F, 7 R, 8 R, 9 F, 10 R, 11 R, 12 F, 13 R, 14 R, 15 R, 16 F, 17 R, 18 R, 19 F, 20 F, 21 R, 22 R, 23 R, 24 F, 25 R, 26 F, 27 R, 28 F, 29 F, 30 R, 31 R, 32 R, 33 F, 34 R, 35 R, 36 R, 37 R, 38 R, 39 F, 40 R, 41 R, 42 R, 43 R, 44 F, 45 R, 46 R

Kapitel 8: 1 R, 2 R, 3 R 4 R, 5 R, 6 R, 7 F, 8 R, 9 F, 10 R, 11 R, 12 R, 13 F, 14 R, 15 R, 16 R, 17 F, 18 R, 19 R, 20 R

Kapitel 9: 1 R, 2 F, 3 R 4 F, 5 F, 6 R, 7 F, 8 R, 9 F, 10 F, 11 R, 12 F

© Springer-Verlag Berlin Heidelberg 2016
R. Bergmann, M. Garrecht, *Organisation und Projektmanagement*, BA KOMPAKT,
DOI 10.1007/978-3-642-32250-1

Kap. 9, Frage 13a: Möglicher Projektstrukturplan

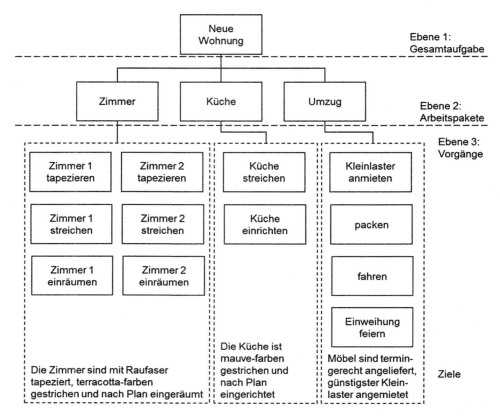

Abb. 1 Kontrollfrage Kap. 9, 13a – Möglicher Projektstrukturplan

Kap. 9, Frage 13b: Möglicher Netzplan

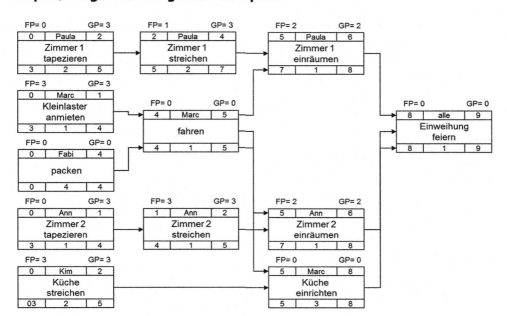

Abb. 2 Kontrollfrage Kap. 9, 13b – Möglicher Netzplan

Lösung der Fallstudien

Die Fallstudien dienen überwiegend der Diskussion und haben keine eindeutige Lösung. Bei der Diskussion zu beachten sind folgende Punkte:

Fallstudie Georg K. & Co. GmbH

Instrumentale Aspekte: Z. B. die Struktur (Aufbauorganisation) des Unternehmens; Funktionale Aspekte: Wie ist die Arbeit im Unternehmen organisiert? Institutionale Aspekte: Wie gehen die Mitarbeiter und die Unternehmensführung miteinander um?

Zentrale Problemfelder: Z. B. Entscheidungsdelegation (Verlagerung der Führung weg von Herrn K.); informale Aspekte (Informationsfluss, Rollen im Unternehmen).

Fallstudie New Concept Consulting

1. Artefakte: Z. B. Anreden mit Vornamen, informelle Kleidung, lockerer Umgangston, Veränderung der Kultur bspw. durch fehlenden Obstkorb/Equipment und veränderte Arbeitszeit-Bedingungen. Werte und Normen: Z. B. „der Kunde zuerst", Flexibilität als Philosophie. Basisannahmen: Z. B. Mitarbeiter können ad hoc geführt werden, Menschenbild: die Mitarbeiter sind flexibel und arbeiten gerne.
2. Veränderung auf der Ebene der Artefakte (s. o.), dadurch der Eindruck, dass der Mitarbeiter nicht mehr von zentraler Bedeutung ist, sondern eher Kostenfaktor.
3. Bspw. Rückkehr zur Mitarbeiterorientierung durch Änderung auf Ebene der Artefakte und „Vorleben" der Werte durch das Management. Strukturierung der wichtigsten Prozesse, wie z. B. Assignment oder Nutzung des Planungs-Tools. Einführung einer Personalentwicklung, Führungsgrundsätze für Vorgesetzte etc.

Fallstudie Xerox

1. Unter der Geschäftsführung befindet sich die Ebene der Business Groups (u. a. Reprographics mit dem Kopiergeschäft, elektrische Schreibmaschinen etc.), darunter bei Reprographics vier strategische Geschäftseinheiten. Unterhalb dieser Ebene keine exakte Information in der Fallstudie. Die Teams sind Sekundärorganisation.
2. Faktisch hat bei Xerox ein Übergang von einer funktionalen in eine Produktorganisation stattgefunden. Das Problem lag also nicht an einer Matrixorganisation an sich.
3. Kultureller Wandel beobachtbar bspw. durch die Bereitschaft, auch am Labor-Day-Wochenende durchzuarbeiten.

Fallstudie Weinfest

1. Um den Ausschank aus Kundensicht zu beschleunigen ist die Eliminierung des Prozessschrittes „Bonausgabe" notwendig. Die Aufgaben der Stelle „Kasse..." wird auf die anderen Stellen übertragen (im Sinne eines Job Enlargement und Job Enrichments). Dem können andere Zielstellungen gegenüber stehen, wie z. B. möglichst Wenigen den Zugriff auf die Kasse(n) zu erlauben. Auch das Menschenbild (Vertrauen, Fähigkeiten) spielt hier eine Rolle.
2. Zum Beispiel eine Stelle „Ausschank" mit den Aufgaben Getränke ausgeben, Geld kassieren, Pfandgeschirr entgegennehmen, Pfandgeld zurückgeben.
3. Hier sind verschiedene individuelle Lösungen möglich. Bei Auflösung der Stelle „Kasse" können diese Kapazitäten auf die anderen Stellen verteilt werden.

Fallstudie Müller Ingenieurbüro

Frage 1

- Aktiver verbaler Widerstand durch Verbreitung von Gerüchten im Unternehmen und offenen Streit zwischen den Projektverantwortlichen.
- Aktiver nonverbaler Widerstand in Form von Cliquenbildung,
- Passiver nonverbaler Widerstand in Form von Krankmeldungen und Kündigen
- Passiver verbaler Widerstand in Form des Schweigens aller Mitarbeiter bei der Besprechung mit Herrn Müller

Frage 2

- Frühzeitiges Controlling der wirtschaftlichen Lage des Unternehmens, so dass es erst gar nicht zu einer Ertragskrise kommt, sondern proaktiv im Rahmen der Strategiekrise gegengesteuert werden kann.
- Tiefer gehende Erläuterung der Lage des Unternehmens zur Verdeutlichung der Notwendigkeit von Veränderungen („Warum").
- Die Mitarbeiter nicht vor vollendete Tatsachen/Maßnahmen stellen.
- Nutzung der Informationen, des Wissens und des Problemlösungspotenzials der Mitarbeiter, indem diese aktiv in die Erarbeitung der Lösungsvorschläge eingebunden werden.
- Zeigen von höherer Empathie gegenüber den Mitarbeitern (Verständnis für Widerstand der Mitarbeiter aufbringen und versuchen diesen Ernst zunehmen anstatt zu diffamieren).
- Weniger explizite Kontrollen, da diese stark die Eigenverantwortung der Mitarbeiter und damit deren Motivation, den Veränderungsprozess umzusetzen, vermindern können
- Keine Drohungen den Mitarbeitern gegenüber aussprechen.
- Besprechung nicht ohne Ankündigung bzw. idealerweise gemeinsame Vereinbarung weiterer Schritte beenden.

Frage 3

- Neue Besprechung anberaumen.
- Eingeständnis von Herrn Müller gegenüber seinen Mitarbeitern, dass er selbst Fehler gemacht hat und sich durch die derzeitige Krisensituation des Unternehmens überrascht sieht, um dadurch das z. T. verlorene Vertrauen zurückzugewinnen.

- Detaillierte Informationen geben inklusive der Entwicklung von Szenarien, was passieren könnte, wenn sich das Unternehmen nicht verändert (Risiko der Nicht-Veränderung aufzeigen).
- Aktive Beteiligung der betroffenen Mitarbeiter an den Veränderungsprozessen, in dem die Mitarbeiter bei der Umsetzung der Maßnahmen verantwortlich eingebunden werden.
- Rücknahme der ausgedehnten Kontrollen der Mitarbeiter, stattdessen Stärkung der Eigenverantwortung in Form eines partizipativen Führungsstils.
- Etablierung eines Wir-Gefühl im Unternehmen bspw. durch einfache Team Building-Maßnahmen.
- Versuch, den Mitarbeitern ihre (berechtigten) Ängste zu nehmen durch Aufbau von Zuversicht und konkrete Zukunftsperspektiven nach erfolgreicher Veränderung.
- Eintreten in einen echten Vorgesetzten-Mitarbeiter-Dialog durch Führen von Einzelgesprächen mit den wichtigsten Mitarbeitern.

Literatur

Abrahamson, Eric (1991): Managerial Fads and Fashion: The Diffusion and Rejection of Innovations. In: Academy of Management Review. 16 Jg. Heft 3. S. 586–612

Abrahamson, E./Fairchild, Gregory (1999): Management Fashion: Lifecycles, Triggers, and Collective Learning Processes. In: Administrative Science Quarterly, 44 Jg., 1999, Heft 12, S. 708–740.

Albach, H./Specht, D./Wildemann, H. (2000): Virtuelle Unternehmen – Editorial. In: Albach, H./Specht, D./Wildemann, H. (Hrsg.). Virtuelle Unternehmen. Zeitschrift für Betriebswirtschaftslehre-Ergänzungsheft, S. VII-IX.

Alchian, A./Demsetz, H. (1972): Production, information cost, and economics, in: American Economic Review, Vol. 62, S. 777–795.

Alter, R. (2012): Schlecker oder: Geiz ist dumm. Aufstieg und Absturz eines Milliardärs. Berlin.

Alter, R. (2013): Strategisches Controlling. Unterstützung des strategischen Managements. 2. Auflage. München.

Amponsem, H./Bauer, S./Gerpott, T. Mattern, K. (1996): Kernorganisation nach Kernkompetenzen. In: Zeitschrift für Führung und Organisation. Heft 4. S. 219–225.

Antoni, C. H. (2000): Teamarbeit gestalten. Grundlagen, Analysen, Lösungen. Weinheim und Basel.

Antoni, C. H. (2003): Gruppen- und Teamarbeit. In: Bullinger, H.-J./Warnecke, H.-J./Westkämper, E. (Hrsg.). Neue Organisationsformen im Unternehmen. 3. Auflage, Berlin u. a. S. 410–420.

Arnu, T. (1999): Hermann Bahlsen. Berlin.

Ashby, W. R. (1956): An Introduction to Cybernetics, London.

Asheim, B. (1992): Flexible Specialisation, Industrial Districts, and Small Firms. A Critical Appraisal. In: Ernste, H./Meier, V. (Hrsg.). Regional Development and Contemporary Industrial Response. Extending Flexible Specialisation. London und New York. S. 45–63.

Axelrod, R. (1995): Die Evolution der Kooperation. 3. Auflage. München und Wien.

Backhaus, K./Erichson, B./Plinke, W./Weiber, R. (2015): Multivariate Analysemethoden. Eine anwendungsorientierte Einführung. 14. Auflage. Berlin u. a.

Balze, W./Rebel, W./Schuck, P. (2007): Outsourcing und arbeitsrechtliche Restrukturierung von Unternehmen. 3. Auflage. Heidelberg.

Barney, J. B. (1986): Types of Competition and the Theory of Strategy: Toward an Integrative Framework. In: Academy of Management Review. 11. Jg. Heft4. S. 791–800.

Barney, J. B. (1991): Firm resources and sustained competitive advantage. In: Journal of Management. 17. Jg. Heft 1. S. 99–120.

Bea, F. X./Göbel, E. (2006): Organisation. Theorie und Gestaltung, 3. Auflage, Stuttgart.

Beer, S. (1979): The Heart of Enterprise. Chichester.

© Springer-Verlag Berlin Heidelberg 2016

R. Bergmann, M. Garrecht, *Organisation und Projektmanagement*, BA KOMPAKT,
DOI 10.1007/978-3-642-32250-1

Bennis, W (1971): The Coming Death of Bureaucracy. In: Frank, H. (Hrsg.). Organization Structuring. New York u. a. S. 9–18.

Berger, U./Bernhard-Mehlich, I. (2006): Die verhaltenswissenschaftliche Entscheidungstheorie. In: Kieser, A./Ebers, M. (Hrsg.). Organisationstheorien. 6. Auflage. Stuttgart. S. 169–214.

Berghoff, H./Sydow, J (2007): Unternehmerische Netzwerke: eine historische Organisationsform mit Zukunft? Stuttgart.

Bergmann, R. (2000): Interkulturelles Lernen als organisationale Fähigkeit international tätiger Unternehmen – ein ressourcenorientierter Ansatz. Dissertation. Technische Universität Dresden.

Bergmann, R./Bungert, M. (2012). Strategische Unternehmensführung. Perspektiven, Konzepte, Strategien. 2. Auflage. Heidelberg,

Bertalanffy, L. v. (1968): General System Theory. Foundations, Development, Applications. New York.

Bleicher, K. (1991): Organisation. Strategien - Strukturen - Kulturen. 2. Auflage. Wiesbaden.

Bönig, J. (1993): Die Einführung von Fließbandarbeit in Deutschland bis 1933. Münster und Hamburg.

Bösenberg, D./Metzen, H. (1993): Lean Management. Vorsprung durch schlanke Konzepte. 3. Auflage. Landsberg am Lech.

BSH Bosch Siemens GmbH (2014): 40 Jahre BSH, URL: http://www.bsh-group.de/index.php?page=110231. Zugriff vom 14.04.2014.

Bröckermann, R. (2012): Personalwirtschaft. 6. Auflage. Stuttgart.

Brünglinghaus, C. (2013): Produktionskonzepte: vom Fordismus zum Lean Management. URL: http://www.springerprofessional.de/produktionskonzepte-vom-fordismus-zum-lean-management/4596370.html. Zugriff vom 30.07.2015.

Bühner, R. (1990): Das Management-Wert-Konzept. Strategien zur Schaffung von mehr Wert im Unternehmen. Stuttgart.

Bühner, R. (2004): Betriebswirtschaftliche Organisationslehre. 10. Auflage. München und Wien.

Bundesministerium des Inneren (BMI) (Hrsg., 2001): Projektmanagement im Bundesministerium des Inneren - Praxisleitfaden. Berlin.

Burghardt, M. (2006): Projektmanagement – Leitfaden für die Planung, Überwachung und Steuerung von Entwicklungsprojekten. 7. Auflage. München.

Byrne, J. (1993): The Virtual Corporation. In: Business Week vom 8. Februar 1993. S. 36–40 (Europäische Ausgabe).

CapGemini (Hrsg., 2005): Veränderungen erfolgreich gestalten. Change Management 2005. Bedeutung, Strategien, Trends. Berlin.

Champy, J. (2002). Interview. Jäger des verlorenen Vertrauens. Seine Idee des Reengineering macht James Champy berühmt. Im Gespräch mit dem Handelsblatt gesteht er: Den Faktor Mensch hat er dabei weit unterschätzt. Das soll sich ändern. In: Handelsblatt vom 15.10.2002, URL: http://www.handelsblatt.com/archiv/interview-jaeger-des-verlorenen-vertrauens/2203428.html. Zugriff vom 23.07.2015

Chandler, A. (2001) Strategy and Structure: Chapters in the History of the Industrial Enterprise. 21. Auflage. Cambridge, Massachusetts u. a.

Chatterjee, S./Wernerfelt, B. (1991): The link between resources and type of diversification. Theory and evidence. In: Strategic Management Journal. 12. Jg. S. 33–48.

Coase, R. (1937): The Nature of the Firm. In: Economica. Vol. 4. November. S. 386–405.

Coenenberg, A. G. (1997): Kostenrechnung und Kostenanalyse. 3. Auflage. Landsberg am Lech.

Cohen, M./March, J./Olsen, J. (1972): A Garbage Can Model of Organizational Choice. In: Administrative Science Quarterly. Vol 17. S. 1–25.

Conner, K. R. (1991): A historical comparison of resource-based theory and five schools of thought within industrial organization economics. Do we have a new theory of the firm? In: Journal of Management. 17. Jg. Heft 1. S. 121–154.

Correll, W. (2007): Menschen durchschauen und richtig behandeln. Psychologie für Beruf und Familie. München.

CSC Index (Hrsg., 1994): State of Reengineering Report – North America and Europe. Cambridge, Massachusetts.

Daimler AG (2015). smart Werk Hambach. URL: http://www.daimler.com/dccom/ 0-5-1380342-49-1332016-1-0-0-0-0-0-9506-0-0-0-0-0-0-0-0.html. Zugriff am 30.07.15

Davidow, W./Malone, M. (1993): Das Virtuelle Unternehmen - Der Kunde als Co-Produzent, Frankfurt am Main und New York.

DeMarco, T. (1998): Der Termin: Ein Roman über Projektmanagement. München.

Dessler, G. (1986): Organization Theory: Integrating Structure and Behavior. 2. Auflage. Englewood Cliffs, New Jersey u. a.

Dettmer, M. (1999): Das Jahrhundert des Kapitalismus: Die moderne Fabrik. Schöne neue Arbeitswelt. In: Der Spiegel, 1999, Heft 26, S. 119–129.

Diederichs, M. (2012): Risikomanagement und Risikocontrolling. 3. Auflage. München.

Dietl, H./Royer, S./Stratmann, U. (2009): Wertschöpfungsorganisation und Differenzierungsdilemma in der Automobilindustrie. In: zfbf - Schmalenbachs Zeitschrift für betriebswirtschaftliche Forschung, 61. Jg., 2009, Heft 4, S. 439–462,

Doppler, K./Lauterburg, Ch. (2002): Change Management. Den Unternehmenswandel gestalten. 10. Auflage. Frankfurt und New York.

Dörner, D. (2003): Die Logik des Misslingens: strategisches Denken in komplexen Situationen. 5. Auflage. Reinbek.

Drexl, A. (2001): Projektmanagement. In: Bühner, R. (Hrsg.). Management-Lexikon. München und Wien. S. 631–632.

Drumm, H. (1996): Das Paradigma der Neuen Dezentralisation. In: Die Betriebswirtschaft. 56. Jg. Heft 1. S. 7–20.

Ebel, N. (2007): PRINCE2 – Projektmanagement mit Methode. München.

Ebers, M./Gotsch, W. (2006): Institutionenökonomische Theorien der Organisation. In: Kieser, A. (Hrsg.). Organisationstheorien. 6. Auflage. Stuttgart. S. 247–308.

Ellegård, K. (1997): News from the Firms: Autonova (Uddevalla). URL: http://gerpisa.org/ancien-gerpisa/lettre/numeros/113/firmes1.html, Zugriff vom 29.07.2015

Elschen, R. (1982): Risikoschub bei Gruppenentscheidungen? – Ein Beispiel für den Umgang von Betriebswirtschaftlern mit verhaltenswissenschaftlichen Forschungsergebnissen. In: Zeitschrift für betriebswirtschaftliche Forschung, 34. Jg. Heft 10. S. 870–891.

Elster, J. (1982): Belief, Bias, and Ideology In: Hollis M./Lukes, S. (Hrsg.). Rationality and Relativism. Oxford. S. 123–148.

Fank, M. (2004): Total Quality Management. In: Bühner, R. (Hrsg.). Management-Lexikon. München und Wien. S. 756–758.

Fayol, H. (1970): Administration industrielle et générale. Prevoyance, Organisation, Commandement, Coordination, Contrôle. Extrait du Bulletin de la Societé de l'Industrie Minérale. 3e livraison de 1916. Paris.

Fiol, C. M./Lyles, M. A. (1985): Organizational Learning. In: Academy of Management Review. 10. Jg. Heft 4. S. 803–813.

Ford, H. (1923/2008): Mein Leben und Werk. Wiederauflage der deutschen Erstveröffentlichung von 1923. Englische Originalausgabe „My Life and Work" von 1922. Leipzig.

Frese, E./Graumann, M./Theuvsen, L. (2012): Grundlagen der Organisation. –Entscheidungsorientiertes Konzept der Organisationsgestaltung. 10. Auflage, Wiesbaden.

Friedli, Th. (2007): Soziale Kontrolle. Business Process Reengineering heute. In: Wirtschaftswoche., Heft 33 v. 13.08.2007. S. 63.

Frost, J. (1998): Die Koordinations- und Orientierungsfunktion der Organisation. Bern u. a.

Gaitanides, M. (1983): Prozessorganisation. Entwicklung, Ansätze und Programme prozessorientierter Organisationsgestaltung. München.

Gaitanides, M./Scholz, R./Vrohlings, A. (1994): Prozessmanagement, Grundlagen und Zielsetzungen. In: Gaitanides, M./Scholz, R./Vrohlings, A./Raster, M. (Hrsg.). Prozessmanagement, Konzepte, Umsetzungen und Erfahrungen des Reengineering. München und Wien. S. 1–19.

Garrecht M. (2002): Virtuelle Unternehmen. Entstehung, Struktur und Verbreitung in der Praxis. Frankfurt am Main u. a.

Geldern, M. van (1997) Organisation. Ein anwendungsorientiertes Lehrbuch mit Fallbeispielen. Frankfurt am Main und New York.

Gilson, R./Roe, M. (1993): Understanding the Japanese Keiretsu: Overlaps Between Corporate Governance and Industrial Organization. In: The Yale Law Journal. Vol. 102. Heft 4. S. 871–906.

Gomez, P./Zimmermann, T. (1993): Unternehmensorganisation. Profile, Dynamik, Methodik. 2. Auflage. Frankfurt am Main und New York.

Grant, R. M. (1991): The resource-based theory of competitive advantage. Implications for strategy formulation. In: California Management Review. 33. Jg. Heft 3. S. 114–135.

Grant, R. M. (1998): Contemporary Strategy Analysis. 3. Auflage. Melden und Oxford.

Gutenberg, E. (1958): Einführung in die Betriebswirtschaftslehre. 1. Auflage. Wiesbaden.

Hackmann, J., 2012: General Motors holt ausgelagerte IT zurück. In Computerwoche.de URL: http://www.computerwoche.de/a/general-motors-holt-ausgelagerte-it-zurueck,2524627. Zugriff vom 14.04.2014.

Hagen, Stefan (2005): 10 Erfolgsfaktoren für ein unternehmensweites Projektmanagement. URL: http://www.competence-site.de/projektmanagement.nsf. Zugriff vom 21.02.2006.

Hahn, D. (1991): Holding. In: Pieper, R. (Hrsg.). Lexikon Management. Wiesbaden. S. 159.

Hall, R. (1993): A Framework Linking Intangible Resources and Capabilities to Sustainable Competitive Advantage. In: Strategic Management Journal. 14. Jg. S. 607–618.

Hamel, G. H./Prahalad, C. K. (1997); Wettlauf um die Zukunft. Wie Sie mit bahnbrechenden Strategien die Kontrolle über Ihre Branche gewinnen und die Märkte von morgen schaffen. Wien.

Hammer, R. (1995): Reengineering I: Der Sprung in eine andere Dimension. In: Harvard Business Manager. Heft 2. S. 95–103.

Hammer, R. (2007): Der große Prozess-Check. In: Harvard Business Manager. Heft 5. S. 34–52.

Hammer, R./Champy, J. (2003): Business Reengineering. Die Radikalkur für das Unternehmen. 7. Auflage. Frankfurt am Main und New York.

Hawranek, D. (1997): Modell für Mercedes. Demnächst rollt die Produktion des Stadtautos "Smart" an. In: Der Spiegel, 1997, Heft 42, S. 139–142.

Hawranek, D. (2008): Neues Taktgefühl. „Menschliche Arbeitswelten" waren gestern: An den Fließbändern hat eine stille Revolution begonnen – vorwärts in die Vergangenheit stupider Handgriffe wie zu Zeiten Henry Fords. In: Der Spiegel, 2008, Heft 5, S. 128–130.

Hedberg, B. L. T. (1981): How Organizations learn and unlearn. In: Nystrom, P. C./Starbuck, W. H. (Hrsg.). Handbook of Organizational Design. Band 1: Adapting organizations to their environments. Oxford und New York. S. 3–27.

Heidenreich, M. (1994):. Gruppenarbeit zwischen Toyotismus und Humanisierung. Eine international vergleichende Perspektive. In: Soziale Welt, 45. Jg., Heft 1, S. 60–82.

Hentze, J./Graf, A./Kammel, A./Lindert, K. (2005): Personalführungslehre. Grundlagen, Funktionen und Modelle der Führung. 4. Auflage. Bern, Stuttgart, Wien.

Hill, W./Fehlbaum, R./Ulrich, P. (1994): Organisationslehre, 5. Auflage. Bern, Stuttgart und Wien.

Hinterhuber, H. (1996): Strategische Unternehmensführung I: Strategisches Denken. 6. Auflage, Berlin und New York.

Hirn, W. (1996): Der große Sprung. In: Manager Magazin. 26. Jg. Februar. S. 78–83.

Hofer, C. W./Schendel, D. (1978): Strategy formulation. Analytical concepts. St. Paul u. a.

Hofstede, G. (1993): Cultural Constraints in Management Theories. In: Academy of Management Executive. 7. Jg. S. 81–93.

Hogarth, R. M. (1980): Judgement and Choice, Chichester u. a.

Holler, M./Illing, G. (1996): Einführung in die Spieltheorie, 3. Auflage, Berlin u. a.

IDS-Scheer (Hrsg., 2005): ARIS Design Platform. URL: http://www.ids-scheer.de/ international/ german/products/aris_design_platform/toolset. Zugriff vom 01.08.2005.

IPMA (Hrsg.): History of IPMA, URL: http://www.ipma.ch/about/Pages/History.aspx. Zugriff vom 31.08.2007.

Jacob, A./Brauns, Ch. (2006): Der Industrieanlagen-Konsortialvertrag. Köln.

Janis, I. (1982): Victims of Groupthink. 2. Auflage. Boston.

Jenewein, W./Morhart, F. (2007): Wie Jürgen Dormann ABB rettete. In: Harvard Business Manager. Heft 9. S. 22–32.

Jones, G. R./Bouncken, R. B. (2008). Organisation. Theorie, Design, Wandel. 5. Auflage, München u. a.

Kasper, H./Mayrhofer, W. (Hrsg., 1993): Management Seminar Personal, Führung, Organisation. Band Organisation. 5. Auflage. Wien.

Kayser, W. (1994): Von Taylor und Ford zur „Lean Production". RWTH Aachen.

Keller, E. von (1982): Management in fremden Kulturen. Ziele, Ergebnisse und Probleme der kulturvergleichenden Managementforschung. Bern und Stuttgart.

Kessler, H./Winkelhofer, G. (2004): Projektmanagement: Leitfaden zur Steuerung und Führung von Projekten. 4. Auflage. Berlin u. a.

Kiesel, M. (2004): Internationales Projektmanagement. Troisdorf.

Kieser, A. (1996 a): Moden & Mythen des Organisierens. In: Die Betriebswirtschaft. 56. Jg. Heft 1. S. 21–39.

Kieser, A. (1996 b): Business Process Reengineering – neue Kleider für den Kaiser? In: Zeitschrift für Organisation. Heft 3. S. 179–185.

Kieser, A. (2006 a): Max Webers Analyse der Bürokratie. In: Kieser, A./Ebers, M. (Hrsg.). Organisationstheorien. 6. Auflage. Stuttgart. S. 63–92.

Kieser, A. (2006 b): Managementlehre und Taylorismus. In: Kieser, A./Ebers, M. (Hrsg.). Organisationstheorien. 6. Auflage. Stuttgart. S. 93–132.

Kieser, A. (2006 c): Human Relations-Bewegung und Organisationspsychologie. In: Kieser, A./ Ebers, M. (Hrsg.). Organisationstheorien. 6. Auflage. Stuttgart. S. 133–168.

Kieser, A. (2006 d): Der Situative Ansatz. In: Kieser, A./Ebers, M. (Hrsg.). Organisationstheorien. 6. Auflage. Stuttgart. S. 215–245.

Kieser, A./Walgenbach P. (2010): Organisation. 6. Auflage. Stuttgart.

Kinkel, St./Lay, G. (2003): Fertigungstiefe - Ballast oder Kapital - Stand und Effekte von Out- und Insourcing im verarbeitenden Gewerbe Deutschlands. In: Mitteilungen aus der Produktionsinnovationserhebung, Fraunhofer Institut Systemtechnik und Innovationsforschung. Nummer 30. S. 1–12.

Klein, M. (2008): Bestie mit Hirn. Vor 25 Jahren gibt Porsche grünes Licht zum Bau des schnellsten Straßensportwagens der Welt. Der Porsche 959. In: Datum der Zeit, 2008, Heft 4. URL: http:// www.datum.at/artikel/bestie-mit-hirn. Zugriff vom 30.07.2015.

Klimecki, R./Probst, G. J. B. (1993): Interkulturelles Lernen. In: Haller, M./Bleicher, K./Brauchlin, E./Pleitner, H.-J./Wunderer, R./Zünd, A. (Hrsg.). Globalisierung der Wirtschaft - Einwirkungen auf die Betriebswirtschaftslehre. Bern u. a. S. 243–272.

Klimmer, M. (2012): Unternehmensorganisation, 3. Aufl., Herne.

Knafl, H. H. (1995): Die Konzentration auf Kernkompetenzen im Unternehmen als Faktor für erfolgreichen Wettbewerb. Dissertation Technische Universität Graz.

Knauß, R. (2006): „Gute Entscheidungen sind mutige Entscheidungen" Ein Gespräch mit SAP-Vorstand Professor Dr. Claus E. Heinrich. In: Forum. 1. Jg., Ausgabe 1, Oktober 2006. Universität Mannheim.

Kraus. G./Becker-Kolle, C./Fischer, T. (2004). Handbuch Change Management. Steuerung von Veränderungsprozessen in Organisationen. Berlin.

Knyphausen-Aufseß, D. zu (1995): Theorie der strategischen Unternehmensführung - State of the Art und neue Perspektiven. Wiesbaden.

Koch, Ch./Mittmann, J. (2002): Grundlagen der Personalwirtschaft. Universität Dortmund. Als Manuskript vervielfältigt.

Kornmeier, M./Schneider, W. (2006): Balanced Management. Toolbox für erfolgreiche Unternehmensführung. Berlin.

Kosiol, E. (1962): Organisation der Unternehmung. Wiesbaden.

Kotter, J. P. (1995): Leading Change: Why Tranformation Efforts Fail. In: Harvard Business Review. 73. Jg. Heft 2. S. 59–67.

Kotter, J. P. (1996/2011): Leading Change. Wie Sie Ihr Unternehmen in acht Schritten erfolgreich verändern. München. Nachdruck.

Krebs, M./Rock, R. (1994): Unternehmungsnetzwerke - eine intermediäre oder eigenständige Organisationsform? In: Sydow, J./Windeler, A. (Hrsg.). Management interorganisationaler Beziehungen. Vertrauen, Kontrolle und Informationstechnik. Opladen. S 322–345.

Kreikebaum, H. (1992): Humanisierung. In: Frese, E. (Hrsg.). Handwörterbuch der Organisation. Stuttgart. Sp. 816–826.

Krelle, W. (1968): Präferenz- und Entscheidungstheorie. Tübingen.

Krüger, W. (1994): Organisation der Unternehmung. 3. Auflage. Stuttgart u. a.

Krüger, W. (2006): Excellence in Change – Wege zur strategischen Erneuerung, 3. Auflage. Wiesbaden.

Krüger, W./Homp, Ch. (1997): Kernkompetenz-Management. Steigerung von Flexibilität und Schlagkraft im Wettbewerb. Wiesbaden.

Kutschker, M./Schmid, S. (2004): Internationales Management. 4. Auflage. München und Wien.

Leinkauf, S. (1995): Sternstunde: Die Geschichte der Mercedes AG Holding. Stuttgart.

Levitt, B./March, J. B. (1988): Organizational Learning. In: Annual Review of Sociology. 14. Jg. S. 319–340.

Link, W. (1997): Erfolgspotentiale für die Internationalisierung. Gedankliche Vorbereitung - Empirische Relevanz - Methodik. Wiesbaden.

Löhr, A. (1991): Unternehmensethik und Betriebswirtschaftslehre. Stuttgart.

Luhmann, N. (1975): Soziologische Aufklärung II. Opladen.

Luhmann, N. (1984): Soziale Systeme. Grundriss einer allgemeinen Theorie. Frankfurt am Main.

Macharzina, K. (1994): Interkulturelle Perspektiven einer management- und führungsorientierten Betriebswirtschaftslehre. In: Wunderer, R. (Hrsg.). Betriebswirtschaftslehre als Management- und Führungslehre. 3. Auflage. Stuttgart. S. 265–283.

Madauss, B. J. (2000): Handbuch Projektmanagement: mit Handlungsanleitungen für Industriebetriebe, Unternehmensberater und Behörden, 6. Auflage. Stuttgart.

Mahoney, J. T./Pandian, J. R. (1992): The resource-based view within the conversation of strategic management. In: Strategic Management Journal. 13. Jg. S. 363–380.

Malik, F. (2001). Führen. Leisten. Leben. Wirksames Management für eine neue Zeit. 7. Auflage. München und Stuttgart.

Maslow, A. (1943): A Theory of Human Motivation. In: Psychological Review, 50. Jg., S. 370–396. URL: http://psychclassics.yorku.ca/Maslow/motivation.htm (Abruf v. 08.05.2015).

Maslow, A. (1954/2008). Motivation und Persönlichkeit. 11. Auflage der deutschen Übersetzung von „Motivation and Personality". Reinbek bei Hamburg.

McGrath, R. G./MacMillan, I. C./Venkataraman, S. (1995): Defining and developing competence. A strategic process paradigm. In: Strategic Management Journal. 16. Jg. S. 251–275.

Meffert, H. (1994): Marketing-Management. Wiesbaden.

Metro AG (1997): Geschäftsbericht für das Geschäftjahr 1996. Köln.

Momm, C. (1997): Die intelligente Unternehmung: Management von Information, Wissen und Werten. Wiesbaden.

Mowshowitz, A. (1986): Social Dimensions of Office Automation, In: Yovitz, M. (Hrsg.). Advances in Computers. Vol. 25. S. 335–404.

Müller, Claudia (2011): Change Management - Umgang mit Widerständen bei Veränderungsprozessen im Unternehmen. Norderstedt.

Neumann, J. v./Morgenstern, O. (1961): Spieltheorie und wirtschaftliches Verhalten. Würzburg.

Nieschlag, R./Dichtl, E./Hörschgen, H. (2002): Marketing. 19. Auflage. Berlin.

Nolte, H. (1996): Personalwirtschaft in der Filmbranche - ein Beispiel für Flexibilisierung? In: Fechtner, H./Heimbrock, K.-J. Lindenblatt, H. (Hrsg.). Erfolgsfaktor Mensch. Im Spannungsfeld zwischen Führen und Dienen. Neuwied u. a. S. 33–50.

Nolte, H. (1999): Organisation. Ressourcenorientierte Unternehmensgestaltung. München und Wien.

Nolte, H./Bergmann, R. (1998): Ein Grundmodell des ressourcenorientierten Ansatzes der Unternehmensführung. In: Nolte, H. (Hrsg.). Aspekte ressourcenorientierter Unternehmensführung. München und Mering. S. 1–27.

Nonaka, I./Takeuchi, H. (1997): Die Organisation des Wissens: Wie japanische Unternehmen eine brachliegende Ressource nutzbar machen. Frankfurt am Main.

Nordsieck, F. (1955): Rationalisierung der Betriebsorganisation. 2. Auflage. Stuttgart.

Northouse, P. (2007): Leadership. Theory and Practice. 4. Auflage. Thousand Oaks.

Office of Government Commerce (2005): Managing Successful Projects with PRINCE2. The Stationery Office Books. 5. Auflage. Norwich.

Ortmann, G. (1995): Formen der Produktion: Organisation und Rekursivität. Opladen.

Osterloh, M./Grand, S. (1994): Modelling oder Mapping - Von Rede- und Schweigeinstrumenten in der betriebswirtschaftlichen Theoriebildung. In: Die Unternehmung. 48. Jg. Heft 4. S. 277–294.

Pawlowsky, P. (1992): Betriebliche Qualifikationsstrategien und organisationales Lernen. In: Staehle, W. H./Conrad, P. (Hrsg.). Managementforschung 2. Berlin und New York. S. 177–237.

Pawlowsky, P. (1995): Von betrieblicher Weiterbildung zum Wissensmanagement. In: Geißler, H. (Hrsg.). Organisationslernen und Weiterbildung: Die strategische Antwort auf die Herausforderungen der Zukunft. Neuwied u. a. S. 435–456.

Pearce, J. A./Robinson, R. B. (2003): Strategic management - formulation, implementation, and control, 8. Auflage. Boston u. a.

Penrose, E. T. (1995): The Theory of the Growth of the Firm. 3. Auflage. New York.

Perlitz, M. (2004): Internationales Management. 5. Auflage. Stuttgart.

Perlitz, M./Rank, O. (2001): Globalisierung. In: Bühner, R. (Hrsg.). Management-Lexikon. München und Wien. S. 326–328.

Peteraf, M. A. (1993): The cornerstones of competitive advantage. A resource-based view. In: Strategic Management Journal. 14. Jg. S. 179–191.

Peters, T./Waterman, R. (1995): In Search of Excellence: Lessons from America's Best-run Companies. London.

Picot, A./Reichwald, R./Wigand, R. (2003): Die grenzenlose Unternehmung. Information, Organisation und Management. 5. Auflage. Wiesbaden.

Porter, M. E. (1992): Wettbewerbsvorteile: Spitzenleistungen erreichen und behaupten. 3. Auflage. Frankfurt am Main.

Porter, M. E. (1995): Wettbewerbsstrategie (Competitive Strategy), Methoden zur Analyse von Branchen und Konkurrenten. 8. Auflage. Frankfurt und New York.

Prahalad, C. K./Hamel, G. (1990): The core competence of the corporation. In: Harvard Business Review. 68. Jg. Heft 5/6. S. 79–91.

Probst, G. (1992): Organisation. Strukturen, Lenkungsinstrumente, Entwicklungsperspektiven. Landsberg am Lech.

Probst, G. (1994): Organisationales Lernen und die Bewältigung von Wandel. In: Gomez, P./Hahn, D./Müller-Stewens, G./Wunderer, R. (Hrsg.). Unternehmerischer Wandel - Konzepte zur organisatorischen Erneuerung. Wiesbaden. S. 295–320.

Probst, G./Büchel, B. S. T. (1994): Organisationales Lernen, Wettbewerbsvorteil der Zukunft. Wiesbaden.

Probst, G./Raub, S./Romhardt, K. (1997): Wissen managen. Wie Unternehmen ihre wertvollste Ressource optimal nutzen. Wiesbaden.

Project Management Institute (PMI) (Hrsg., 2004): PMBOK – Project Management Body of Knowledge. 3. Auflage. Newtown Square, Pennsylvania.

Rademacher, U. (2014): Leichter führen und besser entscheiden: Psychologie für Manager. Wiesbaden.

Raffée, H./Eisele, J. (1994): Joint Ventures - nur die Hälfte floriert. In: Harvard Business Manager. 16. Jg. Heft 3. S. 17–22.

Raub, S. (1998): Vom Zauber des „ultimative Wettbewerbsvorteils". . . Ein kritischer Blick auf den Kernkompetenzen-Ansatz. In: Zeitschrift für Organisation. Heft 5. S. 290–293.

REFA Verband für Arbeitsgestaltung (Hrsg., 1997): Methodenlehre der Betriebsorganisation: Datenermittlung: Band 2. Leipzig.

Rigall, J./Wolters, G./Goertz, H./Schulte, K./Tarlatt, A. (2005): Change Management für Konzerne. Komplexe Unternehmensstrukturen erfolgreich verändern. Frankfurt am Main und New York.

Röglinger M./Kamprath, N. (2012): Prozessverbesserung mit Reifegradmodellen. In Zeitschrift für Betriebswirtschaft, 82 Jg., 2012, Heft 5, S. 509–538.

Roethlisberger, F. J./Dickson, W. J. (1939): Management and the Worker. Cambridge, Massachusetts.

Roth, S. (1996): Gruppenarbeit in der Automobilindustrie: Stand und Perspektiven. In: Bahnmüller, R./Salm, R. (Hrsg.): Intelligenter, nicht härter arbeiten? Gruppenarbeit und betriebliche Gestaltungspolitik. Hamburg. S. 140–152.

Rühli, E. (1994): Die Resource-based-View of Strategy - Ein Impuls für einen Wandel im unternehmungspolitischen Denken und Handeln? In: Gomez, P./Hahn, D./Müller-Stewens, G./Wunderer, R. (Hrsg.). Unternehmerischer Wandel - Konzepte zur organisatorischen Erneuerung. Wiesbaden 1994. S. 31–57.

Rühli, E. (1995): Ressourcenmanagement. Strategischer Erfolg dank Kernkompetenzen. In: Die Unternehmung. 49. Jg. Heft 2. S. 91–105.

Scheiber, F./Wruk, D./Huppertz, S./Oberg, A./Woywode, M. (2012): Die Verbreitung moderner Managementkonzepte im Mittelstand. In: Lemathe, P./Witt, P. (Hrsg.). Management von kleinen und mittleren Unternehmen. ZfB-Sonderheft 3, Wiesbaden. S. 25–69.

Schein, E. H. (1992): Organizational Culture and Leadership. 2. Auflage. San Francisco.

Scherer, R. (2005): Wirtschaftsraum Bodensee - Mythos oder Realität?. In: Maschinenbau. S. 62–66.

Schmidt, G. (2002): Einführung in die Organisation. Wiesbaden.

Schnell, R./Hill, P./Esser, E. (2004): Methoden der empirischen Sozialforschung. 7. Auflage. München.

Schnura/Müller-Schoppen (2008): Kommunikation und Beratungskompetenz für Heilpraktiker. Stuttgart.

Scholz, C. (1994): Lean Management. In: Wirtschaftswissenschaftliches Studium. 23. Jg. Heft 4. S. 180–186.

Scholz, R. (1995): Geschäftsprozessoptimierung: Crossfunktionale Rationalisierung oder strukturelle Reorganisation. 2. Auflage. Bergisch Gladbach.

Scholz, C. (2000): Personalmanagement. Informationsorientierte und verhaltenstheoretische Grundlagen. 5. Auflage. München.

Schreyögg, G. (2008): Organisation. Grundlagen moderner Organisationsgestaltung. 5. Auflage. Wiesbaden.

Schreyögg, G. (1976): Zur Transferierbarkeit von Management-Know-how. In: Management International Review. 16. Jg. Heft 3. S. 79–87.

Schreyögg, G. Noss, C. (1995): Organisatorischer Wandel. Von der Organisationsentwicklung zur lernenden Organisation. In: Die Betriebswirtschaft. 55. Jg. Heft 2. S. 169–185.

Schreyögg, G./Koch, J. (2010): Grundlagen des Managements. 2 Auflage. Wiesbaden.

Schütz, M. (2015): Mehr Managementansätze in der Hochschulorganisation? Ein Diskussionsbeitrag. In: Die Neue Hochschule, 2015, Heft 3, S. 102–105.

Schulte-Zurhausen, M. (2010): Organisation. 5. Auflage. München.

Schwarze, J. (2001): Netzplantechnik – Eine Einführung in das Projektmanagement. 8. Auflage. Berlin.

Seibert, S. (1998): Technisches Management: Innovationsmanagement, Projektmanagement, Qualitätsmanagement. Stuttgart und Leipzig.

Siebenbrock, H. (2013). Führen Sie schon oder herrschen Sie noch? Eine Anleitung zum fairen Management. Marburg.

Shingo, S. (1992): Das Erfolgsgeheimnis der Toyota-Produktion. Landsberg am Lech.

Shrivastava, P. (1983): A Typology of Organizational Learning Systems. In: Journal of Management Studies. 20. Jg. Heft 1. S. 7–28.

Simon, H. (1955): Das Verwaltungshandeln: eine Untersuchung der Entscheidungsvorgänge in Behörden und privaten Unternehmen. Stuttgart.

Smith, A. (1776/1986): The wealth of nations. Books I-III. Nachdruck 1986. London.

Smith, A. (1776/2005): Reichtum der Nationen. Nachdruck 2005. Paderborn.

Snow, C./Miles, R. (1986): Organizations: New Concepts for New Forms. In: California Management Review. Vol. 28. Heft 3. S. 62–73.

Sonntag, K. (2002): Ressourcen optimieren – Erfolgsfaktoren im Veränderungsprozess. Vortrag im Rahmen des Symposiums ‚Erfolgreich verändern' am 27.11.2002 in Heidelberg. URL: www. sero.uni-hd.de/publikationen/01_BWS _V_Sonntag.ppt. Zugriff vom 09.08.2007.

Springer, R. (1999). Rückkehr zum Taylorismus? Arbeitspolitik in der Automobilindustrie am Scheideweg. Frankfurt und New York.

Staehle, W. H. (1994): Management - Eine verhaltenswissenschaftliche Perspektive. 7. Auflage. München.

Süß, S. (2009): Die Institutionalisierung von Managementkonzepten: Diversity-Management in Deutschland. München u. Mering.

Sydow, J. (1991): Unternehmungsnetzwerke – Begriffe, Erscheinungsformen und Implikationen für die Mitbestimmung. Düsseldorf.

Sydow, J. (1992): Strategische Netzwerke. Evolution und Organisation. Wiesbaden.

Taylor, F. W. (1913): Die Grundsätze wissenschaftlicher Betriebsführung. München.

Theuvsen, L. (1996): Business Reengineering. Möglichkeiten und Grenzen einer prozeßorientierten Organisationsgestaltung. In: Zeitschrift für betriebswirtschaftliche Forschung. 48. Jg. Heft 1. S. 65–82.

Thom, N. (1997): Management des Wandels. Grundelemente für ein differenziertes und integriertes „Change Management". In: Die Unternehmung. 51. Jg. Heft 3. S. 201–214.

Thommen, J.-P./Achleitner, A.-K. (2012): Allgemeine Betriebswirtschaftslehre. Umfassende Einführung aus managementorientierter Sicht. 7. Auflage. Wiesbaden.

Tödtmann, C. (1997): Mitbestimmung kostete Jobs. In: Wirtschaftswoche. Heft 20. S. 148.

Töpfer, A./Mehdorn, H. (1995): Total Quality Management. Anforderung und Umsetzung im Unternehmen. 4. Auflage. Berlin.

Tuckman, B. W. (1965): Developmental Sequence in Small Groups. In: Psychological Bulletin. 63. Jg. S. 384–399.

Ulich, E. (2005): Arbeitspsychologie. 6. Auflage. Stuttgart.

Ulrich, D./Lake, D. (1990): Organizational Capability: Competing from the Inside Out. New York u. a.

Ulrich, H. (1970): Die Unternehmung als produktives soziales System. Grundlagen der allgemeinen Unternehmungslehre. 2. Auflage. Bern und Stuttgart.

Vahs, D. (2015): Organisation. Einführung in die Organisationstheorie und -praxis. 9. Auflage. Stuttgart.

Vaughan, D. (1996): The Challenger Launch Decision: Risky Technology, Culture, and Deviance at NASA. Chicago.

Venohr, B. (2006): Wachsen wie Würth – Das Geheimnis des Welterfolgs, Frankfurt und New York.

Viehöver, U. (2006): Der Porsche-Chef. Wendelin Wiedeking – mit Ecken und Kanten an der Spitze. Frankfurt und New York.

Volk, H. (1993): Kaizen – Anmerkungen zu einem Mythos. In: Personal. 43. Jg. Heft 3. S. 116–118.

Volkswagen AG (Hrsg., 1997): Geschäftsbericht über das Geschäftsjahr 1996. Wolfsburg.

Wagner, D. (1991): Organisation, Führung und Personalmanagement. 2. Auflage. Freiburg im Breisgau.

Walter-Busch, E. (1996): Organisationstheorien von Weber bis Weick. Amsterdam.

Weibler, J. (2012): Personalführung. 2. Auflage. München.

Weidner, W./Freitag, G (1996): Organisation in der Unternehmung. Aufbau- und Ablauforganisation. Methoden und Techniken praktischer Organisationsarbeit. 5. Auflage. München und Wien.

Welch, J./Welch S. (2007): Winning – Das ist Management, Frankfurt am Main.

Wernerfelt, B. (1984): A resource-based view of the firm. In: Strategic Management Journal. 5. Jg. S. 171–180.

Wiegand, M. (1996): Prozesse organisationalen Lernens. Wiesbaden.

Wilkens, U./Pawlowsky, P. (1996): Human Resource Management im Vergleich – Eine Analyse der europäischen Automobilindustrie. Technische Universität Chemnitz-Zwickau. Fakultät für Wirtschaftswissenschaften.

Williamson, O. (1975): Markets and Hierarchies, Analysis and Antitrust Implications. New York.

Williamson, O. (1991): Comparative Economic Organization. Vergleichende ökonomische Organisationstheorie: Die Analyse diskreter Strukturalternativen. In: Ordelheide, D./Rudolph, B./Büsselmann, E. (Hrsg.). Betriebswirtschaftslehre und Ökonomische Theorie. Stuttgart. S. 13–49.

Willke, H. (1993): Systemtheorie. 4. Auflage. Stuttgart.

Winterfeldt, D. v./Edwards, W. (1993). Decision analysis and behavioral research. Cambridge.

Wittlage, H. (1993): Methoden und Techniken praktischer Organisationsarbeit. 3. Auflage. Herne und Berlin.

Womack, J. P./Jones, D. T. /Roos, D. (1992): Die zweite Revolution in der Autoindustrie. Konsequenzen aus der weltweiten Studie aus dem Massachusetts Institute of Technology. 7. Auflage. Frankfurt am Main und New York.

Zell, H. (2007): Projektmanagement – lernen, lehren und für die Praxis. Norderstedt.

Zijl, N. van (1988): Projektmanagement. Bern.

Stichwortverzeichnis

A

ABB, 78
Ablauforganisation, 116, 123–124, 241
Abteilungsbildung, 57, 62, 72
ADL-Prozesse, 109
Aktenmäßigkeit, 93, 96
Arbeitsabläufe, 25, 38, 115, 130
Arbeitsablauf, 100–101, 131
Arbeitsablaufdiagramm, 121
Arbeitsanalyse, 5, 118, 120
Arbeitsgruppe, 31
Arbeitsplätze, 136, 197
Arbeitsplatz, 27, 62, 121, 124, 164, 213
Arbeitsstudien, 24, 131
Arbeitsteilung, 36, 37, 59, 61, 137, 150,
    152, 173–174, 191, 197
ARGE, 190, 237
Artefakte, 8, 46, 48
Aufbauorganisation, 21, 60–89, 99, 102,
    104–105, 112–113, 115, 124, 173, 203,
    231, 235–240, 257
Aufgabenanalyse, 115, 118, 123, 244
Automobilindustrie, 200

B

Basisannahmen, 8, 52, 166–167
Bedürfnishierarchie, 139–142
Beiersdorf, 182
Betriebsrat, 217
Branche, 51
Bürokratiemodell, 136–138
Business Process Reengineering. *Siehe*
    Reengineering

C

Change Management, 5, 176, 194, 205, 243
Corporate Governance, 40

D

Daimler, 85
Deutsche Bahn, 207
Deutsche Post, 207
Dezentralisierung, 5–6, 81, 187, 191, 198
Durchlaufzeiten, 28, 100, 113, 166, 174,
    196–197, 210

E

Economies of Scale, 200
Einlinienorganisation, 68–69
Empowerment, 172, 175
Entfremdung, 25, 28
Entscheidungsbaum, 145
Entscheidungsdelegation, 6–7
Entscheidungspartizipation [zusätzlich zu
    Entscheidungsdelegation], 90
Entscheidungstheorie, 14, 143–149
    deskriptive, 144, 147, 149, 154
    präskriptive, 144, 154
Erfolgsfaktor, 45, 48, 162, 196, 224, 226, 231

F

Flexibilität, 25, 27, 54, 77, 90
Fließband, 24, 25, 31
Ford, 24, 31
Führungsspanne, 64

© Springer-Verlag Berlin Heidelberg 2016
R. Bergmann, M. Garrecht, *Organisation und Projektmanagement*,
DOI 10.1007/978-3-642-32250-1

Printed by Printforce, the Netherlands